Die Lernberatungskonzeption – Grundlagen und Praxis

herausgegeben von

Rosemarie Klein und Gerhard Reutter

Schneider Verlag Hohengehren GmbH

Umschlaggestaltung: Regina Herrmann, Esslingen

Die vorliegende Publikation wurde vom bbb Büro für berufliche Bildungsplanung finanziert.

Bibliografische Information Der Deutschen Bibliothek

Die Deutsche Bibliothek verzeichnet diese Publikation in der Deutschen Nationalbibliografie; detaillierte bibliografische Daten sind im Internet über ›http://dnb.ddb.de› abrufbar.

ISBN 3-89676-980-4

Schneider Verlag Hohengehren, Wilhelmstr. 13, 73666 Baltmannsweiler

Alle Rechte, insbesondere das Recht der Vervielfältigung sowie der Übersetzung, vorbehalten. Kein Teil des Werkes darf in irgendeiner Form (durch Fotokopie, Mikrofilm oder ein anderes Verfahren) ohne schriftliche Genehmigung des Verlages reproduziert werden.
© Schneider Verlag Hohengehren, 2005.
  Typoskript: bbb Büro für berufliche Bildungsplanung, Dortmund
  Printed in Germany – Druck: Hofmann, Schorndorf

Einführung der Herausgeber

0 Blick zurück nach vorn'
Rosemarie Klein / Gerhard Reutter — 1

Teil I: Weiterentwicklungen der Lernberatungskonzeption

1. Begründungen für Lernberatung und konzeptionelles Verständnis
Rosemarie Klein / Gerhard Reutter — 11

2. Die handlungsleitenden Prinzipien von Lernberatung – Weiterungen und Konkretisierungen
Rosemarie Klein — 29

3. Lernberatung in der Umsetzung: Kernelemente als strukturgebender Rahmen
Rosemarie Klein — 41

4. Was begründet die Auseinandersetzung mit den Inhalten von Lernen in der Lernberatungskonzeption?
Gerhard Reutter — 52

5. Einige subjektive Verarbeitungsformen modernisierter Arbeitsbeziehungen
Rudolf Epping — 65

6. Lernberatung zwischen Pflicht und Freiwilligkeit
Henning Pätzold — 72

Teil II: Lernberatungshandeln in kontextspezifischen Konzepten

1. Biografieorientierung in der Erwachsenenbildung – Chancen und Grenzen
Ilona Holtschmidt — 79

2. Methoden der biographischen Reflexion
Karin Klein-Dessoy — 92

3. Kompetenzbilanzierungen und Lernberatung: Lernende als Nutzer/innen von Kompetenzbilanzen
Bernd Käpplinger — 103

4. Kompetenzerfassung und Lernberatung – methodische Ansätze und Erfahrungen aus der Bildungsarbeit
Christina Rahn   112

5. Motivation und persönliche Ziele in der Krise: ‚Zieltraining' als Ansatz aus der Praxis
Bernd Grube   132

6. Lernberatung und fachliches Lernen – Grundhaltung mit ‚Werkzeugkoffer'
Anja Wenzig   151

7. Lernberatung und Prozess-Evaluation
Karin Behlke   165

8. Qualitätsstandards von Lernberatung?
Ilona Holtschmidt / Dieter Zisenis   179

Teil III: Aspekte der Personal- und Organisationsentwicklung

1. Entwicklung von Selbstlernkompetenzen – Voraussetzungen für die Lehre
Rolf Arnold / Claudia Gómez Tutor / Jutta Kammerer   190

2. Personalentwicklung durch selbstorganisiertes Lernen – ein Beitrag zur Professionalisierung
Evelyne Fischer   205

3. Lernberatung als Impuls und Ansatz für Personal- und Organisationsentwicklung
Anja Wenzig   215

4. Selbstorganisiertes Lernen oder: Wie hole ich mir den Teufel in die Weiterbildungsorganisation?
Gabriele Gerhardter   229

5. Potenzialorientierte OrganisationsEntwicklung und -Beratung – eine Landkarte
Marita Kemper / Michael Wacker   240

Die Autor/inn/en   255

Einführung der Herausgeber

0 Blick zurück nach vorn'

„Unter welchen Bedingungen können Lernende ihre Lernpotenziale am besten entfalten und Lernen als Zugewinn erfahren?"

... gilt nach wie vor als Ausgangsfrage, wenn es darum geht, eine Konzeption vorzustellen, die einen Beitrag dazu leisten will und soll, Individuen zum Lernen zu ermutigen und ihnen Gestaltungsräume für ihr Lernen zu ermöglichen. Als Marita Kemper und Rosemarie Klein 1998 ihre erste Fassung einer Lernberatungskonzeption vorgelegt haben[1], waren sie in einem Spannungsfeld zwischen eigenen pädagogischen Überzeugungen und Erfahrungen und einer damals aktuellen Debatte zum lebenslangen und selbstorganisierten Lernen, die geprägt war durch ein „auf berufliche Verwertungsinteressen reduziertes Bildungsverständnis" (Kemper/Klein 1998, S. 18) und eine „Orientierung auf informelles Selbstlernen und selbstgesteuertes Lernen" (ebd. S. 19), die das Überflüssigwerden institutionalisierter Bildungseinrichtungen suggerierte. Gegensteuerung schien angesagt und war ein Beweggrund für die damalige Publikation.

Positioniert haben die Autorinnen ihren pädagogischen Ansatz damals in aktuellen Diskussionslinien und im Rückgriff auf einige älteren Fachdiskurse und Theoriebezüge:
- die Diskussionen um die Notwendigkeit und die Anforderungen des lebenslangen Lernens (ebd. S. 11ff)
- die Diskussionen um selbstgesteuertes Lernen und den Paradigmawechsel vom Lehren zum Lernen (ebd. S. 20ff)
- Fachdiskurse um den Umgang mit dem ‚Problem der Heterogenität', der Unterschiedlichkeit in den Lern- und Leistungsvoraussetzungen und Zielen von Lernenden
- Diskurse um Verständnisse von Lernberatung in der Literatur der 70er und 80er Jahre
- der Schlüsselqualifikationsansatz von Dieter Mertens und seine Weiterführung zur Entwicklung beruflicher Handlungskompetenz. (vgl. ebd. S. 29ff)
- die den humanistischen Theorien zuzuordnende Themenzentrierte Interaktion von Ruth Cohn.

Etliche Jahre sind seit der damaligen Konzeptentwicklung ins Land gegangen. Die damaligen Autorinnen der Lernberatungskonzeption hatten die Chance, mit Hilfe des Innovationspreises für Erwachsenenbildung des DIE, der ihnen 1999 verliehen wurde, eine Vielzahl fachlicher Diskurse und erweiterter empirischer Fundierung von

---

[1] Die 1998 vorgelegte Lernberatungskonzeption basierte auf der Grundlage unserer langjährigen Erfahrungen in der beruflichen Weiterbildung, vor allem auf dem vom BMBF, dem Land NRW und der EU geförderten Frauenqualifizierungsprojekt EUROPOOL (vgl. Kemper/Klein 1998, S. 5)

Lernberatung in der beruflichen Bildungsarbeit mit Erwachsenen und Jugendlichen offensiv mit zu gestalten und Umsetzungen in neuen Handlungskontexten beruflicher Weiterbildung wissenschaftlich zu begleiten. An diesen Weiterentwicklungsprozessen war auch Gerhard Reutter, Mitherausgeber dieses Bandes maßgeblich beteiligt. Dies ermöglichte uns in einem interaktiven Feld unterschiedlicher Akteure, die Lernberatungskonzeption immer wieder zu überprüfen und weiterzuentwickeln. Nicht unerwähnt bleiben sollen einige Rezensionen des Lernberatungsbuches, wie z.B. die von D. Harke (Harke, 1999), deren Würdigung und kritische Impulse[2] wir als offene Fragen aufnehmen und weiter bearbeiten konnten.

Damit soll deutlich werden: Wenn in diesem Beitrag über die Weiterentwicklung der Lernberatungskonzeption geschrieben wird, so speist sich dies aus vielfältigen kontextspezifischen konzeptuellen Adaptionen, Modifikationen, Neuentwicklungen, an denen eine Vielzahl von Kollegen und Kolleginnen beteiligt waren – die meisten der in diesem Band Publizierenden gehören zu den aktiven Entwickler/inne/n der aktuellen ‚Expertise' einer Lernberatungskonzeption. Andere haben uns bei unseren Forschungs- und Entwicklungsarbeiten mit ihrem Expertenwissen bereichert, wie etwa die Kolleg/inn/en der Universität Kaiserslautern – vor allem Henning Pätzold und Claudia Gomez-Tutor, die auch in diesem Band Beiträge platziert haben.

Die empirische Basis

...auf die sich die Beiträge in diesem Band beziehen, ist breiter, als wir hier ausweisen können. Hier seien nur diejenigen Projekte und Ansätze genannt, die prägend waren für die konzeptionelle Weiterentwicklung und -ausgestaltung. Dies zu verdeutlichen soll einerseits Würdigung und Dank an all die ungenannten Kollegen und Kolleginnen sein, soll aber auch deutlich machen, dass die Weiterentwicklung der Lernberatungskonzeption sich wesentlich aus der reflektierten Praxis und für eine reflektierte Praxis speist, die in einigen Fällen durch wissenschaftliche Begleitung auch um weitere Theoriebezüge und empirische Analysen anreichern ließ:

Maßgeblich, da explizit an entsprechenden Reflexionen um das Konzeptionsverständnis beteiligt, war und ist **ProLern**: Der **Pro**jektverbund ‚Innovative Beratungskonzepte für selbstorganisiertes **Lern**en', hatte den Auftrag, kontextspezifische Konzepte einer kompetenzbasierten neuen Lern-/Lehrkultur zu entwickeln und zu erproben und Ansätze einer fachlichen Expertise von Lernberatung aus den kontextspezifischen Ausformungen heraus zu entwickeln. Das aus Mitteln des BMBF und ESF geförderte Vorhaben stand im Kontext des Programms ‚Lernkultur Kompetenzentwicklung' und war dort im Themenschwerpunkt ‚Lernen in Weiterbildungseinrichtungen' angesiedelt. An der Konzeptionsentwicklung beteiligt waren einige der Autor/inn/en in diesem Band (Karin Behlke, Bernd Grube, Ilona Holtschmidt, Karin Klein-Dessoy, Anja Wenzig, Dieter Zisenis), wie in den Beiträgen kenntlich werden wird. Die Herausgeberin dieses Bandes war Leiterin der wissenschaftlichen Begleitung und Verbundleiterin von ProLern, der Herausgeber Mitglied des Fachbeirates und in dieser Rolle in ProLern aktiv. Aktuell ist aus ProLern eine Publikation erschienen, die umfassend über die Erfahrungen, Erkenntnisse und Ergebnisse aus der

---

[2] D. Harke hat in seiner Rezension die Unterbewertung des Lernberatungsgesprächs, das in unserem damaligen Konzeptionsverständnis kein Kernelement darstelle, kritisch angemerkt.

zweijährigen Arbeit berichtet. (QUEM 2005)

Nicht unerwähnt sollen die engen Kooperationspartner in ProLern bleiben, die ebenfalls im Rahmen des Themenschwerpunktes ‚Lernen in Weiterbildungseinrichtungen' tätig waren. Profilschärfend war hier die Zusammenarbeit mit dem Projektverbund **TAK** ‚**T**ransparenz und **A**kzeptanz informell erworbener berufsrelevanter **K**ompetenzen', der sich mit Fragen zu Kompetenzbilanzierung und Beratung beschäftigt hat und wo durch regelmäßigen Austausch zwischen den wissenschaftlichen Begleitungen und den Teilprojekten Umsetzungen des Prinzips der Kompetenzorientierung weiter verfolgt und professionalisiert werden konnten. Bernd Käpplinger (wissenschaftliche Begleitung TAK) und Christina Rahn greifen in ihren Beiträgen in diesem Buch einige relevanten Schnittstellen zur Lernberatung auf. Auch die Zusammenarbeit mit Eveline Fischer, wissenschaftliche Begleitung des Projektverbundes ‚**Neue Lernformen zur Mitarbeiterentwicklung – Weiterbildner lernen selbstorganisiertes Lernen**' waren in Bezug auf das Handeln von ‚Lernbegleitern' für unsere Weiterentwicklungen ein Zugewinn.

Bei **SOLE** (**S**elbst**o**rganisiertes **L**ernen **E**rwachsener) handelt es sich um ein österreichisches Projekt – in diesem Band vertreten durch den Beitrag von G. Gerhardter –, das im Rahmen der EQUAL-Entwicklungspartnerschaft ‚An der offenen Grenze' sich an Personen richtete, die im arbeitsmarktpolitischen Weiterbildungsbereich tätig sind und sich auf die Suche nach neuen Lerndienstleistungen gemacht haben. Hier beziehen wir uns vorrangig auf die Prozesse und Ergebnisse aus den Fortbildungen und Coachings, die wir 2003/2004 mit leitend und pädagogisch Tätigen durchgeführt haben. Einige Dokumente aus dieser Zusammenarbeit finden sich unter www.best-training.com (Stichwort SOLE).

Das Netzwerk **TransferLernen** war ein 2001-2002 aktiver Zusammenschluss von fünf Weiterbildungseinrichtungen in NRW, die einrichtungsübergreifend durch die Weiterbildung der Erwachsenenbildner/innen den Transfer ermöglichungsdidaktischen Handelns in die jeweils spezifischen Bildungsangebote sicherte und dabei zugleich Selbstorganisation als Prinzip der kontinuierlichen Professionalisierung des pädagogischen Personals nachhaltig zu implementieren versuchte. Dieses Projekt war gefördert aus dem Innovationstopf des Landes NRW. Die Mitherausgeberin dieses Bandes war hier zusammen mit Marita Kemper Lernberaterin, Koordinatorin und wissenschaftliche Begleitung. Rudolf Epping, der hier ebenfalls mit einem Beitrag vertreten ist, war fachlicher Begleiter des Netzwerks. Auch hier haben wir einige Ergebnisse als download unter www.bbb-dortmund.de eingestellt.

Schließlich sollen auch die Impulse aus unseren **Seminarreihen** mit pädagogisch Tätigen des **Berufsfortbildungswerks des DGB** (bfw) Erwähnung finden, die mit ihren Umsetzungserfahrungen, kontextspezifischen Entwicklungen und kritisch-konstruktiven Diskursen wesentliche Anregungen für die Konkretisierung der Konzeption von Lernberatung gegeben haben.

Aktuell ist dieser Beitrag auch beeinflusst von den Diskussionen in einem neuen Projektverbund im Kontext des Programms Lernkultur Kompetenzentwicklung/Lernen in Weiterbildungseinrichtungen, der sich mit der **Professionalisierung von begleitender Lernberatung in unterschiedlichen Handlungskontexten befasst** und wo die Herausgeber dieses Bandes wieder die gleichen Funktionen wie im ProLern-Verbund inne haben. Informationen dazu finden sich unter www.abwf.de in der dort angelegten Projektdatenbank.

Gleichfalls aktuell haben wir erste Ergebnisse aus dem EU-Projekt ‚**Learn-Empowerment for low skilled people**' (gefördert aus dem EU-Programm LEONARDO) einfließen lassen, wo wir uns mit den Perspektiven auf (Lern-)Beratungen im Rahmen von self-directed-learning im Dialog mit den Partnern aus verschiedenen EU-Ländern befassen. Bei diesem Projektvorhaben liegt der Fokus erfreulicherweise noch einmal bei den Zielgruppen, die in der bundesdeutschen Wirklichkeit von berufsqualifizierenden Angeboten mit ‚Hartz' so gut wie ausgeschlossen wurden. Hier werden perspektivisch Empfehlungen und didaktisch-methodische Orientierungen für die Bildungsarbeit (guidelines) und praxiserprobte Methoden, Instrumente und Verfahren als ‚toolbox' im Netz veröffentlicht unter www.best-training.com.

Man kann durchaus sagen, dass sich – wie bereits in der Einführung zu diesem Band erwähnt – im Laufe der Jahre so etwas wie eine ‚Community' entwickelt hat, die ein Interesse an einer Profilschärfung von Lernberatung als Konzeption, an kontextspezifischen Umsetzungskonzepten, an begrifflichen Präzisierungen hat und – aus aktuellen Anlässen heraus – auch an einem Aufrechterhalten eines pädagogischen Selbstverständnisses arbeitet in Zeiten, in denen ökonomische Aspekte pädagogische Überlegungen zu überlagern drohen.

Der vorliegende Band gliedert sich in drei Teile,

... die wir so aufgebaut haben, dass Bezüge zwischen den Beiträgen in den jeweiligen Buchteilen durch Querverweise deutlich werden. Fokussiert haben wir dabei vorrangig auf Querverweise, die sich auf das weiterentwickelte konzeptionelle Verständnis von Lernberatung auf den Ebenen von Prinzipien und deren Umsetzungen beziehen. Die Zuordnung der einzelnen Autorenbeiträge zu den Buchteilen ist uns nicht immer leicht gefallen, weil vielfach einem breiten Spektrum von Fragestellungen in den Beiträgen nachgegangen wird.

Der erste Teil des Buches

... nimmt die **Weiterentwicklungen der Lernberatungskonzeption** in den Blick. Diese ist in den verschiedenen Beiträgen vorrangig, aber nicht nur, unter Bezug auf die Handlungsfelder beruflicher Weiterbildung unter verschiedenen Aspekten beschrieben, die auch in weiteren Beiträgen in diesem Buch vertiefend, konkretisierend verfolgt werden:

Einführend skizzieren *R. Klein/G. Reutter* die aktuellen Begründungslinien für die Lernberatungskonzeption und konkretisieren das konzeptionelle Verständnis. Im Mittelpunkt stehen lernberatungsspezifische Schritte von der Lehr- zur Lernkultur, eine konzeptionelle Präzisierung in Abgrenzung zu anderen Verständnissen von Lernberatung einerseits und Verständnisthesen andererseits. Abschließend positionieren sie sich in einem weit gefassten Beratungsverständnis.

R. Klein greift in Kap. I/2. die handlungsleitenden Prinzipien von Lernberatung in den Blick, die für die Lernberatungskonzeption zentral sind und als Ausdruck einer erwachsenenpädagogischen Grundhaltung auf dem Weg zu einer Lernkultur begriffen werden. Teilnehmerorientierung als von Hans Tietgens bereits in den 70er Jahren beschriebenem Leitprinzip der Erwachsenenbildung konkretisiert sie in Verbindung mit selbstorganisiertem Lernen als Prinzip der geteilten Verantwortung zwischen Lernberatenden und Lernenden. Dem Leitprinzip zugeordnet sind dann Biographie-, Kompetenz-, Reflexions-, Lerninteressen- und Partizipationsorientierung sowie die Sicherung biographischer –Kontinuität und Prozessorientierung. Im Vergleich zu früheren Darstellungen der Prinzipien von Lernberatung wird eine durch verschiedene Handlungskontexte konkretisierte und erweiterte Perspektive eingenommen.

In Kap. I/3. nimmt **R. Klein** die Ausdifferenzierung und Erweiterung der ‚Kernelemente' von Lernberatung in den Blick. Während die handlungsleitenden Prinzipien als orientierungsgebender Rahmen von Lernberatung gefasst sind, stellen die Kernelemente den strukturgebenden Rahmen dar. In den Darstellungen wird deutlich, dass die Lernberatungskonzeption auf dem Verständnis basiert, dass auch und gerade das selbstorganisierte Lernen in organisierten Kontexten ein hohes Maß an Strukturiertheit bedarf. Die Kernelemente sind vor dem Hintergrund der breiten Handlungskontexte neu gefasst und in Umsetzungsvarianten exemplifiziert.

Mit seinen Begründungen, Lernkonzeptionen wie die der Lernberatung auch unter der Frage zu betrachten, welches Wissen sich Subjekte durch Lernen aneignen wollen, greift **G. Reutter** (Kap. I/4.) eine relativ neue Dimension in der Weiterentwicklung der Lernberatungskonzeption auf. Nachdem er die Zukunft und Gegenwart von zunehmend diskontinuierlicher werdenden Erwerbsbiographien unter dem Gesichtspunkt der damit für die Individuen einhergehenden Verunsicherungen ausführt, leitet er daraus ab, dass das Wissen zur Bewältigung neuer Arbeitsbeziehungen mehr als Anwendungswissen sein muss. Es braucht s.E. reflexive und beratend begleitete Lernangebote, die auch die Erschließung von Interaktions- und Identitätswissen ermöglichen.

R. Epping greift mit Kap. I/5. die Gedanken von Gerhard Reutter in Bezug auf die Tendenzen zur Individualisierung und Entgrenzung der Arbeitsbeziehungen noch einmal auf und beschreibt einige subjektiven Verarbeitungsformen, mit deren Hilfe Menschen die Folgen veränderter Arbeitsbeziehungen zu bewältigen suchen. Er führt im Weiteren das von Sennett als Drift bezeichnete Lebensgefühl des flexiblen Menschen unter der Perspektive von Verarbeitungsstrategien auf und leitet einige Schlussfolgerungen für pädagogisches Handeln in der beruflichen Weiterbildung ab. Damit betont er wie Reutter die Notwendigkeit, Lernkonzeptionen wie das der Lernberatung auch unter inhaltlichen Gesichtspunkten zu betrachten. Aufklärung und Reflexion sind für Epping zur Bewältigung der neuen Arbeitsbeziehungen untrennbar miteinander verbunden. Entgrenzung beruflicher Weiterbildung. Er verweist damit auf die Notwendigkeit, die Trennung zwischen beruflicher und allgemeiner Weiterbildung aufzuheben, weil ein auf fachlich-funktionale Qualifizierung ausgerichtete berufliche Weiterbildung zur Bewältigung der veränderten Arbeitsbeziehungen und Anforderungsstrukturen nicht mehr ausreicht.

H. Pätzold beschäftigt sich mit dem vor allem in der beruflichen Weiterbildung vorfindbaren Dilemma der nur eingeschränkt gegebenen Freiwilligkeit der Teilnahme (Kap. I/6.). Mit Rückgriff auf konstruktivistische Lernverständnisse macht er deutlich, dass ein Zwang zum Lernen und zur Beratung in letzter Konsequenz unmöglich ist und ein Zwang zu Beratung möglicherweise den Erfolg beim Lernen sogar verhindert. Zur Lösung dieses Dilemmas schlägt Pätzold eine Unterscheidung zwischen

Binnenfreiwilligkeit und äußerer Freiwilligkeit vor und zeigt an drei Beispielen einen Mittelweg zwischen Beratungspflicht und Freiwilligkeit auf.

Der zweite Teil

... beschreibt Ausschnitte aus dem **Lernberatungshandeln in kontextspezifischen Konzepten**, aus denen sich die eingangs entfalteten Weiterentwicklungen der ursprünglichen Lernberatungskonzeption ableiten ließen. Autor/inn/en aus unterschiedlicher Handlungskontexten beruflicher Weiterbildung beschreiben und analysieren die konkreten Umsetzungserfahrungen aber auch die Grenzen von Umsetzungen. Zwei Beiträge befassen sich mit Biographieorientierung als Prinzip und seine praktische Umsetzung (I. Holtschmidt und K. Klein-Dessoy), zwei weitere mit der Verbindung von Kompetenzbilanzierung und Lernberatung (B. Käpplinger und Ch. Rahn). Beide Perspektiven sind getragen von empirischen Ergebnissen, die darauf verweisen, dass Lernende um so eher Verantwortung für ihr Lernen übernehmen können, als sie ein Bewusstsein über ihre lebensbiographisch erworbenen Kompetenzen und damit verbunden auch über ihre Lernhaltungen und -verhaltensweisen haben. Da dieses Bewusstsein nicht vorausgesetzt werden kann, sind bewusstseinsschärfende Lernangebote dem Lernberatungsverständnis immanent. B. Grube, A. Wenzig und K. Behlke illustrieren konkrete Umsetzungen der handlungsleitenden Prinzipien von Lernberatung in Methoden, Instrumenten und Verfahren; I. Holtschmidt/D. Zisenis fokussieren auf eine Praxis, die Lernberatung mit einem QM-Verfahren zu fassen sucht.

Mit den Chancen und Grenzen von Biographieorientierung in der Erwachsenenbildung befasst sich *I. Holtschmidt* in Kap. II/1., das sich auf der Schnittstelle von Theorie und Praxis bewegt. Mit ihren Ausführungen zu Begriffen und Charakteristika von Biographieorientierung und der Rolle von Lehrenden/Lernberatenden als Professionellen reflektiert sie theoriegeleitet die Bedeutung dieses Prinzips, aber auch seine Grenzen und Risiken in pädagogischen Lern-/Lehrsettings. Ihre Umsetzungsbeispiele stehen im Zusammenhang mit einer Fort- und Weiterbildungspraxis, die getragen ist von einem reflexiven biographieorientierten Bildungsverständnis und in der auch aktuell an der Professionalisierung von Biographieorientierung gearbeitet wird.

Die von I. Holtschmidt vorgebrachten Überlegungen zu biographieorientiertem Lernen werden *von K. Klein-Dessoy* weiterführend methodisch unterlegt (Kap. II/2.). Ausgehend von unterschiedlichen Zielgruppen in Bildungseinrichtungen begründet die Autorin unterschiedliche Methoden der Biographieorientierung. Sie vernetzt dabei die Lernberatungsprinzipien der Biographie- und Kompetenzorientierung und fokussiert auf zwei methodische Beispiele, die es Lernenden ermöglichen, sich ihrer Ressourcen und (Lern-)Kompetenzen bewusster zu werden. K. Klein-Dessoy macht deutlich, dass das biographieorientierte Bewusstmachen von Kompetenzen nicht nur für die Lernenden wichtig ist, um Lernziele ableiten zu können, sondern auch für die Lernberatenden eine Orientierungsfunktion für die Bereitstellung eines Ermöglichungsrahmens zum Lernen darstellt. Sie geht, basierend auf den Erkenntnissen aus der Umsetzung einer auf selbstorganisiertes Lernen ausgerichteten Lernberatungskonzeption davon aus, dass das aktive Nutzen von Lernermöglichkeitsräumen die Selbsterforschung der individuellen Kompetenzbiographie zur Voraussetzung hat. Mit konkreten didaktisch-methodischen Hinweisen und Umsetzungserfahrungen stellt sie die Methode des Arbeitspanoramas vor und Ausschnitte aus der Familienkompetenzbilanz des DJI. Mit einem Blick in ein Modul aus der QUALI-Box ‚Mein Weg' stellt sie ein Verfahren vor, das sich vor allem in der Bildungsarbeit mit jungen Erwachsenen bewährt hat.

Wie die didaktischen Prinzipien der Biographie-, Kompetenz- und Ressourcenorientierung, die die Lernberatungskonzeption charakterisieren, durch den Einsatz von Kompetenzbilanzierungen mit Leben gefüllt werden können, zeigt **B. Käpplinger** in Kap. II/3. auf der Basis von Interviews, die er mit Nutzern von Kompetenzbilanzen im Rahmen eines öffentlich geförderten Projektes geführt hat. Er analysiert unterschiedliche Wahrnehmungsmuster und damit verbunden Nutzenperspektiven und leitet daraus jeweils Konsequenzen für den Einsatz von Kompetenzbilanzierung im Sinne eines Bewusstwerdens lebensbiographisch erworbener Kompetenzen in der Lernberatung ab. Sein Beitrag soll weniger eine abgeschlossene Ergebnispräsentation darstellen als viel mehr Anstöße zur Diskussion liefern. Dabei wird vor allem deutlich, welche Erwartungen Nutzer von Kompetenzbilanzierung an ein beratend begleitendes Setting haben, wenn sie ihre formal und informell erworbenen Kompetenzen bilanzieren.

Wie im Kapitel von B. Käpplinger bilden bei **Ch. Rahn** (Kap. II/4.) die Erfahrungen aus dem Projekt TAK ‚Transparenz und Akzeptanz informell erworbener Kompetenzen' den Rahmen ihrer Überlegungen, in dem sie in einem Gestaltungsprojekt mitgewirkt hat. Zielgruppen waren hier neben erwachsenen Teilnehmer/inne/n beruflicher Weiterbildungsangebote auch Schüler/innen aus allgemeinbildenden und Berufsschulen. Neben diesem Projekt war die Autorin auch in einem Nachbarprojekt aktiv, das sich mit der Weiterentwicklung der Lernberatungskonzeption beschäftigte. Damit war die Basis für die Verschränkung von Kompetenzerfassung und Lernberatung gegeben, deren Gemeinsames für Rahn das Ermöglichen individueller Reflexionsprozess darstellt und die sich durch das Ziel einer Stärkung der Subjekte auszeichnen. Rahn zeichnet nicht nur die Diskurse zur Wissensgesellschaft nach, sondern bettet die Auseinandersetzung in pädagogische Konzeptionen in die gesellschaftliche und ökonomischen Verhältnisse ein und liefert eine kritische Analyse der Leitbegriffe ‚Kompetenzentwicklung' und ‚lebenslanges Lernen'. Nach der Darstellung der eingesetzten Instrumente und den damit gemachten Erfahrungen analysiert die Autorin detailliert den Zusammenhang zwischen der subjektiven Wertung der Kompetenzerfassung und dem jeweiligen sozialen Status, wobei sie sich am Habituskonzept von Bourdieu orientiert. Abschließend beschreibt sie die notwendigen Konsequenzen für eine Veränderung von Bildungsarbeit und Schule.

Einen Aspekt der Lernberatungskonzeption, den des handlungsleitenden Prinzips der Teilnehmerorientierung als Verantwortungsteilung rückt **B. Grube** aus psychologischer Perspektive in den Fokus seiner Überlegungen (Kap. II/5.). Er hat dabei – ausgehend von seiner Arbeit in einer Einrichtung der beruflichen Rehabilitation – Teilnehmende im Blick, die aktuell oder auch langfristig in einer krisenhaften Situation sind und deren Biographie sich durch kumulierte Misserfolgserfahrung und schwache Kompetenzüberzeugung auszeichnet. Er beschreibt die Vorüberlegungen und richtungsgebende psychologische Modelle, die leitend waren für die Entwicklung des Zieltrainings, mit dessen Hilfe es den Teilnehmenden ermöglicht werden soll, eine autonome Zielfindung und -realisierung mit dem Aufbau einer Selbstlernmanagementkompetenz zu verbinden. Der Beitrag konzentriert sich auf die Beschreibung einer Fülle von Wirkfaktoren, die es bei der Entwicklung eines Instruments wie des

Zieltrainings zu bedenken gibt, stellt das Instrument und das Verfahren vor und bilanziert die ersten Umsetzungserfahrungen.

Die fachliche Funktion von Lernberatung (Kap. II/6.)wird im Beitrag von *A. Wenzig* in Verbindung mit der Ermöglichung von selbstgesteuertem Lernen konkretisiert. A. Wenzig greift damit eines der uns immer wieder begegnenden Missverständnisse auf, Lernberatung habe eine ausschließlich orientierende und auf das Lernen als solches konzentrierte Funktion. Mit einem exemplarischen ‚Werkzeugkoffer' ermutigt sie, lebendige Formen des Lernens, die Verantwortungsübernahme für Lernen im sozialen Kontext zum Erschließen von Wissen ermöglichen und das ‚Handwerkszeug', das in den Kernelementen von Lernberatung beschrieben ist, als integriertes Lernberatungshandeln zu begreifen.

K. Behlke stellt als erweiterte Perspektive im Lernberatungshandeln in Kap. II/7. Evaluationen auf verschiedenen Ebenen in den Mittelpunkt. Evaluationen lösen aus ihrer Perspektive zum einen auf Grundlage einer veränderten Haltung zu Lernen und Lernenden Begriffe wie Lernerfolgskontrolle, Lernzielkontrolle u.ä. ab und werden gleichermaßen in Form von Selbst- als auch Fremdevaluation begriffen. Zum anderen verweist sie auf Erfahrungen und Ergebnisse zur Evaluierung von lernförderlichen und lernhemmenden Faktoren unter Beteiligung oder gar Verantwortung der Lernenden. Einen besonderen Aspekt legt sie in die formative Evaluation der lernberatungsspezifischen Settings, Methoden und Verfahren und deren Wirksamkeit, um Prozessoptimierungen im Lernen kontinuierlich zu ermöglichen. Formative Evaluation, so ihr Plädoyer, ist damit in der Lernberatung konzeptionell stärker zu verorten, wie dies bislang der Fall war.

„Wie lässt sich Lernberatung in Qualitätsstandards so fassen, dass die Prozessorientierung und damit die Freiheitsgrade für die Selbststeuerung im Lernen gewährleistet und als zentrales Qualitätsmerkmal sichtbar bleiben?" Mit dieser Frage kann der Beitrag von *I. Holtschmidt und D. Zisenis* in Kap. II/8. zusammengefasst werden. Die Entwicklung und Erprobung ihrer kontextspezifischen ‚prozessbegleitenden Lernberatung im Trialog' war in ein Qualitätsmanagementverfahren integriert mit dem Ziel, die klassische Seminararbeit zu qualifizieren und zu evaluieren. Die Entwicklung von Qualitätsstandards stand in der Balance zwischen verbindlichen Absprachen im Team zur Schärfung des pädagogischen Profils und den erforderlichen Freiräumen für persönlich geprägtes, authentisches Handeln als Lernberater/in. Dieser Beitrag stellt mit ersten Personal- und Organisationsentwicklungsaspekten zugleich die Brücke in den dritten Teil dieses Bandes dar.

Mit dem dritten Teil

.... verändert sich die Perspektive, indem der Blick auf pädagogisch Tätige und die Organisation der Bildungseinrichtungen gelenkt wird. **Aspekte der Personal- und Organisationsentwicklung** stehen im Mittelpunkt. Die Brücke bildet dabei der Beitrag von R. Arnold u.a., in dem der Frage nachgegangen wird, welche Kompetenzen Lernende brauchen, um selbstgesteuert lernen zu können, aber auch, welche Erwartungen Lernende an die Kompetenzen der pädagogisch Tätigen haben.

R. Arnold, C. Gómez Tutor und J. Kämmerer stellen in Kap. III/1. die Ergebnisse einer empirischen Untersuchung vor, die Anforderungen an selbstgesteuertes Lernende erfasst und die Kompetenzen identifizierte, die Lernende brauchen, um selbstgesteuert lernen zu können. Einleitend skizzieren sie, ausgehend von neurobiologischen und konstruktivistischen Erkenntnissen die Bedeutung der individuellen Voraussetzungen für Lernen. Die Untersuchung selbst erfasst sechs unterschiedliche Kompetenzbereiche für selbstgesteuertes Lernen, neu ist dabei die Berücksichtigung emotionaler Kompetenz. Nach der Darstellung zentraler Ergebnisse zeigen die Autor/inn/en auf, welche Konsequenzen sich aus den Ergebnissen für das professionelle Selbstverständnis der Lehrenden ergeben und beschreiben Strategien zur Förderung der jeweiligen Kompetenzbereiche. Die Untersuchung liefert in weiten Teilen die empirische Bestätigung der Lernberatungskonzeption. Im zweiten Teil wird die Sicht der Lernenden auf die Lehrenden dargestellt, differenziert nach ‚hochselbstgesteuert' und ‚wenigselbstgesteuert' Lernenden. Abschließend werden die Kompetenzen skizziert, die Lehrende brauchen, um eine Hinführung zu selbstgesteuertem Lernen zu ermöglichen. Zentral erscheint dabei die emotionale Kompetenz, um den Umgang mit den Unsicherheiten und dem Nicht-Planbaren bewältigen zu können.

Der Beitrag von *E. Fischer* nimmt nicht den klassischen Lerner in den Blick, sondern geht der Frage nach, wie diejenigen selbstorganisiert lernen können, die als Mitarbeiter/innen in Bildungseinrichtungen Lernende zu selbstorganisiertem Lernen befähigen sollen (Kap. III/2.). Auf der Basis eines mehrjährigen Projektvorhabens zeichnet sie nach, wie aus täglichen Arbeitsaufgaben Lernanlässe für selbstorganisiertes Lernen gestaltet werden können und welche Rahmenbedingungen dazu gegeben sein müssen. Die dabei entwickelten Lernangebote werden transferiert und als Lerndienstleistungen den Kunden der Bildungseinrichtungen zugänglich. Handlungsleitend war dabei das Konzept der Qualifizierten Arbeitsgestaltung (QAG), in der Personal- und Organisationsentwicklung miteinander verkoppelt werden. Dabei wird davon ausgegangen, dass entsprechende Modelle nicht für, sondern nur mit den Mitarbeiter/innen partizipativ entwickelt werden können und Unterstützung im Lernen durch Lernbegleiter notwendig ist. Wichtig erscheint der Hinweis, dass auch bei noch so ‚ausgereiften' Modellen ein linearer Transfer nicht möglich ist, sondern immer eine Adaption an die jeweiligen Kontexte erfolgen muss.

Wie sich die didaktischen Prinzipien und die Gestaltungselemente der weiterentwickelten Lernberatungskonzeption für Personal- und Organisationsentwicklung modifizieren und transferieren lassen, macht *A. Wenzig* auf eindrückliche Weise mit Kap. III/3. deutlich. Auf der Basis der Erfahrungen der wissenschaftlichen Begleitung eines Projektverbundes skizziert sie Lernberatung als Lernprozessbegleitung auf der Ebene der Organisation und des Personals. Einführend setzt sie sich mit dem Kulturbegriff (Lern-, Arbeits-, Organisationskultur) auseinander und zeigt, dass Kulturveränderungen alle drei Ebenen umfassen müssen, wenn sie wirksam werden sollen. Am Beispiel der Gestaltungselemente von Lernberatung (Lerntagebuch, Lernkonferenz usf.) wird die zentrale Bedeutung der wissenschaftlichen Begleitung als Motor von Kulturveränderungen deutlich, die sich in ihrem Selbstverständnis als Forscher, Gestalter und Berater begreift. Abschließend fasst A. Wenzig die Voraussetzungen für Lernprozesse in der Organisation zusammen.

Mit einem originellen Prolog führt *G. Gerhardter* ihren Beitrag (Kap. III/4.) ein, der die Erfahrungen aus einem ungewöhnlichen Projekt vorstellt, das im Rahmen des EQUAL-Programms an zwei Orten in Niederösterreich durchgeführt wurde. Sie beschreibt die Vorüberlegungen und die Praxis der sog. LOT-Häuser (Lernen – Orientieren – Tun), die losgelöst von den Traditionen und Zwängen etablierter Erwachsenenbildungseinrichtungen konsequent und systematisch auf Selbststeuerung und Selbstorganisation im Lernen setzen. Im Mittelpunkt ihrer Ausführungen stehen nicht so sehr die Lernenden als vielmehr die Frage, welche Veränderungen sich beim pädagogisch tätigen Personal, bei der Organisation der Bildungseinrichtung, bei der Mittelvergabe und bei der Verantwortung im regionalen Geflecht notwendigerweise ergeben müssen, um derartige neue Ansätze mit Leben zu erfüllen. G. Gerhardter beschreibt den Prozess des Vergessenmüssens von scheinbar bewährten Traditionen und Vorgehensweisen.

M. Kemper und M. Wacker entwickeln auf der Basis langjähriger Erfahrungen in der Beratung von Organisationen eine Konzeption einer potenzialorientierten Organisationsentwicklung und -beratung (POEB). Ausgehend von der Prämisse, dass Organisationsentwicklung eine doppelte Aufgabe hat, die der Verbesserung der Leistungsfähigkeit der Organisation und die der Verbesserung der Qualität der Arbeit, entwerfen sie ein Beratungsmodell, das drei Entwicklungsdimensionen im Blick hat: die Strategie, die Struktur und die Kultur einer Organisation (Kap. III/5.). Die Konzeption der Lernberatung, an deren Entwicklung M. Kemper maßgeblich beteiligt war, stellt in ihren handlungsleitenden Prinzipien die Folie für die inhaltliche Ausrichtung von POEB dar, wie sie sich u.a. in den Prinzipien der Potenzial- und Reflexionsorientierung, der Partizipation und Verantwortungsteilung niederschlagen. Neben einer Darstellung der Ausgangsüberlegungen und der praktischen Instrumente und Verfahren finden sich grundsätzliche Überlegungen zur Rolle und zum Aufgabenverständnis von Organisationsberater/inne/n in Beratungskontexten, die sich zunehmend durch steigende Komplexität, wachsende Dynamik und fehlende Planbarkeit auszeichnen und auch Non-Profit-Organisationen zunehmend dem Zwang zu ökonomischem Denken aussetzen.

Der Band richtet sich

... an pädagogisch Tätige in den ganz unterschiedlichen Kontexten der Erwachsenenbildung, die sich mit dem Wandel von der Lehre zum Lernen beschäftigen und auf der Suche nach entsprechenden Gestaltungskonzepten sind. Er richtet sich auch die wissenschaftlich Tätigen, die sich mit den Konsequenzen der Debatte um Ermöglichungsdidaktik und selbstorganisiertes Lernen auseinandersetzen. Nicht zuletzt sollen natürlich auch Studierende angesprochen werden, die eine Tätigkeit in der Erwachsenenbildung anstreben.

Wir hoffen, dass es uns gelungen ist, nicht nur neugierig zu machen, sondern auch diejenigen zu bestärken, die in ihrer Praxis mit der Konzeption von Lernberatung arbeiten, für andere Anstöße zur Veränderung der Praxis und zur Weiterentwicklung der Theorie geliefert zu haben.

Rosemarie Klein und Gerhard Reutter

Teil I: Weiterentwicklungen der Lernberatungskonzeption

I/1. Begründungen für Lernberatung und konzeptionelles Verständnis

Rosemarie Klein / Gerhard Reutter

1. Aktuelle Begründungen aus öffentlichen Diskursen

Lernberatung in der Erwachsenenbildung stand vor nur wenigen Jahren für die Suche nach Antworten der organisierten Weiterbildung auf die Anforderungen des lebensbegleitenden und selbstorganisierten Lernens (Kemper/Klein 1998, S. 19f) – mittlerweile kann Lernberatung als eine Antwort gelten, die wichtige Impulse zum Ermöglichen selbstorganisierten Lernens in fremdorganisierten Kontexten geliefert hat[1]. Die damalige Notwendigkeit, neue Konzeptionen in der organisierten Weiterbildung zu entwickeln und umzusetzen, begründete sich aus einer Krise der Weiterbildungsorganisationen, deren gesellschaftliche Funktionen zunehmend unklar geworden waren und deren Reformbedarf in aller Munde war (vgl. Staudt/Kriegesmann 1999). Einen Lösungsweg schienen die neuen Medien zu bieten, mit deren Einsatz entinstitutionalisiert individualisiertes Lernen ermöglicht werden sollte, das darüber hinaus auch noch kostengünstiger sein sollte und ein Vorhalten von Weiterbildungseinrichtungen als Aufgabe staatlicher Daseinsvorsorge mittelfristig überflüssig machen sollte. Weiterbildungseinrichtungen standen im Blickfeld ökonomischer Einsparungsinteressen. Man kann festhalten: Die Suche nach Antworten auf die Fragen der damals aktuellen Diskurse war eher aus einer Not und weniger aus pädagogischer Innovationsfreudigkeit heraus begründet.

Die aktuelle Ausgangssituation ist eine andere. Auch wenn die gesellschaftliche Funktion von Weiterbildungseinrichtungen weiterhin Gegenstand öffentlicher Debatten ist und auch wenn in der Folge der sog. Hartz-Reformen für viele Einrichtungen der beruflichen Weiterbildung das Mindestmaß an personeller und materieller Planungssicherheit weggebrochen ist (vgl. Kemper/Wacker in diesem Band), wurde die Lernberatungskonzeption und ihr Beitrag für selbstorganisiertes Lernen von einer Reihe von innovativen Weiterbildungseinrichtungen modifizierend weiterentwickelt. Dazu gehörte auch eine Verortung der Lernberatungskonzeption in bildungspolitische, arbeitsmarktpolitische, sozialpolitische und nicht zuletzt – diese vernetzend – andragogische, pädagogische und lerntheoretische Diskurse, die sich wie folgt skizzieren lassen:

---

[1] Inwieweit sie damit auch einen Beitrag zur Bereitschaft der Individuen zum lebensbegleitenden Lernen leisten konnte, ist eine nach wie vor offene Frage, die Langzeitforschungen erfordert.

- Die gesellschaftliche Forderung des **lebenslangen Lernens**, die in bildungspolitischen und pädagogisch-wissenschaftlichen Diskursen geführt wird.
- Der Ansatz des **selbstgesteuerten/selbstorganisierten Lernens**, der Ende der 70er Jahre aus England bekannt wurde und nach kurzer Zeit die bildungspolitischen, arbeitsmarktpolitischen, lerntheoretischen und pädagogischen Diskurse prägte.
- Der **Paradigmenwechsel vom Lehren zum Lernen**, der – unterstützt durch neuere Erkenntnisse der neurobiologisch fundierten Lernforschung – seine Begründung in der Theorie des **pädagogischen Konstruktivismus** findet[2].
- Die Debatte um eine (neue) **Lern-/Lehrkultur**, die Ende der 90er Jahre aus der Erwachsenenbildungswissenschaft entstand und u.a. im Forschungs- und Entwicklungsprogramm ‚Lern-/Lehrkultur Kompetenzentwicklung' eine bildungspolitische Rahmung erhalten hat.
- Die Ernüchterung im Hinblick auf die Potenziale des Hoffnungsträgers ‚**neue Lernmedien**', wo ursprünglich von einem ‚supportfreien' Lernen ausgegangen wurde, das jedoch auf Nutzerebene nicht die erhoffte Akzeptanz finden konnte.
- Die Debatte um **pädagogische Qualität und Qualitätssicherung**, die in den Weiterbildungseinrichtungen zu einer professionellen Selbstvergewisserung um erwachsenenpädagogische Verständnisse geführt haben.
- Die **Kompetenzentwicklungsdebatte**, die u.E. in einer nicht-explizierten Renaissance des Schlüsselqualifikationsansatzes von Dieter Mertens die Bildungsdimensionen ‚Persönlichkeitsentfaltung', ‚Sicherung beruflicher Existenz' und ‚gesellschaftliches Verhalten' mit der Relevanz lebensbiographisch erworbener berufsrelevanter Kompetenzen in einem entgrenzten Verständnis um die Anlässe und Orte des Lernens verbindet.

Zu vergleichbaren Einordnungen und Begründungen kommt auch Pätzold (2004), wenn er der grundsätzlichen Frage nachgeht, ob sich „Lernberatung als Tätigkeit in die Formen erwachsenenpädagogischen Handelns integrieren lässt" (S. 7) bzw. ob sich „eine Notwendigkeit von Lernberatung... aus den erwachsenenpädagogischen Diskursen heraus schlüssig begründen lässt." (ebd.) Pätzold weist mit seiner Argumentation aus, dass „ein Konzept pädagogischer Lernberatung für erwachsene Lerner einigen Anforderungen entspricht, die die gesellschaftliche Modernisierung sowohl gegenüber dem einzelnen Lernenden als auch gegenüber dem Bildungssystem mit sich bringt" (S. 25), indem er aus den Debatten um das lebenslange Lernen, den Wandel der Lernkultur, das selbstgesteuerte Lernen und den Konstruktivismus in erkenntnistheoretischer Sicht wesentliche Elemente identifiziert, die ein Konzept von Lernberatung stützen. Seine Analysen schließen damit eine wesentliche Lücke in den bisherigen Versuchen, die konzeptionellen Grundlagen von Lernberatung zu fassen.

2. Lernberatung als Konzeption von Erwachsenenbildung

Die Lernberatungskonzeption ist ein Orientierung und Struktur gebender Gestaltungsrahmen für die Ermöglichung von selbstorganisiertem Lernen in einer

---

[2] Der so neu allerdings nicht ist, wie die Lektüre von Comenius, Schleiermacher u.a. zeigt.

(neuen) Lern-/Lehrkultur. Sie stellt eine Antwort der organisierten Erwachsenenbildung auf die gesellschaftlichen Anforderungen des lebensbegleitenden und selbstorganisierten Lernens dar. Als Konzeption will sie für unterschiedliche Handlungskontexte von Erwachsenenbildung adaptions- und kontextspezifische Modifikationsimpulse geben. **Die Lernberatungskonzeption muss also in organisations- und zielgruppenspezifischen Konzepten kontextualisiert werden** (vgl. ProLern 2005, S. 13, Klein 2005, S. 157, Wenzig 2005). Die Lernberatungskonzeption erhebt nicht den Anspruch des völlig Neuen, auch nicht den des ‚Modernen', sondern ist eine Kombination von bekannten Wissensbeständen um das Lernen Erwachsener in der Organisation und bildet somit Anschlüsse an bekanntes und bewährtes Professionswissen. Als Konzeption ist sie beschreibbar in der ihr zugrunde liegenden pädagogischen Haltung, die sich in **handlungsleitenden Prinzipien** (orientierungsgebender Gestaltungsrahmen) und in **Kernelementen** (strukturgebender Gestaltungsrahmen) fassen lässt. Mit der Begriffswahl ‚Lernberatungskonzeption' soll die Offenheit für die kontextspezifischen Konzeptualisierungen und damit verbundenen begrifflichen Konkretisierungen gewahrt sein. So finden sich in diesem Band Beiträge, die auf je spezifische Kontexte ausgerichtet von „prozessbegleitender Lernberatung" (vgl. Holtschmidt/Zisenis), von „Ganzheitlicher Lern- und Weiterbildungsberatung" (vgl. Klein-Dessoy) oder von „Lernberatung als Lernprozessbegleitung" sprechen (vgl. Behlke und Grube).

2.1 Schritte von der Lehr- zu einer Lern-/Lehrkultur

Die Lernberatungskonzeption[3] basiert auf der These: **Die Fähigkeit zum Selbstorganisierten Lernen, das als Anforderung die Individuen zunehmend lebenslang begleiten wird, kann nicht umstandslos als Kompetenz vorausgesetzt werden, sondern bedarf lernprozessbegleitender Angebote.** PISA hat noch einmal den Blick dafür geschärft, dass Schule in ihrer jetzigen Verfasstheit nicht gerade zur Förderung dieser Kompetenz beiträgt. Es ist eher zu vermuten, dass sie die aus dem anthropologisch begründeten menschlichen Neugierverhalten – wie wir es bei Kindern beobachten – resultierende Neigung, selbstorganisiert und –gesteuert Neues zu entdecken, also zu lernen, eher bremst und blockiert. Schule geht ja nach wie vor im Wesentlichen von einem Lernen im Gleichschritt aus, vom Lehr-Lernkurzschluss (vgl. Holzkamp 1993) – und da sind eigene, selbstorganisierte Wege des Lernens dem Gesamtprozess eher hinderlich als förderlich.

„Es geht also weniger um die Frage nach einem allgemeinen Begriff von Lern-/Lehrkultur, sondern eher um die Frage wie fallbezogene Beschreibungen von Lern-/Lehrkultur möglich sind. Angenommen wird also, daß es nicht eine Lern-/Lehrkultur, sondern viele Lern-/Lehrkulturen gibt." (Weinberg 1999, S. 88)

Zu selbstorganisiertem Lernen in der Organisation bedarf es für die meisten Individuen hinführender, ermöglichender Angebote, bedarf es einer Ermöglichung im Lern-/Lehrsetting und professionellen Support. Lernberatung als Konzeption bietet

---

[3] Wenn wir im Folgenden manchmal nur von Lernberatung sprechen, ist damit immer die Lernberatungskonzeption gemeint. Aus sprachlichen Gründen gebrauchen wir auch den verkürzten Begriff

hierzu einen strukturierenden und orientierenden Rahmen, der eine Reihe von Gemeinsamkeiten aufweist und auf ganz unterschiedliche Zielgruppen, Individuen und Qualifizierungs-, Bildungs-, Beratungsangebote angepasst werden kann.

Lernberatung basiert darauf, durch ein lernermöglichendes Setting, das auch Beratung im Lernen umfasst, die **Selbstverantwortung der Lernenden für ihren Lernprozess zu ermöglichen und zu fördern.**

Lernberatung basiert auf einem Verständnis von selbstorganisiertem Lernen als Verantwortungsteilung im Lern-/Lernberatungsprozess zwischen allen, an diesem sozialen Prozess Beteiligten: Lernende, Lernberater/innen, Einrichtungsverantwortliche.

Dies gelingt um so eher, als Lernenden in der ‚Fremdorganisation' Entscheidungs- und Handlungsräume für die Übernahme von Verantwortung in ihrem und für ihr eigenes Lernen haben und wenn diese Räume transparent sind. Wenn ich in diesem Zusammenhang davon spreche, dass Lernberatung auf einem Verständnis von selbstorganisierten Lernen als Verantwortungsteilung zwischen allen an dem sozialen Prozess Beteiligten basiert, so ist dies einerseits getragen von der Beobachtung, dass Lernende Verantwortung für das eigene Lernen nur dann übernehmen, wenn sie als Einflussgröße in der Gestaltung des Lern-/Lehrsettings ernst

Lernberatung als Konzeption zur Förderung des selbstorganisierten Lernens braucht einen hohen Organisationsgrad: Je individualisierter und flexibilisierter ein Lern-/Lehrsystem in einer Einrichtung ist, desto höher muss der Organisationsgrad sein, in dem sich Lernende und Lernberater/innen bewegen. Dies ist kein Paradoxon, sondern Normalität dort, wo es darum geht, selbstorganisiertes Lernen in organisierten Lernkontexten zu praktizieren und zu befördern.

genommen werden, wenn also ihre Interessen, Bedarfe, ihre Phantasie und ihre Kompetenzen als Steuerungsgröße genutzt werden. Andererseits ist diese Verantwortungsteilung zwischen den am sozialen Prozess Beteiligten auch von dem Bewusstsein um die faktisch gegebene und dem Lernen förderliche Asymmetrie der Beziehung zwischen Lernenden und Lernberatern/innen geprägt. Ziel der Verantwortungsteilung ist nicht das Suggerieren eines vermeintlichen Bildes, ‚Gleiche' zu sein. Verantwortungsteilung unterliegt selbst dem Prinzip der Verantwortlichkeit. Wir wissen darum, dass es dem Lernen der meisten Individuen förderlich ist (und es ihren Erwartungen entspricht), wenn der Lernberater als Experte in Sachen

„Wir verstehen darunter, ein Bewusstsein darüber zu haben und zu aktivieren
• was zu lernen wichtig ist und was nicht (Relevierungsfähigkeit);
• was man bereits kann und weiß (individuelle Kompetenzen/Qualifikationen);
• wohin man sich entwickeln will (eigene Lerninteressen/Lernziele);
• wo man sich gesellschaftliche Orientierungen holen kann, was zu lernen wichtig wäre (Lernbedarfe);
• wie man subjektive Lernbedarfsanalysen macht;
• wie man selbst am besten/effektivsten lernt (Lernstrategien/Bewusstsein über die inneren und äußeren Bedingungen, die das eigene Lernen fördern/behindern);
• wo die eigenen Grenzen liegen."
(Kemper/Klein 1998, S. 35)

Lernen und in Bezug auf die Lerninhalte seiner Rolle gerecht wird und damit eine professionelle Verantwortung behält.

Lernberatung folgt dem Ziel, die **Lern-Management-Kompetenz der Lernenden** (vgl. Kemper/Klein 1998) als zunehmend wichtiger werdende Kompetenz zur eigenen Steuerung des lebensbegleitenden Lernens zu fördern. Dies verweist auf einen Support, der das Individuum zu mehr selbstbestimmtem Lernen befähigt, erhebt also selbstorganisiertes Lernen zum Lerngegenstand. Lernberatung ermöglicht Erfahrungsräume mit selbstorganisiertem Lernen in der Organisation. Damit soll deutlich werden: Es ist auch davon auszugehen, dass Individuen ihre Lernpotenziale in außerorganisationalen Lernwelten eher und in anderer Weise aktivieren. „Sowie sie bei uns durch die Tür gehen, fällt eine Klappe und sie werden zu Lehrkonsumenten, weil sie ein anderes Lernen, das sich ja sonst durchaus praktizieren, jedoch ohne es ‚Lernen' zu nennen, einfach nicht mehr denken." (Zitat einer Lernberaterin aus ProLern) Durch das praktische Tun werden subjektiven Lernhaltungen und -verhaltensweisen mit anderen Erfahrungen konfrontiert. Damit wird durch Lernberatung Reflexion über Lernhaltungen und -verhalten angestoßen und neue Erfahrungen gleichfalls der Reflexion zugänglich gemacht. Dies ist, abhängig von den lernbiographisch begründeten individuellen oder auch zielgruppenspezifischen Voraussetzungen, in unterschiedlicher Intensität und Ausrichtung erforderlich, jedoch ein wesentlicher Grundbestandteil von Lernberatung.

Gerade eine auf das ‚Selbst' orientierte Bildungspraxis läuft Gefahr, im übergroßen Zutrauen auf die ‚Selbst'-Fähigkeiten der Subjekte ungewollt zum Segregationsinstrument zu werden und diejenigen zu überfordern, die das Lernen als selbsttätiges Erschließen von Wissen nicht gelernt haben. Es dürfte nach wie vor eine Vielzahl von Erwachsenen sein, die über die dazu erforderlichen metakognitiven Kompetenzen nicht hinreichend verfügen, auf die Hans Dietrich Raapke bereits Ende der 60er Jahre verwiesen hat. Der historische Blick zeigt, dass er bereits damals den Aufmerksamkeitswechsel vom Lehren zum Lernen angesprochen hat (vgl. Tietgens in Kemper/Klein 1998), indem er auf die **Bedeutung der metakognitiven Kompetenzen** als Voraussetzungen für gelingendes Lernen hingewiesen hat. Reflektierte Lernerfahrung, situationsangemessene Aktivierung von Vorwissen um biographisch erworbenen Kompetenzen, Informationsstrategien und das Erkennen von Transfer- und Subsumierungsmöglichkeiten sind Kompetenzfelder, die – biographisch begründet – individuell unterschiedlich ausgeprägt sind. Eher selten ist Lernenden ihr eigenes Lernhandeln bewusst. Und genau an dieser Stelle wird es im Verständnis von Lernberatung zur Aufgabe organisierter Lernsettings, Raum für eine Meta-Kommunikation über Lernen zu schaffen. Dies mag durchaus auch eine Brücke sein, um Lernpotenziale, die in außerorganisierten Lernwelten aktiviert werden, für das Lernen in der Organisation nutzbar zu machen (vgl. Käpplinger und Rahn in diesem Band). Lernberatung verweist andererseits auch auf eine Lern-/Lehrkultur innerhalb organisierter Weiterbildung, die dem Individuum ein Lernumfeld bietet, in dem Selbstorganisation sich entfalten kann. Implizit ist diesem Grundverständnis, auch für die Möglichkeiten des informellen Lernens als Ergänzung zu den organisierten Lernangeboten zu sensibilisieren bzw. informell erworbene Kompetenzen für den bewussten selbstorganisierten Einsatz sicht- und nutzbar zu machen.

In der fachöffentlichen Debatte bleibt ein Aspekt unterbelichtet: Da Veränderungen anscheinend am ehesten dann breite Aufmerksamkeit erhalten, wenn sie mit dem Etikett des absolut Neuen und Innovativen verbunden sind, wird der Blick auf das, was bereits bewährt ist und was es mit Neuem zu verknüpfen gilt, unklar und verschwommen. Dabei zeigt ein Blick in den Praxis der Erwachsenenbildung: **Es sind nicht zwingend Neu-Erfindungen**, wie es die scheinbar grenzenlosen Möglichkeiten des ‚Selbst'-Lernens mit den neuen Medien zu suggerieren suchen, die es zu entwickeln gilt, **es geht vielmehr darum, intelligente Verknüpfungen bekannter, vor- und angedachter Elemente andragogischer Wissensbestände um das Lernen**, Lehren und Beraten herzustellen. Neue Lern-/Lehrkultur im Kontext einer Orientierung auf mehr Selbstorganisation heißt dann, solche Elemente in eine Gesamtkonzeption zu binden, von deren Wert und Zugewinn alle am Lern-/Lehrprozess Beteiligten und Betroffenen überzeugt sind bzw. den sie erfahren haben. Es bedarf des reflexiven Austauschs, der Interaktion als Aushandlungsprozess zwischen den beteiligten Lernenden, Lernberater/inne/n und Einrichtungsverantwortlichen. Dies verweist auf den **Prozesscharakter bei der Suche nach Konzepten**, Wegen und Formen auf dem Weg vom Lehren zum Lernen, bei dem die Lernenden zentrale Ausgangs- und Zielpunkte andragogischen Handelns darstellen, zugleich jedoch auch Lernberatende und Einrichtungsverantwortliche sich als Lernende begreifen. Es verweist auch auf eine innere Haltung, die darauf basiert, dass die Veränderungsschritte Zeit brauchen, ein gutes Management benötigen und eingebunden werden müssen in eine Konzeption der Personal- und Organisationsentwicklung.

Manche Weiterbildungseinrichtungen haben in ihrem Konzept von Lernberatung sich nicht auf den Binnenraum ‚Kurs' oder ‚Maßnahme' beschränkt, sondern **Aspekte der Weiterbildungs- und Transferberatung** systematisch mit einbezogen. In Bezug auf Weiterbildungsberatung orientieren sie dabei auf die Unterstützung der Individuen, Informationen über formelle Weiterbildungsmöglichkeiten und informelle Lernmöglichkeiten mit Lebenszielen, Lerninteressen und Lernbedarfen zu verknüpfen und daraus eine begründete Entscheidung für einen individuellen Weg zur Sicherung und Weiterentwicklung beruflicher und außerberuflicher Kompetenzen zu fällen. Im Verlauf des Lernprozesses werden dabei die Entscheidungsmotive und die daraus abgeleiteten Ziele immer wieder überdacht, in der Folge gefestigt oder verändert. Lernberatung meint in diesen Praxen weniger die ‚Weiterbildungsberatung als Vorfeldberatung' (Klein/Reutter u.a. 2002), sondern die lernprozessbegleitende Absicherung und prozessbezogene Begründung der eigenen Entscheidung für den gewählten Lern- und Kompetenzentwicklungsweg. Im Zentrum steht demzufolge weniger die Weitergabe von Informationen, sondern das Eröffnen von Wegen zu Informationen und die beratende Unterstützung für begründete Entscheidungen des Individuums. Auch hier verbindet sich die Beratung mit dem Öffnen des Blicks auf Wege des informellen, des nicht-organisierten Lernens. Lernberatung integriert bei einigen Projekten mit unterschiedlichen Begründungen Transferberatung als eine Beratung, die gezielt die nach der Weiterbildung anstehenden Arbeitssituationen betrifft oder – insbesondere in peripheren Regionen – die Vorbereitung auf eine (nächste) Phase von Leben neben bzw. außerhalb der Erwerbsarbeit. Transferberatung meint damit zum einen generelle Perspektivenberatung, meint aber auch die Sicherung von

Wegen zur Umsetzung von Gelerntem im Tätigkeitsfeld.[4]

2.2 Zur Klärung einiger Missverständnisse: Was die Lernberatungskonzeption nicht ist

Es ist maßgeblich den ProLern-Aktivitäten (siehe Einführung) zu verdanken, dass wir mittlerweile auch präziser formulieren können, von welchen Verständnissen von Lernberatung, die in anderen Handlungskontexten gelten, wir uns abgrenzen.[5] Im Zuge der vielfältigen Außenaktivitäten, in denen die ProLern-Beteiligten und wir in fachliche Diskurse einbezogen waren wurde ihr/unser Blick auf unterschiedliche Verständnisse von Lernberatung geweitet. Viele Fragen und Impulse haben dazu geführt, das eigene Verständnis auch in Bezug auf eine Abgrenzung zu schärfen. So wie selbstorganisiertes Lernen in den vergangenen Jahren zur Chiffre für Innovation geworden ist (Fuchs-Brünninghoff zit. nach Dietrich, 2001), entwickelte sich Lernberatung als „Omnibusbegriff auf Erfolgstour" (Käpplinger/Rohs, 2004). Einige der ‚anderen' Verständnisse von Lernberatung sollen hier kurz skizziert und das Verständnis von Lernberatung als Konzeption von Lernprozessbegleitung dabei herausgestellt werden:

Verständnis: Lernberatung als Problemberatung: Der Begriff Lernberatung wurde in den 70er und 80er Jahren[6] in der Bildungsarbeit in der Beziehung mit der größer werdenden Gruppe der Arbeitslosen und benachteiligten Jugendlichen benutzt. In diesem Zusammenhang war Lernberatung die Bezeichnung für didaktisch-methodische und beratende Ansätze zum Umgang mit lernungewohnten und lernmüden Bildungsteilnehmenden.

> *Lernberatung ermöglicht den Individuen, den Blick auf lebensbiographisch erworbene Kompetenzen zu schärfen und schafft damit Voraussetzungen, Verantwortung für das eigene Lernen zu übernehmen.*

Diese Rezeption findet sich noch heute. Lernberatung steht hier für alle Interventionen im Umgang mit Lernproblemen, getreu dem Motto: „Wer Lernberatung nötig hat, ist in Not." Lernberatung und damit als Konzeption ermöglichungsdidaktischen Handelns geht aus von der Frage,

---

[4] Dies gehört allerdings zu den schwierigsten Anforderungen, die aktuell an die berufliche Weiterbildung gestellt werden. Berufliche Weiterbildung orientiert nach wie vor auf die Reintegration in Erwerbsarbeit, obwohl nicht nur in peripheren Regionen die Gelingenswahrscheinlichkeit seit Jahren sinkt. Nach unserer Wahrnehmung hat sich die berufspädagogische Theorie dieser Problematik bisher unzureichend gestellt, obwohl die Praxis permanent mit diesen Problemlagen konfrontiert ist. Auch wir als Lernberatungsentwickler/innen haben noch keine überzeugenden Antworten auf die Frage gefunden, wie Weiterbildung auf längere Phasen ohne Erwerbsarbeit vorbereiten kann (vgl. Reutter in diesem Band und Epping/Klein/Reutter 2001)

[5] Wenn wir i.F. einige Verständnisse von Lernberatung als Missverständnisse beschreiben, ist die Gefahr eines weiteren Missverständnisses angelegt. Es geht uns darum, einige Verkürzungen und Verengungen aufzulisten, die Lernberatung nicht mehr als ganzheitliche Konzeption erscheinen lassen. Es geht uns nicht darum, die Lernberatungskonzeption von Kemper/Klein, die den beschriebenen Praxen den Orientierungsrahmen darstellte, als die einzige oder einzig wahre Form von Lernberatung herauszuheben und damit andere Lernberatungskonzeptionen als geringerwertig erscheinen zu lassen.

[6] Wobei der Begriff der Lernberatung bereits in den 60er Jahren existierte.

wie Lernpotenziale für das eigene Lernen (re)aktiviert werden können. Eine Antwort liegt in der Ermöglichung von Verantwortungsübernahmen für den eigenen Lernprozess und das – so die Erfahrung – gelingt nur mit einer Orientierung an den Kompetenzen der lernenden Individuen. Die grundlegende Annahme, die durch die Praxis mittlerweile bestätigt ist, lautet: Die Bereitschaft und die Fähigkeit, Verantwortung für das eigene Lernen zu übernehmen und Potenziale des selbstorganisierten Lernens zu aktivieren oder auch zu entwickeln entsteht dann, wenn Lernenden mit einem kompetenzbasierten Blick begegnet wird und wenn sie durch entsprechende Angebote und ermöglichende Settings ihr Bewusstsein über lebensbiographisch erworbene Kompetenzen schärfen können.

Verständnis: Lernberatung als Lernberatungsgespräch: Das Beratungsgespräch als diagnostisch orientiertes Einzelgespräch, bei dem das Lernen im Mittelpunkt steht, markiert dieses Verständnis, das sich auf der Schwelle zwischen Pädagogik und Psychologie, zwischen Unterstützung und Therapie bewegen kann. Das Lernberatungsgespräch ist in unserem Verständnis *ein* Kernelement von Lernberatung, und es ist nicht primär problem- und defizitorientiert ausgerichtet, sondern umfasst alle Anlässe, die Lernende dazu bewegen, sich im strukturierten Dialog mit einem Lernberater/einer Lernberaterin oder einem Mitlernenden auszutauschen mit dem Ziel, den eigenen Lernprozess zu reflektieren (Blick zurück) und nach vorne gerichtet zu strukturieren. Lernberatungsgespräche finden in der Praxis nicht nur zwischen Lernendem und Lernberater als professionell strukturiertes Gespräch statt, sondern auch zwischen Lernenden, die hier als kollegiale Experten in eigener Sache stehen. Wie diese Beratungen zwischen Lernenden aussehen, ist bisher noch zu wenig in den Blick genommen worden. Anzunehmen ist, dass die reflexiven Impulse zum Nachdenken über das eigene Lernen und über die kollektiven Lernsettings Lernende zunehmend befähigen und ermutigen, über das Lernen in einen kollegialen Austausch zu gehen.

> *Das Lernberatungsgespräch als Kernelement meint den strukturierten Dialog zwischen Lernendem und Lernberater als professionelle Beratung und die kollegiale Beratung zwischen Lernenden zum individuellen Lernprozess.*

Verständnis: Lernberatung als Lerntraining, bei dem die Förderung von Lernen lernen im Vordergrund steht: Hier erfahren in der Praxis die in den 80er Jahren entwickelten Lerntrainings eine Renaissance, die i.d.R. als modularisierte Trainingsangebote integriert in Bildungsmaßnahmen angeboten werden und darauf abzielen, Lerntypenbestimmungen vorzunehmen, Lernstrategien einzuüben und Lernmethoden zu optimieren. Die Lernberatungskonzeption geht über traditionelle Konzepte der Förderung von Lernfähigkeit hinaus, indem sie biographieorientierten, reflexiven Angeboten folgt. Lernberatung beinhaltet möglichst nicht isolierte, sondern integrierte didaktische Elemente, die in Form biographieorientierter Angebote darauf ausrichtet, die Selbstlern-Management-Kom-

> *Lernberatung betont die Notwendigkeit, reflexive biographieorientierte Angebote in das Lernsetting zu integrieren, die das individuelle Bewusstsein über Lernhaltungen und -verhalten schärfen, und Ansatzpunkte für eine Lernkompetenzentwicklung zu bilden.*

petenzen (Kemper/Klein 1998, S. 35), die Individuen in nicht organisierten Lernfeldern, oder auch in organisierten entwickelt haben und einsetzen, ins Bewusstsein zu heben und vor allem auch erstere innerhalb organisierter Lernangebote zu nutzen. Dabei geht es auch um eine kritische Auseinandersetzung mit biographisch begründeten Lernhaltungen in Bezug auf ihre Funktionalität und Disfunktionalität in neuen Lernkontexten (vgl. Holtschmidt und Klein-Dessoy in diesem Band).

Verständnis: Lernberatung hat eine orientierende Funktion, keine fachliche:
„Lernberatung ist das Eine, fachlicher Unterricht und Praxisunterweisung das Andere" lautet eine Rezeption, auf die wir immer wieder stoßen. Hier wird deutlich, dass Lernberatung eher als eine sozialpädagogische Intervention verstanden wird, die es dem ‚eigentlichen' Unterricht ermöglichen soll, zum einen ‚störfreier' und zum anderen mit ‚aktiven, motivierten und selbst organisierten Individuen arbeiten zu können'. In solchen Praxen verbindet sich Lernberatung mit einer Anreicherung der sozialpädagogischen Funktionen, die die Aufgabe übernimmt, die Köpfe der Lerner/innen für die kognitive Steuerung von Lernen frei zu machen.

Lernsettings und -methoden, die das eigenständige Lernen und das eigenständige Lernen als kooperatives Lernen ermöglichen, entsprechen als sog. Gestaltungselemente zur Erschließung von Handlungswissen, Interaktionswissen, Identitätswissen und Orientierungswissen (Schrader 2002) der Konzeption von Lernberatung.

Im Verständnis der Konzeption Lernberatung als Lernprozessbegleitung basiert ermöglichungsdidaktisches Handeln sowohl darauf, die Lern- und Arbeitsfähigkeit durch orientierende, metakognitive Angebote zu sichern als auch darauf, durch das Schaffen und Bereitstellen lernförderlicher Gestaltungssettings die Bedingungen für das selbstorganisierte fachliche Lernen und den Erwerb von Handlungswissen zu stellen. Peter Heller hat dies mit der orientierenden und fachlichen Funktion von Lernberatung beschrieben (Heller 2001). Vor diesem Hintergrund wurden in verschiedenen Projekten bekannte, aktivierender Lernmethoden und -instrumente dahingehend überprüft, wo ihr Beitrag liegt, den Selbstorganisationsgrad der Lernenden zu fordern und zu fördern (vgl. Holtschmidt/Zisenis in II/8. dieses Bandes).

Interessant ist die Beobachtung, dass Vertreter/innen der ausschließlich orientierenden Funktion von Lernberatung, häufig kritische Hinterfrager und Skeptiker des selbstorganisierten Lernens sind – und dies in Bezug auf das konzeptionelle Verständnis von Lernberatung auf impulsgebende Weise. So gab es heftige Debatten darum, ob jedes Wissen am besten selbstorganisiert erworben werden kann, oder ob Aneignungslernen mit Hilfe eines guten Inputs nicht Ausdruck effizienter Ermöglichung von Lernen darstellt. Dem zweitgesagten können wir nur zustimmen: „Oftmals erleben wir auf der Bühne unserer Bildungsveranstaltungen begnadete Erzähler/innen, unglaubliche Charmeure, Fachkapazitäten, die ganze Großgruppen in ihren Bann zu ziehen vermögen, komödiantische Talente, die eine Vermittlung von Sachwissen zum Genuss werden lassen. Nicht dass diese Auftrittsmöglichkeiten (beim selbstorganisierten Lernen) vollständig verloren gehen würden, aber sie werden entsprechend eingeschränkt. Die begnadete Erzählerin etwa kann ihr Talent nur mehr kurz im Plenum vorführen, wandert ansonsten von Gruppe zu Gruppe, bietet ihre Beratung an, eine Rolle, die ihrer Fabulierlust klare Grenzen setzt und ihr entsprechende Zurückhaltung auferlegt. Der Fachexperte kann nicht mehr der ganzen Klasse durch eine einfache Skizze am Flipchart ein Aha-Erlebnis verschaffen, er ist gezwungen, im Sinne des erkenntnisorientierten Lernprozesses seine Lernenden auch Umwege und Irrwege gehen zu lassen." (Karrer 2001, S. 149) Eine Lernberatungskonzeption, die ihre Ausgangsfrage ernst nimmt, wird ‚gute Lehre, gute Vermittlungstätigkeit' nicht aus ihrer Didaktik verbannen. Das Reklamieren von Ausbilder-/Lehrendenexpertise durch Lernende kann durchaus Ausdruck eines hohen Maßes von Selbstlernkompetenz sein.

Verständnis: Lernberatung hat den selbstorganisierten Lerner als fest beschreibbaren Typus zum Ziel: In dieser Vorstellung, die an die vorangehenden Ausführungen anschließt,. werden die Wirkungen der ‚harten' Konstruktivismusdebatte sichtbar, wenn angenommen wird, jedes lernende Individuum solle im Ergebnis eines Lernprozesses dem Lerntypus entsprechen, der der Definition von selbstorganisiertem Lernen entspricht: Der selbstorganisierte Lerner **ist** in der Lage, seine Motive, seine Ziele, seine Inhalte, seine Lernwege, -orte, -zeiten und sein Lernergebnis selbst zu bestimmen und im Prozess zu steuern und zu organisieren.

> *Als selbstorganisierten Lernenden verstehen wir denjenigen Lernenden, der im Bewusstsein darum, was seinem Lernen förderlich ist, seine Entscheidungen für sein Lernen und seinen Lernprozess fällt und für sein Lernen aktiv eintritt.*

Lernberatung begreift sich als eine Konzeption, die im Verständnis von Teilnehmerorientierung **den Weg** zum Lernen und den Weg des Lernens als Prozess begreift, bei dem das Individuum selbst entscheidet, welche Lernsettings dem eigenen Lernen am ehesten förderlich sind und mitentscheidet, in welcher Weise diese im organisierten Lernkontext gesichert werden können. Dieser Prozess ist ein individueller, dessen Erfolg sich darin bemisst, dass Lernenden selbst Entwicklungsschritte in ihren Lernhaltungen und Lernverhaltensweisen zunehmend bewusst werden. Das Verhältnis zwischen Lernberatung und selbstorganisiertem Lernen wird u.E. in der Definition von Malcom Knowles deutlich, der bereits 1975 sagte: „(Self directed learning is) a process in which individuals take the initiative, **with or without the help of others**, in diagnosing their learning needs, formulating learning goals, identifying human and material resources for learning, choosing und implementing appropriate learning strategies, and evaluating learning outcomes." Dieses Verständnis ist angemessen, weil es zum Einen unterschiedliche Zugänge zu Lernen im Blick behält und weil es zum anderen im Blick auf die Didaktisierung von selbstorganisiertem Lernen zentrale Ansatzpunkte liefert, indem die Faktoren des Lernens als Bestandteile, die den Lernprozess ausmachen, in der Definition angesprochen sind.

Nicht zuletzt bedenkt Knowles auch die Möglichkeit und Notwendigkeit, dass selbstorganisiertes Lernen auch von Dritten unterstützt werden kann. D.h., die Rezeption, die anfangs in der Debatte in Deutschland anklang, selbstorganisiertes Lernen als isolier-

> *Der Selbstorganisationsgrad im Lernen bemisst sich in den für den Lernenden und sein soziales Lernumfeld wahrnehmbaren Entwicklungen im Bewusstsein darum, was dem eigenen Lernen förderlich und was ihm hinderlich ist.*

tes und eher jenseits von Organisation stattfindendes, damit vermeintlich kostengünstiges Lernen zu verstehen, war bei Knowles so nie gedacht. Auch fällt auf, dass er in seinem Verständnis zwei zentrale Ebenen berücksichtigt, die unter dem Aspekt der orientierenden und der fachlichen Funktion von Lernberatung bereits angesprochen sind (s.o.): die lernvorbereitenden Aspekte, die die Entscheidungen des Individuums über sein Lernarrangement betreffen und die lernbegleitenden Aspekte, die sich auf die Umsetzung des Lernens beziehen.

Verständnis: Die Lernberatungskonzeption ist ein Steinbruch, aus dem einzelne Elemente herausgebrochen und sinnvoll in das eigene Lehrhandeln integriert werden können: Immer wieder stießen und stoßen wir auf Praxen, in denen mit den einzelnen Elementen von Lernberatung ohne Prozessblick gearbeitet wird, und wo diese als Ausweis neuer Lern-/Lehrkultur begriffen werden. Werden bspw. Berichtshefte, ohne ihre Form um reflexive Anteile zu erweitern, schlicht zu Lerntagebüchern erklärt, so ist u.E. lediglich ein Etikett ausgewechselt. Wir haben uns deshalb auch hier zu einer im Vergleich zu Kemper/Klein 1998 anderen Begriffsbeschreibung von Kernelementen entschieden (siehe weiter hinten). Die Kernelemente von Lernberatung waren bei Kemper/Klein und sind aus unserer Sicht die Umsetzungen der Leitprinzipien von Lernberatung, mit denen die andragogische Grundhaltung beschrieben ist. Lernberatung ist in unserem Verständnis in erster Linie eine veränderte andragogische Haltung, aus der sich variable und kontextspezifische Gestaltungen von Praxen ableiten sollen. Hervorgehoben findet sich dies bei Wittwer, der noch einmal auf die Komplexität und Dynamik von Lernprozessen hingewiesen hat, der zufolge die zu steuernden Faktoren im Lernen variabel zu gestalten sind; d.h. im Lernprozess bedürfen sie der jeweils prozesshaften Anpassung und Neubearbeitung, indem sie sich den Gegebenheiten des Lernenden und denen der Fremdorganisation flexibel anpassen müssen: „Selbstgesteuertes Lernen ist für mich eine wichtige Lernform, die aus anthropologischen, lerntheoretischen und arbeitsorganisatorischen Hinsichten zur Leitidee künftiger Bildungsarbeit werden muss. Selbstgesteuertes Lernen muss dabei dialektisch begriffen werden, indem zugleich die Freiheiten und die Einschränkungen bzw. Zwänge erkannt werden und gleichzeitig versucht wird, die Freiheitsgrade zu erhöhen." (Wittwer 2000, S. 25)

2.3 Fazit: Was ist Lernberatung?

Die hier vertretene Konzeption von Lernberatung lässt sich also definitorisch dahingehend fortschreiben, dass sie eine das individuelle Lernen in sozialen Kontexten ermöglichend begleitende und supportorientierte Aufgabe der pädagogisch Tätigen darstellt in einem umfassenden, d.h. individualisierten und flexibilisierten Gestaltungsrahmen, der sich in einem auf Verantwortungsteilung und Interaktion basierenden Verständnis als je neuer Aushandlungsprozess bemisst, jedoch nicht beliebig ist, sondern orientierungsgebende organisationale ‚Standards' braucht. Die Lernberatungskonzeption ist eine erwachsenenpädagogische Konzeption. Sie umfasst
- eine pädagogische Grundhaltung und einen veränderten didaktischen Blick
- einen um Lernberatung angereicherten Lehrbegriff, der auf die Selbstorganisation von (lebensbegleitendem) Lernen abzielt
- ein Lern-/Lehrarrangement, das eigenverantwortliches und selbstbestimmtes Lernen ermöglicht und zumutet

- die Suche nach Inhalten, Strukturen und Gestaltungsansätzen kontextspezifisch begründeter veränderter Lern-/Lehrkulturen, die Handlungsraum für die individuelle und aktive Entwicklung von beruflichen Kompetenzen und Lebensperspektiven eröffnet.

Lernberatung steht für eine erwachsenenpädagogische Konzeption der Weiterbildung. Lernberatung ist keine Methode, kein additives Verfahren und kein Instrument, sondern eine ganzheitliche Konzeption der organisierten (beruflichen) Weiterbildung. Sie grenzt sich von auf traditionellen Lehrverständnissen basierenden Bildungskonzepten ab, indem sie dem lernenden Individuum die Freiräume im und für das Lernen einräumt, die selbstorganisiertes Lernen als natürlich Lernform ermöglicht. Freiräume einräumen verweist dabei auf ein kontextbezogen je sich ausdifferenzierendes Ermöglichen und Übertragen von mehr Verantwortung im und für das eigene Lernen. Lernberatung zielt als Konzeption darauf, Lernen als Bereicherung erfahrbar zu machen und geht davon aus, dass bisherige Lern- und Lehrerfahrungen und die dahinter stehenden Konzepte zu wenig an die lebensbiographisch erworbenen berufsrelevanten Kompetenzen anschließen und diese kaum für das Lernen und Lehren nutzen.

Lernberatung als Konzeption steht für eine erwachsenenpädagogische Grundhaltung und einen veränderten didaktischen Blick. Lernberatung fokussiert auf die Individuen (Ebene der Grundhaltung), das Lernen (Ebene des didaktischen Blicks), auf die Lehrenden/Lernberater/innen und das Beraten. Dies korrespondiert mit dem andragogischen Leitprinzip der Teilnehmerorientierung (Tietgens 1983) und verweist somit auf einen theoretisch fundiertes Konzept in der Erwachsenenbildung. Dass dieser sich in sehr unterschiedlich konsequenter Form in der Weiterbildungspraxis niederschlägt, braucht hier nicht weiter expliziert zu werden. Lernberatung steht für eine Renaissance und für eine ‚Radikalisierung' dieses Prinzips, indem sie als Arbeitsbegriff sich mit dem der Teilnehmerzentrierung profiliert und auf eine aktualisierte inhaltliche Bestimmung dieses Prinzips vor dem Hintergrund veränderter gesellschaftlicher Verhältnisse ausrichtet. Individualisierung und Flexibilisierung von Lern-/Lehrprozessen sind die begrifflichen Klammern für einen veränderten didaktischen Blick, der das lernende Individuum mit seiner Biographie und seinen biographischen Perspektiven zum Ausgangspunkt für ermöglichungsdidaktische Entscheidungen macht.

Lernberatung als Konzeption steht für einen um einen Prozessblick angereicherten Lehrbegriff, der auf die Selbstorganisation von (lebensbegleitendem) Lernen abzielt. Lernberatung als Konzeption grenzt Lehre nicht aus, sondern integriert Formen des Lehrens unter der Grundprämisse einer strukturgebenden Verantwortungsteilung im Lern-/Lehrprozess zwischen Lernenden und Lehrenden. ‚Angereicherter Lehrbegriff' verweist darauf, im Lern-/Lehrsetting die Räume auszuloten, die Lernenden mehr Freiheit für die Organisation und Steuerung ihres Lernens ermöglichen. Lernberatung will damit für die am Lern-/Lehrprozess unmittelbar Beteiligten (Lernende und Lernberatende) Anschlussfähigkeit an ihre Vorstellungen von und Erfahrungen mit Lernen und Lehren herstellen. Im Zentrum steht dabei nicht die Frage: Wie können Lernende am schnellsten und besten selbstorganisierte Lernende werden?, also nicht der Versuch, ein neues Lernkonzept als Korsett überzustülpen, sondern: Unter welchen Bedingungen können Lernende (unter Bezugnahme auf ihre Beweggründe und Ziele) ihre Lernpotenziale (bezugnehmend auf ihre diesbezüglichen Kompetenzen) am besten entfalten?

> *Das Selbstverständnis von Lernberatung* umfasst das breite Spektrum
> - der Werte und Normen, die unser Handeln leiten
> - der Sichtweisen, die wir in der Reflexion von Erfahrungen und Erkenntnisse entwickelt haben
> - der darauf aufbauenden didaktischen Prinzipien und methodischen Verhaltensweisen
> - und schließt den Wandel der professionellen Rolle vom Lehrenden zum Lernberater und strukturelle Konsequenzen der Organisation mit ein.

Als theoretischer Begründungsrahmen für die Notwendigkeit des Einräumens von mehr Freiraum im Lernen steht die (gemäßigte) Konstruktivismusdebatte, wie sie sich in der Ermöglichungsdidaktik von Arnold (1996) niederschlägt, einerseits, aber auch eine Renaissance des alten subjektorientierten Bildungsgedankens von Selbstbestimmung, Autonomie und Persönlichkeitsentfaltung (vgl. Hendrich 2004).

Lernberatung als Konzeption steht für ein Lernarrangement, das eigenaktives, lebendiges, selbstverantwortliches Lernen fordert und fördert. Ein zentraler Schlüssel für unterschiedlichste Problemlagen in der beruflichen Bildungspraxis liegt in dem o.a. Aspekt, Lernen als Bereicherung erfahrbar und damit für Bildungsinteressierte/Teilnehmende interessant und ansprechend zu machen. Lernberatung basiert auf der gesättigten Praxiserfahrung, dass das Erleben von Eigenaktivität, Lebendigkeit und ermöglicher ebenso wie zugemuteter Selbstverantwortung die Selbstlernpotenziale bei Lernenden aktiviert. Der Annahme implizit ist das Zutrauen in schlummernde, blockierte Potenziale und Kompetenzen bei den Individuen für das Lernen, die nicht gelehrt werden müssen, sondern sich in einem entsprechenden Lernarrangement entfalten und sich im sozialen Lern-/Lehrkontext bewähren und weiterentwickeln. „Wenn Lernende das selbstorganisierte Lernen einmal erfahren haben, ist es ihnen schwerlich wieder abzugewöhnen." (Zitat einer Lernberaterin aus ProLern)

Lernberatung als Konzeption steht für die Suche nach Inhalten, Strukturen und Gestaltungsansätzen einer veränderten Lern-/Lehrkultur, die Handlungsraum für die individuelle Entwicklung von beruflichen Kompetenzen und Lebensperspektiven eröffnet. Lernberatung als Konzeption, die einen Beitrag zum selbstorganisierten und möglichst auch lebensbegleitenden Lernen aus der Perspektive der organisierten Weiterbildung leisten will, ist mehr als eine didaktische Konzeption. Sie bindet alle am Bildungsprozess Beteiligten als Suchende und Lernende auf dem Weg in eine neue Lern-/Lehrkultur ein. Lernberatung steht dabei nicht nur für ein methodisches Lernarrangement, sondern öffnet sich auch den inhaltlichen Fragen darüber, was im Rahmen beruflicher Weiterbildung angesichts des Wandels von Arbeitsmarkt und Gesellschaft zum Lerngegenstand erhoben werden muss. Dabei wird zielgruppen- und kontextspezifisch nicht nur das Lernen selbst zum Lerninhalt, sondern darüber hinaus werden Inhalte der Kompetenzentwicklung zum Aushandlungsprozess zwischen Lehrenden und Lernenden. Verbunden mit berufsfachlichen, Handlungswissen orientierten Angeboten stehen solche, die einen Beitrag leisten als sinnstiftende Perspektive der lernenden Individuen. Lernberatung ist damit Teil einer Suchbewegung, die didaktische Aspekte mit personal- und organisationsentwicklerischen Folgerungen verbindet. Lernberatung fordert die beruflichen Weiterbildungseinrichtungen zu neuen (Lern-)inhalten heraus (persönlichkeitsbezogene Lerninhalte, Thematisierung von Diskontinuitätserfahrungen, biographieorientierte Lerninhalte usf.), greift in bestehende Strukturen in hohem Maße ein, fordert immer wieder eine Überprüfung und Weiterentwicklung des Lern-/Lehrsettings. Lernberatung ist eine offene Konzeption, die sich nicht anders als in kontextbezogenen und prozessorientierten Konzepten entfalten kann, will sie nicht zu einem neuen Korsett verkommen. Lernberatung bedeutet an sich permanentes Lernen und damit Offenheit für Veränderung.

Die Lernberatungskonzeption ist ein Gestaltungsmodell der Ermöglichungsdidaktik. Lernberatung lenkt in der Tradition der reflexiven Wende der Erwachsenenbildung (80er Jahre) den Blick auf die subjektiven Lern- und Aneignungsprozesse von Lernenden und geht davon aus, dass Lernen nicht unweigerlich und nicht nur durch Lehren in Form von Wissensvermittlung erzeugt wird. Lernberatung als Lernprozessbegleitung basiert auf der Annahme eines *Lernens als Aneignungsprozess*, der mehr als ursprünglich angenommen von den subjektiven Wirklichkeitskonstruktionen, vom situativen Kontext und dem sozialen (milieuspezifischen) Umfeld (vgl. Tippelt 2004) beeinflusst wird. Mit dieser Sicht auf Lernen und Lernprozesse geht als Verständnis einher, dass Lernen nicht durch Instruktion erfolgt, sondern dass es Lernarrangements braucht, die die Aneignung von signifikanten Wissensbeständen ermöglicht und die Lernenden bei ihren Aktivitäten des Erschließens von Wissen stützt. In Anlehnung an Hans Tietgens, der bereits Anfang der 90er Jahre in seinen Reflexionen zur Erwachsenendidaktik die Erwachsenendidaktik als „ein Ermöglichen von Lernprozessen zum Erreichen von rückkoppelungsfähigen Kompetenzen" beschrieben hat, verortet sich *Lernberatung nicht in der Erzeugungs- sondern in der Ermöglichungsdidaktik* (Arnold 1996). Professionelle Lern-Lehr-Arrangements basieren diesem didaktischen Verständnis zu Folge darauf, Lernende nicht nach einem geschlossenen, vorgeplanten Konzept zu belehren, sondern ihnen, so weit die formalen Vorgaben es ermöglichen, ihnen Möglichkeiten anbieten und einräumen, „aktiv, selbstorganisiert bzw. selbstgesteuert, konstruktiv und situiert (auf ihre Lebenssituation – und ihre Perspektiven und Ziele (Anm. d. Verf.) – eigene Lernprozesse zu realisieren" (Arnold 2003, S. 2).

Im Verständnis der Lernberatungskonzeption basiert ermöglichungsdidaktisches Handeln sowohl darauf, die Lern- und Arbeitsfähigkeit durch orientierende, metakognitive Angebote zu sichern als auch darauf, durch das Schaffen und Bereitstellen lernförderlicher Gestaltungssettings die Bedingungen für das selbstorganisierte fachliche Lernen und den Erwerb von Handlungswissen zu stellen. Lernberatung hat eine integrierte orientierende und fachliche Funktion. (vgl. Heller in diesem Band) Vor diesem Hintergrund wurden in der Praxis immer wieder bekannte aktivierende Lernmethoden und -instrumente dahingehend überprüft, wo ihr Beitrag liegt, den Selbstorganisationsgrad der Lernenden zu fordern und zu fördern. Lernsettings und -methoden, die das eigenständige Lernen und das eigenständige Lernen als kooperatives Lernen ermöglichen, entsprechen als sog. Gestaltungselemente zur Erschließung von Handlungswissen, Interaktionswissen, Identitätswissen und Orientierungswissen (Schrader 2003) der Konzeption von Lernberatung als Lernprozessbegleitung.

Damit gerät eine neue Qualität von Lerndienstleistungen beruflicher Weiterbildung(seinrichtungen) in den Blick. Die ermöglichungsdidaktischen Settings von Lernberatung als Lernprozessbegleitung bewirken eine Weiterung der zur Disposition stehenden Wissensebenen im Sinne einer subjektiven Bedarfslagen entsprechenden Entgrenzung von berufsfachbezogenem Handlungswissen um Interaktions-, Identitäts-, und Orientierungswissen. In der Vergangenheit dominierte bezüglich der Ermöglichung selbstorganisierten Lernens vielfach der methodische Aspekt. Mit der Berücksichtigung nicht nur des WIE des Lernens, sondern auch des WAS (und des WARUM) des Lernens entsteht eine neue Qualität von SOL-basierten Lerndienstleistungen. In einigen der mir bekannten Konzepte von Lernberatung wurde dieser Aspekt dort sichtbar, wo auf Grundlage von Bildungsteilnehmerinteressen und -bedarfen Lernberatung über die eigentlichen Lerninteressen hinausgeht und weiterreichende Fragen, die eher als Lebensberatung zu bezeichnen wären, aufgreift. Eine Didaktik, die den Anspruch verfolgt, situiert (vgl. Arnold 2003) vorzugehen, kann diese Weiterungen nicht ausblenden, auch wenn damit neue und hohe Ansprüche an die Lernberater/innen verbunden sind.

3. Die Lernberatungskonzeption – Verwässerung eines professionellen Beratungsbegriffs? Oder Lernberatung als pädagogische Konzeption – unzulässige Entgrenzung des Beratungsbegriffs?

„Dem Lernberatungskonzept (von Kemper/Klein) liegt... kein geschlossenes Beratungsmodell zugrunde. Das hängt zweifellos damit zusammen, dass hier ein breiter Beratungsbegriff verwendet wird, der nicht mit einem geschlossenen Konzept verbunden werden kann." (Pätzold 2004, S. 135) Wir haben eingangs skizziert, dass wir Lernberatung als eine Konzeption begreifen, die über Beratung im ursprünglichen Wortsinn hinausweist. In seiner Analyse der Kemper/Klein-Konzeption hat Pätzold herausgearbeitet, dass sich neben diesem weiten Verständnis auch ein enger zu fassendes findet, wenn das Lernberatungsgespräch mit seinen spezifischen Merkmalen beschrieben wird. „Man kann idealisierend von einer Beratung im engeren und einer Beratung im weiteren Sinne sprechen." (ebd. S. 136) Pätzold hat damit eine Problematik angesprochen, die uns in den letzten Jahren in verschiedenen Diskursen im Rahmen unserer Arbeit begleitet und beschäftigt hat. In den in unserer Einführung skizzierten Projekten, Projektverbünden und Seminargruppen fanden in den letzten Jahren immer wieder kritische Auseinandersetzungen um den Begriff der Lern*beratung* als Beschreibung einer Konzeption statt, die den komplexer werdenden Anforderungen in der beruflichen Weiterbildung, die sich aus veränderten Arbeitsbeziehungen und Anforderungsstrukturen ergeben, gerecht zu werden versucht.

In diskursiven Reflexionen haben wir versucht, Prozess- und Interaktionsverläufe im Alltag von Lernberatungshandeln auf ihre Spezifiken und Wirkungen hin zu fassen. Diese Reflexionen haben verdeutlicht, dass jenseits des Kernelements ‚Lernberatungsgespräch' Beratung in ganz unterschiedlichen Settings und Facetten, aber eben auch mit unterschiedlichen ‚Merkmalen' praktiziert wird. Die Empirie im ProLern-Verbund gibt Hinweise darauf, dass Beratung nicht mehr nur eine integrale, sondern die zentrale Funktion pädagogischen Handelns darstellt und in der Lernberatungskonzeption in Bezug auf alle dort gefassten Kernelemente als Handlungsbeschreibung greift. Angeregt durch einen Beitrag von Schiersmann (2000) haben wir uns in ProLern genauer mit unserem Lernverständnis beschäftigt. „Charakteristisch für dieses Modell (die Lernberatungskonzeption von Kemper/Klein) ist die intensive Reflexion des Lernprozesses sowohl individuell als auch in der Lerngruppe. Als Elemente werden Lerntagebücher, Lernkonferenzen, Lernquellenpools, Fachreflexion und Feedback eingesetzt." (Schiersmann 2000, S. 21) Die zentrale Funktion von Beratung begründet sich demnach in dem reflexiven Lernverständnis, das in den verschiedenen Kernelementen mit je spezifischen Beratungsangeboten und -formen ermöglicht wird. Eben diese gälte es durch empirische Forschungen nun präziser zu fassen, um zu ggf. neu zu fassenden Typologien von (Lern-)Beratungen in vielfältigen Umsetzungselementen einer Ermöglichung reflexiven Lernens zu gelangen.

Ein weiterer Gedanke hat uns bewogen, bei einem weiten Beratungsverständnis zu bleiben. Egbringhof u.a. (2003) haben in ihrer Expertise zu den Konsequenzen einer zunehmenden Subjektivierung von Arbeit auf die Bildungspolitik und -praxis verdeutlicht, das das Subjekt in einer sich verändernden Arbeitswelt „zunehmend Bildung in einer Form benötigt, die primär auf ganzheitliche Kompetenzentwicklung der Subjekte orientiert ist und somit auf die ‚ganze Person' und deren ‚ganzes Leben' fokussiert anstatt auf eng funktionsbezogene Qualifikationen." (S. 54) Mit ihrem Postulat einer „Subjektivierung von Bildung" fordern sie die Aufgabe verallgemeinerter Qualifikations- und Kompetenz*vermittlung* zu Gunsten einer Selbstorganisation individueller Bildungsprozesse, in der Individuen aus einer Subjektposition heraus reflexiv und selbstbestimmt mit ihren Bildungs- und Lernansprüchen umgehen können. Dieser Positionierung immanent ist die Frage, welche Funktionen pädagogischen Handelns die auf ganzheitliche Kompetenzentwicklung angelegte reflexive und selbstbestimmte Lerngestaltung professionell ermöglichen sollen. U.E. braucht es dafür ein weites, im Sinne von differenziertes Lernberatungsverständnis, das professionelles Handeln in unterschiedlichen Merkmalsbündeln zu fassen sucht.

Vertreter/innen eines engen Beratungsbegriffes sehen in der Koppelung von Beratung und pädagogischer Konzeption einen Verlust an „Eindeutigkeit" des Beratungsbegriffs. (vgl. Sauer-Schiffer 2004, S. 33) Diese Befürchtung, mit der wir uns in unseren Diskursen beschäftigt haben, erscheint durchaus nachvollziehbar, ihr muss aber widersprochen werden, wenn sie unterstellt, dass damit auch ein Verzicht auf Prinzipien der Beratung (bspw. die Freiwilligkeit) verbunden sei (ebd.). Wie die Beiträge aus der Praxis realisierter Lernberatungskonzepte zeigen, ist bspw. in keiner Praxis eine Verpflichtung zur Beratung oder gar Zwangsberatung angesprochen, wohl von einer Verbindlichkeit (vgl. Holtschmidt/Zisenis in diesem Band). Allerdings gilt auch hier, dass die Freiwilligkeit in der Beratung i.d.R. eine relative ist (vgl. Pätzold in diesem Band). Die Freiheit, sich in der Schuldnerberatung beraten zu lassen, ergibt sich aus dem Zwang, mit seinen Schulden klar kommen zu müssen. Die Freiwilligkeit der Paarberatung ergibt sich aus dem Zwang, bestehende Beziehungsverhältnisse nicht mehr akzeptieren zu können. Betrachtet man die grundlegende Charakteristik von Beratung, wie sie bei Nestmann skizziert ist, wird deutlich, wie sie sich auf der Ebene der pädagogischen Prinzipien der Lernberatungskonzeption widerspiegeln. Dies als eine Überdehnung zu interpretieren, „die aus der Sicht des professionellen pädagogischen Handelns nicht vertretbar" (Sauer-Schiffer 2004, S. 33) ist, bedürfte der Begründung.

In den verschiedenen kontextspezifischen Konzepten, die in Anlehnung an die Lernberatungskonzeption entstanden sind, finden sich begriffliche Varianzen wie z.B. „Prozessbegleitende Lernberatung" (Holtschmidt und Holtschmidt/Zisenis in diesem Band), „Lernberatung als Lernprozessbegleitung" (Behlke in diesem Band), „ganzheitliche Weiterbildungs- und Lernberatung" (Klein-Dessoy in diesem Band), in denen zunächst deutlich wird, dass eine Verabschiedung vom Beratungsbegriff nicht vollzogen wurde (vgl. auch QUEM 2005). Diese begrifflichen Varianzen sind mehr als der Ausdruck einer Suche nach einem je eigenen Label. Vielmehr kommt darin zum Ausdruck, das die Verknüpfung von Beratung mit Lernen in der Bildungspraxis immer mit Blick auf ein Gesamtarrangement eines Ausweises von Könnerschaft in dem komplexen Gefüge darstellt, das Bildungsarbeit ausmacht. Wenn diese Könnerschaft sich nun aus der Perspektive der Praxis der Weiterbildung in Beratung darstellt, gilt es u.E. dies als Anforderung an eine Reformierung eines pädagogischen Verständnisses von Lernberatung zu begreifen. Mit der Bezugnahme von Beratung auf einen veränderten Blick auf Lernprozesse, die eben durch einen möglichst hohen Grad an Selbstorganisation sich auszeichnen sollen, wird Lernen weitaus klarer, als dies in früheren Praxisverständnissen von Lern-/Lehrprozessen der Fall war, als etwas ‚Nicht-Machbares', sondern nur Ermöglichendes begriffen. Dieses Ermöglichen hat nun auf der Ebene der von den pädagogisch Tätigen einzunehmenden Rolle und Funktion mit Lernberatung als Konzeption einen Begriff, der ihr neues subjektorientiertes, in hohem Maße individualisiertes und dennoch auf sozialem Lernen basierendes Handeln fassen soll. Ein einseitiges Verharren in den enggeführten Charakteristika der Beratung, die ausschließlich eine beraterische Teilfunktion in bekannten Beratungsformen beschreibt, wird den veränderten Beratungssettings von Praxis nicht länger gerecht. Was wir brauchen sind neue Strukturmodelle erwachsenenpädagogischer Beratung.

Literatur

Dietrich, S. 2001: Zur Selbststeuerung des Lernens. In: ders. (Hrsg.): Selbstgesteuertes Lernen in der Weiterbildungspraxis. Bielefeld, S. 19-28

Egbringhoff, J. u.a. 2003: Bildungspolitische und bildungspraktische Konsequenzen der Subjektivierung von Arbeit. Zur Subjektivierung von Bildung. Arbeitsbericht Nr. 233/Mai 2003, INAG, Chemnitz und München

Epping, R./Klein, R./Reutter, G. 2001: Langzeitarbeitslosigkeit und berufliche Weiterbildung. Bielefeld

Heller, Peter 2002: Zur orientierenden und fachlichen Funktion von Lernberatung. Vortrag 3. Arbeitstreffen ProLern, Neubrandenburg

Hendrich, W. 2004: Beschäftigungsfähigkeit oder Berufsbiographische Gestaltungskompetenz. In: Behringer, F. u.a. (Hrsg.): Diskontinuierliche Erwerbsbiographien. Baltmannsweiler, S. 260-270

Holzkamp, K. 1993: Lernen – subjektwissenschaftliche Grundlegung , Frankfurt/M

Karrer, H.-P. 2001: Ketzerische Gedanken zur Weiterbildung der Weiterbildner. In: Dietrich, S. (Hrsg.) Selbstgesteuertes Lernen in der Weiterbildungspraxis. Bielefeld, S. 147-152

Kemper, M. / Klein, R. 1998: Lernberatung. Baltmannsweiler

Klein, R. 2005: Argumente und Empfehlungen für prozessbegleitende Lernberatung – aus der Praxis für die Praxis. In: QUEM (Hg.): Prozessbegleitende Lernberatung – Konzeption und Konzepte, QUEM-Report Heft 90, S. 150-178

Knowles, M. 1975: Self-directed-Learning. Chicago

Mertens, D. 1977: Schlüsselqualifikationen – Thesen zur Schulung für eine moderne Gesellschaft. In: Siebert, H. (Hrsg.): Begründungen gegenwärtiger Erwachsenenbildung, Braunschweig, S. 99-121

Pätzold, Henning 2004: Lernberatung und Erwachsenenbildung. Baltmannsweiler

ProLern (Autorenverbund) 2005: Die Konzeption „Prozessbegleitende Lernberatung". In: QUEM (Hg.): Prozessbegleitende Lernberatung – Konzeption und Konzepte, QUEM-Report Heft 90, S. 13-20

Rohs, M./Käpplinger, B. 2004: Lernberatung – ein Omnibusbegriff auf Erfolgstour. In: dies. (Hrsg.): Lernberatung in der beruflich-betrieblichen Weiterbildung. Münster/New York/München/Berlin

Sauer-Schiffer, U. 2004: Beratung in der Erwachsenenbildung und außerschulischen Jugendbildung: Eine Einführung in Theorie und Praxis. In: Sauer-Schiffer, U. (Hrsg.): Bildung und Beratung. Münster, S. 9-65

Schiersmann, Ch. 2000: Beratung in der Weiterbildung – neue Herausforderungen und Aufgaben. In: Literatur- und Forschungsreport, Thema Beratung. Nr. 46. Bielefeld, S. 18-32

Staudt, E. / Kriegesmann, B. 1999: Weiterbildung. Ein Mythos zerbricht. In: QUEM. Kompetenzentwicklung '99, S. 17-59. Münster

Tietgens, H. 1983: Teilnehmerorientierung in Vergangenheit und Gegenwart. PAS Frankfurt

Weinberg, J. 1999: Lern-/Lehrkultur – Begriff, Geschichte, Perspektiven. In: Kompetenzentwicklung, S. 81-143

Wenzig, A. 2005: Prozessbegleitende Lernberatung zwischen Konzeption und kontextspezifischen Konzepten. In: QUEM (Hg.): Prozessbegleitende Lernberatung – Konzeption und Konzepte, QUEM-Report Heft 90, S.133-149

I/2. Die handlungsleitenden Prinzipien von Lernberatung – Weiterungen und Konkretisierungen

Rosemarie Klein

Zentral ist für die Konzeption Lernberatung das, was wir erwachsenenpädagogische Grundhaltung nennen (vgl. hierzu auch Kemper/Klein 1998), die u.E. das Fundament einer neuen Lern-/Lehrkultur ausmacht und an der sich die Herausforderung an Lehrende, Lernende und Einrichtungsorganisation festmacht. Um dies zu verdeutlichen, macht es Sinn, sich mit einem Blick zurück an das bekannte und bewährte Leitprinzip der Erwachsenenbildung zu erinnern, das Tietgens in den 70er Jahren in die Fachdebatte warf, wenn er Subjektorientierung und das Selbstverständnis der Mündigkeit Erwachsener didaktisch als Teilnehmerorientierung fasste. Diese hat (vgl. auch Kemper/Klein 1998) nichts an ihrer Relevanz verloren, auch wenn sie aufgrund veränderter Anforderungen an – vor allem berufliche – Weiterbildung neu konkretisiert werden muss. Die von Kemper und Klein mit ihrer Lernberatungskonzeption vorgelegten didaktischen Prinzipien, die aus dem Leitprinzip der Teilnehmerorientierung unter veränderten Anforderungen an die Weiterbildung abgeleitet sind, standen in den letzten Jahren immer wieder auf dem Prüfstein. Im Ergebnis wurden sie durch die unterschiedlichen Praxisfelder bestätigt, erfuhren jedoch

- eine Konkretisierung
- eine Erweiterung um das Prinzip der Prozessorientierung
- partiell kontextspezifische Relativierungen (vgl. Klein 2005; Wenzig 2005).

Didaktisch-methodische Prinzipien sind die üblicherweise gewählte sprachliche Plattform, auf der sich pädagogisch-professionelles Handeln fassen lässt. Sie bilden Orientierungspunkte für professionelles Handeln, sind jedoch auch für die Überprüfung des pädagogischen Alltagshandelns tauglich. Die didaktisch-methodischen Prinzipien von Lernberatung sind nun mit dem Paradigmenwechsel vom Lehren zum Lernen verhaftet, der in den bisherigen Ausführungen mehrfach mit dem Begriff der ‚Verantwortungsteilung im Lern-/Lehrprozess' verbunden wurde. Dementsprechend müssen wir konsequenterweise von didaktisch-methodischen Prinzipien sprechen, die nicht nur für die Profession der Lehrenden Gültigkeit haben, sondern auch für die lernenden Individuen auf ihrem Weg zu ‚Experten in eigener Lernsache'. Diese Dimension einer Didaktik-Methodik, die den ‚Lernenden' als den für sein eigenes Lernen Verantwortlichen betrachtet und darauf abzielt, das didaktisch-methodische Wissen von Profession mit den Lernenden zu teilen, birgt auf der begrifflichen Beschreibungsebene noch viele Fragen. Wir haben uns deshalb entschieden, eher von handlungsleitenden Prinzipien zu sprechen.

1. Teilnehmerorientierung als Leitprinzip

In Anlehnung an Hans Tietgens stehen bei der Lernberatung die Subjektorientierung und das Selbstverständnis der Mündigkeit von erwachsenen Lernenden im Zentrum. Beim Leitprinzip der Teilnehmerorientierung ging es damals und geht es heute um die Partizipation der Lernenden, um ein Ansprechen von Bildungsteilnehmer/innen als ‚mündige Lerner/innen', die in der Lage sind, Verantwortung für ihr eigenes Lernen zu übernehmen. Die hinter diesem Prinzip stehende pädagogische Grundhaltung, die auch und gerade mit Blick auf sog. benachteiligte Zielgruppen Gültigkeit hat, findet eine Analogie bei Budde, wenn er in einem anderen Kontext, nämlich in der Frage sozialer Gerechtigkeit mit dem Begriff des Respekts operiert. „Respekt meint eine Haltung der Achtung, der den bedürftigen Anderen als Teil der Allgemeinheit ansieht, die er in Anspruch nehmen muss. ... Respekt hält die Augenhöhe, damit nicht zum Bittsteller werden muss, wer in Abhängigkeit geraten ist." (Budde 2005, S. 3) Auch wenn die beiden Kontexte nicht vergleichbar sind, ist die Grundhaltung, die Budde anspricht ein Gemeinsames. Im Blick auf selbstgesteuertes und selbstorganisiertes Lernen meint Teilnehmerorientierung als Ausdruck einer Haltung des Respekts und der Mündigkeit nun um nichts anderes als ein **systematisches** Wahr-und-Ernstnehmen der individuellen Lerninteressen der Lernenden und um das Finden und Miteinander-Vernetzen von fachlichen und persönlichen Lernzielen. Lernenden soll ermöglicht werden, ‚Visionen' der eigenen beruflichen Perspektive zu entwickeln, Ziele zu finden und sie mit vorhandenen Kompetenzen zu verknüpfen. Lerninteressen werden – wenn sie erkannt sind und ernst genommen werden – zu individuellen Steuerungselementen des Lern-/Lehrprozesses und damit zur Herausforderung für die Lern-/Lehrorganisation. Um dies stärker zu pointieren sprachen wir in verschiedenen Projektkontexten und Seminaren zunächst von ‚Teilnehmerzentrierung' als Leitprinzip. Dies soll nun nicht auf eine totale Beliebigkeit des Lernens verweisen oder auf eine völlige Verantwortungsdelegation an die Lernenden. Teilnehmerzentrierung war ein Arbeitsbegriff, der es erleichterte, den für selbstverantwortliches Lernen erforderlichen Perspektivenwechsel vom Lehren auf das Lernen, vom Lehren zum Beraten, von der inneren und äußeren Bereitschaft der Verantwortungsteilung im Lern-/Lehrprozess vorzunehmen. Die Kernelemente, die Methoden und Instrumente von Lernberatung sind Ausdruck dieser Grundhaltung – nicht weniger, aber auch nicht mehr. Gerade im Hinblick auf die hinten noch aufzugreifende Frage, welche Folgerungen sich für die Personal- und Organisationsentwicklung ergeben, macht es Sinn, sich mit dieser Haltung etwas genauer zu beschäftigen. Dazu bedarf es eines Blicks auf die dem Leitprinzip der Teilnehmerzentrierung zugeordneten Prinzipien als Orientierungspunkte für die Konkretisierung des eigenen professionellen Handelns. Wenn von Teilnehmerorientierung als Prinzip geteilter Verantwortung die Rede ist, so erfolgt dies – wie bereits vorne benannt – unter Berücksichtigung der Realität asymmetrischer Beziehungen zwischen Lernenden und Lehrenden, die realiter gegeben ist und von der wir wissen, dass sie dem Lernprozess dienlich ist. **Das Leitprinzip der Teilnehmerorientierung ist also damit konkretisiert um die Verantwortungsteilung im Lern-/Lehrprozess.**

2. Biographieorientierung

Die Biographieorientierung basiert auf dem Wissen darum, dass jeder Lernprozess eine Geschichte hat, also auf Erfahrungen in der Biographie basiert. Diese Erfahrungen sind uns i.d.R. nicht bewusst. Eine Auseinandersetzung mit den zurückliegenden Lernerfahrungen und ihre Einarbeitung in das Selbstkonzept von Lernen sind notwendige Voraussetzungen dafür, das Lernen aktiv (mit) zu gestalten. Biographieorientierung zielt darauf ab, das Bewusstsein darüber zu schärfen, das eigene Leben ‚in der Hand zu haben', Subjekt und nicht Objekt der eigenen Biographie zu sein.

Jeder Erwachsene, der an einer Weiterbildungskurs teilnimmt, bringt lebensgeschichtliche, schulische und berufliche Vorerfahrungen mit, die seine Haltungen und sein Verhalten in der aktuellen Lernsituation prägen. Von besonderer Bedeutung sind diejenigen Erfahrungen und die daraus abgeleiteten Einstellungen, Haltungen, Einschätzung und Selbsteinschätzung, die sich auf das eigene Lernen, die eigene Lernfähigkeit, die eigenen Lernstile, die Lernerfolge und -misserfolge beziehen. In Lernangeboten werden diese Vorerfahrungen und Einstellungen oft nicht oder nicht genügend berücksichtigt. Damit sie berücksichtigt werden können, müssen sich zunächst einmal zur Kenntnis genommen und den Lernenden selbst bewusst werden. Erwachsene, besonders wenn sie als Erwachsene wenig Erfahrung mit organisierten Lernprozessen gesammelt haben, reaktivieren häufig Erfahrungen mit schulischem Lernen, wenn sie an Weiterbildungskursen teilnehmen. Die Folgen sind zwiespältig: Einerseits werden oft unangenehme Erfahrungen wachgerufen, wie bspw. versagt zu haben, vor der Schulklasse bloßgestellt zu werden, etwas ohne eigenes Lerninteresse lernen zu müssen. Andererseits prägen schulische Lernerfahrungen die Vorstellungen davon, wie Lernen zu funktionieren hat, mit der Folge, dass eben dieses Lernen gefordert wird. Ein Verstoß gegen diese Erwartungen und ‚Überzeugungen' vom richtigen Lernen – etwa durch die Begegnung mit neuen Lernformen – wird zunächst oftmals mit Unwillen, Skepsis oder gar Ablehnung quittiert.

Das Prinzip der Biographieorientierung meint also, dass die Lernerfahrungen der Teilnehmenden zur Kenntnis genommen, bewusst gemacht und zum Ausgangspunkt der Planung weiterer Lernprozesse genommen werden. Die eigenen Lernerfahrungen bewusst zu machen, hat auch zum Ziel, diese Erfahrungen aus heutiger Sicht und mit Unterstützung der Lernberatern/innen und der Mitlernenden einer kritischen Bewertung zu unterziehen: Welche erworbenen Einstellungen möchte ich beibehalten, welche Erfahrungen möchte ich in der aktuellen Lernsituation überprüfen und evtl. revidieren? Stimmt mein Selbstbild über meine Lernfähigkeit? Was kennzeichnete Situationen, die ich als Lernsituation angenehm und erfolgreich in Erinnerung hatte? Wie verhalte ich mich in anderen Lernsituationen und -feldern außerhalb organisierter Lernangebote? Warum verhalte ich mich dort anders? Was davon kann ich hier nutzen?

Biographiebezug richtet sich aber nicht nur auf die persönliche Biographie, sondern berücksichtigt auch die sozialen, politischen und gesellschaftlichen Entwicklungen und Ereignisse, die die persönlichen Biographien beeinflusst haben. Es kann also auch darum gehen, mit den Teilnehmenden zu erarbeiten, welche Auswirkungen beispielsweise die 89er Wende oder die Deregulierung und Flexibilisierung der Arbeitsbeziehungen für die eigene Lebensgestaltung gehabt haben. Wenn es gelingt, die eigenen Lern- und Lebenserfahrungen kritisch unter die Lupe zu nehmen, und d. h., sich frühere Lernerfolge bewusst zu machen und erworbene Lerneinstellungen auf ihren Nutzen und Nachteil zu überprüfen, ist ein wichtiger Schritt auf dem Weg gelungen, sich als aktives und handelndes Subjekt der eigenen Biographie zu begreifen. Es geht dabei auch – und das erweist sich zunehmend als wesentlich – um die Entdeckung von verborgenen Ressourcen und um die Frage, welche Fähigkeiten weiterentwickelt und welche ‚Potentiale ungelebten Lebens' (Ahlheit, 1996) ausgeschöpft werden können.

In welchem Maße, mehr noch auf welche Bereiche von Biographie sich Biographieorientierung beziehen kann und darf, ist eine Frage, die sich in Bezug auf die Expertise von Lernberatung an zwei Feldern festmacht: Zum einen ist Biographieorientierung ein Prinzip, das in der beruflichen Weiterbildung noch relativ jung ist und bei dem viele pädagogisch Tätige nicht über hinreichende professionelle Sicherheit verfügen, entsprechende Angebote zu entwickeln und einzusetzen. Auch ist noch nicht hinreichend bekannt, wo die professionelle Grenze zu ziehen ist, wo also die Gefahr angelegt ist, vom Helfer- in den Heilerberuf zu driften. Am Beispiel der Lernberatungspraxis im REHA-Projekt Isny zeigte sich mit Blick auf die mehrfach beeinträchtigten Lernenden, die Krisenerfahrungen gemacht haben, die zu langfristigen physischen und psychischen Beeinträchtigungen geführt haben, dass das Prinzip der Biographieorientierung nur in begrenzter Weise von den pädagogisch Tätigen verfolgt werden kann und darf. Hier hat es sich bewährt, die für Biographiearbeit qualifizierte Profession der Psychologen in die Praxis der Lernberatung einzubinden. **Biographieorientierung als Prinzip bewegt sich also kontextspezifisch zwischen Erfordernis und Begrenzung.**

3. Kompetenzorientierung

Verlauf und Erfolg von Lernprozessen werden günstig beeinflusst, wenn Lernende und Lehrende bei vorhandenen Kompetenzen und Fähigkeiten der Lernenden ansetzen (können). Das ist keine neue Erkenntnis. Die Motivation zum Lernen, die notwendig ist, um Lernanstrengungen zu unternehmen und um Lernschwierigkeiten zu überwinden, wird wesentlich von der Erwartung/Hoffnung gespeist, später etwas zu wissen und zu können, was man derzeit noch nicht weiß und kann. Lernen gelingt leichter, wenn dieses Neue als Erweiterung und Ergänzung vorhandener Kompetenzen gesehen wird. Wenn dieses Neue nur zum Ausgleich gegenwärtiger Defizite dienen soll, also die Betrachtung der defizitären Gegenwart im Vordergrund steht, sind die Zugangshürden höher. „Die Sicht auf die eigenen Kompetenzen fällt den Menschen in der Regel nicht leicht, die Sicht auf die Kompetenzen ihrer Teilnehmenden ist Lehrenden nicht selbstverständlich, geschärft ist vielfach eher der pädagogische ‚Defizitblickwinkel' – und tatsächlich eröffnen sich die Kompetenzen der Lernenden ja oft erst auf den zweiten Blick." (Kemper/Klein, 1998, S. 42) Letzteres gilt insbesondere für Individuen und Zielgruppen, bei denen die Lern-, Verhaltens- und Qualifikationsdefizite so offenkundig im Vordergrund stehen, dass darüber die Sicht auf die Kompetenzen und erbrachten (Lebens-)Leistungen leicht verloren gehen kann. Um diese Kompetenzen und Leistungen sehen und würdigen zu können, ist es hilfreich, den objektiven Maßstab der Leistungsbeurteilung beiseite zu legen und stattdessen den Blick auf das Individuum zu richten, auf seine Lebensumstände, seine Art und Weise, mit erfahrenen Herausforderungen fertig zu werden, seine Fortschritte und (Über-)Lebenskünste. Bei einer solchen auf das Individuum bezogenen Betrachtungsweise gelingt es Lehrenden eher, Respekt vor den Kompetenzen und Leistungen von Teilnehmenden zu entwickeln und dadurch auch bei den Teilnehmenden mit gering ausgeprägtem Lernleistungsbewusstsein und Lernleistungsvermögen die Selbstachtung zu erhöhen oder gar erst wieder zu wecken.

Gerade am Beispiel der Bildungsarbeit mit den sog. Problemgruppen wird deutlich, wie eine Defizitorientierung der Lehrenden einen Teufelskreis auslösen kann: Die Defizitsichtweise richtet sich auf Teilnehmende, die sich selbst häufig als defizitär einschätzen, weil sie entsprechende gesellschaftliche Zuschreibungen übernommen haben oder über kumulierte Misserfolgserfahrungen (vgl. Grube in diesem Band) verfügen. Wenn diese durch eine Zuschreibung seitens der Lehrenden bestärkt und bestätigt wird, sind die Aussichten gering, Motivation und Energie für Lernprozesse freizusetzen und zu fördern.

Der Blick auf die Kompetenzen der Lernenden ist vor allem auch aus didaktischen Gründen notwendig: Nur wer die Kompetenzen der Lernenden sehen und wertschätzen kann, kann sie zu Mitverantwortlichen für die Gestaltung ihrer Lernprozesse machen und ihnen eigenverantwortliches und selbst gesteuertes Lernen zutrauen. Nur wer als Lernende/r den Blick für die eigenen Kompetenzen konkret geschärft hat, wird bereit und in der Lage sein, sein Lernen verantwortlich in die Hand zu nehmen. Lernen im Verständnis der Lernberatungskonzeption setzt also bei den Fähigkeiten der Lerner/innen und nicht bei deren Schwierigkeiten und Defiziten an. Die Lernprobleme und -schwierigkeiten sind auch Gegenstand der Arbeit, sie bilden jedoch nicht den Ausgangspunkt im Lern-/Lehrprozess. Ein Bewusstsein über die eigenen Fähigkeiten, Qualifikationen und Kompetenzen ist Voraussetzung für die Übernahme von Verantwortung für den eigenen Lernprozess.

Es war vor allem der ProLern-Projektverbund, der den Blick auf ein auch durch die ursprüngliche Lernberatungspublikation von Kemper/Klein mitverursachte Missverständnis im Prinzip der Kompetenzorientierung geschärft hat. Kompetenzorientierung scheint gelegentlich nicht als Aufforderung zu einem Blickwechsel verstanden worden zu sein, sondern als Gebot der Tabuisierung von Defiziten, Problemen und Schwächen. Schon alleine das Prinzip, die Teilnehmenden ernst zu nehmen, macht deutlich, dass Kompetenzorientierung kein Blickverbot auf Schwächen beinhalten kann. Zugleich zeigt die Empirie der Lernberatung, dass die kompetenzorientierende Grundhaltung, die Lernberatende und Lernende ansprechen will, völlig andere Voraussetzung für das Thematisieren von Problemlagen, Defiziten, Grenzen ermöglicht. **Kompetenzorientierung als Prinzip m eint also nicht das Ausblenden von Problemlagen.**

4. Sicherung von lern- und lebensbiografischer Kontinuität

Dieses Prinzip ist eng verbunden mit dem Prinzip der Kompetenzorientierung. Lernen in der Kontinuität der bisherigen Lebens- und Berufserfahrung ist Voraussetzung, um etwas Neues zu lernen. Altes Wissen wird mit Neuem verbunden. Lernbereitschaft und Lerninteressen in den Zusammenhang von zukünftiger beruflicher Handlungskompetenz zu stellen und zu Lernzielen zu konkretisieren gelingt dann, wenn das Individuum sich in seiner Kontinuität erfährt. Gerade angesichts der Entwertungserfahrungen beruflichen Wissens und Könnens und des Veränderungsdrucks in Zeiten neuer Diskontinuitäten macht das Bewusstwerden von Kontinuitätslinien in der eigenen Biographie zu einer zentralen Voraussetzung, sich Neuem, sich Veränderungsdrucks rung aktiv stellen zu können (vgl. Keupp 2003 mit seiner Kohärenzproblematik).

Die Erfahrung wiederholter Arbeitslosigkeit und Langzeitarbeitslosigkeit, aus der heraus Individuen in Weiterbildungseinrichtungen kommen, bedeutet meist einen dramatischen Bruch in der Lebensplanung der Betroffenen. Ähnliches gilt für Personen, die aus anderen Gründen in Lebenskrisen geraten sind – wie etwa im REHA-Bereich. „So hatte man sich den weiteren Verlauf des Berufslebens und des Lebens nicht vorgestellt." (Interviewzitat Lernberaterin Isny) Für diejenigen, die ihre Berufsbiographie in der DDR begonnen haben, lag Arbeitslosigkeit außerhalb eines realistischen Erwartungsspektrums. Auch in Westdeutschland galt Arbeitslosigkeit in den 60er und 70er Jahren als prinzipiell und gesellschaftlich überwunden, allenfalls als ein vorübergehendes konjunkturelles Phänomen.

Es ist daher wichtig, in der Bildungsarbeit die biografische Kontinuität zu sichern, d. h. frühere Lebensphasen nicht zu entwerten, auch wenn die in diesen Phasen erworbenen Kompetenzen und Einstellung derzeit nicht mehr brauchbar zu sein scheinen. Dieses Prinzip, das in aktuelleren Debatten auch mit dem Terminus der Sicherung von Anschlussfähigkeit Bedeutung gewonnen hat, hat auch eine lerntheoretische Begründung: Neues Wissen und neues Verhalten erwirbt man bzw. behält man eher dann, wenn es an vorhandene Wissensbestände angekoppelt werden kann, wenn also die Brücke der Kontinuität zwischen Altem und Neuem geschlagen werden kann. Diese Verbindung von Altem und Neuem zu betonen und bewusst herauszustellen, ist eine wichtige lernförderliche Aktivität. **Das Prinzip der Sicherung von lern- und lebensbiographischer Kontinuität meint somit die didaktisch-methodische Konkretisierung von Anschlussfähigkeit.**

Noch nicht hinreichend bearbeitet ist die Frage der Bedeutung biographischer Kontinuität, also der Notwendigkeit, dass neue Lerninhalte anschlussfähig sein müssen. Bei Lernenden, die aufgrund traumatischer Erfahrungen (Rehabilitanden, die als Unfallopfer mit Schädel-Hirn-Trauma überleben, Arbeitslosen mit mehrjähriger unfreiwilliger Arbeitslosigkeit, u.a.) kaum noch über biographisch gewachsene Sicherheiten verfügen bzw. ihre biographische Kontinuität durch die Brüche als solche nicht mehr wahrnehmen (können), stellt sich die Frage, ob es Lebensanlässe gibt, deren Dimension so ist, dass Anschlussfähigkeit nicht mehr gegeben sein kann. (Ist Krise Lernanlass oder gibt es Krisen, die Anlass für begründetes Nichtlernen bieten?)

5. Reflexionsorientierung

Lernen zielt nicht nur auf Erweiterung von Wissen und Handlungskompetenzen ab, sondern auch auf eine Veränderung von Einstellungen, Haltungen und Erwartungen. Lernen bedeutet also auch ein Arbeiten an sich selbst, an der eigenen Person. Solche Lernprozesse können und sollen von außen, vor allem von Lehrenden, angeregt und angestoßen, können aber nicht völlig gesteuert und geleitet werden. (Letzteres wäre Manipulation und würde die Lernenden unmündig halten.) Um das zu vermeiden, sollen die Lernenden ihre eigenen Lernprozesse reflektieren und sie sich dadurch bewusst machen. Reflexion ist besonders für das Lernen im Bereich von Einstellungen und Haltungen wichtig: Während man den Lernerfolg im Bereich von beruflichem Handlungswissen und handwerklichen Fähigkeiten relativ leicht durch Tests,

Prüfungen und die Erledigung praktischer Arbeitsaufgaben feststellen kann, sind Lernfortschritte im Bereich der sozialen und personalen Kompetenzen nur schwer „von außen" zu überprüfen und sich bewusst zu machen. Sie bedürfen der Reflexion, verstanden als Selbstvergewisserung und Selbstinfragestellung.

Reflexion von Lernerfahrung ist im Verständnis der Lernberatung Bestandteil von Lernen. Reflexion heißt inne halten, um sich (neu) zu orientieren, auch um sich ‚Sinnfragen' in Bezug auf neue Informationen und die Aneignung von Wissen zu stellen, also die Frage nach dem ‚warum' und ‚wozu'. Mit der Reflexion werden Vergangenheit, Gegenwart und Zukunft miteinander in Verbindung gesetzt und auf Wechselwirkungen hin überprüft. Für den Lern-/Lehrprozess heißt dies, dass die Lernziele mit der aktuellen Lernsituation in Beziehung gesetzt werden, dass die aktuelle Lernsituation mit den subjektiven Lernzielen und der Lebensperspektive in Relation gestellt wird. Reflexion heißt in der Lernberatung zum einen subjektive Reflexion, zum anderen kollektive Reflexion im sozialen Lernkontext. In der Verzahnung von Selbstreflexion mit gemeinsamer Lernreflexion in der Lerngruppe entsteht die Dynamik von Lernen als interaktivem Prozess.

Reflexion bezieht sich also nicht nur auf das lernende Individuum (subjektive Reflexion) sondern auch die Lerngruppe, die Lehrenden und die Institution (kollektive Reflexion). Dadurch werden soziale Kompetenzen gefördert, wie Arbeiten im Team und verantwortliches Handeln im Rahmen einer Organisation.

Reflexion umfasst Fragen an sich selbst und Fragen an andere. Sie bedarf, damit sie sich nicht in Spekulation verliert, der Rückmeldung von anderen und an andere. Rückmeldung sorgt sozusagen für die Bodenhaftung der Reflexion. Rückmeldung in konstruktiver Form zu geben und anzunehmen bedarf der Übung und Unterstützung, wodurch zugleich soziale Kompetenzen entwickelt werden.

6. Orientierung an Lerninteressen

Energie, Konzentration und Ausdauer, die für Lernen erforderlich sind, werden von Lernenden dann bereitgestellt, wenn ihre Lerninteressen zum Ausgangspunkt und Ziel des Lernens gemacht werden. Lerninteressen bezeichnen einen Spannungszustand zwischen einer gewünschten, zukünftigen Situation und den Kompetenzen, die zum Erreichen dieser Situation erforderlich sind einerseits und der gegenwärtigen Situation und den derzeit verfügbaren Kompetenzen andererseits. Es gilt, diese Spannung bewusst zu machen und die in dieser Spannung liegende Energie für Lernen zu nutzen. Lerninteressen sind stärkere und längerfristige Lernanreize als von außen herangetragene Motivationen, wie Belohnung oder Bestrafung durch Zensuren und bestandene oder nicht bestandene Prüfungen. Die Frage „Wie motiviere ich meine Teilnehmenden?" ist im Lernberatungsverständnis also ersetzt durch die Frage „Welche Lerninteressen haben meine Teilnehmenden?"

Wenn es gelingt, auf die letztgenannte Frage zusammen mit den Teilnehmenden Antworten zu finden, erübrigt sich die Frage nach der Motivation weitgehend. Tatsächlich wird es um verschiedene Antworten gehen, nicht um eine einzige Antwort. Denn wenn man die Lernenden als Individuen ernst nimmt, wie mit dem Prinzip der Biographieorientierung gefordert, wird es mehrere und verschiedene Lerninteressen geben, die nicht leicht – und manchmal gar nicht – „unter einen Hut" zu bringen sind. Aber wichtiger als die Vereinheitlichung ist es, der Verschiedenartigkeit und Vielfalt von Lerninteressen Raum zu geben, denn dadurch wird ein selbst verantwortetes und selbst gesteuertes Lernen der Teilnehmenden unterstützt.

Das Prinzip der Lerninteressenorientierung hat aus der Praxis den Anstoß erhalten, genauer über die Frage nachzudenken, welche Wissensbestände für die Individuen relevant sind, was zu lernen also wichtig ist. Mit der Lerninteressenorientierung war immer schon ausgedrückt, dass Lernberatung mehr umfasst, als die Frage des WIE von Lernen. Nicht mehr nur in den peripheren Regionen meint das Prinzip der Lerninteressenorientierung, die üblicherweise in der beruflichen Weiterbildung tabuisierten Themen wie ‚Umgang mit bedrohter Identität', ‚Umgang mit Diskontinuitätserfahrungen', ‚Umgang mit einem Leben jenseits von Erwerbstätigkeit' zum Lerngegenstand zu machen. Lernberatung umfasst damit auch den von Negt angesprochenen Aspekt, Kompetenzentwicklungen zu ermöglichen, die den Kopf für die kognitive Steuerung berufsfachlicher Lernprozesse erst frei machen (vgl. dazu Reutter in diesem Band).

Die Lerninteressen der Lernenden, ihre Ermittlung sind in der Lernberatung also zentraler Ausgangspunkt für didaktisch-methodische Entscheidungen, die auch jenseits des Berufsfachlichen liegen können. Sie bilden Ausgangspunkt und Orientierung für Lernen, aus ihnen lassen sich – verbunden mit erfassten Kompetenzen – Lernziele formulieren und Lernwege gestalten. Orientierung an den Lerninteressen beginnt mit dem Schritt der Lernenden, begründete Lerninteressen zu bestimmen und zu benennen. Dies sind die Potentiale für Selbstorganisation und aktive Steuerung von Lernprozessen.

7. Partizipationsorientierung

Partizipation ist die konsequente Fortführung und praktische Umsetzung des Prinzips der Orientierung an den Lerninteressen. Partizipation ist Beteiligung und meint den Grad der Mitsprache und Mitentscheidung im organisierten sozialen Lern-/Lehrprozess (siehe Abbildung nächste Seite und Alternativmodell im Anhang). Partizipationsorientierung ist eng verbunden mit Transparenz und Interaktion. Transparenz und Interaktion sind die Vorbedingungen und der Aktionsrahmen von Partizipation.

Transparenz im Sinne einer Überschaubarkeit und Durchschaubarkeit des Lern-/Lehrgeschehens in Bezug auf Organisation, Inhalte, Methoden und mediale Möglichkeiten ist Voraussetzung für eine aktive Partizipation der Lernenden am Lernprozess. Mit Transparenz ist also gemeint, dass die Lernenden das Lehr- und Lerngeschehen möglichst weitgehend durchschauen bzw. überblicken können.

Dazu gehört zunächst einmal die *Transparenz der Inhalte*: Was soll gelernt werden? Welche Lernabschnitte wurden bereits bearbeitet, welche sind noch geplant? Zur Transparenz gehören auch die *Begründungen für Lerngegenstände* und Lernregularien, die durch Außenbedingungen vorgegeben sind oder einrichtungsbezogene Standards für das Lernen und Lehren darstellen. Transparenz bezieht sich darüber hinaus auch auf die *Methoden und Verfahren*, mit denen gelernt werden soll und auf die *Medien*, die für das Lernen zur Verfügung stehen. Auch die Weiterbildungsinstitutionen selbst, d. h. ihre Organisationsstruktur, ihre Ziele, Aufgaben und Interessen sowie die Möglichkeiten, wie die Teilnehmenden *auf die Institution Einfluss nehmen* können, sollte transparent gemacht werden. Natürlich sind die Möglichkeiten der Einflussnahme für Teilnehmende begrenzt, die Transparenz ist aber eine Einladung, die vorhandenen Spielräume auch tatsächlich zu nutzen. Transparenz wird als didaktisches Prinzip immer in Abhängigkeit von der Möglichkeit der Selbstorganisation und Selbststeuerung des Lernens im Rahmen des jeweiligen organisierten Weiterbildungsangebotes stehen. Partizipation als Prinzip bemisst sich an allen zu steuernden Faktoren im Lernen.

Modell der Selbstorganisation im Lernen in organisierten Lernkontexten[1]

Welche „Spielräume" und Möglichkeiten der Selbstorganisation und -steuerung gibt es für die Lernenden im Lern-/Lehrprozess?

... in Bezug auf:

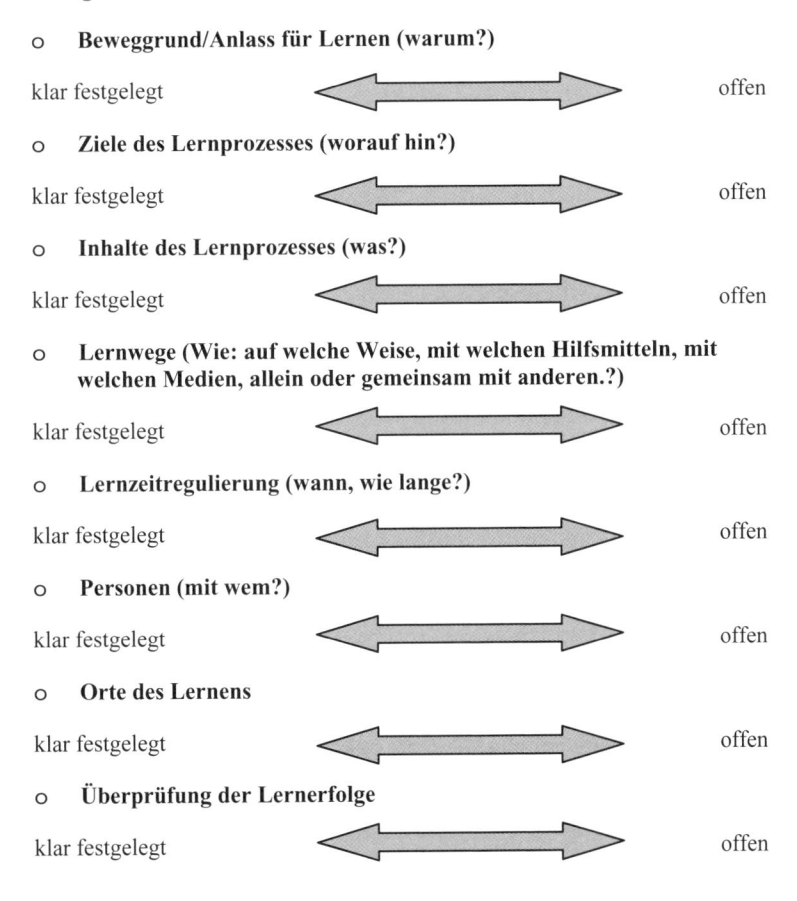

- Beweggrund/Anlass für Lernen (warum?)

klar festgelegt ⟵⟶ offen

- Ziele des Lernprozesses (worauf hin?)

klar festgelegt ⟵⟶ offen

- Inhalte des Lernprozesses (was?)

klar festgelegt ⟵⟶ offen

- Lernwege (Wie: auf welche Weise, mit welchen Hilfsmitteln, mit welchen Medien, allein oder gemeinsam mit anderen.?)

klar festgelegt ⟵⟶ offen

- Lernzeitregulierung (wann, wie lange?)

klar festgelegt ⟵⟶ offen

- Personen (mit wem?)

klar festgelegt ⟵⟶ offen

- Orte des Lernens

klar festgelegt ⟵⟶ offen

- Überprüfung der Lernerfolge

klar festgelegt ⟵⟶ offen

---

[1] Quelle: bbb Büro für berufliche Bildungsplanung. Ordner ‚Zugänge zu Lernberatung' Dortmund 2002

Interaktion meint die Kommunikationsprozesse, die dem Aushandeln des individuell und kollektiv lernförderlichen und lernhinderlichen Lern-/Lehrsettings in seiner Gesamtheit dienen. Interaktion kann als ein zentrales Merkmal neuer Lern-/Lehrkultur gefasst werden, das darauf ausgerichtet ist, die Gesamtheit der für das Lernen relevanten Kompetenzen und Potenziale aller am Lern-/Lehrprozess Beteiligten in der Ausgestaltung eben dieses Prozesses gestaltend tätig werden zu lassen – eben dies zu ermöglichen (vgl. Behlke in diesem Band). In interaktiven Arrangement, in denen in einer transparenten und immer wieder auszuhandelnden Verantwortungsteilung Teilnehmende, Lernberater/innen und Organisationsverantwortliche ihre Kompetenzen und Potenziale für das eigene Lernen und das Lernen der Mitglieder des sozialen Settings zur Verfügung stellen resp. stellen können. Im Blick auf die Lernberatungskonzeption wird damit das **didaktische Prinzip der Partizipation zum Maßstab für den Ausprägungsgrad von Lern-/Lehrkultur**. Damit wird auch deutlich, dass Lern-/Lehrkultur ein in Interaktionsprozessen konsensuell auszuhandelndes und herzustellendes Setting, das den jeweiligen Mitgliedern durch Partizipation Entwicklungsräume anbietet.

8. Prozessorientierung

Nachhaltige Kompetenzentwicklung kann dann besonders gelingen, wenn der individuelle Lernprozess und der kollektive Prozess des Miteinander-Lernens selbst als offener, dialogischer und interaktiver gestaltet ist. Mit Prozessorientierung als neuem didaktischen Prinzip verbindet sich Prozessoffenheit als die Grundhaltung, sich verändernden Zielen und Interessen im Lern- und Lehrprozess zu stellen, ohne in Beliebigkeit zu verfallen. Gemeint ist auch, die im Lern-/Lehrprozess als sozialem Prozess entstehenden Situationen als Lernanlässe wahrzunehmen und zu nutzen. Der professionelle Blick auf den Prozess liefert – so die Erfahrung – Lernanlässe, die jenseits ‚vorgeplanter' Lernangebote durch Lernberater/innen liegen, die in der Situation von Lernenden eingebracht werden, die in sozialen Situationen entstehen und damit nicht selten unmittelbaren Interessen und Bedarfen entsprechen. Prozessorientierung meint jedoch noch mehr: Das begründete Abweichen von einem Ziel, einem Weg zu einem Ergebnis, einem Weg zu einem Produkt steht für eine Lebensnormalität: die der Verunsicherung. Mit der Prozessorientierung geht es nun nicht darum, in verunsichernden Zeiten neue Verunsicherungen zu erzeugen, sondern darum, zu lernen, Unsicherheit und Verunsicherung auszuhalten und mit ihnen zu leben, statt sich in vermeintliche Sicherheiten zu flüchten.

Wenn damit eine Unterscheidung zwischen Lernen und Lernprozess eingeführt ist, so will dies unter Rückgriff auf die Faktoren, die es im Lernen zu steuern und zu organisieren gilt, die aktive, verantwortliche Position des lernenden Subjekts im Prozess von Beweggrund, Ziel, Inhalt, Weg, Ort, Zeit, Ergebnis betonen. Deutlich wurde in einigen Diskursen, dass das Prinzip der Lernprozessorientierung einerseits auf Offenheit und Gestaltbarkeit ausrichtet, andererseits aber auch die im Rahmen der zu steuernden Faktoren im Lernen in Wechselwirkung zueinander stehenden (Lern-)Aktivitäten umfasst, die letztlich zu einem Lernergebnis führen.

Die genannten Prinzipien für ein SOL-orientiertes Lernen stehen in Wechselwirkung zueinander, bedingen sich gegenseitig, greifen ineinander und überschneiden sich teilweise. Sie dienen alle dem Ziel, Selbststeuerung und Selbstverantwortung beim lernen zu erhöhen, um dadurch eine Stärkung des Subjekts zu erreichen und bei den Lernenden den Bereich des selbstbestimmten Handelns zu erweitern.

Literatur

Ahlheit, P.: Biographisches Lernen als Veränderungspotenzial. In: K. Ahlheim/W. Bender (Hrsg.): Lernziel Konkurrenz? Erwachsenenbildung im Standort Deutschland. Eine Streitschrift, Opladen 1996, S. 179-196

Arnold, R. 1996: Weiterbildung – Ermöglichungsdidaktische Grundlagen, München

Arnold, R. 1999: Vom autodidaktik zum facilitative turn – Weiterbildung auf dem Weg ins 21. Jahrhundert. In: Arnold, R. /Gieseke, W. (Hrsg.): Die Weiterbildungsgesellschaft. Neuwied

Arnold, R./Schüssler, I. (Hrsg.) 2003: Ermöglichungsdidaktik – Erwachsenenpädagogische Grundlagen und Erfahrungen. Baltmannsweiler

Budde, Heinz 2005: Für eine Politik des Respekts. Online im Internet:www.boell.de/de/02_public/3145.html

Dietrich, S. 2001: Zur Selbststeuerung des Lernens. In: ders. (Hrsg.): Selbstgesteuertes Lernen in der Weiterbildungspraxis. Bielefeld, S. 19-28

Epping, R./Klein, R./Reutter, G. 2001: Langzeitarbeitslosigkeit und berufliche Weiterbildung. Bielefeld

Faulstich, P. 2001: Förderung selbstgesteuerten Lernens. In: Dietrich, S. (Hrsg.) Selbstgesteuertes Lernen in der Weiterbildungspraxis. Bielefeld, S. 39-55

Heller, Peter 2002: Zur orientierenden und fachlichen Funktion von Lernberatung. Vortrag 3. Arbeitstreffen ProLern, Neubrandenburg

Holtschmidt, I./Zisenis, D. 2004: Prozessbegleitende Lernberatung und Organisationsentwicklung. In Vorbereitung zur Publikation in QUEM, Berlin

Holzkamp, K. im Interview mit Arnold, R.: Wider den Lehr-Lern-Kurzschluss. In: Arnold, R. (Hrsg.) 1996: Lebendiges Lernen: Baltmannsweiler, s. 21-30

Karrer, H.-P. 2001: Ketzerische Gedanken zur Weiterbildung der Weiterbildner. In: Dietrich, S. (Hrsg.) Selbstgesteuertes Lernen in der Weiterbildungspraxis. Bielefeld, S. 147-152

Kemper, M. / Klein, R. 1998: Lernberatung. Baltmannsweiler

Keupp, 2003: Identitätskonstruktion. Vortrag bei der 5. Fachtagung zur Erlebnispädagogik am 22.9.2003 in Magdeburg (online im Internet)

Kirchhöfer, D. 1998: Begriffliche Grundlagen des Programms „Lernen im sozialen Umfeld". In: QUEM-Report, Heft 56, S. 5-70

Klein, R. 2005: Argumente und Empfehlungen für prozessbegleitende Lernberatung – aus der Praxis für die Praxis. In: QUEM (Hg.): Prozessbegleitende Lernberatung – Konzeption und Konzepte, QUEM-Report Heft 90, S. 150-178

Klein, R./Reutter, G./ Poppeck, A./Dengler, S. 2002: Fallbeschreibungen gelebter Konzepte von beruflicher Lern- und Weiterbildungsberatung. Arbeitsbericht Nr. 38, Otto-von-Guericke-Universität Magdeburg, Institut für Berufs- und Betriebspädagogik, Magdeburg; auch als Download unter: www.bbb-dortmund.de/downloads

Klein, R./Reutter, G 2003: Lernberatung als Form einer Ermöglichungsdidaktik – Voraussetzungen, Chancen und Grenzen in der beruflichen Weiterbildung. In: Arnold, R./Schüssler, I. (hrsg.): Ermöglichungsdidaktik. Erwachsenenpädagogische Grundlagen und Erfahrungen. Baltmannsweiler, S. 170-186

Klein, R. /Reutter, G. 2004: Umgang mit bedrohter Identität – ein Thema beruflicher Erwachsenenbildung? In: Behringer, F. u.a. (Hrsg.): Diskontinuierliche Erwerbsbiographien. Baltmannsweiler, S. 203-223

Knowles, M. 1975: Self-directed-Learning. Chicago

Meisel, K. 2002: Selbststeuerung und professioneller Support. In: Kraft, S. (hrsg.) Selbstgesteuertes Lernen in der Weiterbildung. Baltmannsweiler, S. 127-143

Mertens, D. 1977: Schlüsselqualifikationen – Thesen zur Schulung für eine moderne Gesellschaft. In: Siebert, H. (Hrsg.): Begründungen gegenwärtiger Erwachsenenbildung, Braunschweig, S. 99-121

Pätzold, H. 2004: Lernberatung und Erwachsenenbildung. Baltmannsweiler

Rohs, M./Käpplinger, B. 2004: Lernberatung – ein Omnibusbegriff auf Erfolgstour. In: dies. (Hrsg.): Lernberatung in der beruflich-betrieblichen Weiterbildung. Münster/New York/München/Berlin

Schrader, J. 2003: Wissensformen in der Weiterbildung. In: Gieseke, W. (Hrsg.): Institutionelle Innensichten der Weiterbildung. Bielefeld, S. 228-253

Schrader, J./Hartz, S. 2003: Professionalisierung – Erwachsenenbildung – Fallarbeit. In: Arnold, R./Schüssler, I. (Hrsg.): Ermöglichungsdidaktik. Erwachsenenpädagogische Grundlagen und Erfahrungen. Baltmannsweiler, S. 142-155

Sennett, R. 1998: Der flexible Mensch – Die Kultur des neuen Kapitalismus. Berlin

Siebert, H. 1999: Pädagogischer Konstruktivismus. Neuwied

Staudt, E. / Kriegesmann, B. 1999: Weiterbildung. Ein Mythos zerbricht. In: QUEM. Kompetenzentwicklung '99, S. 17-59. Münster

Weinberg, J. 1999.: Lern-/Lehrkultur – Begriff, Geschichte, Perspektiven. In: Kompetenzentwicklung 1999, S. 81-138

Tietgens, H. 1983: Teilnehmerorientierung in Vergangenheit und Gegenwart. PAS Frankfurt

Tippelt, R u.a. 2004: Entwicklung von Persönlichkeitskompetenz und zentrale Weiterbildungsbarrieren in sozialen Milieus. In: Dewe, B./Wiesner, G./Zeuner, Chr. (Hrsg.): Report 1/2004: Milieus, Arbeit, Wissen: Realität in der Erwachsenenbildung. Dokumentation der Jahrestagung 2003 der Sektion Erwachsenenbildung der DgfE. Bielefeld, S.45-52

Wenzig, A. 2004: Auf dem Weg zum Lernberater – Rollenwandel als Herausforderung. In: Rohs/Käpplinger (Hrsg.): Lernberatung in der beruflichen-betrieblichen Weiterbildung: Ansätze und Praxisbeispiele. Münster

Wenzig, A. 2005: Prozessbegleitende Lernberatung zwischen Konzeption und kontextspezifischen Konzepten. In: QUEM (Hg.): Prozessbegleitende Lernberatung – Konzeption und Konzepte, QUEM-Report Heft 90, S.133-149

Zisenis, D. 2004: Prozessbegleitende Lernberatung und Organisationsberatung. In: Rohs/Käpplinger (Hrsg.): Lernberatung in der beruflichen-betrieblichen Weiterbildung: Ansätze und Praxisbeispiele. Münster ,S. 187-199

I/3. Lernberatung in der Umsetzung: Kernelemente als strukturgebender Rahmen

Rosemarie Klein

Die bisherige Umsetzungspraxis verdeutlicht, dass die hinter der Lernberatung stehende stärkere Individualisierung und Flexibilisierung von Lern- und Lehrprozessen ein hohes Maß an Offenheit und Flexibilität auf Seiten aller Beteiligten erfordert, wenn die unterschiedlichen Interessen, Ziele, Voraussetzungen und Motivationslagen der Lernenden in der Planung und Praxis ernst genommen werden und zur Umsetzung kommen sollen. Damit in der Praxis diese Offenheit und Flexibilität nicht in unproduktives Chaos übergeht, sind Strukturmerkmale und Gestaltungselemente notwendig, die allen Beteiligten Orientierung bieten und die neuen Verantwortlichkeiten, durchaus auch Verbindlichkeiten (Zisenis 2004), Mitsprache- und Mitentscheidungsmöglichkeiten transparent werden lassen.

Vorrangig geht es dabei darum, Orte des Austausches und der Partizipation der Lernenden zu schaffen, in denen der Verantwortung der Lernenden für ihren Lernprozess Raum gegeben wird. Die zusätzlich erforderlichen Supportstrukturen dafür, dass die Lernberatungskonzeption mit Leben gefüllt werden konnte, schlugen sich in folgenden, die didaktischen Prinzipien einlösenden **Kernelementen** nieder, die in verschiedenen Praxen mit in jeweils kontextuell modifizierten Ausformungen und verbunden mit weiteren Gestaltungselementen lebendigen Lernens zur Umsetzung kommen. In diesem Beitrag werde ich lediglich einige der Umsetzungen von Kernelementen skizzieren, um die kontextspezifischen Varianzen beispielhaft deutlich werden zu lassen.

1. Kernelemente für biographiebezogene, standortbestimmende Reflexion und die Entwicklung von Zielen

Die Ermöglichung von Reflexion als für das Lernen notwendiges ‚Innehalten', wurde bei Kemper/Klein unterschieden in subjektive und kollektive Reflexion, die jeweils den Blick zurück ermöglicht, um zu einer Standortbestimmung zu kommen und Ableitungen für die Zukunft zu treffen. Die hier beschriebenen Kernelemente geht zielen auf eine Ermöglichung subjektiver Reflexion.

Das Lerntagebuch (vgl. Kemper/Klein 1998; Behlke II/7., Wenzig II/6.), ist das Kernelement, das mit vielfältigen Methoden der persönlichen Reflexion des Lernprozesses, der Zielbestimmung und -überprüfung dient. Das Lerntagebuch wird kontextspezifisch unterschiedlich gefüllt und eingesetzt. Hier existieren mittlerweile eine Fülle von Beispielen, Begrifflichkeiten, die der Vielfalt erwachsenenbildnerischer Handlungskontexte entsprechen. Gemeinsam ist diese Instrumenten:
- es handelt sich um ein persönliches Instrument des/der Lernenden
- es dient auch der subjektiven argumentativen Vorbereitung für kollektive Reflexionen in der Lerngruppe
- es entsteht im Prozess der Lernens, wird nicht als ‚fertige' Kladde angeboten

- es ist methodisch in hohem Maße durch Sprache geprägt
- es ist graphisch ansprechend gestaltet
- es wird frühzeitig und sorgfältig mündlich und schriftlich eingeführt und begründet
- es ist integraler Bestandteil des Lernprozesses, wird mit dem Lern-/Lehrsetting verbunden, d.h. es wird zeitlich und räumlich didaktisch berücksichtigt.

Unterschiede lassen sich festhalten in Bezug auf

a) *die aufzunehmenden Rubriken im Lerntagebuch*: Eine Variante ermöglicht das Lerntagebuch im engen Sinne des Wortes Tagebuch, indem es ausschließlich persönliche Reflexionen beinhaltet. Häufig werden in diesen Praxen ergänzend zum Lerntagebuch andere Lernprozessdokumentationen angelegt, in denen formale, organisatorische Dokumente, Ergebnisse von Lernerfolgskontrollen u.ä. gesichert werden. Andere Varianten integrieren in das Lerntagebuch auch eine Rubrik formaler Informationen, Ergebnisse biographischer Reflexionsangebote zum Lernen und zu Kompetenzen, Selbst- und Fremdeinschätzungen zu erbrachten Lernleistungen u.ä.

b) *Das Verfahren der Entwicklung von Lerntagebüchern*: Die meisten der mir bekannten Praxen haben im Laufe der Zeit einen ‚Prototypen' entwickelt, der bei jeder neuen Lerngruppe zugrunde gelegt wird (überwiegende Standardisierung) und mit geringem Aufwand durch die Lehrenden aktuell angepasst wird. Andere Praxen betonen explizit die Notwendigkeit, das persönliche Lerntagebuch jeweils aktuell an die Gruppe anzupassen und die Erwartungen der Gruppe an die Gestaltung des Buches mit aufzunehmen (Teilstandardisierung). Eine stark am Prinzip der Partizipation orientierte Variante übergibt die Verantwortung für die Gestaltung des Lerntagebuchs an die jeweilige Gruppe und stellt orientierungsgebend ‚alte' Muster von Lerntagebüchern zur Verfügung.

c) *Die Art der Vernetzung des Lerntagebuches mit dem Lern-/Lehrgeschehen*: Grundsätzlich ist die Häufigkeit, für das Lerntagebuch strukturierte Zeiten und Orte anzubieten und die Vernetzung des Lerntagebuchs mit dem Lern-/Lehrgeschehen abhängig von der Dauer und dem Komplexitätsgrad des Bildungsangebotes. In längerfristig, modular und an unterschiedlichen Orten stattfindenden Bildungspraxen gestaltet sich die Integration des Lerntagebuches anders, als in VHS-Kursangeboten, bei denen ein/e Dozent/in in einem zeitlich vergleichsweise kurzen und inhaltlich überschaubaren Lernprozessen mit diesem Instrument arbeitet. In vielen Praxen ist der Einsatz des Lerntagebuches mit regelmäßig und häufiger stattfindenden Lernkonferenzen (s.u.) verbunden, die dann Orte für das Führen des Lerntagebuches darstellen und dieses zugleich mit kollektiver Reflexion verbinden. Andere, häufigere Praxen binden das Lerntagebuch an den Abschluss von fachbezogenen Lerneinheiten (Rechnungswesen, EDV...) und/oder Lernzeiten (am Ende des Tages, der Woche o.ä.) und binden die subjektiven Reflexionen in ‚Tageseinstiegen', ‚Lernkonferenzen', ‚Wochenrückblicken' o.ä. in eine kollektive Reflexion ein. Durchgehend problematisiert wird das Lerntagebuch als Reflexionsinstrument für Theorie und Praxis dort, wo die Verantwortung für Theorie und Praxis bei unterschiedlichen Organisationen liegt. Dies liegt in unterschiedlichen pädagogischen Selbstverständnissen zwischen (Weiter-)bildungseinrichtungen und Berufsschulen, zwischen Schulen und Praxis-/Praktikumsplätzen begründet, aber auch in dem hohen Abstimmungsaufwand, den ein beide Felder integrierendes Lerntagebuch erfordern würde.

Das Zieltraining (vgl. Grube in II/5.), das als das Lerntagebuch ergänzendes Kernelement in einem Reha- Handlungskontext praktiziert wurde, basiert auf der Beobachtung, dass Lernende vielfach aus Gründen in einer Bildungsmaßnahme sind, die fremd verordnet sind. Beweggründe sind keine Ziele, Lernen braucht jedoch Ziele. Zieltrainings haben den Anspruch, die eigenen oder fremd gesetzten Beweggründe für die Teilnahme an einem Bildungsangebot explizit zu machen und sie der reflexiven Erarbeitung von subjektiven Zielen zugänglich zu machen. Die Praxis der beruflichen Weiterbildung zeigt, dass Lernende eher selten mit Zielen in einen Lernprozess gehen, die attraktiv, realisier- und operationalisierbar sind. Deshalb wollen solche Verfahren Impulse setzen, damit Lernende ihre Ziele entwickeln können. Ein wichtiger Bestandteil der Zieltrainings ist das ‚Emanzipieren' der Teilnehmenden von einer vermeintlichen oder tatsächlichen Annahme der formal vorgegebenen Maßnahmeziele. Als subjektiv-reflexive Leistung hat sich dies vor allem für defensive Lerner als wichtig erwiesen, die i.d.R. eine hohe Bereitschaft haben, vorgegebene Ziele zu übernehmen, um Sanktionen/Nachteile zu vermeiden. Das Emanzipieren von vorgegebenen Zielen meint dabei nicht ein Sich-Bewegen in Zielhorizonten, die völlig jenseits des Bildungsangebotes liegen, sondern kritisches Überprüfen, ob die von den ‚Experten' vorgedachten Ziele an subjektive Bedarfslagen anschlussfähig sind. So können bspw. ‚Lehrziele' für einzelne Lernende unterhalb deren Kompetenzen angesiedelt sein, Teilziele von Lernenden, die auf Handlungskompetenzen ausgerichtet sind, im ‚Kerncurriculum' nicht enthalten sein u.ä. Die Entwicklung und interaktive Auseinandersetzung mit subjektiven Lernzielen ist eine wesentliche und zu ermöglichende Voraussetzung für die Bereitschaft und Fähigkeit der Verantwortungsübernahme im Lernen.

Kompetenzbilanzierungen (vgl. Epping/Klein/Reutter 2001; Käpplinger und Rahn in II/3. und II/4.) sind im Verständnis der Lernberatungskonzeption biographie- und selbsteinschätzungsorientierte Verfahren, die entwickelt und eingesetzt werden, um den Blick der Lernenden auf ihre lebensbiographisch erworbenen Kompetenzen zu schärfen. Die Erfahrung zeigt, um so mehr Lernende über ein Bewusstsein verfügen, was sie wissen und können, um so eher können sie ihr Lernen verantwortlich organisieren. Kompetenzbilanzierungen werden vielfach eingesetzt als Vorbereitung auf das Entwickeln und Formulieren individueller Ziele, aber auch für die Organisation des eigenen Lernens innerhalb differenzierter Bildungskonzepte wie z.B. Modularisierung. Gemeinsam ist allen Instrumenten, die eingesetzt werden, dass der Blick zurück verbunden wird mit einer Standortbestimmung und mit einer Ableitung von Konsequenzen für den weiteren Lernprozess.

Lernbiographische Übungen (vgl. Epping/Klein/Reutter 2001; Holtschmidt und Klein-Dessoy in II/1. und II/2.) basieren in einer Erweiterung üblicher lerndiagnostischer Verfahren in einer Schärfung des Blicks für die biographischen Anlässe, aus denen heraus Lernhaltungen und -verhaltensweisen entstanden sind. Die ‚dem eigenen Lernen auf die Spur gehende' biographische Anschlussfähigkeit erlaubt eine Bilanzierung von bewährtem Wissen um das eigene Lernen, neuem Wissen über disfunktionale Haltungen und Verhaltensweisen zu Lernen und erlaubt eine Steuerung des eigenen Lernens im sozialen Lernprozess. Auch hier ist allen Instrumenten auf der Verfahrensebene gemeinsam, dass der Blick zurück mit einer Standortbestimmung verbunden wird und Ableitungen für den anstehenden Lernprozess getroffen werden.

2. Kernelemente für kollektive Reflexion zur Planung individueller und kollektiver Lernschritte
Während die obigen Kernelemente auf subjektiver Reflexion basieren, geht es bei den folgenden um die Überführungen subjektiver Reflexionen in das soziale Lernsetting und um die Erweiterung des subjektiven Blicks durch kollektive Reflexionen.

Die Lernkonferenz (vgl. Kemper/Klein 1998) ist das Forum der kollektiven Reflexion und gemeinsame Beratung aller am Lern-/ Lehrprozess Beteiligten. In der Bildungspraxis hat sich die Lernkonferenz als Beteiligungsmodell vielfach bewährt. Abhängig von den kontextspezifischen Bedingungen sind sie wöchentlich, zweiwöchentlich, in monatlichem Rhythmus, nach abgeschlossenen größeren Lerneinheiten oder weiteren Organisationsmodellen in das Lern-/Lehrsetting integriert. Die Lernkonferenz ist der Ort,
- an dem individuelles und kooperatives Lernen zusammengeführt wird
- an dem die Partizipation an der inhaltlichen sowie organisatorischen Gestaltung des Lern-/Lehrprozesses in Bewegung kommt
- an dem auf verschiedenen Ebenen ein Übungsfeld für die Anforderungen an das lebenslange und selbstgesteuerte Lernen gegeben ist
- an dem soziale, personale und methodische Kompetenzen für Kommunikation, Argumentation, für das Leiten und Moderieren von Gruppen und vor allem für kooperative Zusammenarbeit trainiert werden
- an dem Bilanzierung stattfindet und Feed-Back gegeben und angenommen wird
- an dem überfachliche Inhalte diskutiert und die Weiterarbeit bzw. das weitere Lernen geplant werden.

Das Umsetzungsmodell der Lernkonferenz, wie es von Kemper/Klein entwickelt wurde, lässt sich auf der Grundlage von vier Eckpfeilern beschreiben, die zugleich den systematischen Ablauf solcher Konferenzen markieren. Dieser Ablauf hat sich in vielfältigen Praxen als sicherheitsgebend bewährt, um die Lernkonferenz in der Planung und Moderation zur Angelegenheit der Lerngruppe werden zu lassen:
- persönliche Reflexion (z.B. durch Lerntagebuch)
- Mitteilungsrunde / Schlaglichter (z.B. Metaplankartenabfrage, clustern, Rangfolge herstellen)
- Interaktion und Gruppenreflexion (Handlungs-/ergebnisorientierte Diskussion der ausgewählten Aspekte; Vereinbarungen treffen)
- Feedback (an die Moderatoren/inn/en der Lernkonferenz)

Die Planungskonferenz (vgl. Kemper/Klein 1998) stellt eine besondere Form der Lernkonferenz dar. Ziel ist es, zur Planung zukünftiger Lern-/Lehrphasen verbindliche und realistische Lösungen für individuelles und gemeinsames Verfolgen von Lernzielen zu finden. Die Planungskonferenz findet in der Praxis dort statt, wo eine Mitsprache und Mitentscheidung der Lernenden in Bezug auf den aus dem Prozess

zu entwickelnden curricularen Aufbau des Bildungsangebotes möglich ist. In der Praxis setzt dieses Verfahren die Klärung folgender Fragen voraus:
- Welche Chancen und Grenzen sehen wir als Team/Bildungseinrichtung grundsätzlich in der Partizipation der Lernenden bei Fragen der inhaltlichen, organisatorischen und methodischen Gestaltung der Lern-/Lehrprozesse?
- Woran konkret können wir als Bildungseinrichtung die Lernenden beratend bzw. mitentscheidend partizipieren lassen?

Praxisbesuche finden vor allem dort eine Umsetzung, wo Aus- und Weiterbildungen im dualen System stattfinden, dort, wo Fort- und Weiterbildungen mit Transferphasen in Praktika oder am Arbeitsplatz (arbeitsprozessbegleitende Fortbildungen) kombiniert sind. (vgl. Holtschmidt 2004) Der eher etwas unscharfe Begriff der Praxisbesuche markiert individuelle und kollektive Lernreflexionen, die den Blick auf die Vernetzung von Theorie und Praxis (im dualen System) oder auf den Transfer des Gelernten in Praktika und/oder in das Alltagshandeln am Arbeitsplatz haben.

3. Medien und Materialien für das selbstorganisierte Erschließen von Wissen

Die im Zuge der Reformpädagogik in den 30er Jahren in Frankreich entwickelte Freinet-Pädadogik hob das selbständige und kooperative Arbeiten und Lernen hervor. Der schöpferischen Gestaltungstätigkeit und dem freien Arbeiten mit vielfältigen Medien und Materialien wurde ein hoher Stellenwert eingeräumt. In diesem Kapitel geht es, daran anschließend, um Kernelemente, die für eine Lernumwelt stehen, die Lernende anregt, sich selbständig und aktiv Wissen und Kenntnisse anzueignen.

Lernquellenpools (vgl. Kemper/Klein 1998) werden von ihrer Grundintention, den Lernenden auf der Basis von Fachbüchern, Arbeitsblättern, Lernprogrammen, Internetzugängen u.ä. individualisierte Zugänge zur Erschließung von Wissen zu ermöglichen, in fast allen Lernberatungskonzepten verfolgt. Grundsätzlich hat sich dabei bewährt, eine Vernetzung des Lernquellenpools mit dem gesamten Lern-/Lehrgeschehen zu praktizieren. Lernquellenpools ohne eine strukturierte Verankerung mit anderen Verfahren, die für die Erschließung von fachlichem und überfachlichem Wissen ermöglicht werden, laufen i.d.R. ins Aus. (vgl. hierzu die Erfahrungen des SELBER-Projektes des DIE, vor allem Forneck 2004)

Markante Unterschiede gibt es im Umfang von Lernquellenpools. Sie sind nicht zuletzt ein Kosten- und Ressourcenfaktor. Die Anschaffung von Lernmedien und -materialien, die unterschiedliche Lernende ansprechen sollen, das Systematisieren der ‚Lernschätze', die in den Archiven der Dozenten im Laufe der Zeit abgelegt sind, das Aktualisieren bewährter, methodisch aufbereiteter Arbeits- und Übungsblätter – all dies kann nicht nebenher erstehen bzw. bedarf des langen Atems. Auch bedarf es einer Logistik für ‚Ausleihverfahren', für das Kopieren und nicht zuletzt auch für die Sicherung von Autorenrechten und Einrichtungskapital.

Lernquellenpools werden in mehreren Praxen in sog. **‚Selbstlernbüros'** angelegt. Diese Büros sind dann in die Zeit- und Personalstruktur des Bildungsanbieters integriert.

Lernendenbibliothek meint i.d.R., bestehende Dozentenbibliotheken für Teilnehmende der Bildungsmaßnahmen zu öffnen oder aber auch, gemeinsam zu nutzende Bibliotheken einzurichten. Diese Praxen stehen für ein Organisationsverständnis, bei dem Lernen nicht nur Angelegenheit von Bildungsteilnehmenden ist, sondern im Sinne einer lernermöglichenden Arbeitskultur auch auf die Organisation und die dort Tätigen angewandt wird.

4. Kernelemente zur Bilanzierung von Lernergebnissen im sozialen Setting

Ergebnisse, Erfolge, Misserfolge im Lernprozess auf verschiedenen Ebenen zu fassen, kennzeichnet die nachfolgenden Kernelemente. Interessant ist dabei m.E. die Beobachtung, wie traditionelle Begrifflichkeiten und Verfahren (z.B. Lernerfolgskontrolle, Lernzielkontrolle), die aus der Schuldidaktik in die Erwachsenenbildung übernommen waren, abgelöst werden und Annäherungen an formative Evaluationen mit reflexiven Methoden als Alternativen entwickelt wurden, die mehr im Blick haben, als in traditionellen Lehrsettings.

Fachreflexion und Feedback (vgl. Kemper/Klein 1998) bezieht sich im Gegensatz zu den fächerübergreifenden Reflexionen in der Lernkonferenz auf den Unterricht und die dort erzielten berufsfachlichen Lernergebnisse in einem spezifischen Lern-/Lehrsetting. Gegenstand der Fachreflexion ist die Didaktik-Methodik von thematischen Lerneinheiten mit dem Ziel, individuelle Lernziele und deren Erreichung zu überprüfen und gegebenenfalls Wiederholungs-, Übungsphasen zu vereinbaren und mit Blick auf die nächste Lerneinheit Lern-/Lehroptimierungen zwischen Lernenden und Dozenten zu treffen. Während die Fachreflexion das fachliche Lernergebnis im Blick hat, verbindet sich mit dem Feedback als der sozialen Dimension der Reflexion, d.h. mit Verfahren der Rückmeldung zu abgeschlossenen Lerneinheiten oder auch Unterrichtsstunden, die von den Lernenden an den Dozenten und vom Dozenten an die Lernenden gegeben werden. Fachreflexionen und Feedback sind also gemeinsame Aufgabe der Lernenden und der jeweiligen Fachdozenten bzw. Modulmoderatoren.

Evaluationen von Lernergebnissen, Lernprozessen Lern-/Lehrsetting (vgl. Behlke in II/7.) als Gestaltungselemente von Lernberatung wurden vor allem von Behlke und Holtschmidt aus dem ProLern-Verbund entwickelt und praktiziert. Die Notwendigkeit, Lernberatung mit Evaluationen zu verbinden ergab sich zunächst aus der Entwicklungsperspektive im Projektauftrag, wurde jedoch in beiden Teilprojekten vor allem als Umsetzung des Leitprinzips der Partizipationsorientierung in die eigenen Konzepte integriert und im weiteren Diskussionsverlauf auch zum Konzeptionselement gemacht. Bezüglich der Lernberatungskonzeption ist damit eine noch nicht beantwortete Fragestellung angesprochen, wie Reflexion und Evaluation sich unterscheiden und wie und wo sie sich vernetzen. Als erste Differenzierung wurde festgehalten, dass Reflexionen in der Lernberatung primär die Funktion haben, für das Lernen relevante individuelle Erkenntnisse ins Bewusstsein zu heben. Reflexionen können jedoch auch eine Funktion in Evaluationsverfahren bzw. Instrument formativer Evaluation sein.

In den benannten Praxen wird der Begriff der Evaluation anstelle schulischer Begriffe wie ‚Lernerfolgs- oder Lernergebnisüberprüfung' verwendet und abhängig vom Gegenstand als Selbstevaluation oder auch Selbst- und Fremdevaluation ermöglicht.

Auch in Bezug auf subjektive und kollektive Entwicklungen im Lernprozess wird der Begriff der Evaluation dann benutzt, wenn in zeitlichen Abschnitten bilanzierende Reflexionen zur Entwicklung von Lernhaltungen und -verhaltensweisen eingesetzt werden.

Eine zweite Evaluationsebene stellt in diesen Praxen das Lern-/Lehrsetting dar. Beispielhaft werden hier die explorativen Wege und Verfahren der Umsetzung von Lernberatung in selbstevaluativen Verfahren durch Lehrende und Lernende formativ eingeschätzt und weiterentwickelt. Vor allem in der Praxis, für die der Beitrag Behlke in II/7. steht, ist die Partizipation der Lernenden in hohem Maße gewährleistet, was z.B. dazu führte, dass der Förderplan, ein vom Zuwendungsgeber vorgesehenes Instrument, aus der Perspektive der Teilnehmenden auf der Instrumenten- und Verfahrensebene so modifiziert wurde, dass er mit ihrer (veränderten) Rezeption von Lernen stimmig erschien.

5. Kernelemente individueller und kollektiver, bedarfsorientierter Beratung

Lernberatungsgespräche stehen für dieses Kernelement, das in der Vorläuferkonzeption von Kemper/Klein auf dieser Ebene nicht explizit ausgeführt ist, sich in den Praxen jedoch als eine wesentliche Umsetzung der Lernberatungskonzeption erwiesen hat. Lernberatungsgespräche sind in Bezug auf eine Expertise von Lernberatung noch wenig durchdacht. Wichtige Ansatzpunkte finden sich in der aktuell vorgelegten Dissertation von Pätzold (2004). Grundsätzlich verweisen die Praxen auf verschiedene Ebenen, auf denen Lernberatungsgespräche stattfinden. Einem Interaktionskreislauf folgend finden sie zwischen Lernenden und Lernberatern als Einzel- oder Gruppengespräche, aber auch zwischen Lernenden als Einzel- und Gruppengespräche statt.

Kollegiale Beratung, z.B. nach dem Modell von Fallner, wird vor allem in Fortbildungspraxen ermöglicht, die in einer engen Vernetzung von beruflichem Lernen im Prozess der Arbeit und begleitend zum Prozess der Arbeit angesiedelt sind, wie etwa im Konzept von Holtschmidt/Zisenis. Gegenstand der kollegialen Beratung sind i.d.R. Situationen, die TransferLernen markieren, wo es also darum geht, neues Wissen, weiter entwickelte Kompetenzen in der Arbeit umzusetzen.

Die Lern- und Arbeitskontrakte wurden entwickelt als Kernelemente, die auf Verfahren individueller Zielermittlung aufbauen oder diese anstoßen und die mit Hilfe eines – i.d.R. schriftlichen – Kontraktes zwischen Lernenden und Lehrenden eine Verbindlichkeit erhalten. Solche Kontrakte werden im weiteren Prozess immer wieder dialogisch überprüft und ggf. aktualisiert. Auch hier finden sich in der Praxis unterschiedlichste Varianten, kurze, knappe Lernzielkontrakte, Lern- und Arbeitskontrakte, die Lernziele, Prinzipien der Zusammenarbeit, Gruppenregeln u.ä. beinhalten bis hin zu Kontrakten, die mit differenzierten sog. Entwicklungs- und Förderplänen untermauert sind. Gemeinsam ist diesen Kontrakten und Entwicklungsplänen, dass sie in vereinbarten Abständen in dialogische Verfahren eingebunden sind. Einige Beispiele zu Lernkontrakten finden sich im Anhang zu diesem Beitrag.

Eine besondere Variante stellen die sog. Dreieckskontrakte zwischen Lerner/in, Bildungsanbieter und Arbeitgeber dar, wie sie von den Kaiserswerther Seminaren (vgl.

Holtschmidt/Zisenis in diesem Band) entwickelt wurden. Hier ist die Lern- und Transferverantwortung der Organisation Arbeitgeber im Sinne von Lernberatung aufgenommen.

6. Flexibilisierung von Lernzeiten, -orten und Varianzen in Lernwegen und -methoden

Selbstlernzeiten und selbstorganisierte Lerngruppen wurden bereits im Zusammenhang mit dem Lernquellenpool angesprochen. Es handelt sich hier um in das Lern-/Lehrgeschehen integrierte individuell und/oder kollektiv zu gestaltenden Zeiten, für die es allerdings auch Räumlichkeiten in der Einrichtung braucht. Selbstlernzeiten markieren Lernsituationen, die die Lernenden selbst gestalten. Es liegt in Ihrer Entscheidung,
- welche Lerninhalte sie auswählen und bearbeiten
- wie sie diese bearbeiten, ob sie in Einzel-, Partner/innen- oder Gruppenarbeit lernen
- welche Lernmedien sie zu Hilfe nehmen (Bücher, Arbeitsblätter, Lernsoftware...).

Lernziele und Lerninhalte legen Lernende selbst fest. Sie können an den angebotenen Unterricht anknüpfen, für sie interessante Fragestellungen vertiefen und intensivieren, Unverstandenes nacharbeiten oder aber auch Themen und Aspekte aufgreifen, die im Unterricht nicht bearbeitet werden. Die/der zuständige Dozent/in steht für fachliche oder organisatorische Beratung und Unterstützung zur Verfügung.

Eine Auswahl von Lernmaterialien steht im Lernquellenpool zur Verfügung. Spezielle Lernmaterialien müssen Lernende, vor allem in der Aufbauphase von Lernquellenpools selbst besorgen. Leitfragen, Aufgabenstellungen, Texte, Literaturhinweise können auch bei den Dozent/inn/en angefragt werden. Lernort sind, abhängig von der Ausstattung sog. Lernbüros, Gruppenräume oder freie Unterrichtsräume.

Einige Praxen verweisen auch auf die Möglichkeit, die Selbstlernzeit für den Besuch von Betrieben, Bibliotheken, andere Bildungseinrichtungen, kurz – anderen Lernorten – zu nutzen. Dies muss i.d.R. angemeldet sein.

Etliche Praxen verweisen in Bezug auf die Selbstlernzeiten explizit darauf, den Aspekt des sozialen Lernens zu bedenken, d.h., interessante Lernimpulse anderen Mitlernenden zur Verfügung zu stellen. Dafür gibt es unterschiedliche Wege, wie z.B. das Abstimmen mit dem/der Dozenten/in, einen Lernimpuls in der nächsten plenaren Lernphase zu präsentieren, ein Handout für andere Interessierte anzufertigen u.a.

Die Praxen verweisen darauf, dass viele Lernende Rückmeldungen und ggf. eine Lernkontrolle in Bezug auf ihre Selbstlernzeiten erhalten möchten. Sie wählen dafür entweder ein Lernberatungsgespräch, bereiten, wie oben verdeutlicht, ein Ergebnis für die Gruppe vor oder erwarten vom Dozenten – vor allem bei prüfungsrelevanten Lerngegenständen – einen prüfungstypischen Evaluationsbogen.

Als wichtig hat es sich erwiesen, für die Selbstlernzeiten Orte der Reflexion zu ermöglichen, entweder im Fachunterricht oder in der Lernkonferenz sein. Zur Planung und Auswertung der Selbstlernzeiten empfehlen einzelne Praxen, einen reflexiven Planungs- und Auswertungsbogen für das Lerntagebuch vorzusehen.

Bei den Umsetzungsmodellen der selbstorganisierten Lerngruppen werden auch Varianten benannt, die auf einem kooperativen Lernen basieren, das inhaltlich und methodisch durch den/die Dozenten/in vorbereitet ist.

Fallarbeit, durch konstruierte typische berufliche Handlungssituationen, wie sie etwa aus dem problemorientierten Lernen in Medizin-Studiengängen (u.a. bei der Universität Witten-Herdecke und bei der Ruhruniversität Bochum) bekannt sind, stellen einen noch stiefmütterlich behandelten Lernansatz in der Erwachsenenbildung dar (vgl. Schrader/Hartz 2003). Erste Schritte dazu werden jedoch aus einigen Praxen berichtet. Die Interpretation von Fällen, die in durch Dozenten moderierten oder von der Gruppe auf Grundlage von Leitfragen selbst moderiert werden, haben sich als einen zukunftsfähigen Ansatz für selbstorganisiertes Lernen erwiesen. Eine gängigere Variante ist die echte Fallarbeit, die üblicherweise in der beruflichen Weiterbildung nur mit Beschäftigten durchgeführt wird, wo es jedoch gerade aus der Bildungsarbeit mit marginalisierten Zielgruppen gute Erfahrungen gibt, zurückliegende Arbeitssituationen als zu interpretierende Fälle didaktisch aufzunehmen.

Projektarbeit, also das Arbeiten mit verschiedenen methodischen Varianten des Projektansatzes wird in fast allen mir bekannten Praxen der beruflichen Weiterbildung als lebendige Lernform erachtet und angewendet. Die zu steuernden Faktoren im Lernen lassen sich, abhängig von der Offenheit des Projektes nahezu vollständig in einer kooperativen Lernform von den Lernenden selbst organisieren und steuern.

Projektmanagement wird in den Lernberatungspraxen als bedeutsames Element von Projektarbeit hervorgehoben. D.h., die Projektidee und alle für die Bearbeitung des Projektes erforderlichen Schritte werden von der Gruppe selbst entwickelt. Für das Erschließen des Projektmanagements stehen dann im Lernquellenpool entsprechende Informationen bereit. Projektmanagement ist zwar immer schon Bestandteil guter Projektarbeit gewesen, scheint jedoch nun mit besonderer Konsequenz ermöglicht zu werden.

Modularisierung wird in Lernberatungskonzepten mit dem Ziel der Individualisierung und Flexibilisierung praktiziert. Lernende haben bei modular angelegten Bildungsmaßnahmen die Möglichkeit, ihr Lernen ökonomisch zu organisieren, indem sie nur die Module belegen, in denen Lernen und Kompetenzentwicklung ihren Bedarfen entspricht oder die für sie aus anderen Gründen von Interesse sind.

Die obige Übersicht, die keinerlei Anspruch auf Vollständigkeit hat, und einige Beiträge in diesem Band zeigen, wie in einer Vielzahl von Einrichtungen mit didaktischer Phantasie und unter Berücksichtigung der jeweiligen Kontexte und Zielgruppen an der Umsetzung und Erweiterung der Kernelemente der ursprünglichen Lernberatungskonzeption gearbeitet wurde. Zum Teil haben die Einrichtungen sich auch für andere, in ihren Kontexten anschlussfähige und passende Begrifflichkeiten entschieden. Mit den Kernelementen der ursprünglichen Konzeption ist es offensichtlich gelungen, ein tragfähiges Fundament zu gießen, das vielfältige Möglichkeiten des Weiter- und Umbauens erlaubt und dazu anregt.

Literatur

Ahlheit, P.: Biographisches Lernen als Veränderungspotenzial. In: K. Ahlheim/W. Bender (Hrsg.): Lernziel Konkurrenz? Erwachsenenbildung im Standort Deutschland. Eine Streitschrift, Opladen 1996, S. 179-196

Arnold, R. 1996: Weiterbildung – Ermöglichungsdidaktische Grundlagen, München

Arnold, R. 1999: Vom autodidaktik zum facilitative turn – Weiterbildung auf dem Weg ins 21. Jahrhundert. In: Arnold, R. /Gieseke, W. (Hrsg.): Die Weiterbildungsgesellschaft. Neuwied

Arnold, R./Schüssler, I. (Hrsg.) 2003: Ermöglichungsdidaktik – Erwachsenenpädagogische Grundlagen und Erfahrungen. Baltmannsweiler

Dietrich, S. 2001: Zur Selbststeuerung des Lernens. In: ders. (Hrsg.): Selbstgesteuertes Lernen in der Weiterbildungspraxis. Bielefeld, S. 19-28

Epping, R./Klein, R./Reutter, G. 2001: Langzeitarbeitslosigkeit und berufliche Weiterbildung. Bielefeld

Faulstich, P. 2001: Förderung selbstgesteuerten Lernens. In: Dietrich, S. (Hrsg.) Selbstgesteuertes Lernen in der Weiterbildungspraxis. Bielefeld, S. 39-55

Heller, Peter 2002: Zur orientierenden und fachlichen Funktion von Lernberatung. Vortrag 3. Arbeitstreffen ProLern, Neubrandenburg

Holtschmidt, I./Zisenis, D. 2004: Prozessbegleitende Lernberatung und Organisationsentwicklung. In Vorbereitung zur Publikation in QUEM, Berlin

Holzkamp, K. im Interview mit Arnold, R.: Wider den Lehr-Lern-Kurzschluss. In: Arnold, R. (Hrsg.) 1996: Lebendiges Lernen: Baltmannsweiler, s. 21-30

Karrer, H.-P. 2001: Ketzerische Gedanken zur Weiterbildung der Weiterbildner. In: Dietrich, S. (Hrsg.) Selbstgesteuertes Lernen in der Weiterbildungspraxis. Bielefeld, S. 147-152

Kemper, M. / Klein, R. 1998: Lernberatung. Baltmannsweiler

Keupp, 2003: Identitätskonstruktion. Vortrag bei der 5. Fachtagung zur Erlebnispädagogik am 22.9.2003 in Magdeburg (Online im Internet)

Kirchhöfer, D. 1998: Begriffliche Grundlagen des Programms „Lernen im sozialen Umfeld". In: QUEM-Report, Heft 56, S. 5-70

Klein, R. 2005: Argumente und Empfehlungen für prozessbegleitende Lernberatung – aus der Praxis für die Praxis. In: QUEM (Hg.): Prozessbegleitende Lernberatung – Konzeption und Konzepte, QUEM-Report Heft 90, S. 150-178

Klein, R./Reutter, G./ Poppeck, A./Dengler, S. 2002: Fallbeschreibungen gelebter Konzepte von beruflicher Lern- und Weiterbildungsberatung. Arbeitsbericht Nr. 38, Otto-von-Guericke-Universität Magdeburg, Institut für Berufs- und Betriebspädagogik, Magdeburg; auch als Download unter: www.bbb-dortmund.de/downloads

Klein, R./Reutter, G 2003: Lernberatung als Form einer Ermöglichungsdidaktik – Voraussetzungen, Chancen und Grenzen in der beruflichen Weiterbildung. In: Arnold, R./Schüssler, I. (hrsg.): Ermöglichungsdidaktik. Erwachsenenpädagogische Grundlagen und Erfahrungen. Baltmannsweiler, S. 170-186

Klein, R. /Reutter, G. 2004: Umgang mit bedrohter Identität – ein Thema beruflicher Erwachsenenbildung? In: Behringer, F. u.a. (Hrsg.): Diskontinuierliche Erwerbsbiographien. Baltmannsweiler, S. 203-223

Knowles, M. 1975: Self-directed-Learning. Chicago

Meisel, K. 2002: Selbststeuerung und professioneller Support. In: Kraft, S. (hrsg.) Selbstgesteuertes Lernen in der Weiterbildung. Baltmannsweiler, S. 127-143

Mertens, D. 1977: Schlüsselqualifikationen – Thesen zur Schulung für eine moderne Gesellschaft. In: Siebert, H. (Hrsg.): Begründungen gegenwärtiger Erwachsenenbildung, Braunschweig, s. 99-121

Pätzold, H. 2004: Lernberatung und Erwachsenenbildung. Baltmannsweiler

Rohs, M./Käpplinger, B. 2004: Lernberatung – ein Omnibusbegriff auf Erfolgstour. In: dies. (Hrsg.): Lernberatung in der beruflich-betrieblichen Weiterbildung. Münster/New York/München/Berlin

Schrader, J. 2003: Wissensformen in der Weiterbildung. In: Gieseke, W. (Hrsg.): Institutionelle Innensichten der Weiterbildung. Bielefeld, S. 228-253

Schrader, J./Hartz, S. 2003: Professionalisierung – Erwachsenenbildung – Fallarbeit. In: Arnold,

R./Schüssler, I. (Hrsg.): Ermöglichungsdidaktik. Erwachsenenpädagogische Grundlagen und Erfahrungen. Baltmannsweiler, S. 142-155

Sennett, R. 1998: Der flexible Mensch – Die Kultur des neuen Kapitalismus. Berlin

Siebert, H. 1999: Pädagogischer Konstruktivismus. Neuwied

Weinberg, J. 1999.: Lern-/Lehrkultur – Begriff, Geschichte, Perspektiven. In: Kompetenzentwicklung 1999, S. 81-138

Tietgens, H. 1983: Teilnehmerorientierung in Vergangenheit und Gegenwart. PAS Frankfurt

Tippelt, R u.a. 2004: Entwicklung von Persönlichkeitskompetenz und zentrale Weiterbildungsbarrieren n sozialen Milieus. In: Dewe, B./Wiesner, G./Zeuner, Chr. (Hrsg.): Report 1/2004: Milieus, Arbeit, Wissen: Realität in der Erwachsenenbildung. Dokumentation der Jahrestagung 2003 der Sektion Erwachsenenbildung der DgfE. Bielefeld, S. S.45-52

Wenzig, A. 2004: Auf dem Weg zum Lernberater – Rollenwandel als Herausforderung. In: Rohs/Käpplinger (Hrsg.): Lernberatung in der beruflichen-betrieblichen Weiterbildung: Ansätze und Praxisbeispiele. Münster

Wenzig, A. 2005: Prozessbegleitende Lernberatung zwischen Konzeption und kontextspezifischen Konzepten. In: QUEM (Hg.): Prozessbegleitende Lernberatung – Konzeption und Konzepte, QUEM-Report Heft 90, S.133-149

Zisenis, D. 2004: Prozessbegleitende Lernberatung und Organisationsberatung. In: Rohs/Käpplinger (Hrsg.): Lernberatung in der beruflichen-betrieblichen Weiterbildung: Ansätze und Praxisbeispiele. Münster ,S. 187-199

I/4. Was begründet die Auseinandersetzung mit den Inhalten von Lernen in der Lernberatungskonzeption?

Gerhard Reutter

1. Die Erweiterung um das WAS – eine unterbelichtete Dimension in der Lernberatungskonzeption

Die Lernberatungskonzeption und die kontextuellen Umsetzungskonzepte von Lernberatung konzentrierten sich in der Vergangenheit vorrangig auf Aspekte des WIE. Überlegungen, wie Lernumgebungen gestaltet sein können und sollen, wie teilnehmerangemessene Lernsettings aussehen können, welche Lernarchitekturen dem Lernen förderlich sind, wie Lernpotenziale von Lernenden aktiviert werden können, welche didaktischen Prinzipien handlungsleitend sind und ähnliche Fragen dominieren bis heute die Debatten. Dabei legen bereits die handlungsleitenden Prinzipien der Lernberatungskonzeption von Kemper/Klein (1998), die für viele der Umsetzungskonzepte als orientierend gelten, nahe, eine Konzeption, die auf eine Lernkultur ausrichtet, über das Wie des Lernens hinaus zu betrachten.

Die Frage, welches Wissen sich die Subjekte – möglichst selbstorganisiert – aneignen sollen, wird bislang untergewichtig behandelt (vgl. Klein/Reutter 2005; Klein 2005); was Individuen lernen sollen, um aktiv Zukunft gestalten zu können, scheint nicht im Fokus der Debatte. Gerade im Forschungs- und Entwicklungsprogramm ‚Lernkultur Kompetenzentwicklung'[1], das wie kaum ein vergleichbares Programm in einer Vielzahl von Projektverbünden und Einzelprojekten wichtige und richtungsweisende Lern-/Lehrinnovationen befördert hat, wird in der Programmatik deutlich, dass aus Sicht der Programmverantwortlichen Lernen zur lebensnotwendigen Voraussetzung wird, um Gegenwart und Zukunft bewältigen zu können. „Ohne lebenslanges Lernen versänken Welt, Gesellschaft, Wirtschaft und Politik im Chaos." (www.abwf.de/main/programm) Gefordert wird deshalb eine neue Lernkultur, „eine Kultur des selbstorganisierten, die Risiken von Komplexität und Chaos bewältigenden Lernens ist notwendig." (ebd.) Was zur Risikobewältigung gelernt werden soll, wird nicht ausgeführt[2]. Der Beitrag will ausschnittartig Hinweise darauf geben, welches Wissen die Individuen brauchen, um aktiv zur Zukunftsfähigkeit dieser Gesell-

---

[1] Dieses Programm wird von der Arbeitsgemeinschaft für betriebliche Weiterbildungsforschung e.V. – ABWF – im Auftrag des BMBF durchgeführt und aus Mitteln es BMBF sowie des ESF gefördert.
[2] Beim Lesen der programmatischen Aussagen drängt sich der Verdacht auf, den K H. Geißler mehrfach geäußert hat. Lernen scheint der Schlüssel zur Lösung aller Probleme zu sein, es tritt an die Stelle des Glaubens; Lernen bringt Erlösung und Heil für eine geschundene Welt. (vgl. K. Geißler, 1997) Es ist deshalb m. E. notwendig, auch über die Grenzen der Möglichkeiten zu diskutieren, die Weiterbildung bietet. Es gibt auch ein Scheitern als Subjekt an objektiven, entgegengeworfenen Bedingungen (vgl. A. Bolder, 2004, S. 24), die durch Lernen nicht veränderbar sind, aber bei der Ideologie des lebenslangen Lernens als individuelles Versagen erscheinen.

schaft beizutragen. Dazu scheint es notwendig, sich nicht nur Gedanken über die Vision einer Gesellschaft zu machen und Zukunft nicht nur als Fortschreibung von Gegenwart zu begreifen, sondern auch die Entwicklungen zu analysieren, die andeuten, wie Zukunft sich gestalten wird.

2. Zukunftsdiagnosen zur Ableitung von Lerninhalten?

Aber wie soll eine Zukunftsdiagnose gelingen, wenn schon eine Gegenwartsdiagnose kaum mehr möglich scheint? Ortfried Schäffter geht sogar davon aus, dass auch Gegenwartsdiagnosen nicht mehr möglich seien. „Jeder, der den Anspruch hat, eine allgemeingültige Deutung zu formulieren und verbindlich zu machen, liegt falsch. An und für sich bleibt die gegenwärtige Gesellschaft unbestimmbar." (Schäffter 2003, S.19) Andererseits sind es aber gerade Zeit- und Zukunftsdiagnosen, die unsere inhaltliche Ausrichtung begründen. Bildung und Weiterbildung beanspruchen ja, auf gegenwärtige und zukünftige Anforderungen vorzubereiten. Die Proklamation der Notwendigkeit zu lernen – und zwar lebenslang – ist das Resultat von Zeitdiagnosen, die zu der Überzeugung gelangt sind, dass die in fast allen gesellschaftlichen Bereichen zu beobachtende Veränderungsdynamik Menschen zu ständigen Anpassungsleistungen zwingt. „Mit dieser Situation kommen schließlich nur jene zurecht, die bereit und in der Lage sind, lebenslang zu lernen." (Eckstein 2003, S. 185) Mit diesem Beitrag ist nicht die Absicht verbunden, allgemeingültige Deutungen im Sinne von Schäffter für verbindlich zu erklären, sondern nur der Versuch unternommen, Indikatoren zusammenzutragen, die möglicherweise Hinweise auf Zukünfte geben, die bereits Teil der Gegenwart sind oder sich abzeichnende Gegenwart.

Eine zweite Schwierigkeit, Zeit- oder Zukunftsdiagnosen zu stellen, ist in den Erfahrungen begründet, die die Generation der heute meinungsführenden Soziologen oder Erwachsenenbildner gemacht haben (der Autor rechnet sich – um kein Missverständnis entstehen zu lassen – nicht zu den Meinungsführern, gleichwohl zu der Generation zugehörig). Sie gehören zu einer Ausnahmegeneration, die nach Außenmaßstäben ihr Leben in einer Kontinuität gelebt haben, die allen Vorgängergenerationen – und vermutlich auch den nachfolgenden Generationen – verwehrt blieb bzw. bleiben wird. Die in den Jahren nach dem 2. Weltkrieg Geborenen sind aufgewachsen in der friedlichsten, reichsten und sozial ausgeglichensten Periode der deutschen Geschichte und haben dabei offensichtlich den Blick auf die historische Normalität verloren, relativ unabhängig davon, wo sie sich politisch verorten. Es ist m.E. eines der interessantesten Facetten dieser Debatte, zu analysieren, wie sich das Bild von der Normalerwerbsbiographie konstruiert hat. Abgesehen davon, dass die Normalerwerbsbiographie immer nur die männliche Erwerbsbiographie meint, ist das Bemerkenswerte, welcher historisch extrem kurze Zeitraum unsere Vorstellung darüber prägt, was eine normale Erwerbsbiographie sei.

Axel Bolder spricht, wenn er die zunehmenden Diskontinuitäten im Blick hat, von einer Rückkehr zur Normalität. (vgl. Bolder 2004) Diskontinuität ist – historisch gesehen – die Normalität, Kontinuität die Ausnahme. Aber genau diese Ausnahmephase, die Bolder auf die Zeit zwischen 1955 und der ersten Wirtschaftskrise im Jahr 1966 datiert (andere datieren ihren Abschluss auf Ende der 70er Jahre), hat unsere Vorstellung davon geprägt, was Normalerwerbsbiographie sei. Denkt man an die Eltern- oder Großelterngenerationen mit ihren Kriegs- und Weltwirtschaftskrisenerfahrungen, dann wird deutlich, dass eine derartige Vorstellung der Normalerwerbsbiographie erstaunlich ahistorisch ist. Soziologisch gesehen wurde der Idealtyp, den Max Weber skizziert hat als Fixpunkt für Abstandsmessungen der realen Verhältnisse, mit dem Realtyp gleichgesetzt. Bolder macht dafür – wie er sagt – eine ahistorisch denkende Generation von Soziologen verantwortlich, die ihre durchaus untypische bewusste Lebenserfahrung zur Norm erhoben hat. (Bolder ebd.)

3. Gegenwart und Zukunft von Erwerbsbiographien – Diskontinuität als Rückkehr zur Normalität

Wenn Diskontinuität in der Erwerbsbiographie als das zukünftig ‚normale' gilt, ist es angebracht, sich darüber zu verständigen, was unter Diskontinuität verstanden werden soll. Es greift zu kurz, nur die radikalste Form von Diskontinuität, nämlich unfreiwillige Arbeitslosigkeit, in den Blick zu nehmen, obwohl dies die Erfahrung struktureller Gewalt im unmittelbaren Sinn ist. Es gibt auch Erfahrungen und Bedrohungen, die sich als innere oder unsichtbare Diskontinuität bezeichnen lassen. Gemeint sind dabei Brüche innerhalb der Erwerbsarbeit, die arbeitsorganisatorisch oder arbeitsinhaltlich bedingt sind.

3.1 Arbeitslosigkeit als Diskontinuitätserfahrung

Erzwungene Arbeitslosigkeit als Form von Diskontinuität ist eine Erfahrung, die in den vergangenen vier Jahren jährlich in Deutschland über 7 Mio. Menschen machen mussten[3]. Für viele von ihnen bedeutet Arbeitslosigkeit keine Diskontinuität, sondern eher eine Kontinuität ins langfristige Aus. Nach Angaben des Statistischen Bundesamtes waren 2003 51% der Arbeitslosen bereits mehr als ein Jahr ohne Erwerbstätigkeit, 31% bereits länger als zwei Jahre. (Statistisches Bundesamt (Hrsg.) 2004, S. 67) Es gilt zunehmend: Wer lange arbeitslos ist, bleibt lange arbeitslos.

Irritierend ist dabei der Wandel bei den sog. vermittlungshemmenden Merkmalen als Ursache für Arbeitslosigkeit bzw. als Reintegrationshürde. Bis Mitte der 90iger Jahre waren fehlende oder geringe Qualifikationen und gesundheitliche Einschränkungen die häufigsten Merkmale. Qualifizierung bzw. Maßnahmen der Rehabilitation waren geeignete Mittel zur Beseitigung dieser Merkmale. Die zunehmend gewichtiger werdenden vermittlungshemmenden Merkmale sind durch Intervention nicht beeinflussbar, nämlich das Alter und in Ostdeutschland das Frau-Sein. Wer in bestimmten Berufsgruppen mit über 50 arbeitslos wird, hat zumindest in seinem bisher ausgeübten Beruf wenig Chancen auf eine erfolgreiche stabile Reintegration.

Aber auch auf dem anderen Pol der Alterslinie zeigen sich neue Diskontinuitätsrisiken. Jugendliche ohne Schulabschluss, in Deutschland immer noch 9% eines Jahrgangs, die früher in un- oder angelernten Tätigkeiten unterkamen, finden heute kaum noch Einstiege, sondern starten ihr Erwerbsleben häufig mit Maßnahmekarrieren;

---

[3] Die freiwillige Arbeitslosigkeit ist vernachlässigbar: Von den westdeutschen Arbeitslosen sind nur 5% „freiwillig" arbeitslos geworden, von den Ostdeutschen sind es lediglich 3%; (Statistisches Bundesamt (Hrsg.) 2004, S. 64)

wandern von einer Maßnahme in die andere, meist ohne ausweisbare Qualifikationsverbesserungen. Von dieser Gruppe ‚die in der Regel mit 15,16 Jahren die Schule verlässt, sind 25% bis zu ihrem 25. Lebensjahr weniger als zwei Jahre erwerbstätig gewesen, 8% haben noch gar nicht gearbeitet, 11% waren länger als ein Jahr arbeitslos und 30% mindestens einmal arbeitslos. (Solga 2004, S. 127)

Aber auch Jugendliche mit Hauptschulabschluss tragen ein hohes Diskontinuitätsrisiko, weil dieser Abschluss nicht mehr die traditionelle Voraussetzung für die berufliche Ausbildung darstellt, Realschulabschluss ist zur Norm geworden; in der Folge werden für Hauptschüler – immerhin fast 30% eines Jahrgangs – immer weniger Ausbildungsberufe angeboten. Und diese Ausbildungen finden zunehmend in Berufen statt, in denen das Zweite-Schwellen-Risiko hoch ist. So werden zwar nur 2-3% der Absolventen einer Banklehre (Abitur als faktische Zugangsvoraussetzung) nach der Ausbildung arbeitslos, aber 15% der Verkäuferinnen und der Sprechstundenhilfen und fast 20% der Kfz-Mechanikern. Arbeitslosigkeit unmittelbar nach Ausbildungsende bedeutet häufig, dass auch zukünftig der Einstieg in dem gelernten Beruf nicht mehr gelingt. (vgl. Konietzka 2004, S. 115)

3.2 Berufswechsel und Befristung als Diskontinuitätserfahrung

Ein anderes Diskontinuitätsrisiko birgt der unfreiwillige Berufswechsel. Die Chancen, sich durch einen Wechsel beruflich zu verbessern ist bei einem freiwilligen Wechsel zweimal so groß wie bei einem unfreiwilligen Wechsel. Von den 3,6 Mio., die alleine 2002 ihren Beruf bzw. ihre Tätigkeit gewechselt haben (Statistisches Bundesamt (Hrsg.) 2004, S. 54), sind es nur 17%, die freiwillig wechseln. Betrachtet man die Gruppe genauer, so wird deutlich, dass es vornehmlich die Risikogruppen sind, die wechseln. Es sind überdurchschnittlich häufig:
▪ ausländische Erwerbstätige
▪ Personen ohne beruflichen Abschluss
▪ um- und angelernte Arbeiter (vgl. Behringer 2004, S. 80).

Auch hier lohnt ein Blick auf die Altersverteilung: Während von der Gesamtheit der Erwerbstätigkeiten nur 10% innerhalb eines Jahres gewechselt haben, sind es bei den unter 30-Jährigen 22% (Statistisches Bundesamt (Hrsg.) 2004, S. 55). 35% aller Wechsler haben nicht den Sprung in eine Festanstellung geschafft und sind nur befristet beschäftigt. (ebd. S. 56)

Befristete Arbeitsverhältnisse haben sich in den letzten Jahren nicht nur bei akademischen Berufen als Einstieg ins Erwerbsleben durchgesetzt. Auch wenn der Anteil der Befristungen insgesamt nur bei 8% liegt, beträgt er bei Ungelernten bereits 14%. Differenziert man nach Alter wird deutlich, dass sich mit Befristung ein Zukunftsmodell abzeichnet. Bei den unter 20-Jährigen sind 35% aller Arbeitsverträge befristet (ohne Azubis und Wehr-/Zivildienstleistende), bei den 20- bis 25-Jährigen 24%. (ebd.)

Befristete Arbeitsverhältnisse stellen aber nicht per se ein Diskontinuitätsrisiko dar bzw. werden subjektiv nicht zwingend als Risiko wahrgenommen. Sie können auch als Chance gesehen werden, unterschiedliche Tätigkeitsfelder bearbeiten zu können und nicht berufslebenslang festgelegt zu sein. Allerdings ist Befristung immer weniger selbstgewählte Option sondern im Regelfall von außen gesetzt.

Als Zwischenfazit lässt sich festhalten: Die Zahl der von Diskontinuitäten Bedrohten ist ungleich höher als die der Gesicherten. Aufs Gesamtspektrum gesehen ist es nur der gut qualifizierte Mann zwischen 30 und 45 Jahren, der nicht in Ostdeutschland lebt und einen Arbeitsplatz hat.

3.3 Die Botschaft der Unsicherheit ist angekommen

Diese Botschaft der Unsicherheit ist inzwischen offensichtlich bei den Menschen angekommen (allerdings noch nicht bei denen, die Menschen auf das Leben vorzubereiten beanspruchen. Umgang mit berufsbiographischen Brüchen und Bedrohungen ist bis heute nicht Gegenstand schulischer Lehrinhalte) 2002 erklärten noch zwei Drittel der Befragten, dass ihr Arbeitsplatz sicher sei, 2004 meinen dies nicht mal mehr die Hälfte. (vgl. Frankfurter Rundschau vom 21.8.04) Und bei dieser Gruppe gibt es die Risikogruppe der – wie Pongratz es nennt – Realitätsverweigerer, die potentielle Gefährdungen ihres beruflichen Status verdrängen, die einfach den Gedanken nicht zulassen können, von Arbeitslosigkeit bedroht zu sein und ihren Arbeitsplatz unbeschadet der realen Situation für sicher erklären.. „Diese Sicherheitsorientierung hat den Charakter eines kulturell verankerten Musters und führt dazu, dass viele Beschäftigte weiterhin an ihr implizites Übereinkommen mit den Unternehmen glauben wollen, das ihnen Arbeitsplatzsicherheit gegen Loyalität verspricht. ... Diese Normalitätsfiktion trübt den Blick für die Realität." (Pongratz/Voß 2003, S. 221) Im Hinblick auf die Frage, welches Wissen für die Bewältigung zukünftiger Anforderungen relevant ist, lohnt sich ein Blick auf eine relativ neue Form von Diskontinuität, bei der Diskontinuität als Bruch mit den tradierten Anforderungsstrukturen als Arbeitnehmer erscheint.

3.4 Der Arbeitskraftunternehmer – ein neuer Leittypus?

Die Rede ist vom Typus des Arbeitskraftunternehmers als neuem Leittypus, der den Typus des verberuflichten Arbeitnehmers traditioneller Prägung allmählich abzulösen scheint. Der Arbeitskraftunternehmer zeichnet sich aus durch
- Selbstkontrolle in der Arbeitsausführung („Wie Sie arbeiten, interessiert nicht – Hauptsache das Ergebnis stimmt")
- Selbstökonomisierung der eigenen Arbeitskraft („Sie bleiben nur so lange, wie Sie nachweisen und sicherstellen, dass Sie gebraucht werden und Profit erwirtschaften")
- Selbstrationalisierung der individuellen Lebensführung („Wir brauchen Sie voll und ganz und zu jeder Zeit – und dazu müssen Sie Ihr Leben im Griff haben") (vgl. Voß/Pongratz 1998)

Für den Arbeitskraftunternehmer bedeutet Arbeit „immer weniger die Erfüllung fremdgesetzter Anforderungen bei geringeren Gestaltungsspielräumen und fixen Ressourcen. Zunehmend ist fast das Gegenteil verlangt: aktive Selbststeuerung im Sinne allgemeiner Unternehmenserfordernisse, die im Detail oft erst definiert und für die Ressourcen erst beschafft und kostenbewusst gehandhabt werden müssen. Aus dem eher aktiv agierenden Arbeitnehmer muss dadurch zunehmend ein ganz neuer, aktiver Typus von Arbeitskraft werden." (Voß, 2003, o.S.) Damit wird auch die Ausprägung neuer Kompetenzen erforderlich. „Es steht zu erwarten, das metafachliche

Kompetenzen verschiedenster Art gegenüber fachlichen Qualifikationen eine immer zentralere Rolle zukommen wird." (Egbringhoff u.a. 2003, S. 17)

In den Wirkungen auf die Individuen und ihre Lebensführung erscheint aber eine andere Entwicklung von zentraler Bedeutung. Mit der zunehmenden Entgrenzung und Subjektivierung von Arbeit entwickelt sich eine Arbeitskraft, „die alles, was sie betrifft, mehr als bisher selbst übernehmen muss und die damit in neuer Weise auf sich selbst zurückgeworfen ist." (Voß 2003, o.S.) Die Trennung zwischen dem, was dem privaten Leben zugehörig erscheint und dem, was betrieblich relevant ist, wird tendenziell aufgehoben. Die Betriebe streben nach „der Erschließung bisher nur unzureichend genutzter tiefliegender Leistungspotenziale von Menschen, wie z.B. Innovativität, Kreativität, Begeisterungsfähigkeit, soziale und kommunikative Kompetenzen, unbegrenzter Leistungswille usw." (Jurczyk/Voß 2000, S. 8/9) „Der Verkäufer der Ware Arbeitskraft wird zum Anbieter seiner Persönlichkeit." (Reutter, 1998, S. 25) Was auf den ersten Blick wie ein enormer Zugewinn an Autonomie im Arbeitshandeln erscheint, der sich in Vokabeln wie zunehmende Selbststeuerung, Selbstkontrolle, Selbstverantwortung u.ä. niederschlägt, erweist sich bei näherem Hinsehen als die elegante Lösung des alten Transformationsproblems, also der Frage, wie sichergestellt werden kann, dass latente Arbeitskraft in manifeste Arbeitsleistung umgewandelt wird. Durch die Selbstorganisationskonzepte wird das Transformationsproblem „nun systematisch verstärkt und vor allem explizit in die personale Umwelt der Betriebe externalisiert" (Jurczyk/Voß 2000, S. 8) d.h. von den Beschäftigten internalisiert.

4. Die scheinbare Aufwertung der ‚Selbst'-Kompetenzen oder Risikoverlagerung auf die Subjekte?

Dass die scheinbare Aufwertung der Selbstkompetenzen von den Individuen weniger als neue Freiheiten, sondern eher unter Risiko- und Bedrohungsaspekten wahrgenommen werden, weist darauf hin, dass die damit verbundene Gefahr, das Verhältnis von Erwerbsarbeit und Privatheit neu justieren zu müssen, die Frage der inneren Kohärenz berührt. Die Verbetrieblichung der Lebensführung gefährdet das Wissen darum, „dass es einen Zusammenhang und Sinn im Leben gibt, dass das Leben nicht einem unbeeinflussbaren Schicksal unterworfen ist" (Antonowsky 1998, zit. nach Keupp o.J., S. 15). Wenn die Trennung zwischen Arbeit und Privatheit tendenziell in Auflösung begriffen ist, wenn bspw. durch die Einführung von Jahresarbeitszeitkonten oder Arbeiten-on-demand die Verfügbarkeit über Zeit entzogen wird, wenn der gesellschaftliche Wert eines Menschen von der Integration in Erwerbsarbeit abhängt, erscheint die Furcht, weniger zu leben als vielmehr gelebt zu werden, nicht unbegründet.

Auch die „psychische Mobilmachung" mit Ankündigungen steigender Mobilitäts- und Flexibilitätsanforderungen zeigt Wirkung. (Diewald 2004, S. 343) Damit verbunden ist eine Personalisierung der Risiken, insbesondere der Arbeitsmarktrisiken. Die gesellschaftliche Leitdevise „Jeder ist seines Glückes Schmied", deren Wirkmächtigkeit in unzähligen Ratgebern deutlich wird, gilt auch in ihrer Umkehrung. „Wenn jeder auch seines Unglückes Schmied ist", gibt es keinen Anlass, außerhalb der Person liegende strukturelle Ursachen des Unglücks zum Thema zu machen.

Wenn vorne von einer Rückkehr zur Normalität die Rede war, so gilt dies nur eingeschränkt, weil Erscheinungs- und Verarbeitungsformen von Diskontinuitäten sich verändert haben. Diskontinuitätserfahrungen in einer hochindividualisierten, neoliberal geprägten Gesellschaft unterliegen anderen Verarbeitungsformen als dies in früheren Gesellschaften der Fall war. Der Sozialpsychologe Heiner Keupp weist auf die doppelte Erosion hin. „Einerseits führen technologisch-ökonomische Prozesse zu realen Umbauten im gesellschaftlichen Gefüge, die dramatische Einschnitte in Normalbiographien von Frauen und Männern zur Folge haben. Das ist sozusagen die Rückkehr zur Normalität im Kapitalismus. Neu ist aber, dass gleichzeitig auch die Deutungsmuster erodieren, die soziale Umbrüche zu normalisieren – besser wäre vielleicht: kollektiv erklärbar machen, Anm. G.R. – in der Lage wären. Der immer wieder krisenträchtige Kapitalismus war im hinter uns liegenden Jahrhundert mit wirtschaftlichen und politischen Krisen verbunden, für die sehr viel eher als heute gesellschaftliche Deutungsmuster verfügbar waren."(Keupp 1996, S. 40) Gesellschaftliche Deutungsmuster, die kollektiv bzw. für größere soziale Gruppen zur Verfügung stehen, setzen Kollektive voraus, die sich durch Gemeinsames identifizieren. Je individualisierter sich eine Gesellschaft entwickelt, je weniger existieren soziale Kontexte, die eine Ausbildung gesellschaftlich wirksamer Deutungsmuster ermöglichen. „Es geht nicht länger dominant um Kollektivschicksale bestimmter Gruppen, sondern immer mehr um eigenverantwortliche Verarbeitungen entgrenzter Verhältnisse durch die einzelnen Betroffenen." (Jurczyk/Voß 2003, S. 5) Die Prozesse der Individualisierung auf der gesellschaftlichen Ebene finden ihre Widerspiegelung in betrieblichen Verhältnissen mit der Folge, dass das Gemeinsame in der Arbeitssituation nicht mehr identifizierbar erscheint, das Fundament für die Ausbildung von Solidarität damit unterhöhlt wird. In seinem Pamphlet „Systemveränderer – ganz ohne Ziel zuhaus. Bemerkungen zur Modernisierung Deutschlands" beschreibt Voß die Sprachlosigkeit, in der sich diese Veränderungen vollziehen. „Wurde in den sechziger Jahren viel geredet und wenig erreicht, ist es nun umgekehrt: jetzt wird wirklich die Gesellschaft verändert, aber kaum einer redet darüber." (2003, S. 2) Er fordert die Einmischung der Sozialwissenschaften angesichts einer Entwicklung, in der „das sich abzeichnende Deutschland jeden Einzelnen auf ganz neue Weise die Belastungen für das persönliche Leben und überleben zumuten (wird). Es wird harte Interessendurchsetzung und kurzfristigen Erfolg mehr belohnen als soziale Verantwortlichkeit und nachhaltige Zuverlässigkeit. Ja, selbst nachdenkliches Abwarten oder skrupulöse Vorsicht und natürlich Misserfolg und Schwäche werden nicht mehr verziehen." (ebd. S. 4)

4.1 Passen sich die Menschen den Verhältnissen an oder die Verhältnisse an die Menschen?

In der bundesrepublikanischen Gesellschaft hat sich – wie Hendrich es nennt – ein verdinglichtes Gesellschaftsbild durchgesetzt, „demzufolge gesellschaftliche und ökonomische Entwicklungen als praktisch gegeben erscheinen, die sich gleichsam fraglos hinter dem Rücken der Subjekte durchsetzen – Setzungen, die empirisch nicht weiter überprüft werden und dennoch allgemeine, d.h. nicht mehr interpretationsoffene Geltung beanspruchen"(Hendrich 2004, S. 264). Wenn also die Verhältnisse als nicht mehr gestaltbar begriffen werden, kann es nicht um eine Veränderung der Verhältnisse gehen, dann bleibt nur, dass sich die Subjekte so verändern, dass sie zu den Verhältnissen passen. Den Schlüssel dazu liefert der schillernde Begriff der employability, der Beschäftigungsfähigkeit. Er verweist auf die Verantwortung des Einzelnen, für seine Marktgängigkeit Sorge zu tragen. Strukturelle Faktoren oder arbeitspolitische Aspekte auf der Makroebene werden dabei ausgeklammert. Beschäftigungsfähigkeit als Forderung an den Einzelnen ist „eher eine kulturelle Botschaft mit normativen Orientierungen für individuelle Verhaltensdispositionen... (hier wird die Nähe zur Debatte um den Kompetenzbegriff sichtbar; Anm. G.R.). Letztlich geht es dabei um die Verstärkung des Anpassungsdrucks auf den einzelnen: Die Arbeitnehmer, denen die in Selbstverantwortung herzustellende Anpassung an die wechselnden Bedarfe des Arbeitsmarktes nicht unmittelbar gelingt, deren Einmündung in Arbeit nicht nach einiger Zeit erfolgt ist, versieht er mit Stigma der Nicht- Beschäftigungsfähigkeit. Er grenzt sie aus, anstatt Hilfestellung zu leisten bei der – auch gesamtwirtschaftlich eigentlich rationalen, weil mittel- und langfristig erheblich Kosten sparenden – produktiven und identitätswahrenden Bewältigung von Übergängen." (Hendrich 2004, S. 263) Die Auswirkungen dieser kulturellen Botschaft lassen sich eindrücklich beobachten an dem Instrument des Profiling, das in Deutschland von den Arbeitsagenturen eingeführt wurde. Intention war es, auf die Bedarfe des Individuums zugeschnittene Vermittlungsbemühungen zu ermöglichen. Daraus geworden ist ein Selektionsinstrument, das es dem Arbeitsberater erlaubt, innerhalb weniger Minuten aufgrund hoch subjektiver Kriterien (Erscheinungsbild, Alter, Gehaltsvorstellung) eine Bewertung vorzunehmen, die im ungünstigsten Fall zum Ausschluss aus allen Arbeitsmarktbemühungen führt.

5. Wissen ist mehr als Anwendungswissen oder: Wissen, das zum Umgang mit Unsicherheiten und Ungleichheiten befähigt

Die skizzierten Entwicklungen machen deutlich, dass die Tendenzen zur Entgrenzung von Erwerbsarbeit und zur Subjektivierung von Erwerbarbeit (vgl. Moldaschl/ Voß 2002) und die gesellschaftlichen Individualisierungs- und Entsolidarisierungsprozesse Kompetenzen erfordern, die weit über das Berufsfachliche hinausweisen. Handlungswissen (Schrader 2003) alleine reicht zur Bewältigung dieser Anforderungen nicht mehr aus. Den Umgang mit den Unsicherheiten und dem Nicht-Planbaren bewältigen zu können, eine Kompetenz, die bei Arnold u.a. als emotionale Kompetenz bezeichnet wird (siehe Arnold u.a. in diesem Band), wird sich über Handlungswissen alleine nicht herstellen lassen. Wer „auf sich selbst geworfen ist" (Voß 2003, S. 6) oder durch die Aufhebung der Trennlinie zwischen Erwerbsarbeit und Privatheit seine innere Kohärenz bedroht sieht, braucht Lebenswissen, das er in der Bildungsinstanz Schule nicht erwerben kann. „Man lernt, dem Sprichwort gemäß, in der Schule zwar für das Leben, aber man lernt demgegenüber wenig bis nichts darüber, zu leben." (Egbringhoff u.a. 2003, S.26) Was dieses Lebenswissen umfasst hat Schrader (2003) in den vier Dimensionen Handlungs-, Interaktions-, Identitäts- und Orientierungswissen beschrieben. Mit Interaktionswissen ist die Wissensform gemeint, die auf die Verbesserung der Handlungsfähigkeit gegenüber der sozialen Welt abzielt, soweit die in Interaktionen zum Ausdruck kommt. Dieses Wissen ist nicht wahr oder unwahr, nicht richtig oder falsch, sondern nur wirksam oder unwirksam, angemessen oder unangemessen. Die dritte Wissensform, das Identitätswissen, zielt darauf ab, den Umgang mit sich selbst zu verbessern und Identität zu sichern. Negt (1988) hat darauf hingewiesen, dass in Zeiten von Massenarbeitslosigkeit gerade der „Umgang mit bedrohter Identität" zu einer zentralen Schlüsselqualifikation avanciert. Negt hat in diesem Zusammenhang auf eine Folge von Identitätsbedrohungen hingewiesen, die in der Bildungs- und Beratungspraxis häufig zu Lasten der Lernenden fehlinterpretiert wurde. „Werden Ängste und Identitätskonflikte im Zustand der Sprachlosigkeit gehalten, dann berührt das nicht nur den Gesamtzustand der Gesellschaft (...), sondern auch die individuelle Lernfähigkeit. Unbearbeitete Ängste und Konflikte binden und verzehren psychische Energie; im Extremfall kann das dazu führen, dass buchstäblich alle Energie aufgewendet werden muss, die diffus bleibenden Angstreaktionen unterhalb der Schwelle des Bewusstseins zu halten, und absolut nichts mehr übrig bleibt für die emotionale Steuerung kognitiver Lernprozesse." (Negt 1988, S. 199) Dass diese Ängste heute angesichts unsicherer werdenden Erwerbsarbeitsperspektiven zu einem kollektiven Phänomen geworden sind, das Arbeitsplatzbesitzer, -bedrohte und -verlierer gleichermaßen beschäftigt, ist in den vorigen Ausführungen deutlich geworden.

Die vierte Wissensform von Schrader, das Orientierungswissen, das vordem Heils- oder Erlösungswissen genannt wurde, hat sich quasi säkularisiert und individualisiert. Es geht um Fähigkeiten zum Verhalten in der Welt, um Fragen nach dem richtigen oder guten Leben, nach Fundament und Sinn menschlicher Existenz, nach Werten und Normen. In einer religiös geprägten Gesellschaft ergab sich der Sinn bereits aus der Jenseits-Orientierung und die Richtigkeit des Lebens aus der göttlichen Vorgabe ‚Mensch, Dir ist gesagt, was gut sei und was böse'. Auch traditionelle, säkulare Gesellschaften befreien durch ihre kollektiv wirksamen Normen und Gebote von der Verpflichtung, sich eigenständig Orientierungswissen anzueignen. Die gesellschaftliche gültige Norm liefert die individuelle Orientierung – und schränkt die Menge der Verhaltensoptionen radikal ein. Die neuen Freiheiten einer individualisierten Gesellschaft erlauben es nicht nur, eigenständige Orientierungen zu finden, sie zwingen dem Einzelnen die Leistung ab, sich der ihn leitenden Werte und Normen bewusst zu sein und ihnen gemäß handeln zu können.

Betrachtet man die aktuelle Entwicklung, insbesondere in der öffentlich geförderten Weiterbildung, mag die Forderung, Interaktions-, Identitäts- und Orientierungswissen in formalen Bildungskontexten mehr Raum zu geben als realitätsferne Überlegung pädagogischer Gutmenschen erscheinen; als Ausdruck einer pädagogischen Vision, die wünschbare aber nicht einlösbare Ziele beschreibt und weder bei den Nutzern von Bildungsangeboten, den Lernenden, noch bei den Finanzierenden Akzeptanz findet. Anwendungswissen bzw. Handlungswissen scheint ausreichend, um gewandelte Anforderungen bewältigen zu können. Angesichts zunehmender Arbeitsverdichtung ist der Zwang, mit der knappen Ressource Zeit sorgfältig umzugehen, scheint eine Auseinandersetzung mit anderen Wissensformen überflüssig, zumal deren Nützlichkeit fraglich bleibt. „Und wenn sie einen gewissen Nutzen haben sollten, so ist er nicht leicht zu messen: der Ökometrie ist er jedenfalls bisher nicht direkt zugänglich." (Leithold 2001, S. 35) Der pädagogische Leitsatz von Hartmut von Hentig „die Sachen klären – die Menschen stärken" scheint sich auf den ersten Teil zu reduzieren, der Anspruch, die Subjekte zu stärken, scheint weder von diesen eingefordert zu werden noch notwendig. In der Wissensgesellschaft erfährt Wissen „eine doppelte Verschiebung. Erstens: das Wissen, welches die Wissensgesellschaft einfordert, ist nicht das Orientierungs- und Bildungswissen, welches die aristokratische wie die bürgerliche Gesellschaft in Neuzeit und Moderne prägte, sondern es ist ökonomisch relevantes Anwendungswissen. Zweitens: Dieses Wissen ist durch seine rasche Veralterung gekennzeichnet. Die wissensintensiven Sektoren...hängen daher sowohl von gut ausgebildeten Spezialisten wie von einer kontinuierlichen Weiterbildung ihres Personals und von dauernden Forschungs- und Entwicklungsleistungen ab. Daher die Popularität der beiden Schlagwörter ‚Innovation' und ‚lifelong learning'." (Leithold 2001, S. 35) Leithold weist aus politikwissenschaftlicher, nicht pädagogischer Perspektive auf eine mögliche fatale Konsequenz dieser Reduktion von Wissen als Anwendungswissen hin, wenn er auf die Nutznießer der Wissensgesellschaft verweist. „Gleichwohl sind die Produkte dieses Bildungssystems nicht glücklich; sie wissen nicht mehr, warum sie eigentlich ihr Geld verdienen... es mangelt an persönlicher Bildung und allgemeiner Orientierung, um die Gewinne genießen zu können." (Leithold 2001, S. 44) Auch wenn dahingestellt sei, ob es Aufgabe von Bildung sei, glücklich zu machen, verweist diese Einschätzung auf ein zentrales Problem, das sowohl die wissenserwerbenden Individuen wie die pädagogische Profession betrifft. Wenn das erworbene Wissen ausschließlich unter Nützlichkeitsaspekten angeeignet wird, erscheint nur ein Wissen nützlich, dessen Nutzen messbar ist, bspw. durch das ‚harte' Kriterium beruflicher Aufstieg als Nutzen von Weiterbildung oder durch ‚weiche' Kriterien wie beruflichen Statuserhalt; jedenfalls scheint nur das berufsbezogene Wissen nützlich. Identitäts- oder Orientierungswissen, die den Individuen Standort und Halt geben und Voraussetzung für ein Überleben in der Multioptionsgesellschaft darstellen, erscheinen unter messbaren Nutzenüberlegungen als Luxuswissen, als altmodisches bildungsbürgerliches Wissen und sind doch gleichzeitig Voraussetzung, um Anwendungswissen reflektieren zu können. „Als sie die Richtung verloren hatten, marschierten sie immer schneller" (Mark Twain) scheint die Metapher für eine lebenslang lernende Gesellschaft zu sein, die die Wissensformen ausblendet, mit denen sie sich ihrer Fundamente und ihrer Ziele bewusst werden kann. In diesem Sinne wäre Anwendungswissen tendenziell bewusstloses Wissen, das trotzdem (oder deswegen) der ständigen Erneuerung bedarf. Das vorne angesprochene Gesellschaftsbild (Hendrich 2004), „demzufolge gesellschaftliche und ökonomische Entwicklungen als praktisch gegeben erscheinen" (s.v.) und die damit gegebene Unveränderbarkeit der Verhältnisse kann als eine Folge dieser Reduktion von Wissen auf Anwendungswissen sein. „Lernen und Bildung, die lebensgeschichtliche Reichweiten für die Individuen haben, können heute nur noch in einer Doppelbedeutung begriffen werden: Sie sind verknüpft mit einem sachlichen Kompetenzerwerb (ob es sich nun um Kulturtechniken, um ökonomisches oder technisches Wissen handeln) und zugleich aber auch mit Orientierung, also mit Antworten auf die Fragen: „Wo stehe ich?" „Wo komme ich her?" Was sind meine Lebensziele?" und: „Was ist der gesellschaftliche Boden, auf dem ich mich bewege?" (ver.di und IG Metall, 2004, S. 4) Damit ergeben sich auch Fragen an die pädagogische Profession.

Diese Einschätzung wirft grundsätzliche Fragen auf: Verpflichtet das Postulat der Teilnehmerorientierung nicht dazu, sich in der Beratung auf die Bedarfe zu beschränken, die explizit geäußert werden – und dies sind i.d.R. Bedarfe, die sich auf

Anwendungswissen beziehen? Ist es eine illegitime ‚Bildung meuchlings', wenn Fragen der Identität oder der handlungsleitenden Normen und Werte in der Beratung thematisiert werden? Oder ist Identitäts- und Orientierungswissen eher Voraussetzung für die Ausprägung der geforderten Metakompetenzen? Warum soll Reflexionsfähigkeit ermöglicht und befördert werden, wenn unreflektiertes Handeln möglicherweise viel eher dem geforderten Pragmatismus entspricht? Hält Erwachsenenbildung an einem Bild von der Autonomie der Subjekte fest, das in idealistischer Weise von den realen Verhältnissen und Notwendigkeiten abstrahiert? Braucht employability (Beschäftigungsfähigkeit) im Sinne einer Fähigkeit zur Selbstvermarktung der eigenen Arbeitskraft ein Bewusstsein von sich selbst oder reicht nicht die Befähigung, die Selbstvermarktungsinstrumente virtuos handhaben zu können?

Reicht das Prinzip der Teilnehmerorientierung und der Respekt vor der Autonomie der Subjekte aus, um tragfähige Orientierungslinien für das eigene professionelle Handeln in Beratungs- oder Lern-/Lehrkontexten zu haben oder bedarf es einer Professionsethik, um das eigene Beratungshandeln einordnen und ggf. verändern zu können? Die – häufig verkürzt geführte Debatte – um konstruktivistische Ansätze in der Erwachsenenbildung konnte den Eindruck erwecken, Beratung reduziere den Berater auf eine Katalysatorfunktion, der Zustände verändert ohne selbst verändert zu werden. Gestützt durch Anleihen an Luhmanns systemtheoretische Überlegungen mit ihren distanziert-beobachtenden Perspektiven des neutralen Beobachters und einem Konstruktivismusverständnis, das Wirklichkeiten nur auf der Basis subjektiver Wahrnehmungen existieren lässt[4], wirkt die aktuelle Debatte um den Paradigmenwechsel vom Lehrenden zum Lernberater in Bezug auf das professionelle Selbstverständnis der pädagogische Tätigen eher verwirrend als klärend. Wenn sich der Lehrende in einem eher technokratischen Verständnis zum Experten für Ermöglichung wandelt, stellt sich die Frage nach dem Wert und der Bedeutung der eigenen Expertise und des beruflichen Erfahrungswissens. Sollen sie sich als Reflexionsfläche für Ratsuchende verstehen, die alleine durch ihre Art der Wiederspiegelung ausreichend Unterstützung bieten, damit der Ratsuchende die für ihn angemessene Problemlösung selbst entdecken kann? Sollen sie die – ökonomisch bedingte – Verkürzung des Wissensverständnisses auf Anwendungswissen akzeptieren, weil sie vermeintlich dem Bedarf und den Bedürfnissen der Teilnehmenden entsprechen und jedes Nicht-Akzeptieren ein Verstoß gegen die Wahrung der Autonomie der Subjekte wäre? Muss Beratung von „Entscheidungsabstinenz" (Mader 1994, S. 280) geprägt sein, auch wenn der Ratsuchende Rat deshalb beim Experten sucht, von dem er sich vielleicht mehr als nur „Hilfe bei der Entscheidungsvorbereitung" (ebd.) verspricht?[5] Muss der Berater seine professionellen Wurzeln in der emanzipatorischen Pädagogik verleugnen, weil sie tendenziell einen Verstoß gegen die gebotene Beraterneutralität darstellt? Ist die Vorstellung, eigene professionsethische oder gar politische Überzeugungen zu haben und diese auch leben zu wollen, nur noch legitim, wenn sie nicht in beruflichem Handeln wirksam werden? Die Debatte, an deren Anfang das Bild des Erwachsenenbildners als Avantgarde stand, die belehrend ihr Publikum von seinen objektiven Bedürfnissen zu überzeugen suchte und den Wunsch nach Autonomie als Verirrung in

---

[4] Insofern sind beide Ansätze tendenziell apolitisch.
[5] Vom Steuerberater erwarte ich jedenfalls mehr als nur Hilfe zur Entscheidungsvorbereitung.

subjektivistische Bedürfnisse diskreditierte, hat sich auf eine erstaunliche Weise umgedreht. Es scheint fast, als sei die Arroganz der frühen Jahre in eine Selbstentmündigung im Interesse der Teilnehmer umgeschlagen. Die Frage „Profession oder Mission" (Nittel 2000) scheint noch nicht zuende diskutiert.

Literatur

Behringer, F. 2004: Berufswechsel als eine Form diskontinuierlicher Erwerbsbiographien: Ursachen, Häufigkeit und Folgen, in: Behringer, F. u.a. (Hrsg.): Diskontinuierliche Erwerbsbiographien, Baltmannsweiler, S.71-93

Bolder, A. 2004: Abschied von der Normalbiographie – Rückkehr zur Normalität. In: Behringer, F. u.a. (Hrsg.): Diskontinuierliche Erwerbsbiographien. Baltmannsweiler, S. 15-26

Diewald, M. 2004: Thesen zur zukünftigen Entwicklung neuer Formen der Erwerbsarbeit, in: Behringer, F. u.a. (Hrsg.): Diskontinuierliche Erwerbsbiographien. Baltmannsweiler, S.332-345)

Eckstein, J. 2003: Gegenläufig, Gesellschaftlich und politische Veränderungsimpulse für die Erwachsenenbildung, in: R. Bergold u.a. (Hrsg.): Treffpunkt Lernen, Recklinghausen

Egbringhoff, J. u.a. Mai 2003: Bildungspolitische und bildungspraktische Konsequenzen der Subjektivierung von Arbeit. Zur Subjektivierung von Bildung. Arbeitsbericht Nr. 233. Institut für Arbeit und Gesellschaft (INAG), Chemnitz und München

Geißler, K. 1997: Über die Einbildungen einer ‚Lerngesellschaft', in: Die Mitbestimmung, Heft 9

Hall, A. / Jansen, R. / Ulrich, J. G.2004: Berufliche Diskontinuitäten bei Erwerbstätigen. Ergebnisse der BIBB/IAB-Erhebungen, in: Behringer, F. u.a. (Hrsg.): Diskontinuierliche Erwerbsbiographien. Baltmannsweiler S.94-105

Hendrich, W. 2004: Beschäftigungsfähigkeit oder berufsbiographische Gestaltungskompetenz? In: Behringer, F. u.a. (Hrsg.): Diskontinuierliche Erwerbsbiographien, Baltmannsweiler, S.260-270

Jurczyk, K. / Voß, G. 2000: Entgrenzte Arbeitszeit – Reflexive Alltagszeit. Die Zeiten des Arbeitskraftunternehmers. In: Hildebrandt, E. (Hg.): Reflexive Lebensführung. Zu den sozialökologischen Folgen flexibler Arbeit. Berlin: edition sigma, ohne Seitenangabe

Kemper, M./Klein, R. 1998: Lernberatung. Baltmannsweiler

Keupp, H. 1996: Wer erzählt mir, wer ich bin? – Identitätsofferten auf dem Markt der Narratoren, in: Psyche und Gesellschaft, Heft 4

Keupp, H. o.J.: Sich selber finden – Identitätskonstruktionen heute und welche Ressourcen in Familie und Gesellschaft sie benötigen. www.ipp.muenchen.de/texte

Klein, R. 2005: Argumente und Empfehlungen für prozessbegleitende Lernberatung – aus der Praxis für die Praxis. In: QUEM (Hg.): Prozessbegleitende Lernberatung – Konzeption und Konzepte, QUEM-Report Heft 90, S. 150-178

Klein, R./Reutter, G. 2005: Die Lernberatungskonzeption: Selbstorganisiertes Lernen ermöglichen. In Vorbereitung bei Waxmann

Konietzka, D. 2004: Diskontinuitäten zwischen Ausbildung und Berufseinstieg. Zum Wandel des Übergangs an der „zweiten Schwelle" seit den 1970er Jahren, in: Behringer, F. u.a. (Hrsg.): Diskontinuierliche Erwerbsbiographien. Baltmannsweiler, S.106-119

Louis, Ph.: Die Ich-AG – Erfolgsweg oder Sackgasse? in: www.userpage.de.fu-berlin.de/~psl/ich-ag.html

Mader, W. 1994: Weiterbildung und Beratung. In: Tippelt, R. (Hrsg.): Handbuch Erwachsenenbildung/Weiterbildung, Opladen

Nittel, D. 2000: Von der Mission zur Profession. Stand und Perspektiven der Verberuflichung in der Erwachsenenbildung. Bad Heilbrunn

Pongratz, H.J. 2004: Die Verunsicherung biographischer Perspektiven. Erwerbsbiographien zwischen Normalitätserwartungen und Flexibilisierungsdruck, in: Behringer, F. u.a. (Hrsg.): Diskontinuierliche Erwerbsbiographien. Baltmannsweiler, S.27-45

Pongratz, H. J. / Voß, G. 2003: Arbeitskraftunternehmer-Erwerbsorientierungen in entgrenzten Arbeitsformen, Berlin

Reutter, G. 1998: Berufliche Weiterbildung im Umbruch – Was begründet die neuen Anforderungen an das Lehrpersonal? In: Klein, R. / Reutter, G. (Hrsg.): Lehren ohne Zukunft? Wandel der Anforderungen an das pädagogische Personal in der Erwachsenenbildung. Baltmannsweiler

Schäffter, O. 2003: Auf dem Weg zu einer erwachsenenpädagogischen Netzwerkarchitektur, in: R. Bergold, u.a. (Hrsg.): Treffpunkt Lernen, Band 2, Recklinghausen

Solga, H. 2004: Kontinuitäten und Diskontinuitäten beim Übergang von Jugendlichen ohne Schulabschluss ins Erwerbsleben, in: Behringer, F. u.a. (Hrsg.): Diskontinuierliche Erwerbsbiographien. Baltmannsweiler, S.120-132

Statistisches Bundesamt (Hrsg.), 2004: Mikrozensus 2003, Wiesbaden

Ver.di / IG-Metall, Nov. 2004: Ohne Berufe geht es nicht! Die Reform des Berufsbildungsgesetzes braucht eine andere Leitidee

Voß, G. / Pongratz, H. J. 1998: Der Arbeitskraftunternehmer. Eine neue Grundform der Ware Arbeitskraft? in: Kölner Zeitschrift für Soziologie und Sozialpsychologie 50, S.131-158

Voß, G. 2003: Subjektivierung von Arbeit. Neue Anforderungen an Berufsorientierung und Berufsberatung. Oder: Welchen Beruf hat der Arbeitskraftunternehmer. Vortrag auf der Tagung „Berufsorientierung in unübersichtlichen Zeiten", Universität Bielefeld am 11.-12.12.2003. Online im Internet: www.tuchemnitz.de/phil/soziologie/voss/

I/5. Einige subjektive Verarbeitungsformen modernisierter Arbeitsbeziehungen

Rudolf Epping

Im voranstehenden Kapitel hat G. Reutter Tendenzen in der Veränderung der Arbeitsbeziehungen aufgezeigt und auf Konsequenzen für die inhaltliche Ausrichtung von Bildungsangeboten hingewiesen. Wenn in diesem Band von der Subjektivierung von Bildung als Reflex auf die Subjektivierung von Arbeit (vgl. Egbringhoff u.a. im Beitrag Klein/Reutter) die Rede ist und die Konzeption der Lernberatung Teilnehmerorientierung als Leitprinzip begreift, dann erscheint es angebracht, auch die subjektiven Verarbeitungsformen modernisierter Arbeitsbeziehungen zum Thema zu machen und Informationen dazu als Wissensbestandteil in die Konzeption aufzunehmen. Eine rein kognitive Bearbeitung wird aber nicht ausreichen, um subjektive Verarbeitungsformen reflektieren und eventuell verändern zu können.

Ich werde einige subjektive Verarbeitungsformen beschreiben, mit deren Hilfe Menschen versuchen, die Folgen der veränderten Arbeitsbeziehungen zu bewältigen. Ich möchte betonen, dass ich mögliche Verarbeitungsformen darstellen werde, d. h. ich betrachte diese Verarbeitungsformen nicht als automatische oder gar zwangsläufige Reaktionen, sondern als mögliche, subjektiv sinnvolle und insofern auch verstehbare Reaktionen, die aber auch anders ausfallen könnten, entsprechend individueller Dispositionen und (berufs)biographischer Erlebnisse und deren Verarbeitung.

Mit der Wahl des Begriffs Verarbeitungsformen soll verdeutlicht werden, dass es sich bei den Prozessen, die im folgenden beschrieben werden, nicht um reflexhafte psychische Reaktionsformen handelt, sondern um differenzierte, meist über einen längeren Zeitraum sich entwickelnde Prozesse, bei denen das Subjekt einen aktiven Part übernimmt. Erst dadurch wird – um es mit den Worten von H. Zahrnt zu sagen – aus dem, was einem widerfährt, eine Erfahrung: „Erfahrung ist nicht einfach gespeichertes Erleben. Was das Erlebnis aus einem bloßen Widerfahrnis zur Erfahrung macht, ist die Deutung, die dem widerfahrenen Erlebnis zuteil wird." (Zahrnt 2000, S. 62)

Solche Verarbeitungsformen können erfolgreich sein in dem Sinne, dass sie zu einer Erweiterung von Autonomie und zu Persönlichkeitswachstum führen, sie können eher destruktive Ergebnisse zeitigen (wie Motivationsverlust oder Überanpassung) oder eine Mischung aus gelingenden und weniger gelingenden Anteilen ergeben.

Bei der Darstellung konzentriere ich mich auf zwei der von Gerhard Reutter genannten Aspekte, nämlich erstens auf die Tendenz zur Individualisierung und Entgrenzung der Arbeitsbeziehungen und zweitens auf das Phänomen „Drift", wie es R. Sennett in seinem bekannten Buch „Der flexible Mensch" beschrieben hat.

1. Individualisierung und Entgrenzung der Arbeitsbeziehungen

Als gemeinsamen Nenner der modernisierten Arbeitsbeziehungen macht G.G. Voß die Entgrenzung aus, die sich in verschiedenen Dimensionen der Arbeit bemerkbar macht, wie z. B. Arbeitsort, Arbeitszeit, Arbeitsmittel und Qualifikationsanforderungen. (Voß 1998, S. 473 ff)

Mit dieser Entgrenzung geht ein verstärkter Zugriff des Betriebs auf die ganze Person des arbeitenden Menschen einher. (Den Begriff Betrieb verwende ich hier in einem weiten Sinne und meine damit alle Institutionen, in denen Erwerbsarbeitsprozesse organisiert und koordiniert werden).

Der Betrieb greift nicht mehr allein auf die Zeit oder die Qualifikation der Beschäftigen zu, sondern versucht, die Kompetenzen der ganzen Person für betriebliche Zwecke nutzbar zu machen. Der Begriff Kompetenz versteht sich ja explizit als eine Erweiterung des als zu eng kritisierten Qualifikationsbegriffs. Die Begriffe Kompetenz und Kompetenzentwicklung umfassen zusätzlich zur fachlichen Qualifikation auch die Bereiche der Motivation (des Wollens) und der Emotionen (der Gefühle). Qualifikation, Motivation und Emotion sollen also aktiviert und im Sinne der betrieblichen Interessen eingesetzt werden. Davon erwartet das moderne Management der Arbeitsbeziehungen erhebliche Produktivitäts- und Effektivitätsvorteile, und zwar zu Recht, wie der Vergleich mit dem alten Paradigma der Betriebsführung und Arbeitssteuerung, dem Taylorismus, zeigt. In der sog. wissenschaftlichen Betriebsführung nach F. W. Taylor ging es darum, die von den Beschäftigten eingesetzten Qualifikationen durch genaue Beobachtung und Studien zu erkennen, zu beschreiben und auf der Ebene der Betriebsführung bzw. der Arbeitsvorbereitung anzusiedeln und zu bündeln, also von den Individuen wegzunehmen, mit der Absicht und der Folge, dass das Niveau der bei den Beschäftigten verbleibenden Qualifikationen gering blieb. Die Motivation wurde im Taylorismus durch externe, aufwändige Kontrolle und vor allem durch Sanktionen erzwungen (man denke nur an die Geldbußen, die Beschäftigten bei Verstößen gegen die Betriebs- und Arbeitsordnung auferlegt werden konnten). Emotionen sollten im Konzept des Taylorismus möglichst weitgehend eliminiert, sozusagen am Werkstor abgegeben werden, weil sie lediglich als Störfaktoren im Arbeitsprozess angesehen wurden. (Kocyba 2000)

Das moderne Management der Arbeitsbeziehungen versucht nun, die Kontrolle der Arbeitsleistung in die Person des Beschäftigten, genauer gesagt in seine Psyche zurückzuverlagern. (Aufsichtspersonen, die – wie früher üblich – im Großraumbüro auf und ab gingen, um zu kontrollieren, ob alle Büroangestellten fleißig arbeiten, kann sich heute schon wegen der damit verbundenen Personalkosten kein Betrieb mehr leisten).

Die Verlagerung der Motivations- und Affektkontrolle in die Person, also nach innen, ist übrigens keineswegs auf den Bereich der Erwerbsarbeit beschränkt. Norbert Elias (1981) sieht in dieser Verlagerung ein wesentliches Moment im Prozess der Zivilisation, wie er ihn für die vergangenen Jahrhunderte in Europa beschrieben hat. Die Bezähmung der Affekte, insbesondere der Gewaltbereitschaft durch Internalisierung von Werten und Normen, durch die Zunahme der inneren Kontrolle und eine entsprechende Ausdifferenzierung des psychischen Apparates ist für Norbert Elias konstitutiver Bestandteil des (westlichen) Zivilisationsprozesses.

Die Kontrolle über Motivation und Emotion „nach innen" zu nehmen, hat ambivalente Folgen: Zunächst einmal ist damit eine Zunahme an Autonomie des Individuums verbunden, die mit Wachstum und Differenzierung der Persönlichkeit einhergeht. Veranschaulichen lässt sich das am Beispiel der kindlichen Entwicklung: Wenn ein Kind im Sandkasten auch dann nicht mehr mit Sand wirft, wenn die Eltern oder andere Erwachsene abwesend sind, und wenn das Kind in einem weiteren Schritt den Impuls, mit Sand zu werfen, normativ unterdrückt (indem es beispielsweise sagt: „Mit Sand werfen ist blöd"), ist ein Internalisierungsprozess abgelaufen, den wir als Entwicklungsfortschritt und Persönlichkeitsreifung werten.

Auch im Bereich der Erwerbsarbeit wird die Rücknahme äußerer Kontrollen als Autonomiegewinn erlebt und begrüßt. So wird bzw. wurde die Einführung der Stechuhr in der Regel von den Beschäftigen kritisiert, wohingegen die Einführung der gleitenden Arbeitszeit mit individuell gesteuerten Ausgleichsmöglichkeiten von den meisten Beschäftigten begrüßt wird. Eine sehr weit gehende Rücknahme der äußeren Kontrolle erfolgt bei der sog. Vertrauensarbeitszeit, wo auf die Kontrolle der Einhaltung der Arbeitszeit völlig verzichtet wird. Das führt übrigens nicht selten zu einer Ausdehnung der Arbeitszeiten weit über das arbeitsvertraglich vereinbarte Maß hinaus. Denn der betriebliche Verzicht auf Kontrolle erfolgt ja nur partiell: Wenn auf die Kontrolle der Einhaltung der Arbeitszeit verzichtet wird, werden andere Parameter zur Leistungskontrolle eingesetzt, wie z. B. Umsatzzahlen, Fallbearbeitungszahlen und ähnliches.

Auch die seit einiger Zeit in Mode gekommenen Zielvereinbarungen stellen einen Versuch dar, die Leistungskontrolle ins Innere der Beschäftigten zu verlagern. Die Einhaltung der Zielvereinbarung wird nur in größeren Zeitabständen überprüft, während die kurzfristige, kontinuierliche Kontrolle von den Beschäftigten selbst übernommen wird. Dabei wird verschleiert, dass die Zielvereinbarung keineswegs zwischen gleichberechtigten Vertragspartnern, sondern im Rahmen eines asymmetrischen Machtverhältnisses ausgehandelt wird oder anders ausgedrückt: Die Beschäftigten sollen das, was sie (tun) sollen, vorher wollen.

Damit ist bereits die zweite Seite der oben genannten Ambivalenz angesprochen: Die Hereinnahme der Kontrolle in die eigene Psyche erhöht die Möglichkeit und die Wahrscheinlichkeit, dass man psychische, in unserem Fall motivationale und emotionale Probleme bekommt. Wenn Erfolge im beruflichen Handeln nicht wie erwartet eintreten, wächst die Gefahr, die Ursachen für den Misserfolg bei sich selbst zu suchen und das Scheitern eines betrieblichen Vorhabens oder die Existenzgefährdung eines ganzen Betriebs als individuelles Versagen zu erleben, eben weil Kontrolle und Verantwortung im eigenen Inneren deponiert sind. Wenn sich dieser psychische Prozess so abspielt, fühlen sich Beschäftigte wertlos, können in eine depressive Stimmung geraten und sich von Schamgefühlen belagert fühlen.

Durch die Verlagerung der Kontrolle ins Innere steigt auf Seiten der Beschäftigen der psychische Aufwand für die notwendige, an der Realität zu orientierende Unterscheidung, welche inneren und welche äußeren Faktoren in welchem Ausmaß für Erfolg und Misserfolg verantwortlich sind.

Die Internalisierung der Kontrollfunktion beeinflusst das Zusammenwirken von zwei Leistungspositionen, die bei allen arbeitenden Menschen vorhanden sind. Angelica

Lehmenkühler-Leuschner bezeichnet sie als eine progressiv-aktive und als eine regressiv-passive Leistungsposition (2003) und greift damit eine Unterscheidung des österreichischen Psychoanalytikers Klaus Ottomeyer auf (2000), der in diesem Zusammenhang von zwei inneren Figuren spricht, die miteinander ringen: Die progressiv-aktive Leistungsposition, die erste Figur, wirkt wie ein inneres Schwungrad als Folge des Impulses, im Beruf etwas herstellen und bewirken zu wollen, Erfolg haben zu wollen und Leistung zu zeigen, einschließlich der konkurrenzorientierten Haltung, besser sein zu wollen als andere und sich Anderen innerhalb und außerhalb des Betriebs gegenüber zu zeigen und als leistungsstark zu beweisen. Die regressiv-passive Leistungsposition, also die zweite innere Figur, die man als den Arbeitskraftschoner bezeichnen könnte, sorgt dafür, dass man sich in der Arbeit nicht selbst überfordert, sich nicht ausbeuten lässt, dass man auch einmal etwas liegen lassen kann und dass man sich Erholzeiten im kurzfristigen (Tages- und Wochen-) und langfristigen (Jahres-)Rhythmus gewährt, damit man seine Arbeitskraft langfristig erhalten kann.

Die notwendige Ausbalancierung dieser beiden inneren Figuren oder Positionen ist eine individuelle, intrapsychische Aufgabe, die an Bedeutung zugenommen hat, die gelingen kann, an der man aber auch – zu beiden Seiten hin – scheitern kann.

Bevor die Arbeitsbeziehungen im Sinne von Voß entgrenzt wurden und als die Interessenunterschiede zwischen Arbeitgebern und Arbeitnehmern noch klarer benannt und weniger durch moderne Personalführungsstrategien verschleiert wurden, konnte man im Kreis von Arbeitskollegen und -kolleginnen den Arbeitskraftschoner offener zeigen und sozusagen zu seinem Recht kommen lassen. Die neuen Management- und Personalführungsstrategien, die mit den Stichworten Verantwortungsdelegation, Zielvereinbarung, Intrapreneur und Arbeitskraftunternehmer kurz umrissen werden können, haben zu einem veränderten sozialen Klima geführt, „das nur einen schamvoll-verbergenden Umgang" (Ottomeyer 2000, S. 45) mit der Figur des Arbeitskraftschoners erlaubt.

Wenn man diese regressiv-passive Leistungsposition vor anderen und dann bald auch vor sich selbst verbergen muss, kann sich daraus ein „ungeliebter Selbstanteil" entwickeln. Solche ungeliebten, unverstandenen Selbstanteile bewirken nicht nur Missstimmung und unerklärlich erscheinende Unzufriedenheit bei der Arbeit, sondern können auch sich selbst und andere schädigende Verarbeitungsformen zur Folge haben. Ein übermäßiges Zurückdrängen der regressiv-passiven Leistungsposition führt zu beruflichem Überengagement mit der Gefahr von burn-out-Phänomenen oder der Tendenz zum Workaholic.

Eine andere Verarbeitungsform ist die Projektion: Der in mir selbst vorhandene, aber nicht akzeptierte Impuls, Arbeitsleistung (auch mal) zurückzuhalten, wird anderen – übermäßig – unterstellt. Solche Projektionen liegen manchen Mobbingprozessen im Arbeitsleben zu Grunde, wenn beispielsweise ein Teammitglied zur Zielscheibe von Leistungszurückhaltungsprojektionen der anderen Teammitglieder wird.

Auch Ausländerfeindlichkeit wird durch derartige Projektionen gespeist, wie Ottomeyer anhand der Auswertung von Interviews zeigt, in denen junge Arbeiter die im gleichen Betrieb tätigen Ausländerinnen gleichzeitig als „zu faul" und als „zu fleißig" beschuldigten (ebd. S. 41ff).

2. Drift

Mit Drift bezeichnet R. Sennett ein Lebensgefühl des flexiblen Menschen im neuen Kapitalismus, das durch einen Mangel an sozialer Bindung und an Sinnhaftigkeit geprägt ist, sowie durch das Gefühl, den eigenen Lebenslauf nicht aktiv gestalten zu können, sondern – wie ein Floß ohne Ruder auf dem Meer – den zufälligen Wechselfällen wirtschaftlicher Entwicklungen und betrieblicher Entscheidungen ausgesetzt zu sein. (Sennett 1998) Die Verarbeitung des Lebensgefühls Drift kann korrespondierenden oder konträren Charakter annehmen.

Als korrespondierende, dem Drift entsprechende Reaktion wäre die Tendenz zu beschreiben, der Arbeit, ihren Inhalten und Zielen gegenüber gleichgültig zu werden. Die Jobgesinnung ist eine individuelle, entsprechende Reaktion auf das Drift-Phänomen. Und von der Erfahrung „Arbeit hat keinen Sinn" ist es nur ein Schritt zu der Haltung „Arbeiten hat keinen Sinn", also der Haltung der Aussteiger und Verweigerer jeglichen Alters.

Als konträre Reaktionsform kann man die Versuche ansehen, die Ansprüche an sinnhafte und auf lohnenswerte Ziele gerichtete Arbeit trotz aller gegenteiligen Erfahrungen durchzuhalten. Martin Baethge hatte Anfang der 90er Jahre die Entwicklung solcher Ansprüche als „normative Subjektivierung von Arbeit" bezeichnet und Anzeichen dafür ausgemacht, dass vor allem jüngere, neu ins Erwerbsleben eintretende Menschen solche, über die materielle Entlohnung und Karrierechancen hinausgehenden Ansprüche an die Arbeit entwickeln. (Baethge 1991) Auch wenn wir über die quantitative Verbreitung solcher Ansprüche und Erwartungen wenig wissen, können wir davon ausgehen, dass es nicht wenige Menschen gibt, die ihr Leben arbeitszentriert gestalten und ihre Selbstverwirklichung zu einem wesentlichen Teil in der Arbeit suchen. Unter Männern ist diese arbeitszentrierte Lebensgestaltung häufiger anzutreffen als unter Frauen, bei denen häufiger die Arbeitsorientierung um die Familien- und Beziehungsorientierung ergänzt und dadurch auch relativiert wird.

Eine andere konträre Verarbeitungsform stellt das krampfhafte Bemühen dar, sich selbst als permanent aktive und engagierte Person im Berufsleben darzustellen und sich auch selbst so zu erleben.

R. Sennett berichtet über ein Gespräch mit einem leitenden Angestellten, der seine Entlassung durch die Firma rückblickend nicht als Kündigung bezeichnete, sondern sagte: „Ich stand einer Krise gegenüber und musste eine Entscheidung treffen." (Sennett 1998, S. 34) Deutlich wird, wie sich dieser Angestellte von dem Geschehen innerlich distanziert, denn er stand ja keineswegs der Krise gegenüber, sondern befand sich mittendrin. Und die keineswegs gewollte, sondern erlittene Entscheidung der Firma zu kündigen, deutet er zu einer eigenen Entscheidung um.

Sich permanent aktiv und engagiert zu zeigen, ist eine grundlegende Forderung der modernisierten Arbeitsbeziehungen. Die Bereitschaft, willig und pflichtbewusst die aufgetragenen Arbeiten zu erledigen, reicht nicht mehr aus, um die eigene employability unter Beweis zu stellen. Viel mehr muss man seine Bereitschaft erklären, sich mit dem Betrieb, ja sogar mit dem Produkt zu identifizieren.

Besonders deutlich zeigt sich dies in der Phase der Bewerbung um einen Arbeitsplatz. Jeder Bewerber und jede Bewerberin weiß, dass er/sie sich aktiv und engagiert darstellen und betonen muss, dass er oder sie für die Aufgaben, die an der zu besetzenden Stelle zu erledigen sind, nicht nur besonders qualifiziert ist, sondern dass diese Aufgaben auch den eigenen persönlichen Interessen und Neigungen im besonderen Maße entsprechen. Diejenigen, die die Bewerbungsscheiben auswerten, wissen natürlich, dass die Bewerber und Bewerberinnen in diesem Sinne schreiben müssen. Da beide Seiten, diejenigen, die sich bewerben und diejenigen, die einstellen, die Spielregeln kennen und auch von einander wissen, dass die jeweils andere Seite die Spielregeln kennt, ist die Bewerbungssituation – jedenfalls in dieser Hinsicht – sozusagen psychisch unschädlich.

Anders ist das im Berufsalltag auf Dauer. Hier kommt es manchmal zu einem beruflichen Pseudoengagement, das an einem überzogenen und hohlklingenden Sprachgebrauch erkennbar ist, wie etwa: „Ich brenne für mein Thema" oder „Ich möchte Sie als Kunden für unsere Dienstleistung begeistern".

Manche Firmen versuchen durch den Einsatz sog. Erfolgs- und Motivationstrainer und durch mentale Trainings das Arbeitsengagement der Beschäftigten hochzuschrauben. Zu dem selben Zweck werden Rituale aus Kampf- und Mannschaftssportarten, die der Leistungssteigerung dienen und die Kampfbereitschaft fördern sollen, in die Arbeitswelt übertragen. Dass manche dieser Aktivitäten für die Beschäftigten in abhängigen Arbeitsverhältnissen Zumutungen darstellen, als übergriffig erlebt werden und die Persönlichkeitssphäre verletzen, hat Gertrud Kühnlein in einer explorativen Studie anschaulich dargestellt. (Kühnlein 2001)

Es ist problematisch, wenn Beschäftigte – besonders in Zeiten einer hohen Arbeitslosigkeit – dauerhaft den Erwartungen des Überengagements und den Zumutungen mentaler Trainings ausgesetzt werden. Manche Beschäftigte verarbeiten den Druck so, dass sie im Berufsleben die geforderte Rolle spielen, sich aber bewusst bleiben, dass es sich um ein aufgezwungenes Rollenspiel handelt. Dadurch entsteht eine Trennung zwischen Arbeiten und Leben, die eine Spannung erzeugt, die bewältigt werden muss (z. B. durch Kompensationsaktivitäten), die aber auch ein Schutz ist. Die Ironie ist gerade im Arbeitsleben ein häufig eingesetzter Versuch, diese Kluft auszuhalten. Die Ironie verschafft die Möglichkeit, die eigene Distanz zum Betrieb und zur Arbeitssituation zu benennen und zum Ausdruck zu bringen, ohne darauf festgelegt werden zu können, in der Hoffnung, die sozialen Folgen einer klaren und eindeutigen Distanzierung vermeiden zu können. Wenn das Spielen einer Rolle nicht (mehr) bewusst erlebt wird, sondern das eingeforderte, nicht selbst entwickelte Engagement habitualisiert und internalisiert wird, dominiert die Arbeit das Subjekt, ergreift Besitz vom ganzen Menschen, wodurch eine Persönlichkeitsentwicklung in anderen Lebensbereichen als dem der Arbeit erschwert ist.

3. Folgerungen

Zusammenfassend sollen zwei Schlussfolgerungen für pädagogisches Handeln in der beruflichen Weiterbildung dargestellt werden:

Erstens ist es wichtig, über die modernisierten Arbeitsbeziehungen sowie deren Intentionen und Folgen zu informieren und aufzuklären. Das gilt für die Chancen für

Entwicklung und Autonomie ebenso wie für die Risiken. Deshalb sollten Tendenzen der modernisierten Arbeitsbeziehungen zum Thema in Kursen der beruflichen Weiterbildung.

Zweitens steigt als Folge der Modernisierung der Arbeitsbeziehungen die Bedeutung und Wichtigkeit der Reflexion. Die Erwerbstätigen müssen sich zu dem, was ihnen in der Arbeitswelt begegnet und was sie dort erleben, zeitweilig in Distanz bringen können, um sich und andere beobachten zu können, um genau wahrnehmen zu können und schließlich bewerten und entscheiden zu können, wie sie mit den modernisierten Arbeitsbeziehungen umgehen wollen. Reflexion schafft die Möglichkeit, sich mit sich selbst ins Gespräch zu bringen, um von den Fragen „Was erlebe ich?" und „Wie reagiere ich?" zu der wichtigen, den Autonomiespielraum erweiternden Frage zu kommen „Wie will ich reagieren?"

Die berufliche Weiterbildung sollte Zeit und Raum bereitstellen, um Aufklärung und Reflexion in diesem Sinne zu ermöglichen. Konzeptionen wie die der Lernberatung beinhalten die Chance dazu.

Literatur

Baethge, M. (1991): Arbeit, Vergesellschaftung, Identität – zur zunehmenden normativen Subjektivierung der Arbeit, in: Soziale Welt, Heft 1, S. 6-19

Elias, N. (1981): Über den Prozess der Zivilisation, 2 Bände, 8. Auflage, Frankfurt

Kocyba, H. (2000): Die falsche Aufhebung der Entfremdung, in Hirsch, M. (Hg.): Psychoanalyse und Arbeit, Göttingen

Kühnlein, G. (2001): Mentale Weiterbildungsstrategien im Rahmen betrieblicher Organisationsentwicklung, Band 119, Sozialforschungsstelle Dortmund, Dortmund

Lehmenkühler-Leuschner, A. (2003): Mobbing und Supervision: die Möglichkeit, die Dinge auch anders sehen zu können in: Forum Supervision, Heft 21, S. 5 ff

Ottomeyer, K. (2000): Über Arbeit, Identität und eine paranoide Tendenz in den Zeiten der Globalisierung, in Hirsch, M. (Hg.): Psychoanalyse und Arbeit, Göttingen

Sennett, R. (1998): Der flexible Mensch, Berlin

Voß, G.G. (1998): Die Entgrenzung von Arbeit und Arbeitskraft, in: Mitteilungen aus der Arbeitsmarkt- und Berufsforschung, Heft 3, S. 473 ff

Zahrnt, H. (2000): Glauben unter leerem Himmel, München

I/6. Lernberatung zwischen Pflicht und Freiwilligkeit

Henning Pätzold

1. Freiwilligkeit und Verpflichtung als Merkmale von Beratung

Es gibt viele Möglichkeiten, verschiedene Formen von Beratung anhand einer Typologie zu ordnen. Man kann beispielsweise nach dem Beratungsgegenstand unterscheiden, nach der Dauer, nach dem zur Beratung berechtigten Personal, nach der Zielgruppe usw. Eine grundlegendes Kriterium, Beratungsvorgänge formal zu unterscheiden (eine Unterscheidung also, die nicht auf den Inhalt der Beratung eingeht), wäre die nach Freiwilligkeit und Verpflichtung. Für beide gibt es zahlreiche Beispiele:

Verpflichtende Beratung kommt etwa im Sozialgesetzbuch III im Rahmen der Arbeitsförderung vor. So ist die Aufnahme von Weiterbildungsmaßnahmen an Beratung gekoppelt (§ 77) und die Nicht-Inanspruchnahme von Beratungen kann zur Abberufung aus einer Weiterbildungsmaßnahme führen (§ 269). Häufiger jedoch sind Formen *freiwilliger Beratung*, denn „nahezu jede alltägliche Problemlage korrespondiert inzwischen auch mit einer mehr oder weniger professionalisierten und institutionalisierten Beratungsagentur privater oder öffentlicher Art" (Mader, 2001, 39). So gibt es eine entsprechende Vielzahl von freiwilligen Beratungsangeboten, von gesellschaftlich verantworteter Erziehungsberatung über Vermögensberatung bis hin zur Farb- und Stilberatung. Das Charakteristikum der Freiwilligkeit (oder Pflicht) ist dabei nicht an den Beratungsinhalt gekoppelt (analog zur freiwilligen Kreditberatung gibt es auch die verpflichtende Schuldnerberatung im Rahmen der Verbraucherinsolvenz).

Es ist allerdings zu klären, was unter Freiwilligkeit verstanden werden soll. Im wörtlichen Sinne ist nämlich keine der oben genannten Beratungen verpflichtend. In keinem Fall gibt es unmittelbare Sanktionen die für jeden gelten, der eine Beratung nicht wahrnimmt; als ‚verpflichtend' wird hier vielmehr eine Beratung verstanden, wenn sie Voraussetzung dafür ist, dass Leistungen oder Rechte in Anspruch genommen werden können. So kann ein Schuldner nicht verpflichtet werden, eine Schuldenberatung aufzusuchen, allerdings ist ihm ohne eine solche die Möglichkeit verwehrt, eine Restschuldbefreiung nach der Insolvenzverordnung zu erreichen (vgl. Witterstätter, 2000, 84). Es braucht allerdings kaum darauf hingewiesen zu werden, dass diese Art von bedingter Verpflichtung für die Klienten je nach ihrer Situation einer Beratungspflicht gleichkommt.

2. Lernen und Beratung – begriffliche Klärung

Soll ein Verhältnis zwischen Pflicht und Freiwilligkeit in Bezug auf Lernberatung bestimmt werden, so ist zu klären, was unter Lernberatung genau verstanden werden soll. Mit einem sehr weiten Verständnis von Lernberatung, z.B. als „pädagogische Begleitung" (Gieseke, 2000, 11) stößt man auf das Problem, die Freiwilligkeit von

Lehrveranstaltungen insgesamt beurteilen zu müssen, die nicht unbedingt auf den speziellen Aspekt der Beratung in Lernprozessen übertragbar ist. Deshalb ist es erforderlich, den Begriff Lernberatung etwas genauer zu bestimmen und auch zu überlegen, was in diesem Zusammenhang unter Lernen verstanden werden soll.

Beratung ist die Interaktion zwischen mindestens einem Berater und mindestens einem Klienten mit dem Ziel, den Klienten durch eine spezielle Beratungsmethodik in einem ihm eigenen Anliegen zu unterstützen (vgl. Pätzold 2004, 52). Möchte man Beratung knapp gegenüber anderen pädagogischen Angeboten charakterisieren, so kann als Merkmal die spezifische Verteilung von Verantwortung herangezogen werden: Beratung liegt dann vor, wenn sich ein Klient an einen Berater wendet, und dieser die Verantwortung für die Gestaltung der Beratung übernimmt (möglichst im Einvernehmen mit dem Klienten), beim Klienten jedoch die Verantwortung für den Umgang mit den Ergebnissen der Beratung verbleibt (vgl. Belardi et al., 1996, 72). Wenn beispielsweise ein Klient um Beratung in einer Rechtsstreitigkeit ersucht, hat der Anwalt Sorge zu tragen, dass die für die Beurteilung des Falls wichtigen Details angesprochen werden, er kann auch zu einer konkreten Empfehlung kommen, etwa der, eine Klage zu unterlassen. Es bleibt jedoch im Ermessen des Klienten, dieser Empfehlung zu folgen, oder doch vor Gericht zu ziehen.

Um nun Lernberatung als verpflichtend oder freiwillig (oder irgendwo dazwischen) zu charakterisieren, muss man sich auch klar machen, was Lernen bedeutet. Ohne dabei ausführlich auf (erwachsenen-)pädagogische Konzepte vom Lernen einzugehen (vgl. dazu z.B. Schüßler, 2001; Siebert, 2001) kann man sagen, dass sich inzwischen auf breiter Front ein subjektives (oft konstruktivistisches) Lernverständnis durchgesetzt hat. Das Lernen Erwachsener ist ein Vorgang, der von außen zwar beeinflusst, aber nicht dirigiert werden kann. Es gibt didaktische Maßnahmen, die einen Lernerfolg wahrscheinlicher (oder unwahrscheinlicher) machen, aber mit keiner Maßnahme kann das Lernen selbst von außen gemacht werden. Dementsprechend ist ein Zwang zum Lernen in letzter Konsequenz unmöglich[1]. Daraus ergibt sich, dass auch Lernberatung nicht regelrecht erzwungen werden kann, insofern der Klient sich bewusst und unbewusst den Konsequenzen der Beratung widersetzen kann. Man kann ihn dazu nötigen, sich in eine Beratung zu begeben, gegebenenfalls sogar kontrollieren, dass er bestimmte Maßnahmen ergreift, die in der Beratung angesprochen worden sind, aber man kann auch dann nicht sicher stellen, dass er dabei lernt. In letzter Konsequenz ist mit Zwang zum Lernen, einschließlich verpflichtender Lernberatung, sogar die Möglichkeit gegeben, dass dieser beim Klienten eine weder durch diesen noch durch den Lehrenden auflösbare Lernblockade auslöst. Man kann Lernende also dazu verpflichten, sich auf Beratung bis zu einem gewissen Grad einzulassen, man kann sie aber offenkundig nicht auf das mit der Beratung anvisierte Ziel, dem Lernerfolg, verpflichten. Diese Überlegung führt dazu, Freiwilligkeit auf zwei Ebenen zu betrachten, als *äußere* Freiwilligkeit oder als *Binnenfreiwilligkeit*.

---

[1] Einfache Konditionierung könnte in der Tat auch erzwungen werden, ist jedoch etwas anderes als das, was man in einem erwachsenenpädagogischen Verständnis mit Lernen bezeichnet – von ethischen Aspekten ganz zu schweigen.

3. Binnenfreiwilligkeit und äußere Freiwilligkeit

Es gibt also offenkundig die Möglichkeit, jemanden zur äußeren Teilnahme an Beratung zu verpflichten, bzw. durch den Entzug von Leistungen dorthin zu drängen. Gleichzeitig besteht, wenn die Beratung auf Lernerfolg abzielt, keine Möglichkeit, auch diesen sicher zu stellen. Auch hier können zwar Leistungen entzogen werden, aber es besteht die Gefahr, dass gerade der Zwang zur Beratung den Erfolg beim Lernen sogar verhindert.

Auf der anderen Seite kann es sinnvoll sein, die Teilnahme an Beratung verbindlich zu machen, etwa deshalb, weil die Lernberatung innerhalb eines pädagogischen Konzeptes für notwendig erachtet wird, diese Notwendigkeit für die Teilnehmenden aber mangels Erfahrung oder aus anderen Gründen nicht einsichtig ist. Wie kann man aus diesem Dilemma herauskommen? Der Vorschlag, der hier dargestellt werden soll, besteht darin, die innere Seite der Freiwilligkeit zu akzeptieren (und dementsprechend auf jeglichen Versuch zu verzichten, sie zu hintergehen) und andererseits eine äußere Verpflichtung, wo sie notwendig erscheint, als solche transparent zu machen und zu begründen.

Binnenfreiwilligkeit wird in der individualpsychologischen Beratung recht ausführlich thematisiert (vgl. Reimann, 1997). Mit dem Begriff ist gemeint, dass der Berater zwar Angebote zur Beratungsinteraktion machen kann (z.B. Fragen stellen) dass es dem Klienten aber zu jeder Zeit freigestellt ist, auf diese Angebote einzugehen und dass der Berater ein Nicht-Eingehen auch akzeptiert, indem er beispielsweise nicht durch weitere Fragen insistiert. Äußere Freiwilligkeit ist dann gegeben, wenn die Aufnahme der Beratung an sich dem Klienten freigestellt ist. Abstufungen äußerer Freiwilligkeit können darin bestehen, ob irgendwelche mehr oder weniger bedeutenden Vor- oder Nachteile an die Entscheidung für oder gegen Beratung geknüpft sind (in der Weiterbildung könnte die Wahrnehmung eines Beratungsangebotes beispielsweise einen erwünschten ‚guten Eindruck' bei der Kursleitung hinterlassen, ohne dass deshalb von einer Beratungspflicht die Rede sein müsste). Auch innere Freiwilligkeit kann abgestuft werden, indem der Berater die Bereitschaft des Klienten zur Teilnahme etwa durch soziale Belohnungen fördert.

4. Äußere Beratungsbedingungen

Die äußeren Bedingungen von Lernberatung ergeben sich aus der Platzierung der Beratung innerhalb einer Maßnahme, die einem pädagogischen Gesamtkonzept folgt. So gehört zu bestimmten Ausbildung (z.B. auch zu Beratungsausbildungen) die Supervision, die auch als ein Gruppenberatungsverfahren verstanden werden kann, als verpflichtender Bestandteil hinzu. Das pädagogische Konzept beruht auf der Teilnahme hieran und kann ohne sie nicht umgesetzt werden. Die Entscheidung für das Konzept beinhaltet also die Entscheidung für Beratung. Weiterhin gibt es institutionelle Rahmenbedingungen, die die Verbindlichkeit von Beratung beeinflussen (oben wurde bereits auf gesetzliche Regelungen hingewiesen). Schließlich spielen zum Teil auch notwendige Vereinbarungen zwischen einem Träger und einem Auftraggeber eine Rolle; sie können im Auftrag zur Umsetzung eines spezifischen pädagogischen

Konzeptes liegen (das sich z.B. aus einer Ausschreibung ergibt) oder auch darauf beruhen, dass der Träger subsidiär staatliche Aufgaben übernimmt. Auch in diesem Zusammenhang können bestimmte Anteile der Konzeption einer Maßnahme, einschließlich Beratung, vorgegeben sein.

Alle diese Bedingungen sind unter Umständen verhandelbar und häufig ist dabei das Ziel des pädagogischen Personals, ein Maximum an Freiwilligkeit für die Teilnehmenden zu erreichen. Dieses Ziel steht allerdings mitunter im Konflikt mit dem Bedürfnis nach Steuerung, die verlässliche Ergebnisse (einer Weiterbildung, einer Betreuungsmaßnahme etc.) sichern soll. Für unsere Überlegungen gehen wir allerdings davon aus, dass die Bedingungen irgendwann ausgehandelt sind, dass also insbesondere ein Maß an *äußerer* Freiwilligkeit bzw. Verpflichtung festgelegt ist. Dann ist es ressourcenschonend, diese Bedingungen anzunehmen. Innerhalb der Maßnahme – auf welche Weise auch immer – gegen solche Bedingungen zu opponieren, dürfte im Zweifelsfall zu Lasten des Klienten gehen, und erscheint schon aus diesem Grund kaum vertretbar.

Die *innere* Freiwilligkeit ist kaum festzulegen. Zum einen ist Beratung im Allgemeinen ein vor der Öffentlichkeit geschützter Vorgang, also kaum kontrollierbar, zum anderen gilt das oben Gesagte zur Nicht-Erzwingbarkeit des Lernens sinngemäß auch für Beratung.

5. Konflikte zwischen Beratungsgegenstand/-mandat und äußeren Bedingungen

Nach dem in der Alltagssprache und den meisten Beratungstheorien vorherrschenden Verständnis bekommt ein Berater sein Mandat durch den Klienten, was Freiwilligkeit impliziert, wenn der Klient nicht verpflichtet wird, einen Berater auszuwählen. Tatsächlich besteht jedoch, insbesondere in staatlich geförderten Bereichen wie der aktiven Arbeitsmarktpolitik oft auch ein Beratungsauftrag durch die Arbeitsverwaltung oder andere staatliche Stellen. Zwischen diesen beiden Aufträgen muss sich der Berater einrichten, ein Umstand, der in der Sozialen Arbeit treffend als „doppeltes Mandat" bezeichnet wird (vgl. Mühlum 2001, 104). Dann geraten die eigentliche Beratungssituation, in der der Klient als Auftraggeber verstanden wird, und die verordnete Beratung zueinander in Widerspruch. Entsprechend verhält es sich, wenn der Beratungsgegenstand Freiwilligkeit verlangt (etwa aus Gründen des Persönlichkeitsschutzes), ohne dass diese durch das Konzept der Maßnahme gesichert ist.

In beiden Fällen kann mit maximaler Binnenfreiwilligkeit ein Ausweg gefunden werden. Allerdings ist dieser nicht unbedingt befriedigend, denn einerseits ist Beratung möglicherweise auch unabhängig von den äußeren Bedingungen als verbindlicher Bestandteil einer Maßnahme vorgesehen, zum anderen sind die Absprachen zwischen dem Träger und dem Auftraggeber einer Maßnahme selbst von einer Verbindlichkeit, die nicht unbedingt leichtfertig unterlaufen werden sollte. Deshalb soll es abschließend um die Frage gehen, wie Mittelwege zwischen Freiwilligkeit und Beratungspflicht aussehen können.

6. Modelle von Beratung mit unterschiedlichem Grad an Pflicht/Freiwilligkeit

Im Folgenden sollen drei Wege dargestellt werden, wie zwischen Verpflichtung und Freiwilligkeit vermittelt werden kann. Einer stammt aus einem allgemeinen Beratungskonzept, einer aus dem „Modellversuch Lernberatung" (Volk-von Bialy, 1991) und einer aus der allgemeindidaktischen Literatur.

6.1 Binnenfreiwilligkeit

Diese Konzept wurde bereits angesprochen. Binnenfreiwilligkeit oder innere Freiwilligkeit bedeuten, dass der Klient im Rahmen der (möglicherweise vorgeschriebenen) Beratung die Freiheit hat, Beratungsinteraktionen zu unterlassen, wenn er nicht möchte. Der dem Konzept zugrundeliegende individualpsychologische Ansatz wird durch folgende vier Prinzipien konkretisiert:
- „Beratung kann nur erfolgreich sein, wenn sich beide, nämlich die Ratsuchende und die Beratende, freiwillig in die Beratungssituation begeben. ...
- Ratsuchende und Berater sind in gewisser Hinsicht gleichwertige Partner in der Beratung. Der Ratsuchende verfügt über die Inhalte der Arbeit und bestimmt die Arbeitsfolge. Der Berater verfügt über die Methoden und ihren theoretischen Hintergrund. ...
- Das ‚setting', also die Bedingungen der Beratung wie Ort, Zeit usw., sind Verhandlungssache. ...
- Beratungsergebnisse können niemandem aufgezwungen werden." (Reimann, 1997, 73f).

Die dritte Bedingung ist in unserem Fall zwar nicht wirklich erfüllt, falls die Beratung an sich verordnet ist, allerdings sind auch hier häufig gewisse Spielräume gegeben. Entscheidend ist die Ausgangsposition, die Freiwilligkeit als unhintergehbare Bedingung der gelingenden Beratung voraussetzt, und die Einsicht, dass der Umgang mit Resultaten unbedingt vom Klienten allein zu verantworten ist.

Binnenfreiwilligkeit im Rahmen äußerer Verpflichtung hat gegenüber gänzlich freiwilliger Lernberatung den Vorteil, dass sie sicher stellt, dass sowohl seitens des Beraters wie des Klienten Zeit für die Beratung eingeplant ist und diese nicht mit anderen Aufgaben konkurriert.

6.2 Verpflichtende Freiwilligkeit

Im Modellversuch Lernberatung, einem Fortbildungskonzept für Dozenten der Erwachsenenbildung, wurde das Modell der „verpflichtenden Freiwilligkeit" (Volk-von Bialy 1991, 46) angewandt. Hiernach wird die Entscheidung zur Teilnahme an der gesamten Weiterbildung begrüßt, ist aber grundsätzlich freiwillig, nicht zuletzt, um „innere Verweigerung" (ebd., 48) und deren Folgen zu vermeiden. Entscheidet sich jemand aber für die Teilnahme, so werden in diesem Rahmen verbindliche Absprachen zwischen den Beteiligten getroffen und in Lernverträgen – im Modellversuch ist von „Fortbildungsverträgen" (ebd.) die Rede – niedergelegt. Damit werden „wechselseitige Verbindlichkeiten" (ebd., 49) festgestellt, zu denen sich beide Seiten bekennen.

Im Rahmen von Weiterbildungen, in denen Lernberatung eine Rolle spielen soll, besteht ebenfalls die Möglichkeit, sie auf diese Weise zu einem verbindlichen Bestandteil zu machen, ohne jemanden unmittelbar zur Teilnahme an Beratung zu zwingen.[2] Für verpflichtende Freiwilligkeit ist es entscheidend, zu klären, welche Anteile eines pädagogischen Konzeptes tatsächlich einer Verpflichtung bedürfen. In Bezug auf Lernberatung wäre zum Beispiel denkbar, dass ein Gespräch zur Klärung des individuellen „Lernprojektes" (Holzkamp) verbindlich vorgesehen wird, weitere Gespräch zur Begleitung im Lernprozess jedoch freiwillig angeboten werden.

Ebenso wie bei der Binnenfreiwilligkeit wird auch hier sicher gestellt, dass ein Mindestmaß an Beratung stattfinden kann, ohne in Konkurrenz zu anderen Aktivitäten (die ebenfalls Personal, Zeit, Räume etc. in Anspruch nehmen) zu geraten.

6.3 Transparenz

Wenn M. Bönsch in einem Buch mit dem Titel „Didaktisches Minimum" von „Transparenz" (Bönsch, 1996, 182) spricht, so bezieht er sich eigentlich nicht auf Beratung, sondern auf einen völlig anderen Sachbereich, nämlich die Bewertung von Schülerleistungen. Trotzdem ist die Argumentation, die er dort vorträgt, auf Beratung übertragbar. So wie bei Schülerleistungen ein tendenziell unauflösbarer Konflikt zwischen Objektivität und Validität eines Tests besteht, wurde für Beratung ein möglicher Konflikt festgestellt zwischen der Notwendigkeit von Beratung innerhalb eines pädagogischen Arrangements und der mangelnden Bereitschaft der Teilnehmenden, sich hierauf einzulassen (etwa weil sie es für zu aufwändig halten, keine persönlichen Themen ansprechen möchten usw.). In dieser Situation gefährdet Freiwilligkeit das pädagogische Konzept, Verpflichtung den Erfolg der Beratung. Durch Transparenz kann zwischen beidem vermittelt werden. Indem gegenüber den Teilnehmenden offen gelegt wird, welche Ziele mit der Beratung erreicht werden sollen, wie der Berater mit unterschiedlichen Mandaten (des Trägers, des Auftraggebers, der Klienten) umgehen möchte usw., lassen sich die negative Auswirkungen einer Beratungsverpflichtung verringern. Unterstützt werden kann dies durch die gleichzeitige Zusicherung von Binnenfreiwilligkeit. Transparenz bedeutet also hier – wie auch bei Bönsch – das Offenlegen von praktischen Aspekten des Bildungsprozesses, mit denen man selbst zwar nicht gänzlich zufrieden ist, die man aber auch nicht ändern kann.

7. Fazit: Lernberatung ist durch Binnenfreiwilligkeit gekennzeichnet

Freiwilligkeit scheint für die meisten Beratungssituationen, also auch für Lernberatung, ein außerordentlich begünstigender Faktor zu sein. Gleichzeitig gibt es eine Reihe von Einflüssen, die Freiwilligkeit beeinträchtigen. Dazu gehören gesetzliche oder förderpolitische Rahmenbedingungen ebenso wie pädagogisch begründete konzeptionelle Entscheidungen bei der Gestaltung von Bildungsmaßnahmen. Die verpflichtende Integration von Lernberatung in Bildungsmaßnahmen muss allerdings

---

[2] Dieses Argument hängt natürlich gänzlich davon ab, ob die Teilnahme an der Veranstaltung insgesamt tatsächlich freiwillig ist, oder ob eine Nichtteilnahme mit schwerwiegenden Nachteilen verbunden ist.

auch nicht ausschließlich negativ gesehen werden, schafft sie doch die Gewähr dafür, dass Beratung, dort wo sie sinnvoll ist, tatsächlich stattfinden kann und nicht in Konflikt mit anderen ressourcenaufwändigen Handlungen in Konkurrenz tritt.

Freiwilligkeit kann offen beeinträchtigt sein (durch eine konkrete Lernberatungsverpflichtung), sie kann aber auch verdeckt unterlaufen werden, indem die Teilnahme positiv sanktioniert wird. Möglichkeiten des Umgangs mit begrenzter Freiwilligkeit bestehen darin, die Verpflichtung (und damit verbundene Absichten, Auswirkungen etc.) sichtbar zu machen („Transparenz"), einer äußeren Verpflichtung die Möglichkeit gegenüberzustellen, innerhalb der Lernberatung ‚stumm zu bleiben' („Binnenfreiwilligkeit") oder in die Verpflichtung (nach sorgfältiger Abwägung) durch die Zustimmung zu einem pädagogischen Gesamtkonzept einwilligen zu lassen.

Literatur

Belardi, Nando; Akgün, Lale; Gregor, Brigitte; Neef, Reinhold; Pütz, Thomas und Sonnen, Fritz Rolf (1996): Beratung. Eine sozialpädagogische Einführung. Weinheim, Basel.

Bönsch, Manfred (1996): Didaktisches Minimum. Prüfungsanforderungen für LehramtsstudentInnen. Neuwied.

Gieseke, Wiltrud (2000): Beratung in der Weiterbildung – Ausdifferenzierung der Beratungsangebote. In: Literatur- und Forschungsreport Weiterbildung, (46):S. 10-17.

Mader, Wilhelm (2001): Beratung. In: Arnold, Rolf; Nolda, Sigrid und Nuissl, Ekkehard (Hg.), Wörterbuch Erwachsenenpädagogik, S. 39-40. Bad Heilbrunn/Obb.

Mühlum (2001): Sozialarbeit und Sozialpädagogik. Ein Vergleich. Frankfurt/Main, 3., überarb. und akt. Auflage.

Pätzold, Henning (2004):Lernberatung und Erwachsenenbildung. Baltmannsweiler 2004.

Reimann, Christine (1997): Lernermutigung und Lernberatung beim Lesen- und Schreibenlernen im Anfangsunterricht der Schule. Frankfurt/Main.

Schüßler, Ingeborg (2001): Nachhaltiges Lernen. In: Grundlagen der Weiterbildung – Praxishilfen. Neuwied, Kriftel. Losebl.-Ausg., Lfg. 45.

Siebert, Horst (2001): Postmoderne und konstruktivistische Lernkonzepte. In: Grundlagen der Weiterbildung – Praxishilfen. Neuwied, Kriftel. Losebl.-Ausg., Lfg. 38.

Volk-von Bialy, Helmut (1991): Modellversuch Lernberatung. Konzept einer Fortbildung Lernberatung für das Berufsförderungswerk Hamburg, Band 1 von Modellversuch Lernberatung. Berlin.

Witterstätter, Kurt (2000): Soziale Sicherung. Eine Einführung für Sozialarbeiter/Sozialpädagogen. Neuwied, Kriftel, 5. Auflage.

Teil II: Lernberatungshandeln in kontextspezifischen Konzepten

II/1. Biographieorientierung in der Erwachsenenbildung – Chancen und Grenzen

Ilona Holtschmidt

Biographieorientierung ist eines der handlungsleitenden Prinzipien der Lernberatungskonzeption und ihrer kontextspezifischen Konzeptualisierungen (vgl. Klein/Teil I/2.). In der Praxis der Erwachsenenbildung hat sie sich mittlerweile in Bezug auf die orientierende und fachliche Funktion von Lernberatung (Heller 2002) konkretisiert, was in diesem Band sich auch in den Beiträgen von Klein-Dessoy und Wenzig zeigt. Gerade weil Biographieorientierung eine enorme Popularität gewonnen hat, will dieser Beitrag die Chancen und Grenzen theorie- und praxisgeleitet kritisch ausloten.

Im Folgenden werden zunächst auf der Basis unterschiedlicher (theoretischer) Zugänge aus der Erwachsenenbildung die verschiedenen Begrifflichkeiten wie „Biografisches Lernen, Biographieorientierung, Biografische Kommunikation, Biografische Selbstreflexion und Biografischer Ansatz beleuchtet, um anschließend ausgewählte Charakteristika und ihre Konsequenzen für die Lehrenden herauszustellen. Nach einem Exkurs in die „Popularität von Biographie" werden auf der Grundlage der verschiedenen (theoretischen) Ansätze die Chancen und Grenzen der Biographieorientierung herausgearbeitet. Abschließend sind Empfehlungen aus eigener Praxis für die methodisch-didaktische Umsetzung der Biographieorientierung anhand eines Beispieles formuliert und es wird ein Ausblick auf erforderliche Konsequenzen zur Professionalisierung der Biographieorientierung gemacht.

1. Einführung: Begriffe, Definitionen, Methodische Zugänge

Unter **biografischem Lernen** versteht man vereinfacht ausgedrückt das Lernen, das sich durch die bewusste Auseinandersetzung mit der eigenen Lebensgeschichte und deren Aneignung auszeichnet. Im Kontext der Erwachsenenbildung kann man davon ausgehen, dass die Aufschichtung von individuellen Erfahrungen gleichzeitig Spiegel historischer, gesellschaftlicher und kultureller Bedingungen ist, das heißt Biographien sind Lerngeschichten, in denen die Aufschichtung verbunden ist mit objektiven gesellschaftlichen Strukturen. „Biographie ist keine ahistorische/ungesellschaftliche Privatsache, vielmehr werden Erfahrungen in konkreten geschichtlichen und gesellschaftlichen Bezügen erworben. In der Lebensgeschichte des einzelnen Menschen spiegeln sich die historischen/gesellschaftlichen/kulturellen und familialen Bedingungen, vor deren Hintergrund sich die biographischen Erfahrungen aufgeschichtet haben." (Gudjons, 2003, S. 16)

Nach Behrens geschieht eine theoretische Einbettung des biografischen Lernens aus zwei Richtungen: „Erstens durch die mit Ulrich Becks soziologischem Ansatz verbundenen Implikationen der Zweiten Moderne, insbesondere seine Thesen zum Zwang und zur Freiheit, sich eine unverwechselbare Lebensgeschichte zu schreiben. Aus den biografischen Diskontinuitäten der vielen Einzelnen, so der nahe liegende Schluss, beziehe die Erwachsenenbildung eine besondere Legitimation zur Auseinandersetzung mit dem individuellen Erfahrungswissen. Zweitens kann der pädagogische Konstruktivismus für das biografische Lernen reklamiert werden, indem die subjektive Passung, die Viabilität, mit der sich Erwachsene Wissensbestände auf dem Hintergrund ihrer Erfahrungen aneignen, als Bedingung jeglichen Weiterlernens anerkannt wird (Siebert 1999). Peter Ahlheit, dem Beckschen Paradigma wie dem Konstruktivismus gleichermaßen verpflichtet, pointiert, biografisches Lernen könne zur zentralen Reproduktionsstrategie modernisierter moderner Gesellschaften werden (Ahlheit 1999) und Biografizität, der selbstbewusste und autonome Umgang mit der eigenen Lebensgeschichte, erhält dann die Bedeutung einer Schlüsselqualifikation." (Behrens, 2001, Seite 58)

Im Gegensatz zum Begriff des Lebenslaufes, der die „äußeren Daten" eines Lebens umfasst, „haben wir es bei der Biographie mit seiner Innenseite zu tun, mit dem, was der Erzählende ... subjektiv zu seiner Lebensgeschichte macht." (Behrens-Cobet/ Reichling, 1997, S. 20)

Biographieorientierung „verbindet sich mit dem Ziel ein Bewusstsein über das Geworden-Sein herzustellen. Dies bedarf der Förderung der Wahrnehmungsfähigkeit des Subjektes
- in Bezug auf die rückblickenden Fragen: Wer bin ich? Wodurch zeichne ich mich aus? Wie/Wodurch bin ich der geworden? Was kann ich? Was habe ich in meinem (Arbeits-) Leben unter Beweis gestellt?
- und in Bezug auf die voraus denkenden Fragen: Wohin will ich? Was will ich? Wie will und kann ich es erreichen?

Grundsätzliches Ziel ... ist die Stärkung ... als Vertrauen in die eigene Lern- und Leistungsfähigkeit und Vertrauen in die aktive Gestaltung der eigenen (Berufs-)Biographie. Biographieorientierung als Prinzip für das konkrete Verhältnis zwischen Subjekt und Gesellschaft bedarf des reflexiven Blickes zurück ... und des planenden Blickes nach vorn. In dieser Verknüpfung liegt eine Chance für die Individuen das, was ihnen widerfahren ist und widerfährt, zu verstehen und in ihr Leben zu integrieren: Biographie als Konstruktion der Wirklichkeit, wobei in der Spannung zwischen Kontinuität und Diskontinuität die zu begreifende Lerngeschichte liegt." (Klein/Reutter, 2004, S. 217)

Nach Behrens-Cobet hat der Begriff der **„biografischen Kommunikation"** einen vorläufigen Status und distanziert sich nicht ausdrücklich von Konzepten des biografischen Lernens, die eher im Blick haben, das Lernpotenzial individueller Lebensgeschichten zu „entfesseln". „Biographische Kommunikation ist gleichwohl ein Produkt der theoretischen Diskussion in der Erwachsenenbildung, die charakterisiert ist durch die (Wieder-) Entdeckung des Teilnehmers/der Teilnehmerin durch die Perspektive auf individuelle und kollektive Bildungsgeschichten. Auch die soziologische Biographieforschung ebenso wie die Alltagsgeschichte und der Konstruktivismus haben mit ihrer Hinwendung zu den Subjekten und der Subjektivität >biografische Kommunikation< angeregt. Biographie meint hier, wie es R. Egger formuliert, >ein theoretisches und praktisches Konzept für das konkrete Verhältnis zwischen Subjekt und Gesellschaft<. Biographische Kommunikation folgt auch einem durch Individualisierungsschübe und -zwänge verursachten Reflexions- und Diskussionsbedürfnis." (Behrens-Cobet, 1998, S. 248)

Das von Gudjons et al. entwickelte Konzept der **biografischen Selbstreflexion** wurde beeinflusst durch die sozialwissenschaftliche Biographieforschung und durch die Psychoanalyse und durch sie beeinflusste Therapieformen wie z.B. die Gestalttherapie. „Ebenso wie die sozialwissenschaftliche Biographieforschung hat auch die Psychoanalyse einen hermeneutisch deutenden Zugriff. Im Gegensatz zu dieser beschäftigt sie sich aber ... im wesentlichen mit den Ablagerungen von Erfahrungen, Konflikten, Beziehungsmustern, die für das Individuum so problematisch waren, dass es sie nicht mehr wahrhaben will, sie verdrängt hat, so dass sie sich im aktuellen Erleben und Verhalten nur noch in verzerrter Form widerspiegeln. Das Ziel der Arbeit mit der Psychoanalyse besteht in der Auflösung und Abarbeitung solcher verzerrter Interaktions- und Deutungsmuster, in der Aufhebung von Verdrängung und Fixierung. Im Rahmen biographischer Selbstreflexion können unbewusste Konflikte berührt und verdeutlicht werden, also ins Bewusstsein gehoben werden. Das Ziel biographischer Selbstreflexion – im Gegensatz zu einer therapeutischen Arbeit – besteht jedoch nicht in der Abarbeitung und Bewältigung dieser Konflikte, sondern nur im Aufzeigen, in einer Sensibilisierung für das Vorhandensein konflikthafter Persönlichkeitsstrukturen und unverarbeiteter Problemlagen." (Gudjons, 2003, S. 19/20)

Gudjons et al. verstehen unter der biografischen Selbstreflexion die (Wieder-) Aneignung der eigenen Biographie, den Versuch, die Erfahrungen, die unsere Identität geprägt haben „bewusst" und transparent zu machen durch gezielte angeleitete (Selbst-)Reflexion bei gleichzeitigem Mitdenken des gesellschaftlichen Kontextes. (vgl. Gudjons 2003, S. 24ff). „Gesättigt durch persönliche Erfahrungen erhält die Erkenntnis gesellschaftlicher Bedingungen und Widersprüche eine neue Qualität/Begreifbarkeit. Biographische Selbstreflexion stellt somit das Überschreiten von Grenzen dar: Man verlässt die Ebene unreflektierten Alltagsdenkens, geht (theoriegeleitet) einen Schritt von sich weg, blickt aus diesem selbstreflexiven Abstand auf sich und kommt sich damit zugleich auch wieder einen Schritt näher, indem man die eigene Geschichte besser versteht, begreift, sich aneignet." (Gudjons, 2003, S. 25)

Unter dem Oberbegriff **„Biografischer Ansatz"** kann man trotz aller Unterschiedlichkeit der Konzepte mindestens drei didaktisch-methodische Zugänge unterscheiden (vgl. dazu Seiter 2001, S. 51):
- *guided autobiography* (= gelenkte methodisch angeleitete biografische Selbstreflektion (vgl. Mader 1989)
- *strukturiertes Erinnern* (= thematisch fokussierte Bezugnahme von subjektiverfahrungsgeschichtlichen Erzählungen sowie politik- und sozialgeschichtlichen Wissensbeständen (vgl. Behrens-Cobet 1995)
- *Methode des angeleiteten biografischen Gespräches* als einer verstehenden und handlungspraktischen Annährung an fremde Lebenswelten ausgehend von den alltäglichen Phänomenen biografischer Kommunikation (vgl. Nittel/Völzke 1993)

2. Charakteristika für Biographieorientierung

Die herauszustellenden Charakteristika für Biographieorientierung sind einerseits die „radikale" Teilnehmerorientierung im Sinne, dass der Teilnehmer Experte seiner Lebenswelt ist d.h. es geht hier nicht um die Vermittlung von objektivem, „wahrem" Wissen, sondern um die Selbstthematisierung der Subjekte, den Eigensinn ihrer selbständigen Aneignung von Erfahrung, die diskursive Auseinandersetzung über ihre in Erzählung kondensierten Biographien und andererseits die reflektierende und deutende Auseinandersetzung mit der eigenen und fremden Biographie. (vgl. Seiter, S. 55). „Biografische Erzählungen als sinnkonstituierende Rekonstruktionen (vgl. Tietgens 1991, S. 214) können dabei ganz unterschiedliche Funktionen übernehmen wie Aufklärung, Rechenschaft, Legitimation, Aufarbeitung, Bewältigung und Orientierung. Sie stellen die Form dar, um Identität und Kontinuität des Selbst zu konstruieren, sie können die persönliche Eigenart im Unterschied zu anderen deutlich machen, sie verhelfen zur Möglichkeit zur individuellen Selbstreflexion, und sie bieten Hilfen zur Rekonstruktion der eigenen Bildungsgeschichte als möglichem Ausgangspunkt für weitere Bildungsprozesse (vgl. Hof 1995, S. 1995) ... Gleichzeitig sind bereits im Erzählen und Reflektieren selbst Lernmomente für den Erzähler enthalten, so dass die biografische Methode Lernen im Prozess des reflektierenden Erzählens entstehen lässt. Und schließlich hat der biografische Ansatz nicht nur die Retrospektive des gelebten Lebens im Blick, sondern auch die eigene pädagogische Steuerung und bewusste Orientierung an zukünftigen Lebensentwürfen. Er verbindet also retrospektive und prospektive Anteile." (Seiter, S. 55f)

Der biografische Rückblick und der Ausblick auf mögliche neue Perspektiven findet immer in einem sozialen Setting statt, in der Regel in kleinen Lerngruppen, das heißt: „Das Erzählen ist immer auch auf das Zuhören angelegt" und provoziert damit Reaktionen des Zuhörers sei es durch Bestätigung oder Widerspruch durch gegenläufige Erfahrungen des Zuhörers, hier geht es somit um einen ersten Abgleich durch die Gruppe durch den Austausch von Perspektiven, der Wahrnehmung von Fremdheit oder Vertrautheit und aber auch auf der Metaebene, so die Erfahrungen von den Teilnehmern „veröffentlicht" werden wollen durch den „Professionellen", „indem sie die Lebensgeschichten in bestimmte historisch-gesellschaftliche Kontexte einordnen oder eine Konfrontation zwischen subjektiver Konstruktion, Erinnerung und Ausdeutung von Biographien sowie geschichtlichen Fakten, Deutungen und Wissensbeständen herbeizuführen versucht. (Seiter, S. 55)

Biographieorientierung im Kontext der Prozessbegleitenden Lernberatung ist zu verstehen als Voraussetzung für Selbstorganisation im Lernen, die in ihrer Intensität abhängig ist von den Spezifika der Lerner-Biographien (vgl. Arndt et. al in QUEM, 2005, S. 14). Als ein wesentliches handlungsleitendes Prinzip der Lernberatung ist die Biographieorientierung eng verbunden mit der Kompetenz- und Reflexionsorientierung, denn der „Rückblick in die eigene Biographie soll eigentlich der (kritischen) Reflexion von Lernerfahrungen und dem Aufdecken von Kompetenzen dienen, um auf die aktuelle Lernsituation bezogen und in die Zukunft gedacht das individuelle Lernen und Handeln zu planen und Erfahrungen und Kompetenzen dafür zu nutzen sowie Bedarfe zu erkennen" (Wenzig in QUEM, 2005, S. 136). Als bewährtes Kernelement für Biographieorientierte Reflexion kann hier das im Kontext verschiedenster Projektvorhaben vielfältig erprobte Lerntagebuch genannt werden. (siehe auch Holtschmidt/Zisenis, 2005. S. 96 ff).

Die Bedeutung von biographieorientierter Reflexion für das Lernen wurde u.a. im Rahmen des ProLern-Verbundes (siehe Klein/Reutter Teil I/1.) als empirisches Ergebnis gefasst: „Die Orientierung an der Biographie als Auseinandersetzung mit den eigenen Lernerfahrungen und ihre Einarbeitung in das Selbstkonzept von Lernen können maßgeblich dazu beitragen, das eigene Lernen aktiv und verantwortlich (mit) zu gestalten". (Klein in QUEM, 2005, S. 159) Als ein wesentliches Ergebnis aus dem ProLern-Prozess kann festgehalten werden, dass zur Entfaltung von Selbstlernpotenzialen Reflexionsangebote wesentlich sind, damit Lernende ihr Bewusstsein über lebensbiografisch erworbene Kompetenzen schärfen können und Lernenden Angebote zu machen, wie sie sich mit ihren biografisch erworbenen Lernhaltungen und -verhaltensweisen auseinandersetzen können. (vgl. Klein in QUEM, 2005, S. 167). „Nur wer ein Bewusstsein über sein eigenes Lernen aus der eigenen Biographie heraus hat, kann diese bewusst einsetzen bzw. mit neuen Lernerfahrungen gestaltend konfrontieren." (Klein in QUEM, 2005, S. 167)

3. Rolle/Aufgabe des „Professionellen"

Neben dem allgemeinen Wandel an die Anforderungen an die Erwachsenenbildner (vgl. Klein 1998, S. 115 ff) ist die spezifische Herausforderung an die Rolle der Moderatoren/Lernbegleiter/Lernberater im Kontext der Biographieorientierung zu verstehen als

- die mit einer hohen Deutungskompetenz im Sinne der stellvertretenden Deutung bzw. Probedeutung
- die in der Erweiterung und Anreicherung von Perspektiven und letztlich als
- die des Vermittlers zwischen objektiven Wissensbeständen und subjektiven Deutungsmustern.

Diese situative Deutungskompetenz zeigt sich v.a. in einem sofortigen Interagieren, Reagieren, Brechen, Spiegeln, Vermitteln, Aushandeln und Kontrastrieren (vgl. Seiter, 2001, S. 56 und Behrens-Cobet/Reichling, S. 23f). „Professionelle haben nicht die richtigen Antworten und Deutungen (Theorien und Vorstellungen vom guten Leben, utopische Überschüsse etc.) zu liefern, sondern den Interpretationshorizont der Beteiligten zu erweitern. ... Daher gibt es auch keine Erklärungsnotwendigkeit der Professionellen mit Blick auf den Erzähler, sondern das Vertrauen darauf, dass >bereits die Rekonstruktion eigen erlebter Erfahrung auf der narrativen Handlungsebene den Erzählenden zu neuen Einsichten über sich selbst und seine Lebenswelt führt< (Nittel/Völzle 1993, S. 132) und dass >der Betroffene selbst aus seinem Erzählen heraus für sich Zukunftsperspektiven entwickeln kann< (ebd.; S. 131)". (Seiter, 2001, S. 56/57)

Pädagogen, die sich um Deutung und Verständigung bemühen, wissen auch um die Suchbewegungen derselben, die von den Teilnehmern, der Gruppe aber auch jederzeit wieder verworfen werden können. Wichtig für die Rollenfindung der „Professionellen" ist, dass sie genau diese Suchbewegungen nicht als Beschränkung ihrer professionellen Kompetenz sehen. Es kann durchaus mehrere Wahrheiten geben, die auch nebeneinander stehen bleiben können. „Damit ist der Aufklärungsanspruch nicht vergeben, sondern neu definiert. Es handelt sich um das Eingeständnis, dass ModeratorInnen und TeilnehmerInnen gemeinsam in einem mehrdimensionalen Annäherungsprozess an offenen Fragen arbeiten und wie im wirklichen Leben nicht immer zu einer Lösung kommen." (Behrens-Cobet/Reichling, S. 107/108)

Um es abschließend auf einen Punkt zu bringen, kann konstatiert werden, dass der Professionelle nicht in der Pflicht steht, dem Teilnehmer seine Situation zu erklären, sondern darauf vertrauen kann, dass der Teilnehmer selbst aus seinem Erzählen für sich eine Perspektive entwickeln kann.

Exkurs: Popularität von Biographiearbeit

In den letzten 30 Jahren seit Mitte der 80Jahre hat die Biographieforschung und Biographiearbeit einen Aufschwung erlebt hat (z.B. in der (politischen) Erwachsenenbildung, in der Altenbildung, in der Frauenbildung, in der religiösen Bildungsarbeit). Nicht zuletzt auch die Zunahme von Talkshows auf „allen Kanälen", die filmische Rekonstruktion historischer Lebensläufe und die Vielfalt an (Auto)Biographien in der Literatur zeigen das Interesse an der Biographie „anderer" d.h. in den „unterschiedlichsten kulturellen Öffentlichkeiten macht sich seit geraumer Zeit ein biografischer Boom bemerkbar". (Behrens-Cobet/Reichling, 1997, S. 7) Wenn gleich aber für die Bildungsarbeit im Vordergrund das Interesse an der Auseinandersetzung mit der eigenen Biographie stehen sollte und weniger das Wissen um die (Lern)-Biographie Anderer.

Inwieweit aus der Perspektive der Erwachsenbildung auch von einem veränderten Paradigma gesprochen werden kann, zeigen die Autoren Behrens-Cobet/Reichling in der Frage auf, worin denn der Entwicklungsschritt von der Teilnehmerorientierung zur Biographieorientierung bestanden hat. „Einer an den Biographien der Subjekte interessierten Bildungsarbeit geht es um mehr als die Andeutung subjektiver Bezüge von Themen, auch um etwas anderes als die bloße Illustration von Komplexität und Repräsentation von Vieldeutigkeit: es geht um die Selbstthematisierung der Subjekte – oder, um es aus deinem anderen Blickwinkel zu formulieren: um die Aufmerksamkeit für den Teil von Lehr-Lern-Prozessen, der die eigensinnige >Aneignung< von Inhalten betrifft." (Behrens-Cobet/Reichling, 1997, S. 20)

Auch Siebert fragt, worin eigentlich der qualitative Sprung von der älteren Teilnehmerorientierung zur neueren Biographieorientierung besteht „Im Konzept der teilnehmerorientierten Erwachsenenbildung interessiert die Biographie nicht als solche, sondern nur als Lernvoraussetzung, sie macht Lernstärken und Lernschwächen der TeilnehmerInnen hier und jetzt verständlich. In der biographieorientierten Erwachsenenbildung wird die lebensgeschichtliche Vergangenheit selbst zum Thema" (Siebert 1991, S. 3/4) Dadurch dass die Menschen zunehmend für sich selbst verantwortlich sind, sind sie aber auch viel mehr auf sich selbst „zurückgeworfen. „Diese Individualisierung ist ein krisenhafter Prozess: Sinn- und Identitätskrisen sind nicht mehr die Ausnahmen, sondern die Regel. Hinzu kommt, dass auch gesellschaftliche Systemkrisen individualisiert werden." (Siebert 1991, S. 5)

4. Chancen der Biographiearbeit

Aus den bisherigen Ausführungen kann man die Chancen der Biographiearbeit in der Erwachsenbildung wie folgt zusammenfassen:
Biographieorientierung...
... gibt Hilfestellung, um die Identität und Kontinuität des Selbst zu konstruieren über das Angebot und die Möglichkeit zur individuellen Selbstreflexion
... gibt Hilfen zur Rekonstruktion der eigenen Bildungsgeschichte als möglichen Ausgangspunkt für weitere Bildungsprozesse
... betont die Besonderheit des lernenden Erwachsenen

... ist nicht nur Retrospektive, sondern auch bewusste Orientierung an zukünftige Lebensentwürfen d.h. Verbindung von retrospektiven und prospektiven Anteilen
... ist verstehendes Reflektieren im Austausch mit anderen
... heißt große didaktische Offenheit im Lehr-Lernprozess
... stößt Erfahrungsprozesse der Teilnehmer untereinander an
... fördert biografische Kompetenz
... ist eine dialektische Beziehung zwischen Individuum und Gesellschaft, Fall und Struktur und nicht (nur) eine Hilfestellung bei der Gestaltung individueller Biographien
... ist Verbindung zwischen „Subjektivem" und „Objektivem"
... und ist auch Selbstentfaltung und Persönlichkeitsbildung.

Die zentralen Funktionen der Biographieorientierung sind daher:
- Aufklärung
- Aufarbeitung
- Bewältigung und
- Orientierung.

Für den „normalbelasteten Menschen" bedeutet die biografische Selbstreflexion eine Möglichkeit zur Identitätsfindung und eine Chance zum Versöhnen und Annehmen mit der eigenen Lebensgeschichte bzw. bestimmten Anteilen der Persönlichkeit, hierin liegt ein großes Potential zum persönlichen Wachstum und zur Weiterentwicklung.

Auch kann das Erkennen der eigenen Geschichte ein Begreifen gesellschaftlicher Zusammenhänge und Bedingungen „über das Verstehen sozialer Zusammenhänge im Kontext der eigenen Lebenssituation" ermöglichen. (vgl. Gudjons, 2003, S. 11)

Im Erzählen und Reflektieren sind schon selbst Lernmomente enthalten, so dass die biografische Methode als Lernen im Prozess beschrieben werden kann.

Gerade bei älteren Menschen kann durch Biographiearbeit eine „neue Erinnerungsgemeinschaft" durch eine gemeinsam erlebte Biographie und Raum geschaffen werden für Biografizität – gemeint als Fähigkeit, Organisator *und* Interpret des eigenen Lebens zu sein.

5. Grenzen, Risiken, Probleme der Biographiearbeit

Neben den oben aufgeführten Chancen birgt die Biographieorientierung auch Grenzen, Risiken und die Gefahr der Tabubildung in sich:
- Die veränderte Rollenerwartung an die „Pädagogen" kann ohne spezifische Vorbereitung schnell zur Überforderung werden, da der biografische Ansatz eine potenzielle Nähe zu (psycho)therapeutischen Verfahren aufweist. Gleichzeitig kann das Aufbrechen von (verdrängten) Problemen bei den Teilnehmern zur therapeutischen Intervention führen, die in einem Bildungssetting nicht geleistet werden kann.
- Da auch die „Pädagogen" selbst in einem brüchigen biografischen Kontext stehen können, ist die Eigenreflexion von elementarer Bedeutung. Auch sollten biografische Übungen nicht ohne Selbsterfahrung kritiklos aus (Lehr-)büchern übernommen werden. Fragen wie „wo haben wir Lehrende unsere blinden Flecken, was macht uns in Bildungsveranstaltungen Angst, worüber ärgern wir uns, worüber freuen wir uns..." sollten einer reflexiven Selbstdiagnose „unterzogen" werden.

(vgl. (Siebert 1991, S. 10)
- Eine weitere potenziellen Gefahr besteht in Gruppen mit instabilem Gruppengefüge, indem es durch das „Erzählen" von „unliebsamen" Biographien zur Diffamierung und Ausgrenzung einzelner Teilnehmer kommen kann. „Das Konzept der biographischen Offenheit kann vollständig scheitern, wenn einzelne in solchen Fällen vor der Gefahr einer Ausgrenzung und Diffamierung nicht geschützt werden. ... Die Verantwortung für soziale Situationen, die die Dignität der einzelnen Biographie beschädigen könnten, liegt aber schließlich bei den Professionellen: Wenn sie nicht erkennen, wann die Gespräche eine verletzende Richtung nehmen, kann die biographische Kommunikation in einem Desaster enden." (Behrens-Cobet/Reichling, 1997, S. 87)
- „Ebensowenig ist der biografische Ansatz vor der doppelten Reduktionsgefahr eines Steckenbleibens in individualistischer Anekdotenschau und eines illustrativen Subsumierens individueller Lebensläufe unter gesellschaftliche Strukturimperative gefeit, gerade wenn und weil er die dialektische Beziehung zwischen Individuum und Gesellschaft, Fall und Struktur herausarbeiten möchte (vgl. Marotzki 1991, S. 185ff). Schließlich kann sich die angestrebte Anreicherung der Perspektiven oder die Kenntnisnahme differierender Sichtweisen auf ein undialogisches Nebeneinander der Meinungen, auf ein individuelles Beharren auf der eigenen Sichtweise beschränken und damit ein – wenn nicht sogar das – Hauptziel biografischer Bildungsarbeit verfehlen. Und nicht zuletzt schließt die positive Funktion von Enttypisierungserfahrungen als der Voraussetzung differenzierter Wahrnehmungen und Beurteilung gleichzeitig auch immer das Risiko ein, das dann mit den didaktisch-methodischen Möglichkeiten des biografischen Ansatzes nicht (adäquat) bearbeitet werden kann". (Seiter 2001, S. 57)
- Das Aufheben von Distanzen und das Zulassen von viel privater Nähe erfordert von Pädagogen eine hohe Sensibilität und die geringe mikrodidaktische Planbarkeit kann gerade bei unerfahrenen Pädagogen als große Störanfälligkeit erlebt werden bei gleichzeitig gewollter narrativ präsentierter Offenheit des „gelebten Lebens" der Teilnehmer.
- Der Gefahr des unverbundenen Nebeneinander von Erinnerungen und Erzählungen kann nur durch eine sinnvolle Didaktisierung vorgebeugt werden, denn „ohne eine Rahmung oder Gliederung der Erzählanlässe steht der biographische Rückblick in der Gefahr der Trivialisierung. Das Erzählen von Anekdoten als >geronnene Versatzstücke der Lebensgeschichte< so S. Kade, diene weder der Selbstvergewisserung, noch einem reflektierten Einblick in die Geschichte" (Behrens-Cobet 1998, S. 249).
- Durch das Erzählen „alleine" als bevorzugte Kommunikationsform in der Biographieorientierung kann noch keine Perspektiverweiterung gelingen, hier braucht es noch weitergehender gezielter Reflektionsangebote, um beispielsweise Lernbarrieren, blinde Flecken oder „Verlern"prozesse bewusst zu machen.
- Lernbarrieren können auch entstehen, wenn durch das Bedürfnis nach Selbstverwirklichung „die" Lerninhalte nur nach ihrer biographischen Anknüpfung getestet werden und ein Übermaß an biographischer Aufdringlichkeit verunsichert die Teilnehmer eher und kann sie je nach Vorerfahrung auch „abschrecken". (vgl. Siebert 1991, S. 13/15)
- „Nicht der Abriss der Altbauten, die Sanierung durch Kahlschlag ist unser Modell für Lernprozesse, sondern die Stück-für-Stück-Renovierung entlang der Wohner-

fahrungen und Verbesserungsvorschläge der Hausbewohner selbst (Ziehe 1982, S. 171) Lernen als biographische Suchbewegung ist ein kurvenreicher, vielschichtiger, widersprüchlicher Prozess, ein Probedenken und Probehandeln auf Widerruf, eine Aneignung von Neuem und Enteignung von liebgewonnen Überzeugungen" (Siebert 1991, S. 12)

6. Didaktisch-Methodische Beispiele zur Biographieorientierung

Neben ausgewählten impulsgebenden Reflexionsmethoden zum „Lebensgeschichtlichen Erzählen" in Einzel- oder in Kleingruppenarbeit (vgl hierzu auch Klein/Reutter 2004) bieten sich weitere methodische Bausteine an wie z.B.
- Private und/oder öffentliche Fotografien
- „Erinnerungsstücke" wie Briefe, Zeugnisse...
- Ton- und Filmdokumente
- Zeitungsartikel
- Expertengespräche
- Schreibwerkstätten und „Malen"
- Kleidungsstücke und Alltagsgegenstände
- Museen und Gedenkstätten, aber auch

Methoden aus der „Körperarbeit" wie beispielsweise das Szenische Spiel, um mit und an Haltungen zu arbeiten.

Gerade private Fotos in Ergänzung von Quellen, aus denen sich nicht nur das eigene Leben rekonstruieren lässt, sondern auch die wirtschaftlichen und sozialen Bedingungen des Aufwachsens und möglicherweise auch Einflüsse auf die familiale und schulische Sozialisation bzw. auch (vor-)beruflichen Sozialisation bieten sich als Reflexionsrahmen besonders an. Ein konkretes Beispiel aus eigener Unterrichtspraxis soll diese Verbindung aufgreifen, das in der unten aufgeführten Reihenfolge als sinnvoll erscheint und sich schon in einigen Unterrichtssequenzen bewährt hat:

A: „Kollektive Biographiearbeit"

Gruppengröße	bis 30 Teilnehmer möglich, da die Gruppe geteilt wird
Zeitbedarf	ca. 30-60 Minuten je nach Zeitressourcen
Benötigte Arbeitsmittel	Flip-Chart oder Packpapier für Metaplanwand
Methodisches Vorgehen	Bildung von Kleingruppen nach Geburtsjahrzehnt (Gruppengröße 8-10 Teilnehmer kein Problem) Teilnehmer erinnern sich kollektiv an wichtige politische, kulturelle, wirtschaftliche... Ereignisse aus z.B. den 60er Jahren und notieren diese eher „brainstormmäßig" auf o.g. Visualisierungsmedien Anschließend kurze Präsentation im Plenum

B: Foto-Quartett

Gruppengröße	bis 30 Teilnehmer möglich, da Weiterarbeit in Kleingruppen
Zeitbedarf	ca. 60-90 Minuten je nach Tiefung
Benötigte Arbeitsmittel	Teilnehmer bringen 4 Fotos aus folgenden Zeitepochen mit (kann auch weiter modifiziert werden): 1. Kindergartenzeit 2. Grundschule 3. Weiterführende Schule 4. (Erst)-Ausbildung Fotos sollten zuvor in der Gruppe nicht gezeigt werden und nach Möglichkeit auf der Rückseite nicht beschriftet sein, ebenfalls sollten die Personen auf den Fotos gut erkennbar sein will heißen keine Gruppenfotos mit der ganzen Klasse.
Methodisches Vorgehen	Bildung von Kleingruppen nach Geburtsjahr (günstig ist immer eine Teilung aus den Großgruppen des Geburtsjahrzehnts d.h. Gruppengröße von 4-5 Teilnehmer wäre ideal) 1. Spiel: Fotos werden wie Karten gemischt und dann als Quartett gespielt mit dem Ziel die 4 zusammengehörenden Fotos der anderen zu finden/sammeln, Spielregeln können in der Kleingruppe verhandelt werden 2. Austausch z.B. über die Situation, in der das Foto entstanden ist, über kollektive Gemeinsamkeiten aus „dieser Zeit" (in der Regel finden die Teilnehmer ausreichend Ankerplätze zum Austauschen) Abschließende Reflexion im Plenum oder Blitzlicht

(Übung „Fotoquartett" modifiziert von Holtschmidt nach Gudjons/Pieper/Wagner 2003, S. 85)

C: Exemplarische Videosequenz

Aus den 60er Jahren existiert z.B. eine WDR-Serie „Reise in die 50er, 60er und 70er Jahre", moderiert von E. Heidenreich und D. Schönherr.

D: Für den informellen Teil z.B. am Abend

Jeder bringt Musik aus seinem Geburtsjahrzehnt mit oder aus seiner „Teeniezeit" (letzteres je nach Alter der Gruppenmitglieder meist einfacher zu bekommen)

Lernprozesse, die induktiv, d.h. vom einzelnen biographischen Beispiel ausgehend in größere soziale und historische Zusammenhänge eingebettet werden können oder auch umgekehrt z.B. von einem Film auf die Erfahrungen der Teilnehmer transferiert werden können, erweisen sich als sinnvolle methodische Zugänge. Da die Biographie des Erwachsenen im wesentlichen eine „Lern- (und Verlern-) Biographie" (Siebert, 1991, S. 2) ist, bieten sich im Anschluss an diesen eher allgemeinen biografischen Einstieg bieten weitere ausgewählte Reflektions-Übungen zur LernBiographie an, wie sie in diesem Band von Wenzig exemplarisch vorgestellt sind, sich aber auch bei Epping/Klein/Reutter 2001 finden lassen.

7. Ausblick

Zur Etablierung und Professionalisierung von „Biographieorientierung" in der Erwachsenenbildung und letztlich auch in weiteren Anwendungsfeldern wie beispielsweise in der Altenhilfe bedarf es erprobter und fundierter Weiterbildungsangebote für Pädagogen/Erwachsenenbildnern/Lernberater, die sich selbst an den Methoden der Biographieorientierung orientieren. Gleichzeitig bedarf es auch einer weitergehenden pädagogischen Biographieforschung[1] z.B. über die Lernwirkungen von Biographieorientierung im allgemeinen und der Erforschung von ausgewählten methodischen Zugängen wie beispielsweise der Arbeit mit privaten Fotografien. Letztlich offen ist bislang auch die prinzipielle Frage, welche Verfahren sich mit welchen Zielgruppen bewährt haben.

Das Gegenstandsfeld der Biographieforschung bezieht sich derzeitig meist auf die Fachdisziplinen der Soziologie, der Ethnologie, der Geschichtswissenschaft, der Psychologie und der Literaturwissenschaft (vgl. Abb. in Schulze, 1991, S. 153ff). Hier ist es zu wünschen, dass die pädagogische Biographieforschung einen höheren Stellenwert erfährt bei gleichzeitigem Anspruch nach Interdisziplinarität. Wünschenswert wäre zudem das Avancieren der Biographieforschung in die Grundlagenwissenschaft innerhalb der Erwachsenenbildung. (vgl. Nittel, 1996, S. 10)

Das aufgezeigte Spannungsfeld zwischen den Chancen und den Grenzen von biografischem Arbeiten zeigt, dass es ohne zusätzlich erworbene Kompetenzen für „Lehrende" schwierig wird, diese anspruchsvolle Herausforderung zu meistern. Recherchen im Rahmen von ausgewählten Projekten zeigen, dass „Professionelle in pädagogischen und sozialen Praxisfeldern zunehmend mit sehr individuellen Problemlagen, Interessen und Perspektiven von Menschen zu tun haben. Allgemeine Konzepte, aber auch zielgruppenspezifische Ansätze verlieren an Tragfähigkeit bzw. müssen ergänzt werden durch Methoden und Konzepte, die für biografische Besonderheiten sensibel sind, an den biografischen Potenzialen und Ressourcen der Einzelnen ansetzen und damit produktiv arbeiten. Biographiearbeit heißt: neue Möglichkeiten des Lernens und der Entwicklung von Perspektiven zu eröffnen, Reflexionsfähigkeiten und Handlungspotenziale zu stärken. Dabei reicht Biographiearbeit über die individuelle Perspektive hinaus. Sie kann eine Basis dafür schaffen, in Anerkennung biografischer Besonderheiten sowie sozialer und kultureller Differenzen miteinander umzugehen, gemeinsam zu lernen, gemeinsame Interessen zu finden und zu entwickeln. In der Kommunikation über biografische Erfahrungen finden sich Unterschiede und Gemeinsamkeiten, können Eigenes und Fremdes, Neues und Bekanntes zugleich erfahrbar werden. Insbesondere durch biografische Kommunikation in Gruppen können Reflexionsmöglichkeiten angestoßen und Handlungsperspektiven entwickelt werden. Professionelle in pädagogischen und sozialen Berufsfeldern wissen in der Regel, wie wichtig eine biografische Perspektive in der Arbeit mit Menschen ist. Sie wenden in ihrer Praxis vielfach auch biografisch orientierte Methoden an oder versuchen in der Gestaltung eines Arbeitsbereichs (z.B. in der offenen Altenarbeit, der Erwachsenenbildung oder der Schule) biografische Prinzipien zu berücksichtigen und umzusetzen. Häufig ist im Berufsalltag jedoch zu wenig Zeit oder der

---

[1] Bedenken gegenüber einer biografisch orientierten Bildungsarbeit werden v.a. aus der Richtung der soziologischen Biografieforschung formuliert, vgl. Behrens-Cobet/Reichling, aao, S. 22

institutionelle Rahmen bietet zu wenig Raum, um biografische Ansätze mit ihren Möglichkeiten und Grenzen systematisch zu reflektieren und Konzepte für das eigene Arbeitsfeld zu entwickeln. Auch die für Biographiearbeit erforderlichen Kompetenzen – so ein Ergebnis der Vorstudie – erwerben viele Professionelle eher „nebenbei" und individuell, da es bislang noch kaum systematische Aus- und Fortbildungsangebote in diesem Bereich gibt".
www.uni-bielefeld.de/Universitaet/Einrichtungen/Fakultaeten/Paedagogik/fobika/projekte/Biographiearbeit, 30.04.2005

Eigene und auch Erfahrungen anderer zeigen: Um „biografisch" arbeiten zu können, sollten „Lehrende" sich selbstreflexiv mit ihrer eigenen Biographie auseinandergesetzt haben. Durch welche „konkreten" methodisch-didaktischen Angebote bzw. Weiterbildungsmaßnahmen diese biografische Kompetenz der Erwachsenenbildner – angereichert mit einer situativen Deutungskompetenz – angebahnt werden kann, wird u.a. von Klein/Reutter 2004 in ersten Ansätzen beschrieben. Die Voraussetzungen bzw. Kompetenzen, die die Teilnehmer an biografischer Kommunikation idealerweise mitbringen sollten, können hier nicht vertiefend betrachtet werden. Gleiches gilt für die Frage der ethischen Problematik biografischen Verfahrens, wenn „zu viel" Privatheit und Intimität veröffentlicht wird. Unsere Erfahrungen zeigen jedoch, dass trotz aller beschriebenen Risiken biographieorientiertes Arbeiten notwendiger Bestandteil reflexiven Lernens und Ausdruck von Lernkultur sind.

Literatur

Ahlheit, Peter: Biographizität als Projekt. Der biographische Ansatz in der Erwachsenenbildung, Bremen 1990

Arndt, Karin/ Behlke, Karin/ Grube, Bernd/ Heller, Peter/ Holtschmidt, Ilona/ Klein, Rosemarie/ Klein-Dessoy, Karin/ Reutter, Gerhard/ Stölze, Doris/ Wenzig, Anja/ Zisenis, Dieter, Die Konzeption prozessbegleitende Lernberatung. In: QUEM (Hrsg): Prozessbegleitende Lernberatung, Konzeption und Konzepte, Heft 90, Berlin 2005, S. 13-20

Behrens, Heidi 2001: Nach zwei Jahrzehnten Praxis und Theorie: Verfahren biografischen Lernens in GdWZ, Grundlagen der Weiterbildung, Nr. 2, 12. Jahrgang April 2001, S. 58-61

Behrens-Cobet, Heidi / Reichling, Norbert: Biographische Kommunikation, Neuwied 1997

Behrens-Cobet, Heidi: Biographische Kommunikation in der Erwachsenbildung. Ein offenes didaktisches Konzept in GdWZ Nr. 9, 6. Jahrgang 1998, S. 248-250

Behrens-Cobet, Heidi: Gemeinsam thematische Rückblicke: Strukturiertes Erinnern in Buschmeyer, Hermann: Lebensgeschichte und Politik: Erinnern – Erzählen – Verstehen – Methodische Zugänge zum biographischen Lernen, Soest 1995. S. 14-22

Egger, Rudolf: Coaching statt Training: Warum biographische Ansätze in der Erwachsenenbildung unverzichtbar sind in: Forum information 2/1998, S. 12-14

Epping, R./Klein, R./Reutter, G. 2001: Langzeitarbeitslosigkeit und berufliche Weiterbildung, Bielefeld

Gudjons, Herbert/ Pieper, Marianne/ Wagener, Birgit: Auf meinen Spuren. Das Entdecken der eigenen Lebensgeschichte, Hamburg 2003

Hof, Christiane: Erzählen in der Erwachsenenbildung. Geschichte – Verfahren – Probleme, Neuwied u.a. 1995

Holtschmidt, Ilona/ Zisenis, Dieter: Prozessbegleitende Lernberatung und Organisationsentwicklung in QUEM (Hrsg): Prozessbegleitende Lernberatung, Konzeption und Konzepte, Heft 90, Berlin 2005, S. 96-132

Kade, Silvia: Die andere Geschichte. Spurensicherung im Vorruhestand, Frankfurt 1997. S. 151

Kaltschmidt, Jochen: Biographische und lebenslauftheoretische Ansätze in der Erwachsenenbildung

Klein, Rosemarie in: QUEM (Hrsg): Prozessbegleitende Lernberatung, Konzeption und Konzepte, Heft 90, Berlin 2005, S. 150-178

Klein, Rosemarie/ Reutter, Gerhard: Umgang mit bedrohter Identität – ein Thema beruflicher Erwachsenbildung in: Behringer, Friederike et al.: Diskontinuierliche ErwerbsBiographien, Hohengehren 2004. S. 203-223

Klein, Rosemarie: Von der Lehre zur Lernberatung – alte und neue Anforderungen an Lehrende in: Klein, Rosemarie/ Reutter, Gerhard (Hrsg.): Lehren ohne Zukunft? Wandel an das pädagogische Personal in der Erwachsenenbildung, Hohengehren 1998, S. 116-130

Mader, Wilhelm: Autobiograhie und Bildung – Zur Theorie und Praxis der Guidet Autobiography in Hoerning, Erika M. / Tietgens, Hans (Hrsg): Erwachsenenbildung: Interaktion mit der Wirklichkeit, Bad Heilbrunn 1989, S. 145-154

Marotzki, Winfried: Bildungsprozesse in lebensgeschichtlichen Horizonten in Hoerning, Erika M. u.a. Biographieforschung und Erwachsenenbildung, Bad Heilbrunn 1991, S. 182-205

Meueler, Erhard: Wie aus Schwäche Stärke wird. Vom Umgang mit Lebenskrisen, Milow 1999

Nittel, Dieter/Völzke, Reinhard: Professionell angeleitete biographische Kommunikation – Ein Konzept pädagogischen Fremdverstehens in: Derichs-Kunstmann, Karin u.a. (Hrsg.): Die Fremde – Das Fremde – Der Fremde, Frankfurt 1993, S. 123-135 Ziehe, T./Stubenrauch: Plädoyer für ungewöhnliches Lernen, Reinbek 1982

Schulze, Theodor in: Hoerning, Erika M. u.a.: Biographieforschung und Erwachsenenbildung, Bad Heilbrunn 1991, S. 135-181

Seitter, Wolfgang: Der biografische Ansatz in der Erwachsenbildung/Weiterbildung: Zu einer festen Größe avanciert in GdWZ, Grundlagen der Weiterbildung, Nr. 2, 12. Jahrgang April 2001, S.55-58

Siebert, Horst: Biographische Orientierung in GdW (Loseblattsammlung), 5. März 1991/ 5.90, S. 1-17

Wenzig, Anja in: QUEM (Hrsg): Prozessbegleitende Lernberatung, Konzeption und Konzepte, Heft 90, Berlin 2005, S. 133-149

Internet-Quellen:

Nittel, Dieter in: Faulstich-Wieland et al: Report 37. Literatur und Forschungsreport „Biographieforschung und biografisches Lernen, 1996 in:

www.die-frankfurt.de/esprid/dokumente/doc-1996/faulstich-wieland96_01.pdf, April 2005

www.kaiserswerther-seminare.de

www.uni-bielefeld.de/Universitaet/Einrichtungen/Fakultaeten/Paedagogik/fobika/projekte/Biographiearbeit, April 2005

II/2. Methoden der biographischen Reflexion

Karin Klein-Dessoy

1. Der institutionelle Hintergrund

In Zusammenarbeit mit dem Ministerium für Jugend, Gesundheit, Familie und Frauen in Rheinland-Pfalz bietet das Bildungswerk des Alzeyer und Wormser Handwerks gGmbH seit über 4 Jahren Orientierungsseminare für Frauen und Männer nach der Familienphase an. Weiterhin bietet das Bildungswerk auch seit mehreren Jahren Maßnahmen für benachteiligte Jugendliche an. Diese richten sich an sozial benachteiligte Jugendliche und junge Erwachsene bis 25 Jahre, die meist keinen Hauptschulabschluss besitzen, überwiegend im Sozialhilfebezug stehen und über keine Arbeits- und/oder Ausbildungsstelle verfügen. Aufgrund der individuell vorhandenen schulischen Qualifikationen sowie unterschiedlich ausgeprägter Sozial-, Methoden und/oder Handlungskompetenz sind diese Jugendlichen und jungen Erwachsenen auf dem ersten Arbeitsmarkt zurzeit noch nicht vermittelbar: die Ausbildungs- und Berufsreife liegt noch nicht vor.

Ich habe im Rahmen des Projektes „Ganzheitliche Weiterbildungs- und Lernberatung für Wiedereinsteigerinnen[1]„ ein kontextspezifisches Konzept von Lernberatung entwickelt und dabei mit zwei unterschiedlichen Zielgruppen Erfahrungen zu Lernberatung gemacht: Frauen und benachteiligte Jugendliche. Bei beiden muss die unterschiedliche Ausgangssituation beachtet werden, daher eignen sich unterschiedliche Methoden zur Biographieorientierung. Mit diesem Kapitel will ich an die Ausführungen von Ilona Holtschmidt anknüpfen, und drei Methoden biographieorientierten Arbeitens verknüpft mit meinen Umsetzungserfahrungen in den Mittelpunkt stellen. Doch zunächst einige Anmerkungen zum gesellschaftlichen und näheren kontextuellen Hintergrund

2. Der gesellschaftliche Hintergrund

Wir befinden uns in einem gesellschaftlichen Veränderungsprozess. Auf den verschiedenen gesellschaftlichen Ebenen lösen sich bisher bestehende Strukturen auf. Auf der individuellen Ebene verlaufen Biographien nicht mehr kontinuierlich, sondern sie zeichnen sich durch Brüche und Umorientierungen aus. Zur Bewältigung dieser gesellschaftlichen und ökonomischen Veränderungen kommt dem Lernen eine besondere Bedeutung zu. Aber nicht dem formalen Lernen, sondern vielmehr geht es um das selbstorganisierte Lernen, welches den Lerner, seine Fähigkeiten und seine Bedarfe in den Mittelpunkt stellt. Dieses Lernen ist nicht an feste Orte oder Lebensabschnitte gebunden, sondern es findet immer und überall statt.

---

[1] Dies war ein Teilprojekt im Projektverbund ‚ProLern' (siehe Einleitung der Herausgeber), das aus Mitteln des BMBF sowie des ESF gefördert und von der ABWF e.V. gemanaged wurde.

3. Die Ausgangssituation der beiden Zielgruppen

Die Anforderungen in der Berufswelt verändern sich in den letzten Jahren sehr schnell und häufig auch gravierend; deshalb haben Frauen und Männer nach einer längeren Familienphase ohne Weiterbildung im Vergleich zu früheren Zeiten schlechtere Startchancen, wenn sie wieder in den Beruf zurückkehren möchten. Der Bedarf einer Beratung und Qualifizierung ist besonders groß, da in vielen Fällen die Erstausbildung der Einzelnen nicht wirklich ihren persönlichen Interessen und Neigungen entsprach, sondern im Kontext familiärer Fremdbestimmungen entstanden ist. Häufig steht der Wunsch nach einer beruflichen Veränderung bei vielen Wiedereinsteigenden im Vordergrund, ebenso wie die Erkenntnis, dass die Aufnahme einer Arbeit ohne eine Weiterbildung nicht möglich ist.

Die Zielgruppe der benachteiligten Jugendlichen ist problematisch, da bei den Jugendlichen die gängigen Lehr- und Lernmethoden zum größten Teil fehlgeschlagen sind. Mit der Konzeption und den Methoden der Lernberatung zu arbeiten, bietet die Chance, Neues in Bewegung zu bringen und neue Zugänge zum Lernen zu eröffnen.

4. Biographiearbeit in unserem Lernberatungsverständnis

Einen besonderen Stellenwert hat bei uns die Erforschung des individuellen Lernens anhand der Lebens- und Lernbiographie. Berufsrelevante Kompetenzpotentiale, auch bisher nicht als solche wahrgenommen, werden so erkannt und bestimmt und die subjektive Reflexion über Lebens- und Lernziele durch Beratung begleitet. Die Teilnehmenden sollen ihre Selbstlernfähigkeiten erkennen und sie selbstorganisiert und bewusst einsetzen. Lernberatung muss sich an den Ressourcen und Kompetenzen der Ratsuchenden orientieren und ihnen Möglichkeiten eröffnen, selbstbestimmt berufliche Ziele zu definieren und zu planen und erforderliche Schritte einer Fort- und Weiterbildung selbstorganisiert einzuleiten und selbstgesteuert zu gestalten.

Die Praxis hat gezeigt: Um selbstorganisiertes Lernen zu ermöglichen, sind zunächst das Verständnis und die Bewusstheit der individuellen Kompetenzen und ihrer Entwicklung nötig. Das Kompetenzpotenzial der Teilnehmenden muss m.E. ganzheitlich wahrgenommen werden, um selbstverantwortete Kompetenzerwerbsprozesse und Lernprozesse in Gang setzen zu können. Der gezielte Blick auf Kompetenzentwicklungsprozesse und deren Nutzung für selbstorganisiertes Lernen setzt die Erforschung der individuellen Biographie in bezug auf das Lernen, auf Lernhaltungen und -verhaltensweisen voraus.

Die Übernahme von Verantwortung für den eigenen Lernprozess wird durch spezifische didaktische, lernermutigende Settings gefördert. Dazu gehören vorrangig reflexive oder biographieorientierte Verfahren und Methoden, über die die Lernenden selbst eine Einschätzung über ihre lebensbiographisch erworbenen Kompetenzen und ihre Lernkompetenzen erhalten. Daher hat Biographiearbeit einen besonderen Stellenwert in unserem Konzept. Berufsrelevante Kompetenzpotenziale, auch bisher nicht als solche wahrgenommene, werden so erkannt und die Reflexion über Lebens- und Lernziele durch Beratung begleitet. Die Teilnehmenden sollen die Selbstlernfähigkeit erkennen und selbstorganisiert und bewusst einsetzen. Damit ist auch eine Veränderung der Rolle des Dozenten verbunden. Er wird zum Lernberater.

Wenn wir mit Menschen arbeiten, die sich über ihre persönlichen Kompetenzerwerbsprozesse bewusst werden sollen, um durch diese Bewusstheit Schritte zu selbstorganisiertem Lernen zu entwickeln, geht es auch darum, „sich selbst im Lebensganzen verstehen zu lernen" (Petzold 1993, S.362.) Was mit diesem Zitat deutlich werden soll: Das Ermitteln von Vorwissen, von vorhandenen Kenntnissen, Fähigkeiten und Fertigkeiten war im traditionellen Lehrverständnis eher für den Lehrer wichtig. Es war seine Aufgabe, Vorwissen, Fähigkeiten und Fertigkeiten zu ermitteln und in seinem didaktisch-methodischen Vorgehen zu berücksichtigen. Aus unserer Perspektive bleibt diese Aufgabe wichtig, wird jedoch eher sekundär. Primäre Aufgabe des Lehrenden ist es, dem/der Lernenden selbst zu ermöglichen, das eigene Selbst-Bewusstsein darüber zu schärfen, was er/sie bereits weiß und kann. Unsere Empirie belegt hierzu eindeutig: Lernende, die mit Hilfe biographischer Reflexion ein Bewusstsein über ihre im Lebensverlauf erworbenen Kompetenzen und ihr Wissen erworben haben, können und wollen eher Verantwortung für ihr Lernen übernehmen und ihr Lernen organisieren und steuern. Da nur wenige Menschen über ein solches Bewusstsein verfügen, liegt hier eine zentrale Aufgabe des Lernberaters, einen Ermöglichungsrahmen zu bieten, damit Lernende sich ein solches Selbst-Bewusstsein aneignen können.

Wir haben in unserer Arbeit in dem Orientierungsseminar für Wiedereinsteigerinnen eine bereits entwickelte Methode der Integrativen Therapie als eine Methode der biografischen Reflexion übernommen: die Arbeit mit dem Arbeitspanorama. Diese Methode setzen wir ein, um „Stärken und Schwächen der Vergangenheit, der gegenwärtigen Berufssituation und die antizipierte Berufskarriere in den Blick zu nehmen, um Planung, Zielentwicklung und systematisches Realisieren von Zielen in Angriff zu nehmen" (Petzold 1998, S. 376) Für eine Verknüpfung von tagtäglichen Lernprozessen, also von informellem Lernen, mit Lernprozessen innerhalb von Weiterbildungseinrichtungen (formellem und formalem Lernen) werden die Teilnehmenden dazu angeregt, ihre Erfahrungen transparent zu machen und untereinander auszutauschen, um im nächsten Schritt mit konkreten Handlungssituationen neue Erfahrungen zu machen.

5. Methoden der Biographiearbeit
5.1 Das Arbeitspanorama
5.1.1 Was ist das Arbeitspanorama?

Das Arbeitspanorama ist eine von Petzold (1983, 1998) entwickelte Methode (er selbst spricht von einer Technik), durch die für die Teilnehmenden eine Überschau über ihre Geschichte und Erfahrungen mit Arbeit und damit auch mit ihren individuellen Kompetenzentwicklungsprozessen und Lernstrategien möglich macht. Durch die Panoramatechnik können „Berufsbiographien, Berufserfahrungen als Ressourcen im Sinne einer Bestandsaufnahme kartiert werden" (Petzold 1998, S. 376). Sie bietet weiterhin die Möglichkeit, mit den Teilnehmenden die Stärken und Schwächen ihrer berufsbiographischen Vergangenheit, die Ressourcen ihres selbstgesteuerten und selbstorganisierten Lernens in den Blick zu nehmen und damit die Gestaltung und Planung ihrer beruflichen Gegenwart und der Zukunftsziele konkret werden zu lassen.

Das Arbeitspanorama wird von den Teilnehmenden zeichnerisch erstellt. Wir bedienen uns hier eines kreativen Mediums, um neben den bewusst erinnerten Inhalten auch unbewusste Inhalte aufzunehmen. Durch die Bildbetrachtung, die Rückmeldung durch die Gruppe und durch die Bearbeitung in der Kleingruppe werden Potenziale bewusst und können nutzbar gemacht werden. Eingefahrene Denkgewohnheiten weichen auf und neue Möglichkeiten lassen sich erschließen.

Beraterin und Teilnehmende können anhand des Arbeitspanoramas zu „Mitforschern" und damit auch zu „Mitbestimmern" über ihre berufliche Karriere werden. Es wird möglich, Berufswahlfindungen im biographischen Kontext neu zu verstehen. Durch Distanz zu biographischen Zwängen und Fremdverfügungen lassen sich neue Berufsziele zu entwickeln.

Die Panoramaarbeit kann auch in der Einzelberatung durchgeführt werden. Wir haben uns dazu entschieden, diese Technik in der Gruppe anzuwenden, da die Gruppe eine dichtere und reichhaltigere Konzentration für Auseinandersetzungen bietet, insbesondere auch dann, wenn wir von einem gemeinsamen aktuellen Lebenszusammenhang oder auch -abschnitt ausgehen können, bi dem für anstehende Bilanzierungen, Standortbestimmungen und Perspektiventscheidungen die Gruppenmitglieder von- und miteinander lernen und profitieren können.

5.1.2 Durchführungshinweise

Rahmen

Vorraussetzung: Die Teilnehmenden sollten sich bereits kennen, Vertrauen gebildet haben und arbeitsfähig miteinander sein. Es ist abzuklären, dass jeder sich zur Geheimhaltung der Daten, die er von anderen erfährt, verpflichtet.

Material: Die Teilnehmenden benötigen Wachsmalkreiden und großformatiges Papier (DIN-A-2- Bögen oder Tapetenrolle)

Raumgestaltung: Alle sollten genügend Platz für sich zur Verfügung haben, um sich mit Papier und Stiften ausbreiten zu können: große Tische oder auf dem Boden

Zeit: mind. 2 ½ Stunden

Erklärung zu Beginn der Reflexion (ca. 3-5 Min.)

Haben die Teilnehmenden ihren Platz im Raum eingenommen, kann die einführende Erklärung des Lernberaters/der Lernberaterin so lauten: „Sie stehen am Anfang einer neuen Entwicklung, sie möchten sich orientieren, ob und wenn, in welchen Beruf sie wiedereinsteigen werden, welche Weiterbildung sie absolvieren möchten, wie sie Ihr Ziel durch selbstorganisiertes Lernen erreichen können. Wir wollen uns damit beschäftigen, über welche Kompetenzen sie verfügen und wie sie am besten lernen. Ich werde Ihnen Gelegenheit geben, anhand einer Rückschau auf ihr Leben zu erforschen, was ihr individueller Weg des Lernens und auch des selbstorganisierten Lernens ist. Wir werden das heute anhand ihres individuellen Arbeitspanoramas erforschen. Es wird dabei später darum gehen, ihre Erfahrungen kreativ auf Papier zu bringen. Darum haben sie Wachsmalstifte mitgebracht. Es geht dabei nicht um eine künstlerisch zu bewertende Aktion, sondern darum, dass sie selbst noch einmal eine andere Möglichkeit haben, ihre Gedanken und Gefühle bezüglich des Themas auf Papier zu bringen, um später damit in der Gruppe und in der Beratung weiter zu arbeiten."

Thema in Gang bringen (ca. 15 Min.)

Um das Thema in Gang zu bringen, ist eine Einführung durch ein kurzes Brainstorming nötig, das wie folgt angestoßen werden kann. „Was fällt ihnen ein zu, Leistung, Lernen, selbstbestimmt und selbstorganisiert Lernen, Beruf, Kompetenzen, Wiedereinstieg ... in ihrem Leben?" Die im Brainstorming genannten Begriffe können am Flipchart festgehalten werden.

Einstimmung (ca. 15 Min.)

Nach dem Brainstorming werden die Teilnehmenden zu einer meditativen Einstimmung eingeladen. Sie werden dazu aufgefordert, sich mit Papier und Farben einen Platz im Raum zu suchen, sich bequem hinzusetzen und die Augen zu schließen. Der Lernberater/die Lernberaterin beginnt, mit ruhiger Stimme die Teilnehmenden auf eine Forschungsreise durch ihr Arbeitsleben von heute zurück bis zu dem Zeitpunkt, an dem die erste Berufswahl getroffen wurde, jedoch frühestens bis in die Pubertät, zu führen. Der Zeitpunkt der Pubertät ist deshalb wichtig, da vorher evtl. auch andere Bilder und Erinnerungen hochkommen können, die eher vom Thema Beruf/Berufsidentität wegführen. Diese Anregung zur Imagination soll die Teilnehmenden in eine entspannte Grundstimmung bringen, die es ermöglicht, in Ruhe auf ihr Arbeitsleben in ihrem Lebensganzen zu schauen (Einstimmungstext: Anl. zu diesem Kapitel).

Aktion (ca. 30 Min.)

Die Teilnehmenden malen in Einzelarbeit ihr Arbeitspanorama. Bewährt hat sich, ihnen vorzuschlagen, zunächst spontan eine Lebens-/ Entwicklungskurve vom Zeitpunkt der ersten Berufsfindungsentscheidung bis zur Gegenwart zu zeichnen. Die Teilnehmenden werden dazu eingeladen, entlang dieser Kurve die Szenen und Situationen zu malen, die ihnen in der Einstimmung begegnet sind. Der Lernberater/die Lernberaterin sollte darauf achten, dass jede/r Ruhe hat, für sich zu arbeiten und dass nicht gesprochen wird.

Vorstellen von Reflexionsergebnissen (15 Min. pro Teilnehmender/m)

Nach einer kurzen Pause, in der die Teilnehmenden noch nicht miteinander reden sollten, stellt jede/r Einzelne sein/ihr Bild in der Gruppe vor und berichtet, wie es ihm/ihr bei der Übung ergangen ist, welche Gefühle, Gedanken und Einsichten beim Malen gekommen sind. Die Gruppenmitglieder sollten nur vorsichtige Interpretationen vornehmen, es sollte nicht zu einer Überflutung von Informationen kommen.

Es empfiehlt sich, diese Phase in Kleingruppen (Dreiergruppen) durchzuführen.

Neuorientierung (15 Min. pro Teilnehmendem/r)

Hier soll es den Teilnehmenden ermöglicht werden, Konsequenzen aus dem Erlebten und Erkannten für eine Veränderung der Situation / für eine selbstbestimmte Berufswahl, für Initiativen selbstorganisierten Lernens zu ziehen. Dies kann dann wieder in der Gesamtgruppe mit Lernberater/in durchgeführt werden.

Abschlussrunde (ca. 3 Min. pro Teilnehmender/m)

Zum Schluss gibt es eine Runde in der Gruppe zu den Fragen:
„Was habe ich heute Neues über mich erfahren?"
„Was nehme ich mit?"
„Wo brauche ich Unterstützung? Und von wem?"
„Was kann ich von den anderen lernen?"
„Welche neuen Ideen habe ich zu Beruf, Lernen...?"

Wie kann es weitergehen?

Die Aufarbeitung des Arbeitspanoramas kann in der Einzelberatung fortgeführt werden. Dabei gibt es verschiedene Möglichkeiten der beratenden Beschäftigung mit dem Arbeitspanorama: Man kann die Teilnehmenden z.B. bitten, einen Ausschnitt aus dem Bild / eine Phase in ihrem Leben, die besonders bedeutsam war in ihrem Kompetenzerwerbsprozess, eine Phase, in der sie verstärkt selbstorganisiert gearbeitet hat, auszuwählen und zu „vergrößern", d.h. sich gezielt mit einer Phase noch einmal beschäftigen und zu analysieren. Neue Erkenntnisse können dadurch erforscht werden. Man kann die Teilnehmenden auch anregen, ihre Einsichten über ihr Lernverhalten und ihre selbstorganisierten Lernschritte schriftlich aufzeichnen. Die Aufgabe der Lernberaterin/des Lernberaters ist es nun, aus den gewonnenen Einsichten Teilziele mit den Teilnehmenden zu erarbeiten und die nächsten Schritte mit den Einzelnen festzulegen.

5.1.3 Erfahrungen mit dem Einsatz des Arbeitspanoramas

Für die Teilnehmenden bietet diese Übung die Möglichkeit, eine Linie in ihrer beruflichen Entwicklung zu erkennen oder Zusammenhänge zu sehen, die vorher nicht offensichtlich waren. Es entsteht durch die Arbeit ein „Bild", ein „Panorama" der beruflichen Entwicklung, das anschaulich die verschiedenen Stationen eines Berufslebens zeigt. Das Arbeitspanorama bietet die Chance, die emotionale Seite der eigenen Berufsbiographie kennen zu lernen. Hierzu einige Zitate von Teilnehmenden:
- „Ich muss Abschied nehmen von der Vorstellung, es kommt jemand, der mir sagt, was ich tun soll."
- „Ich nehme heute mit, die Erkenntnis, dass sich meine Arbeit oder Beruf nicht den Gegebenheiten anpassen muss, sondern umgekehrt."
- „Ich bin verblüfft darüber, wie sehr sich Geschichten und Bilder gleichen."
- „Ich habe Trost gefunden."
- „Ich habe sehr viel Neues über mich erfahren."
- „Ich brauche viel Zeit zum Sortieren."
- „Mir sind ganz neue Zusammenhänge klar geworden."

Da die Arbeit mit dem Arbeitspanorama Erinnerungen von früher hervorholen kann, die auch mitunter problematisch sein können, ist es wichtig, dass die Gruppe nicht zu groß ist. Nach meiner Erfahrung geht es gut mit Gruppen bis zu 8 Teilnehmenden pro Beratendem. Die Berater sollten in der Lage sein, mit Gefühlen, die bei der Forschungsreise hochkommen können, umzugehen, d.h. es ist für diese Methode der Biographiearbeit eine beraterische Kompetenz erforderlich.

Die Arbeit mit dem Arbeitspanorama setzt bei den Teilnehmenden normale psychische Belastbarkeit und die Bereitschaft, anhand ihrer Lebensbiographie zu arbeiten und selbstorganisierte Lernformen zu entwickeln, voraus.

Es ist eine intensive Arbeit, für die in der Gruppe die Offenheit und Vertrautheit notwendig ist. Die Beraterin sollte mit dem Instrument vertraut sein und selbst auch schon dazu gearbeitet haben.

5.2 Die Kompetenzbilanz

Eine andere Methode der Biografiearbeit, die nicht aus dem therapeutischen Bereich kommt, und die sich auch zum Einsatz in größeren Gruppen eignet, in denen der Vertrautheitsgrad nicht so groß sein muss, haben wir ebenfalls erfolgreich eingesetzt: die vom DJI mit der KAB Süddeutschland entwickelte (Familien-)Kompetenzbilanz. Dies ist ein Instrument zur Selbsteinschätzung und beruflichen Entwicklung für berufstätige Mütter und Väter, für an Weiterbildung interessierte und für Berufsrückkehrerinnen. Mit der Kompetenzbilanz können soziale Kompetenzen aus der Familientätigkeit erfasst und bewertet werden.

Hierbei wird die Lebensgeschichte als Lerngeschichte betrachtet, es werden die wichtigsten Lern- bzw. Erfahrungsfelder der Biografie untersucht, der Fokus liegt auf den informellen Lernfeldern.

Dazu gehört u.a. auch das Lernfeld Familie. Die Teilnehmenden können durch die Bearbeitung der Kompetenzbilanz ihre vielfältigen Erfahrungen und Kompetenzen entdecken, die sie im Laufe der Familienarbeit erworben oder weiterentwickelt haben. Es bietet auch die Möglichkeit, den eigenen Standort in der beruflichen Entwicklung vor dem Hintergrund des eigenen Lebenslaufs neu zu bestimmen. Die Kompetenzbilanz gibt es in Form eines Arbeitsheftes oder inzwischen auch als Download im Internet.

Wir haben sehr gute Erfahrungen gemacht, dieses Verfahren gemeinsam in der Gruppe zu bearbeiten, da die Teilnehmenden von den anderen Gruppenmitgliedern Impulse und Rückmeldungen erhalten können. Bei der Bearbeitung kann jede/r anhand von Übungen vielfältige Erfahrungen und Kompetenzen entdecken, die er/sie im Laufe des Lebens erworben hat.

Der/die Lernberater/in kann anhand von Folien in das Thema einführen und dann die im Arbeitsheft geforderten Arbeitsblätter erarbeiten lassen. Da bei der Kompetenzbilanz sowohl eine Selbst- als auch eine Fremdeinschätzung erarbeitet wird, empfiehlt es sich, zur Bearbeitung der Fremdeinschätzung 1-2 Wochen Zeit zu lassen und dann in der Gruppe das Thema noch einmal zu besprechen. Fragestellungen dazu können sein:
- „Welche Erfahrungen habe ich mit meiner Fremdeinschätzung gemacht?"
- „Wen habe ich gebeten, diese vorzunehmen?"
- „In welchen Punkten gab es eine Übereinstimmung, in welchen gab es Differenzen?"
- „Wie gehe ich mit Lob oder Kritik um?"
- „Welche Konsequenzen ziehe ich jetzt daraus?"

Auch hierbei bietet die Gruppe gute Möglichkeiten, in intensiven Austausch zu kommen.

5.3 Mein Lernweg

Diese Methode hat sich in der Gruppe der sog. benachteiligten Jugendlichen bewährt. Sie ist entnommen aus der „Quali-Box", einem Instrument, das von der Berufs- und Bildungsinformation Vorarlberg erarbeitet wurde. Dieses Instrument wurde wie die Kompetenzbilanz zur Selbstbearbeitung entwickelt. Es bietet jedoch auch eine gute Grundlage für eine Gruppenarbeit, einsetzbar am Anfang der Maßnahme um neue Zugänge zum Thema „Lernen" für die Jugendlichen zu entwickeln. Das Modul „Mein Weg" ist das erste Modul in einer Reihe von 6 Modulen und bietet die Möglichkeit, eine Lern- und Lebensbiographie zu erstellen. Im Heft ist eine klare Beschreibung, wie vorzugehen ist, jedoch ist es wichtig, für jede Zielgruppe die Arbeitsblätter zu überarbeiten, damit es passgenau ist. So ist z.B. die Zeitschiene für die Jugendlichen oder jungen Erwachsenen auf 25 Jahre (in der Vorlage geht es bis über 50 Jahre) zu begrenzen und eine andere Einteilung vorzunehmen.

Ein Beispiel	0-5 Jahre	5-10 Jahre	10-15 Jahre	15-20 Jahre	20-25 Jahre
Wichtige Ereignisse					
Menschen, die mir wichtig waren					
Interessen					
Intensive Gefühle					
Gedanken zum Zeitraum					

Die Bearbeitung des Übungsbogens wird vereinfacht durch die Vorgabe von vielen Antwort-Vorschlägen zu den einzelnen Fragen, die nutzerfreundlich nur noch ausgeschnitten und geklebt werden müssen. Auch hierbei ist es notwendig, die Vorgabe der Zielgruppe genau anzupassen, damit Erfahrungswerte nicht unbeachtet bleiben. (z.B. bei der Rubrik „Menschen, die mir wichtig waren" sind wahrscheinlich noch Ergänzungen vorzunehmen wie Sozialarbeiter/Erzieher o.ä.). Es ist also notwendig, die Zielgruppe so genau wie möglich zu kennen. Je nach Zusammensetzung der Gruppe muss entschieden werden, die Auswertung des Arbeitsbogens im Einzelgespräch oder in der Gruppe weiter zu führen.

Das Modul 1 der Quali-Box ist ein Instrument, das durch das Ausschneiden und Kleben handlungsbezogen ist. Dies hat sich als ausgesprochen motivierend, wenn nicht gar notwendig herausgestellt, damit die Jugendlichen sich auf eine solche Reflexion überhaupt einlassen.

6. Fazit

Es gibt inzwischen viele Methoden um mit unterschiedlichen Zielgruppen biografieorientiert zu arbeiten. Wichtig ist es m. E., darauf zu schauen, ob bei dieser biographischen Reflexion ressourcen- und kompetenzorientiert geforscht wird und ob die Methode für die jeweilige Zielgruppe passt.

Die Biographiearbeit ist kein Selbstzweck, sondern wird gebraucht um für die Gegenwart und die nahe Zukunft genutzt zu werden. Die Kompetenzerfassung und Kompetenzentwicklung der Teilnehmer ist ein wesentlicher Bestandteil eines ganzheitlichen Lernberatungskonzeptes.

Alle Methoden, die in der Gruppe angewandt werden, sollten idealer weise am „eigenen Leib" vorher erfahren worden sein. Erst dann kann eingeschätzt werden, welche Gefühle oder Gedanken entstehen können.

Literatur und Quellen

Petzold, H.G. (1998): Integrative Supervision, Meta-Consulting u. Organisationsentwicklung, Modelle und Methoden reflexiver Praxis

Die Kompetenzbilanz, KAB Süddeutschlands/Deutsches Jugendinstitut, München

Quali-Box, Bifo Berufs- und Bildungsinformation Vorarlberg, ein Institut der Wirtschaftskammer und des Landes Vorarlberg, Marktstraße 12, 6850 Dornbirn, Tel. 05572 / 31717, www.bifo.at

Koch, Johanna: 2001, unveröffentlichtes Manuskript zur Arbeit mit dem Arbeitspanorama in Gruppen, nach: Heinl, Petzold, Fallenstein 1983

Anhang: (Beispiel für die Hinführung und Einstimmung für das Erstellen eines Arbeitspanoramas mit dem Schwerpunkt Kompetenzentwicklung, Lernen, selbstorganisiertes Lernen. Quelle: Koch 2001)

Setzen Sie sich gemütlich hin, schließen Sie Ihre Augen.
Versuchen sie, in Kontakt mit sich selbst zu kommen:
Wie fühlen Sie sich?
Erspüren sie Ihren Körper: spüren sie, wie Ihr Körper auf dem Stuhl sitzt, wie sich das anfühlt, die Rückenlehne zu spüren, wie ihr Gesäß auf dem Stuhl ruht.
Wie erleben Sie ihren Atem?
Wie berühren ihre Füße den Boden?
Lassen sie sich von der Erde tragen.

Wir werden uns jetzt auf eine Forschungsreise auf dem Lebensweg in bezug auf Arbeit, Beruf, auf Ihre Kompetenzen und auf Ihre individuellen Lernstrategien begeben.
Wenn Sie im Laufe dieser Forschungsreise an Stellen kommen, die beängstigend oder bedrohlich für Sie sind, dann gehen Sie an diesen Stellen bewusst vorbei, sie sind heute nicht Thema.

Beginnen Sie mit Ihrer Tätigkeit heute: Familienarbeit, Weiterbildung, Orientierungsphase zur Zeit. Lassen sie Bilder und Situationen auftauchen, die ihnen das Wie ihres Lernens vor Augen bringen.

Schauen sie auf ihren Arbeitsplatz Zuhause, ihren Familienarbeitsplatz, ihre Funktion als Mutter und Hausfrau:
Wie bewältigen sie im Moment die Doppelbelastung?
Wie haben sie welche Kompetenzen zur Bewältigung gelernt?

Stellen sie sich dabei einen Arbeitstag der letzten Tage vor.
Versuchen sie, Ihre Gefühle, Ihre Gedanken zuzulassen und auch ihre Erwartungen, ihre Befürch-

tungen, wenn sie am Morgen aufstehen und an Ihre Doppelarbeit denken: die Organisation Ihrer Arbeit in der Familie und die neue Tätigkeit in der Weiterbildung, in ihrer Orientierungsphase, in der Beratung hier.

Sie stehen auf. Was tun sie?
Sie gehen aus dem Haus zu ihrer Weiterbildung oder zu einem Termin, der ihnen bei ihrer Orientierung helfen soll.
Wem begegnen sie?
Versuchen sie die Atmosphäre zu spüren.
Wie sind sie hier in der Gruppe?
Wie lernen sie?
Welche Kompetenzen haben sie in den letzten Wochen hier erfahren und wie haben sie diese erlernt?

Wie ist es, wenn sie mittags aus der Gruppe gehen und Zuhause ankommen?
Wie begegnet ihnen ihre Familie, wie begegnen sie ihrer Familie?
Was gibt es zu tun, wenn sie dort ankommen?
Wie ist die Atmosphäre Zuhause?
Welche Kompetenzen haben sie in den letzten Wochen entwickelt, um sich in dieser Doppelbelastung zu organisieren

Wenn sie ein klares Bild über einen dieser typischen Tage vor Ihrem inneren Auge haben, eine lebendige Situation in ihnen, dann gehen sie jetzt den Weg ihres Arbeitslebens zurück. Da ist zunächst die Arbeit in der Familie, die Erziehungsarbeit, vielleicht musste ein Angehöriger oder eine Angehörige gepflegt werden.
Wie war das, als das erste Kind kam, wie haben sie gelernt, Mutter zu sein?
Wie haben sie sich diese neuen Kompetenzen erworben?
Welche Kompetenzen haben sie sich wie erworben?
Wie haben sie gelernt?
Wer hat sie unterstützt?
Welche Situationen tauchen auf?
Achten sie auf die Menschen, denen sie begegnen, auf die Situationen, in denen sie gelernt haben.
Was haben sie wie gelernt?
Wie haben sie das Gelernte umgesetzt?

Gehen sie die Jahre weiter zurück, schauen Sie sich Situationen der Arbeit im Beruf an.
Der Weg zur Arbeitsstelle, die Atmosphäre dort.
Welche Kompetenzen haben sie in Ihrer Tätigkeit erworben, wie haben sie dazugelernt, wie haben sie die Kompetenzen eingesetzt?
Welche Menschen, mit denen sie gearbeitet und gelernt haben, begegnen Ihnen jetzt?
Was waren die guten Situationen, in denen sie ein starkes Gefühl für die Arbeit, für Ihr Können hatten?
Wer hat sie bestärkt und positiv beeinflusst?
Welchen Herausforderungen haben sie sich wie gestellt?
Was waren die Kraftquellen, die Ihnen geholfen haben, zu lernen und das gelernte umzusetzen?

Gehen sie jetzt noch weiter zurück in die Zeit Ihrer Ausbildung.
Hier ist Ihnen viel neues begegnet, das sie lernen mussten.
Welche Kompetenzen haben sie sich in dieser wichtigen Zeit angeeignet?
Wie haben sie gelernt?
Wie haben sie was von sich aus gelernt?
Wie sind Sie vorgegangen?
Wer war in dieser Zeit wichtig, wer war eine Stütze für sie im Lernprozess?

Gehen sie jetzt weiter zurück bis zu dem Tag in ihrem Leben, als entschieden war, welchen Beruf sie erlernen:
Was und wer hat sie damals beeinflusst?

Welche Vorbilder hatten Sie?
Welche Menschen waren damals wichtig?
Wer sagte zu Ihnen: Mach das, das kannst du?
Welche Phantasien hatten sie für Ihre Zukunft im Beruf?
Was wollten sie alles lernen?
Was haben sie gelernt?
Wie haben sie gelernt?
Wie haben sie das Gelernte umgesetzt?

Achten Sie in all diesen Bildern und Situationen auf die Menschen, denen sie begegnen, auf die Orte, an denen sie leben, an die Erlebnisse und die Ereignisse, die von Arbeit und lernen bestimmt waren, aber auch an solche Ereignisse, die sie privat erlebt haben.

Kraftquellen

Was hat Ihren Weg bestimmt, welche Vorstellungen hatten sie, welche Gedanken, Ziele, Wünsche, Hoffnungen, Enttäuschungen, Misserfolge und Erfolge haben sie auf Ihrem Arbeits- und Lernweg begleitet?

Gehen Sie den Weg jetzt langsam wieder zurück in die Gegenwart und lassen sie dabei die Szenen noch einmal an sich vorbeiziehen.

Schauen Sie sich dabei zu, wie sie lernen und wie sie arbeiten,
wie Sie ihre Kompetenzen entdecken und wie sie diese einsetzen,
wie sie sich trauen, gelerntes umzusetzen,
Wie sich das angefühlt hat, Selbst etwas zu lernen und es anzuwenden.

Reisen sie all die Jahre wieder zurück zum heute,
ihre Ausbildung
ihre Berufstätigkeit,
ihre Familienarbeit
ihr erster Seminartag in der Weiterbildung, ihre Entscheidung unsere Beratung in Anspruch zu nehmen, die Entscheidung in das Berufsleben zurückzukehren,
bis heute, zum .... im Jahr ....

Wenn sie heute angelangt sind, wagen sie einen Blick in Ihre Zukunft:
Was wird heute in einem Jahr sein?
Wo sehen sie sich?
Welches Ziel haben sie dann erreicht?
Wie sieht Ihr Arbeitstag in einem Jahr aus?
Was haben sie sich bis dahin durch ihr eigenes Lernen selbst angeeignet?
Welche neuen Kompetenzen haben sie bis dahin gewonnen?
Wie setzen sie diese Kompetenzen ein?

Wenn sie ihre Zukunftsvision als Bild vor sich haben, kommen sie wieder zurück in die Gegenwart.

Es ist (Tag, Datum, Jahr), Sie sind hier in der Gruppe Wiedereinsteigerinnen im Beruflichen Bildungswerk.
Öffnen sie jetzt ihre Augen, nehmen sie einen Stift und zeichnen sie spontan eine Kurve, eine Lebens- uns Arbeitskurve vom Zeitpunkt Ihrer ersten Ausbildungsentscheidung bis heute, markieren sie das heute und malen sie die Kurve weiter bis zu ihrer Zukunftsvision.

Wenn sie das getan haben, malen sie entlang ihrer Kurve die Bilder und Situationen auf, die ihnen begegnet sind.
Nehmen sie sich Zeit dafür.
Wenn sie fertig sind, bleiben sie vor ihrem Bild sitzen und lassen sie es auf sich wirken.

II/3. Kompetenzbilanzierungen und Lernberatung: Lernende als Nutzer/innen von Kompetenzbilanzen

Bernd Käpplinger

1. Kompetenzen zu erfassen, hat Konjunktur

Kompetenzbilanzierung wird zunehmend zu einem nachgefragten Thema. Die OECD und das Bundesministerium für Bildung und Forschung planen ein kompetenzmessendes Panel im Bereich lebenslanges Lernen einzuführen, die Bundesagentur für Arbeit arbeitet seit einigen Jahren mit dem „Profiling" und Unternehmen setzen in der Personalentwicklung auf interne Bewertungsverfahren. Diese Erfassungs- und Bewertungskonjunktur wird nicht zuletzt durch die große öffentliche Resonanz des PISA-Rankings gespeist. Auch hier war das Thema Kompetenzmessung zentral. Trotz dieser Konjunktur sollte man sich allerdings nicht der Illusion hingeben, dass eine noch so elaborierte Kompetenzbilanzierung vollständig erfassen könne, „was ein Mensch wirklich kann und weiß" (Weinberg 1996, S. 3). Zu komplex und vielfältig ist der Mensch als dass er mit einem noch so differenzierten Instrument komplett erfasst werden könnte. Menschliches Wissen und Können zeigt sich in Performanzen, die sehr stark situations- und beobachterabhängig sind. Eine „absolute" Erfassung des „wirklichen" Wissens und Könnens ist gerade aus konstruktivistischer Sicht nicht möglich, sondern immer beobachterabhängig. Beobachter sehen (erfassen und bewerten), was sie sehen wollen und es kann manchmal spannender sein, zu analysieren, was Beobachter beobachten wollen und nicht das, was sie als statistische Ergebnisse verkünden (vgl. Maturana/Pörksen 2002).[1] Trotz der großen medialen Wirkungsmacht von Statistiken gilt: „Manche Zahlen sind bloße Allegorien und Phantasmen." (Lüthy 1985, S. 234). Es stellt sich die Frage, wer hier die Definitionsmacht hat, welche Kompetenzen als wichtig und welche als unwichtig einzustufen.

Dies sei an dieser Stelle gesagt, um davor abzuraten, Ergebnisse von Kompetenzbilanzierungen als absolute, mathematische Wahrheiten oder als umfassende Persönlichkeitsbilder zu präsentieren. Jede Form der Kompetenzbilanzierung kann nur eine biographische Ausschnittsdarstellung und Momentaufnahme sein. Vor sozio-technokratischen Messphantasien ist zu warnen.

2. Der Projektverbund TAK: Kompetenzerfassung zur Unterstützung biografischer Steuerungsfähigkeit

Der Projektverbund „Transparenz und Akzeptanz berufsrelevanter Kompetenzen – Instrumentarien und Umsetzungsstrategien" (TAK) bestand aus vier regionalen Gestaltungsprojekten und der wissenschaftlichen Begleitung durch das Deutsche Insti-

---

[1] Letzteres kann die/der Lesende natürlich auch auf die im Folgenden dargestellte Interviewauswertung beziehen: Was hat der Auswerter beobachtet? Was sehen Lesende, was der Auswerter nicht gesehen hat?

tut für Erwachsenenbildung.[2] Der Verbund bearbeitete zwei Aufgaben:
- Verfahren zur Dokumentation auch informell erworbener berufsrelevanter Kompetenzen aus Weiterbildungseinrichtungen heraus zu entwickeln und zu erproben und dabei
- Konzepte zur Sicherung der Akzeptanz dieser Verfahren bei relevanten Akteuren zu testen.

Dazu wurden verschiedene Instrumente der Kompetenzerfassung für verschiedene Zielgruppen entwickelt. Auf die unterschiedlichen Gestaltungsprojekte, ihre Zielgruppen, ihre Kontexte und die von ihnen entwickelten Instrumente soll im Folgenden nicht näher eingegangen werden, da dies hier nicht zu leisten ist (Informationen im Internet: www.abwf.de sowie www.die-bonn.de/abgeschlosseneProjekte, eine Handreichung wird 2005 von ABWF veröffentlicht).

Bei dem an TAK beteiligten Weiterbildungsträger PSCHERER in Lengenfeld, der auf Grundlage des französischen Verfahrens der bilan de compétence arbeitet (siehe hierzu auch Gutschow 2003, Käpplinger 2004), werden die Ziele einer Kompetenzbilanz anschaulich beschrieben. Ziel einer Kompetenzbilanz ist es:
- ein klares Bild der eigenen Person zu erhalten, vorhandene Stärken und Schwächen deutlich zu erkennen und in Bezug auf die Arbeitswelt zu bewerten,
- darauf aufbauend eine realistische berufliche Zukunft zu planen bzw. Pläne zu überprüfen sowie
- Motivationen aufzubauen, um sich auf Grund vorhandener Kompetenzen neuen beruflichen Anforderungen zu stellen

Es geht um die kompetenzorientierte Einschätzung der eigenen Person, um die Entwicklung einer Zukunftsplanung mit Blick auf den Arbeitsmarkt und um die Motivierung für berufliche Aufgaben. Kompetenz- und Ressourcenorientierung stehen deutlich im Vordergrund. Es soll gerade nicht selektiert und es sollen nicht fremdbestimmte Entscheidungen über die Zukunft der Teilnehmenden gefällt werden wie es z.B. beim Profiling des Arbeitsamtes geschieht (Pensé 2004). Viel mehr soll die biografische Steuerungsfähigkeit gefördert werden, die vor allem auf den reflexiven Blick auf die eigene Stärken basiert.

3. Lernberatung und Kompetenzbilanzierung

Es liegt auf der Hand, dass ein solches Verständnis von Kompetenzbilanzierung mit der in diesem Sammelband dargestellten Lernberatungskonzeption vereinbar sein kann. Prinzipien wie Biographie-, Reflexions- und Kompetenzorientierung werden geteilt und beide Konzeptionen loten auf Basis dieser Prinzipien neue Lern- und Lebenswege aus. Auch war es nicht zufällig, dass sich im Verlauf von TAK gezeigt hat, dass die Bilanzierung von Kompetenzen in der Regel ein flankierendes, unterstützendes Beratungs- oder Coachingsetting braucht. Ein Ergebnis, zu dem im Übrigen auch

---

[2] Alle Projekte gehörten zu dem BMBF-Programm „Lernkultur Kompetenzentwicklung" und dort zum Teilbereich „Lernen in und von Weiterbildungseinrichtungen". Sie wurden von November 2001 bis April 2004 aus Mitteln des Bundesministeriums für Bildung und Forschung sowie des Europäischen Sozialfonds finanziert. Das Projektmanagement hatte die Arbeitsgemeinschaft betriebliche Weiterbildungsforschung inne.

eine Arbeitsgruppe der EU-Kommission gekommen ist: „Validation should be supported by guidance and counselling services" (EU-Kommission 2003, S. 6). Kompetenzbilanzierung braucht eine begleitende Beratung. Dies kann als state-of-the-art der Fachdiskussion angesehen werden (Bundesministerium für Bildung und Forschung 2004, S. 156). Insbesondere die Reflexion des eigenen Lebenswegs und der eigenen Kompetenzen gelingt am häufigsten und am besten, wenn man die Möglichkeit hat, sich mit jemand – möglichst mit professionellen Beraterinnen und Beratern – darüber auszutauschen.

Im Rahmen der wissenschaftlichen Begleitung von TAK wurden Interviews bei verschiedenen Gestaltungsprojekten mit Teilnehmerinnen und Teilnehmern an Kompetenzbilanzierungen durchgeführt. Dabei fanden fünf Interviews bei zwei Beschäftigungsträgern und sechs Interviews in einer Weiterbildungseinrichtung statt. Die Interviewpartner waren überwiegend weiblich und deckten eine Altersspanne zwischen Anfang 20 bis Ende 40 ab. Bei den Beschäftigungsträgern wird maßnahmebegleitend eine Berufswegeplanung anhand von regelmäßigen Beratungsterminen verfolgt. Die Berufswegeplanung basiert auf mehreren Frage- und Erfassungsbögen, die orientierenden und strukturierenden Charakter haben, aber keine starren Raster darstellen. In der Weiterbildungseinrichtung wird mit dem französischen Verfahren der bilan de compétence gearbeitet und gegen Fortbildungsende eine Kompetenzbilanz erstellt, die auf dem verschränkten Einsatz verschiedener Methoden basiert. Neben fragebogengestützten Selbsteinschätzungen, psychometrischen Tests und Verhaltensanalysen in Anlehnung an Assessment-Center werden Eingangs-, Zwischen- und Auswertungsgespräche durchgeführt. Im Folgenden wird der Begriff Kompetenzbilanz als eine Art Oberbegriff für diese beiden unterschiedlichen Verfahren gewählt. Bei einer näheren Darstellung müsste zwischen Berufswegeplanung und Kompetenzbilanz näher differenziert werden. Stattdessen sollen Wahrnehmungsmuster der Teilnehmenden als Nutzerinnen und Nutzer[3] der Verfahren anhand der Interviews vorgestellt werden. Anhand dieser Auswertung können seitens der Teilnehmenden fünf Wahrnehmungsmuster von Kompetenzbilanzen nachgezeichnet und zur Diskussion gestellt werden:
- Erwartungsenttäuschung durch Semi-Professionalität
- Widerständige Auseinandersetzung
- Entscheidungshilfe
- Selbstbestätigung
- Reflexionsanstoß

Diese Wahrnehmungsformen und die mit ihnen verbundene Nutzungsperspektive werden anhand von Interviewauszügen vorgestellt und auf ihre Relevanz für die Lernberatungskonzeption hinterfragt. Es soll nicht der Anspruch erhoben werden, dass alle Nutzungsformen von Kompetenzbilanzen damit dargestellt werden könnten.

---

[3] „Nutzen" bezieht sich hier auf die ganz individuelle Teilnehmersicht und nicht auf den Nutzen aus arbeitsmarkt- und sozialpolitischer Sicht (Integration in Arbeit): „Worauf es am Ende tatsächlich ankommt, sind die Nutzeneffekte, die jene Art beruflicher Weiterbildung für die Teilnehmer selbst hat." (Meier 1998, S. 94) Dieser Nutzen kann monetärer und nichtmonetärer Art sein. Zur Bedeutung von Kompetenzbilanzen für die Integration in Arbeit liegen an anderer Stelle Ausführungen vor (Käpplinger 2004).

Hierzu bedürfte es eines wesentlich größeren Interviewsamples und einer Nachbefragung. Auch soll es sich nicht um eine Typenbildung handeln, d.h. dass jede Person allein einem Wahrnehmungsmuster zugeordnet werden kann. Viel mehr konnten bei einzelnen Interviewpartnern mehrere Wahrnehmungsmuster nachgezeichnet. Die Präsentation dieser Auswertung soll zur Diskussion, zu Widerspruch und zu anderen Interpretationen anregen, aber nicht als abgeschlossenes Ergebnis verstanden werden.

Zu a) Erwartungsenttäuschung durch Semi-Professionalität:
Obwohl viele Interviewpartner über eine anfängliche Skepsis gegenüber Kompetenzbilanzen berichten, bleibt im Rückblick nur bei wenigen ein klar negatives Fazit bestehen. Ein solch negatives Fazit sah u.a. so aus:
- *„Für Hausfrauen ist es gut, für Überqualifizierte, mit Ansprüchen, ist es schlecht. Die Gespräche haben nichts gebracht, gar nichts. Wusste ich alles vorher schon. Teilnehmerentwicklungsgespräche sind auf jeden Fall wichtig. Die Idee ist in Ordnung. Reflexion ist wichtig. Das ist für jeden Beruf wichtig. Man muss sie bloß intensiver führen. Man hätte mehr machen müssen. Leider haben die Gespräche nichts gebracht, was schade ist. Ich hätte mehr Anregungen gebracht. Alles, was gesagt wurde, wusste ich schon."* (Teilnehmerin Sylvia)

Sylvia (Namen wurden anonymisiert) steht dem Verfahren nicht prinzipiell kritisch gegenüber, sie hätte sich aber noch intensivere, tiefergehende Gespräche gewünscht. Der erste Satz (Hausfrauen als ihre Metapher für Personen mit geringen Ansprüchen an sich selbst) lässt vermuten, dass sie sich mit den Gesprächen unterfordert gefühlt hat und mehr erwartet hätte. Sowohl von Beratern als auch von Lernenden wird an anderen Stellen darauf verwiesen, dass die Erstellung einer Kompetenzbilanz hohe Anforderungen an den Beratenden stellt. Ob Beratende diese Anforderungen erfüllen können, bleibt insbesondere dann fraglich, wenn die Beratenden – wie in dem spezifischen Kontext der Maßnahme dieser zitierten Teilnehmerin – nur Kurzschulungen für die Durchführung von Kompetenzbilanzen erhalten haben:
- *„Ich glaube die Projektleiterin die war teilweise auch selber hilflos gewesen, weil sie ja auch selber ganz neu in diesen Dingen drin ist."* (Teilnehmerin Sophie)

Bei den Beschäftigungsträgern wurde das beratende ABM-Personal den Beschäftigungsträgern von der Arbeitsagentur direktiv zugewiesen. Bei der Auswahl des Personal seitens der Arbeitsagentur war anscheinend nicht maßgebend, ob bei diesen Personen eine psychologische oder pädagogische Grundqualifikation vorliegt. So wurden z.B. Personen mit einer Ausbildung in der Immobilienbranche als Beratende eingesetzt. Es soll hier noch einmal besonders betont werden, dass diese fragwürdige Personalauswahl durch die Arbeitsagentur und nicht durch die Beschäftigungsträger erfolgte. Insgesamt sind so die Rückmeldungen in den Interviews von ABM-Teilnehmenden im Querschnitt wesentlich kritischer als die von Weiterbildungsteilnehmern. Für den Weiterbildungsträger ist es unerlässlich, dass das beratende Personal über eine psychologische oder pädagogische Grundqualifikation verfügt. Dies ist als ein nicht zu vernachlässigender Mindeststandard für die Durchführung von Kompetenzbilanzen anzusehen.

Relevanz für Lernberatung: Ein unprofessioneller Einsatz von Kompetenzbilanzierungen kann in der Wirkung schlechter sein als der Verzicht auf diese Bilanzierungen. Werden die Teilnehmenden mit Beratenden konfrontiert, deren Qualifikation oder Schulung unzureichend ist, wird das Verfahren der Kompetenzbilanzierung diskreditiert. Die Erstellung einer Kompetenzbilanzen erfordert sowohl eine fundierte Beratungs-, Fach- als auch Methodenkompetenz. Neben Fortbildungen sollte an einen regelmäßigen Erfahrungsaustausch von Beratenden gedacht werden.

Zu b) Widerständige Auseinandersetzung:
Eine weitere Form der Beschäftigung mit einer Kompetenzbilanz ist die Form der widerständigen Auseinandersetzung. Die Interviewpartnerin *Franka* setzte sich das ganze Interview hindurch mit der Einschätzung auf dem „persönlichen Synthesepapier"[4] auseinander, dass sie eine Neigung für wissenschaftliches und pädagogisches Arbeiten habe. Sie lehnt diesen Hinweis deutlich ab:

- *„Also wenn man schon irgendwie so eine Idee hat, was man machen möchte, glaube ich, bleibt man trotzdem dabei, auch wenn dabei jetzt rauskommt, Pädagogik könnte dir liegen. Ich glaube da richtet man sich nicht so sehr danach."* (Teilnehmerin Franka)
- *„Also wenn jetzt zum Beispiel bei mir rausgekommen wäre, ja, ein Pädagogikstudium, mach doch Lehrerin, ich meine, das ist schon so eine Sache, die mich vielleicht interessiert hätte. Ich würde es aber deshalb schon aus rationalen Gründen schon mal gar nicht machen. Weil das sind noch mal ein paar Jahre, die dann fürs Studium draufgehen."* (Teilnehmerin Franka)
- *„Und das war dann zum Beispiel bei mir so, dass dann bei mir rausgekommen ist, dass ich mich mehr so für die wissenschaftliche Schiene interessiere, das ist auch wirklich wahr. Aber das mache ich in meiner Freizeit. Ich habe früher viele Vorträge über irgendwelche wissenschaftlichen Themen gemacht, aber das ist meine Freizeit, und das ist nicht mein Berufswunsch. Und das finde ich dann einfach schade."* (Teilnehmerin Franka)

Man kann es eine Form der widerständigen Auseinandersetzung nennen, weil *Franka* mit dem Hinweis auf eine Neigung zum wissenschaftlichen, pädagogischen Arbeiten intensiv ringt und Gegenargumente vorbringt. Die Empfehlung wird von ihr engagiert und mit vielen Begründungen abgelehnt. Zum einen wird der Verlust weiterer Ausbildungsjahre nach der beruflichen Erstausbildung angeführt. Dann wird eine Trennung zwischen „Berufswunsch" und „Freizeit" aufgemacht. Mit wissenschaftlichen Themen wolle sie sich nur in ihrer Freizeit beschäftigen. Scheinbar ist dieser Wunsch ihr auch weiterhin bewusst, obwohl sie ihn aus „rationalen" (und wahrscheinlich vor allem aus emotionalen) Gründen schon aufgegeben hat. Es lässt sich leider anhand des Interviewmaterials nur spekulieren, warum sie diesen Berufswunsch aufgegeben hat. Eventuell spielen hier finanzielle Gründe oder die Herkunft aus einem eher bildungsfernen Milieu eine Rolle. Gerade dieses engagierte „Dagegenhalten" macht aber deutlich, dass hier treffend ein möglicher Tätigkeitsbereich angesprochen wurde. Mit diesem Tätigkeitsbereich hat sich die Teilnehmerin an-

---

[4] Bei diesem Verfahren werden die Ergebnisse einer Kompetenzbilanz auf *zwei* Synthesepapieren dargestellt, wobei der Teilnehmer ein „persönliches" Synthesepapier als Entwicklungsanstoß erhält und ein „offizielles" Synthesepapier für etwaige Stellenbewerbungen verwenden kann.

scheinend schon vorher beschäftigt, der berufliche Einstieg in diesen Tätigkeitsbereich scheint aber unter ihrer aktuellen Lebenssituation nicht möglich. Es wird möglicherweise die „Trauer" um eine verpasste Chance deutlich.

Man kann die Wirkung der Kompetenzbilanz in diesem Beispiel dahingehend deuten, dass hier verdrängte Berufswünsche wieder ins Bewusstsein geholt wurden. Da dies *Franka* – durchaus nachvollziehbar – nicht willkommen ist, erzeugt dies auf der einen Seite Widerstand. Auf der anderen Seite ist scheinbar aber auch eine (erneute) Auseinandersetzung mit sich selbst und den persönlichen Berufsinteressen/-wünschen angeregt worden. Über die weitergehenden Folgen könnte an dieser Stelle nur spekuliert werden.[5]

Relevanz für Lernberatung: Es bleibt das Fazit, dass das Bewusstmachen verdrängter Berufswünsche/-interessen auch Widerstand auf Seiten der Teilnehmenden erzeugen kann. Dies kann bis zur Ablehnung des ganzen Verfahrens führen, obwohl oder gerade weil das Verfahren auf einer „richtigen Spur" ist. Eventuell könnte das Arbeiten an diesen Lernwünschen besonders wichtig sein, um sich von alten Berufswünschen endgültig zu verabschieden und sich auf die aktuelle Lebenssituation zu konzentrieren oder um doch den alten Lernwünschen nachzugehen und nach Verknüpfungen zu suchen. Dies könnte durchaus in einem Lernberatungssetting mit seiner Biographie- und Kompetenzorientierung verfolgt werden.

Zu c) Entscheidungshilfe:
Bei Teilnehmenden, die sich schon vor Beginn einer Kompetenzbilanzierung mit einer beruflichen Entscheidung beschäftigten, bot die Kompetenzbilanz eine gute Gelegenheit, sich mit dieser Entscheidung auseinanderzusetzen:

- *„Ich wusste schon das (Pause) also ich kenne meine Situation ganz gut, meine auf dem Arbeitsmarkt (Pause, Räuspern) das war mir schon klar, dass ich irgendwas entscheiden muss, oder dass sich irgend etwas ändert. Ja. Also, ich war überrascht dann am Schluss eben über die Deutlichkeit, wie ich das eine ablegen konnte und das andere sehen konnte. Das hat mich schon überrascht. Das war sehr schön." (Teilnehmerin Alicia)*
- *„Na ja, wie ich schon gesagt habe, dass da kein Druck war. Und wenn man etwas äußern kann, dadurch denkt man ja dann auch weiter. Also, wenn ich es hier nicht hätte so äußern können, so frei, hätte ich irgendwo auch nicht so schön weiterdenken können." (Teilnehmerin Alicia)*

Alicia überlegte schon am Beginn der Maßnahme und der Kompetenzbilanz, ob sie sich im Bereich Gartenbau beruflich neu orientieren oder ob sie sich in ihrem bisherigen Berufsbereich Erziehung weiterqualifizieren sollte. Die Kompetenzbilanzierung und das Praktikum im Bereich Gartenbau haben in ihr den Entschluss reifen lassen, eine Weiterqualifizierung zur Heilerziehungspädagogin zu suchen. Die Gespräche im Rahmen der Berufswegeplanung, die sie als Freiraum empfand, boten Alicia die

---

[5] Generell liegen noch keine Forschungsergebnisse zu den langfristigen Wirkungen von Kompetenzbilanzen auf die biografischen Steuerungskompetenzen vor. Dementsprechend muss man die Annahme, dass Kompetenzbilanzen eine positive Wirkung auf die biografischen Steuerungskompetenzen haben, als empirisch noch nicht ausreichend belegt kennzeichnen. Trotzdem gibt es empirische Anhaltspunkte, welche diese Annahme stützen.

Möglichkeit, ihre Gedanken zu entfalten, weiterzuentwickeln und letztendlich zu einer Entscheidung zu führen. Das „Ablegen" des alternativen Berufswunsches wird von ihr als eine Erleichterung erfahren.

Relevanz für Lernberatung: Kompetenzbilanzen können einen Raum zur Verfügung stellen, in dem man sich mit „ungelebtem Leben", auch mit nicht verfolgten beruflichen Perspektiven, auseinandersetzen kann. Da Lernberatung u.a. auch durch ihre Biografieorientierung geprägt ist, kann die Kompetenzbilanz ein Anstoß zur Beschäftigung mit der eigenen Biografie und den darin enthaltenden Potenzialen sein. Hierzu muss eine Kompetenzbilanz aber ohne Zwang und Druck in einer vertrauensvollen Atmosphäre durchgeführt werden. Dies wird von vielen Befragten als sehr wichtig betont. Insbesondere die Personen, die bereits vor Durchführung der Kompetenzbilanzierung das Gefühl hatten, vor einer Entscheidung zu stehen, konnten die Kompetenzbilanz als Reflexions- und Entscheidungshilfe gezielt für sich nutzen.

Zu d) Selbstbestätigung:
Es gibt von relativ vielen Teilnehmenden dahingehend eine Tendenz, dass sie die Kompetenzbilanz primär als Möglichkeit der Selbstbestätigung auffassen und sie nicht als Chance für eine Neuorientierung sehen. Dies wird an diesem Zitat deutlich:
- *„Ich meine, ich habe mir gewünscht, dass sich irgendwie mein Persönlichkeitsbild, was jetzt objektive Betrachter herausfinden, irgendwie bestätigt, was ich eben gerne machen möchte. Dass das eben rauskommt, okay, arbeiten Sie im Tourismus, das liegt Ihnen, arbeiten Sie im Dienstleistungsbereich, das liegt Ihnen, das habe ich mir dann eben schon gewünscht, dass das rauskommt."* (Teilnehmerin Franka)

In diesem Interviewauszug zeigt sich, dass *Franka* vor allem erwartet hat, dass ihr quasi offiziell bestätigt wird, dass sie sich für den richtigen Berufsweg entschieden hat. Sie hat sich eine Bestätigung gewünscht, erhält diese aber nur bedingt wie ihre Erläuterungen bei b) gezeigt haben. Bei anderen Teilnehmenden, wo Berufswunsch und das Ergebnis der Kompetenzbilanz mehr in Einklang gebracht werden konnten, zeigt sich eine hohe Zufriedenheit und Genugtuung den „richtigen Berufsweg" gewählt zu haben. Alternative Berufswege werden dann anscheinend kaum noch gesehen und sich auf die Facette des Ergebnisses konzentriert, die einen passend erscheinen. Das Bedürfnis nach biografischer Kontinuität ist hier sehr groß.

Relevanz für Lernberatung: Wenngleich hier keine „Öffnung" im Sinne einer Perspektiverweiterung stattgefunden hat, dürfte die Kompetenzbilanz einer Stärkung der Motivation dienen. Wenn das Lernberatungssetting in dem gewünschten und in der Kompetenzbilanz eruierten Berufsfeld liegt, dann dürfte dies zu Motivation der Teilnehmenden beitragen. Generell zeigt sich, dass eine berufliche Perspektiverweiterung/Neuorientierung die Bereitschaft des Individuums zur „Öffnung" voraussetzt. Von außen können nur Impulse kommen. Zudem muss geprüft werden, inwiefern eine Kompetenzbilanz zu einer Verfestigung der Selbstwahrnehmung und Lernhaltung führt, die Lernen eher behindern kann.

Zu e) Reflexionsanstoß:
Aus den Interviews konnte man herauslesen, dass Kompetenzbilanzen von einigen Teilnehmenden als Reflexionsanstöße aufgenommen wurden. Für diese Teilnehmen-

den war es anscheinend neu und ungewohnt, sich reflexiv mit ihrer Biografie und ihren Kompetenzen auseinanderzusetzen. Betrachtet man die folgenden Zitate, erkennt man das für die Teilnehmenden Innovative:

- *„Also man macht sich ja meistens kaum Gedanken darüber, wie man eigentlich so ist, und das fand ich schon gut, dass man da angeregt wird, nachzudenken, was man eigentlich so von sich hält."* (Teilnehmerin Franka)
- *„Na ja, erst mal überhaupt die eigenen Schwächen und Stärken zu sehen. Ich meine das macht man ja im Grunde genommen nicht wirklich."* (Teilnehmerin Nicole)
- *„Vielleicht Selbstfindung oder so, oder Einschätzung der eigenen Person noch mal offensichtlich darlegen. Weil manchmal hat man bestimmte Eigenschaften, und weiß eigentlich gar nicht genau, dass man die besitzt."* (Teilnehmerin Ruth)

Die Kompetenzbilanz regt die Reflexionsfähigkeit der Teilnehmenden deutlich an. Die Teilnehmenden machen sich Gedanken über ihre Stärken und Schwächen, ihre Eigenschaften und ihr Selbstbild. Man kann diese Ausführungen dahingehend interpretieren, dass diese systematische Anregung der Kompetenzbilanz zur Selbstreflexion für sie etwas Neues war, das sie aus Schule und Ausbildung bislang nicht kannten. Versteht man die „Auseinandersetzung mit der eigenen Kompetenz" als eine wesentliche Anforderung für die Definition „beruflicher Lernerfordernisse" und deren Realisierung (vgl. Baethge/Baethge-Kinsky 2002, S. 74), dann kann die Kompetenzbilanz ein Impuls für weitere Lernprozesse sein.

Relevanz für Lernberatung: Lernberatung beruht maßgeblich darauf, dass die Reflexionsfähigkeit der Teilnehmenden angeregt wird. Reflexive Teilnehmende bzw. für Reflexion aufgeschlossene Teilnehmende stellen eine Vorbedingung für das Gelingen von Lernberatungssettings dar. Kompetenzbilanzen könnten Impulse für Reflexionen liefern und somit Grundlagen für ein Lernberatungssetting legen.

4. Fazit

Es gibt sicherlich noch eine Reihe von Fragen zu klären, bevor man detailliert sagen kann, wo und wie man Kompetenzbilanzen in Lernberatungssettings einbinden kann. Dazu gehört zum einen die Frage, welches professionelle Wissen auf Seiten der Beratenden für die Durchführung einer Kompetenzbilanz vorhanden sein muss. Vor einem unprofessionellen Einsatz ist allerdings zu warnen.

Zum anderen muss man sich über die zeitliche Verortung einer Kompetenzbilanz Gedanken machen. Sollte sie am Anfang einer Weiterbildung (z.B. als Diagnoseinstrument), begleitend zu einer Weiterbildung (z.B. als Lernprozessbegleitung) oder am Ende einer Weiterbildung (z.B. als Ergebnisdokumentation) durchgeführt werden? Kann man dies vorab entscheiden oder können individuelle Wege je nach Lernendem gegangen werden? Welche Instrumente der Kompetenzbilanzierung bieten sich für welche Lernende in welchen Lernberatungssettings an? Welche Instrumente sind in Lernberatungssettings nur bedingt geeignet? Hier sind noch viele Fragen offen und bedürfen einer näheren Bearbeitung und Erprobung.

Trotzdem sollte anhand dieser Zitate und ihrer Interpretationen deutlich geworden sein, dass Kompetenzbilanz und Lernberatung die Prinzipien der Biografie-, Kompetenz- und Ressourcenorientierung in weiten Bereichen teilen und dass es sich anbietet, an einer engeren Verknüpfung von Kompetenzbilanz und Lernberatung zu arbeiten. Folgendes Zitat zeigt, dass man auch in der beruflichen Weiterbildung Rücksicht auf den unterschiedlichen Wissensstand der Teilnehmenden nehmen muss:

- *„Man sollte da vielleicht auf die einzelnen Teilnehmer, vielleicht, auch ein bisschen eingehen, weil jeder hat ja auch eine andere Sache. Der eine kann z.B. EDV und für den ist der EDV-Kurs dann wieder blöd. Die anderen bräuchten vielleicht eine intensivere Einführung in den EDV-Kurs. Und ich finde, dass man auf die einzelnen Teilnehmer auch eingehen sollte. Ich finde auch, man sollte noch mehr anbieten, z.B. auch Fremdsprachen, oder, ja weiß ich nicht, solche Sachen, das finde ich schon gut. Dann eben so eine Projektwoche und mehr. Der einfache EDV-Kurs hat mir nicht viel gebracht, ich brauche mehr (Lachen)."* (Teilnehmerin Sophie)

Kompetenzbilanzen können in der Einstiegsphase zu einer Klärung des Vorwissens der Teilnehmenden beitragen. Man kann ein „Sichtbarmachen" (Bjornavold 2001) der eigenen Fähigkeiten und Erwartungen verfolgen. Daran anknüpfend können Lernberatungssettings zum modularisierten, individuellen Weiterlernen in sozialen Kontexten anregen. Inwiefern sich solch „angereicherte", qualitativ hochwertige Lehr-/Lernarrangements wirklich umsetzen lassen, ist angesichts des gegenwärtig extremen Sparkurses in vielen Bereichen beruflicher und betrieblicher Weiterbildung offen und kritisch zu diskutieren. Sowohl aus Teilnehmersicht als auch aus pädagogischer Sicht bietet die Verknüpfung von Lernberatung und Kompetenzbilanz viele Chancen, die nicht ungenutzt bleiben sollten.

Literatur

Baethge, M. / Baethge-Kinsky, V.: Arbeit – die zweite Chance. In: Arbeitsgemeinschaft betriebliche Weiterbildungsforschung (Hrsg.): Kompetenzentwicklung 2002. Münster 2002, S. 69-140.

Bundesministerium für Bildung und Forschung: Weiterbildungspass mit Zertifizierung informellen Lernens – Machbarkeitsstudie im Rahmen des BLK-Verbundprojektes. Berlin 2004.

Bjornavold, J.: Lernen sichtbar machen – Ermittlung, Bewertung und Anerkennung nicht formal erworbener Kompetenzen in Europa. Luxemburg 2001.

EU-Kommission: Validation of non-formal and informal learning – Contribution of the Commission Expert Group. Brüssel, November 2003.

Gutschow, Katrin: Erfassen, Beurteilen und Zertifizieren non-formell und informell erworbener beruflicher Kompetenzen in Frankreich: Die Rolle des „bilan de compétences". In: Straka, Gerald A. (Hrsg.): Zertifizierung non-formell und informell erworbener beruflicher Kompetenzen. Münster u. a. 2003, S. 127-140.

Käpplinger, B.: Neue Zugänge zu Weiterbildung und Arbeit durch Kompetenzbilanzierungen? Erste Antworten aus Europa und Deutschland. In: Nuissl, E. / Schiersmann, C. / Siebert, H. (Hrsg.): Milieus, Arbeit, Wissen: Realität in der Erwachsenenbildung. Report 1/2004, Bielefeld, S. 117-123.

Lüthy, Herbert: Die Mathematisierung der Sozialwissenschaften. In: Wehler, Hans-Ulrich (Hrsg.): Geschichte und Ökonomie. Königstein/Taunus 1985, S. 230-241.

Maturana, Umberto / Pörksen, Bernhard: Vom Sein zum Tun – Die Ursprünge der Biologie des Erkennens. Berlin 2002.

Meier, Artur: Ungeplanter Nutzen – Zum Funktionswandel von Fortbildung und Umschulung. In: Berliner Journal für Soziologie1/1998, S. 91-104.

Pensé, Manuel: Profiling – Täterprofil oder Integrationshilfe? In: Behringer, Frederike u. a. (Hrsg.): Diskontinuierliche Erwerbsbiografien. Baltmannsweiler 2004, S. 284-294.

Weinberg, Johannes: „Kompetenzlernen". In: QUEM-Bulletin 1/1996, S. 3-6.

II/4. Kompetenzerfassung und Lernberatung – methodische Ansätze und Erfahrungen aus der Bildungsarbeit

Christina Rahn

1. Empirische Basis und Ausgangssituation

In diesem Kapitel sollen Erfahrungen beschrieben werden, die ich im Rahmen eines BMBF-geförderten Verbundprojektes mit dem Titel „Akzeptanz und Transparenz berufsrelevanter Kompetenzen", kurz: TAK, gewinnen konnte. Dieses Projekt beschäftigte sich mit der Entwicklung und Dokumentation von informellen Kompetenzen, um sowohl die Chancen auf dem Arbeitsmarkt als auch das individuelle Selbstwertgefühl zu stärken und eine eigene Orientierung für den weiteren beruflichen und persönlichen Lebenslauf zu entwickeln. Angesiedelt war das Projekt bei einem regionalen Weiterbildungsträger in der Region Rhein-Hessen, der ein breites Spektrum an beruflichen Weiterbildungsmaßnahmen anbietet.[1] Entwickelt wurde diese Kompetenzdokumentation in der Zusammenarbeit mit zwei verschiedenen Zielgruppen: Erwachsenen, die sich aus unterschiedlichen Gründen in einer beruflichen Weiterbildungsmaßnahme befanden, sowie Schüler/innen an verschiedenen Schultypen, die sich vor dem Eintritt in die Ausbildung und das Berufsleben befanden. Parallel war ich im Verbundprojekt ProLern[2] tätig, das sich mit der Entwicklung, Erprobung und Implementierung kontextspezifischer Lernberatung beschäftigte, um die Verbindungen zwischen Kompetenzentwicklung, Lernberatung und selbstorganisiertem Lernen zu untersuchen.

Obwohl ein wichtiger Bestandteil der Arbeit in der Überprüfung der Akzeptanz von informellen Kompetenzen auf Seiten der Arbeitgeber lag, werde ich mich hier auf die Zusammenhänge von Kompetenzentwicklung, Lernberatung und selbstorganisiertem Lernen konzentrieren.

2. Klärung einiger Begriffe

„Es bleibt zu untersuchen, welche Bildung die gegenwärtige Gesellschaft braucht."[3] Pädagogische und methodische Konzepte lassen sich nicht getrennt von den herrschenden gesellschaftlichen, politischen und ökonomischen Verhältnissen verstehen. Sie sind vielmehr eingebettet in ein komplexes Gefüge aus wissenschaftlichen, politischen, ökonomischen, sozialen und alltäglichen Vorstellungen von Wirklichkeit, die miteinander in einem engen Zusammenhang stehen. (vgl. Höhne 2003, S. 9)

---

[1] Gearbeitet habe ich in diesem Projekt mit meiner Kollegin Frau Elisabeth Gransche. Viele ihrer Ideen sind in diesen Bericht eingegangen.
[2] TAK und ProLern waren Projekte, die unter dem Programm-Management der ABWF e.V. Berlin standen und aus Mitteln des BMBF sowie des ESF gefördert waren.
[3] In Anlehnung an M. Foucault („Es bleibt zu untersuchen, welchen Körper die gegenwärtige Gesellschaft braucht.")

Einige dieser Diskursaspekte sollen an dieser Stelle kurz erwähnt werden, wenn es um Begriffe wie selbstorganisiertes Lernen, Kompetenz, neue Lernkulturen oder Wissens- und Dienstleistungsgesellschaft geht. Hinter diesen Begriffen verbirgt sich ein Verständnis von Gesellschaft, in der Wissen, Bildung und ein kompetenter Umgang mit Symbolen und Zeichen von zentraler Bedeutung ist. Auf einer konzeptuellen Ebene wird betont, „dass das Konzept Wissensgesellschaft allgemein von der wachsenden Bedeutung des Wissens als Ressource und Basis sozialen Handelns ausgeht. Der Begriff beschreibt den Umstand, dass Wissen generell zu einem konstitutiven Mechanismus von modernen Gesellschaften und zum Arbeitsinhalt von immer größer werdenden Gruppen von Menschen geworden ist... Das Neuartige dieses Konzeptes besteht darin, dass es das Vordringen wissenschaftlich-technischen Wissens in die Lebens- und Handlungsbereiche von immer mehr Menschen nicht mit einer Zerstörung und Abwertung anderer Wissensformen verbindet, sondern im Gegenteil ein Neben- und Miteinander historisch unterschiedlicher Wissensformen konstatiert." (Nolda zitiert nach Höhne 2003, S. 10) Soziologisch wird dieses veränderte Verständnis von Gesellschaft seit Ende der 60er Jahre verhandelt. Verschiedene soziologische Autoren verorten in dieser Zeit bereits einen gesellschaftlichen Epochenwechsel, der Wissen zu einer zentralen Quelle von Innovation macht.[4] Dieser Epochenwechsel ist mit einer Krisenerfahrung verbunden, die darin besteht, dass herkömmliche Strukturen und festgefügte Gebilde nicht mehr funktionieren bzw. in Bewegung geraten.[5]

2.1 Selbststeuerung im konstruktivistischen Lernverständnis

Lernen und die Lernfähigkeit von Subjekten und Organisationen werden zum Modus der Steuerung, der in diesem Zusammenhang immer als Selbststeuerung gedacht ist. Belege für diesen Lernbegriff findet man in den Kognitionswissenschaften, dem Radikalkonstruktivismus und der Kybernetik. Der Lernbegriff, der hier verhandelt wird, hat eine starke naturwissenschaftliche Ausrichtung (vgl. Höhne 2003, S. 98). Die wichtigsten Prinzipien des Konstruktivismus sind:
- Das Prinzip der Nichterkennbarkeit der Welt
- Das Prinzip der Gelassenheit
- Das Prinzip der Selbstorganisation
- Das Prinzip der Unvermeidbarkeit ungewollter Nebenwirkungen

Wir haben es nie mit Wahrheiten oder Wirklichkeiten, sondern immer nur mit Bildern zu tun. Wenn dies für alle zutrifft, sind unsere Erkenntnismöglichkeiten bescheiden und in höchstem Maße subjektiv. Grundlagen für diese These findet der

---

[4] z.B. D. Bell: „Die postindustrielle Gesellschaft", H. Willke: „Die Wissensgesellschaft" u.a.
[5] Auf den verschiedenen gesellschaftlichen Ebenen lösen sich vorhandene Strukturen und Kategorisierungen auf bzw. verändern ihre Erscheinungsform. Während auf einer supranationalen Ebene vielfältige neue Beziehungen entstehen, die eine ausschließliche Konzeption von Nationalität zumindest in Frage stellen, treten auf einer mikroökonomischen Ebene an die Stelle klarer hierarchischer Strukturen Teamarbeit und ein kollegiales Miteinander. Auf einer individuellen Ebene tritt die „Normalbiographie", im Sinne von Schule-Ausbildung-Beruf immer mehr in den Hintergrund und es wird von diskontinuierlichen Biographien gesprochen. Zusammenfassend wird als Krise die zunehmende Diskontinuität genannt.

Konstruktivismus in den Systemtheorien. „Dabei wird die Entwicklung des Lebens nicht primär als Anpassung an Umweltbedingungen erklärt, sondern als relativ eigenständiger, operational geschlossener, selbstreferenzieller Prozess. Dieser selbstreferenzielle Prozess kann auch als gattungsgeschichtlicher Lernprozess konzipiert werden." (Arnold 1999, S. 81) Selbstorganisation bezeichnet in diesem Zusammenhang eine Auseinandersetzung mit der Umwelt, die nicht festgelegt ist, sondern einer individuellen Eigenlogik entspringt. In diesem Sinne sind die Folgen von autopoetischen Prozessen nicht vorbestimmt, sondern zufällig bzw. teilweise zufällig. Lernprozesse finden in diesem Verständnis somit ständig und kontinuierlich statt. Wissen und die Fähigkeit zu Lernen wird in diesem Diskurs zu einem zentralen Motor der individuellen, institutionellen und gesamtgesellschaftlichen Entwicklung.

2.2. Selbstorganisation im Lernen

Nicht nur Individuen lernen und entwickeln sich weiter, sondern auch Institutionen, Systeme und ganze Gesellschaften. Damit wird Wissen mit neuen Inhalten und mit anderen Formen der Didaktik verbunden. Es geht nicht mehr ausschließlich um fachliche Qualifikationen, sondern es werden Steuerungs- und Lernkompetenzen verlangt in Form von Schlüsselqualifikationen wie Flexibilität, Selbstverantwortung, Eigeninitiative und eine ständige Bereitschaft zur persönlichen und beruflichen Weiterbildung. An die berufliche Weiterbildung werden unter diesen neuen gesellschaftlichen Bedingungen neue Anforderungen gestellt.

Im Zentrum dieses Diskurses steht der Begriff der Selbstorganisation. Als individuelles Handeln beschreibt der Begriff „ein Tätigkeitsmuster, das sich durch eigenständige subjektive Zwecksetzung und die persönliche freie Wahl der eingesetzten Mittel kennzeichnen lässt. Im Unterschied zu Handlungsweisen, die unter der Kontrolle von externen Bedingungen und fremden Situationsdefinitionen stehen, zeichnen sich selbstorganisierte Aktivitäten dadurch aus, dass die Subjekte die sich ihnen immer zahlreicher bietenden Gelegenheiten zur Selbstbestimmten Lebensführung in allen gesellschaftlichen Bereichen nutzen... Nur wer in der Lage ist, selbstbestimmt, selbstreflexiv und eigenverantwortlich Initiative zu ergreifen und auch autonom biographische Lernprozesse zu gestalten, scheint dem Leben in zukunftsoffenen Gesellschaften gewachsen zu sein."(Veith, 2003, S. 40)

2.3. Kompetenzen und Gelegenheitsstrukturen

Fähigkeiten und Erkenntnisse, die durch selbstorganisierte Lernprozesse erfahren werden, werden als *Kompetenzen* bezeichnet. Diese Selbstlern- und Selbststeuerungskompetenzen sind Fähigkeiten, die jeder Mensch von Geburt an besitzt. Sie werden biographisch während des gesamten Lebens weiterentwickelt und verändern sich entsprechend den individuellen Erfahrungen, Krisen und Erfolgen. Im Gegensatz zu Kenntnissen und Wissensinhalten sind *Kompetenzen* auf die praktische Bearbeitung von Problemen gerichtet. Zu unterscheiden sind daher persönliche, soziale, methodische und fachliche Kompetenzen. In diesem Sinne können *Kompetenzen* lediglich in ihrem Vollzug beobachtet werden. Um Kompetenzen erwerben und erweitern zu können, sind *Gelegenheitsstrukturen* von Nöten, die es dem Subjekt ermöglichen, sich selbst erfahren und ausprobieren zu können. Gelegenheitsstrukturen sind somit familiäre, gesellschaftliche, politische und ökonomische Umwelten, die es dem einzelnen erlauben sich selbst performativ zu erfahren. Da Subjekte immer damit beschäftigt sind, sich mit ihrer Umwelt auseinander zu setzen, ist dieser Lernprozess ein lebenslanger Prozess.

„Alle Menschen lernen – bewusst oder unbewusst ein Leben lang. Sie lernen aber nicht nur in Schulen und Hochschule, sondern auch am Arbeitsplatz, zu Hause, im Verkehr, im Umgang mit Partnern, Konkurrenten, Nachbarn, Fremden, im Verein, im Hobbybereich usw." (Dohmen, 2001, S. 7) Dieses alltägliche Lernen zeichnet sich durch ein hohes Maß an Selbstorganisation aus. Abseits von Unterricht und Schule ist dieses Lernen individuell an der Bearbeitung und Lösung von alltäglichen Problemen und biographischen Krisen interessiert. Es ist die Grundlage des Lernens überhaupt. (vgl. Dohmen, 2001, S.37)

Damit dieses Lernen zielgerichtet eingesetzt werden kann, müssen seine Prozesse und Mechanismen bewusst werden. Daher wird einerseits an der Entwicklung neuer Lernarrangements und Lernsettings gearbeitet, um Teilnehmenden die Gelegenheit zu eröffnen, selbstorganisiert neue Lernerfahrungen zu machen und *Kompetenzen* zu erweitern. Gleichermaßen werden pädagogische Instrumente entwickelt, die auf die Auseinandersetzung mit den eigenen Potentialen und Lernprozessen zielen.[6]

Kompetenzerfassung und *Lernberatung* sind aus dieser Perspektive zwei pädagogische Ansätze, um individuelle Reflexionsprozesse in Gang zu setzen. Sowohl *Kompetenzerfassung* als auch *Lernberatung* sind Begriffe, die in der aktuellen bildungspolitischen Diskussion sehr unterschiedlich definiert und diskutiert werden. Ich beziehe mich in meinen Ausführungen auf die Veröffentlichungen, die im Rahmen des vorne angesprochenen Projektes TAK und ProLern publiziert wurden. Gleichermaßen stütze ich mich auf meine persönlichen Erfahrungen während der zweijährigen Projektphase.

Ziel der *Kompetenzerfassung* im hier verstandenen Sinne ist also die individuelle Sensibilisierung und Bewusstwerdung der eigenen Kompetenzen. *Kompetenzerfassung* ist somit ein ganzheitliches Instrument, in dessen Zentrum das Subjekt mit seinen individuellen Stärken, Potentialen und Wünschen steht.

Zentrale Prinzipien einer Kompetenzbilanz sind:
- Subjektorientierung
- Biographieorientierung
- Kompetenzorientierung

Kompetenzerfassung lässt sich verstehen als eine Standortbestimmung eines Individuums. Die Bearbeitung einer Kompetenzbilanz ermöglicht die Auseinandersetzung mit den Fragen sowohl nach dem wo als auch nach dem was in der Biographie formell wie informell gelernt wurde. Durch die Kompetenzerfassung können aus unbewussten *Fähigkeiten* bewusste *Kompetenzen* werden. Durch die Kenntnis der eigenen Fähigkeiten und *Kompetenzen* können vorhandene formelle wie informelle Potentiale vertieft und erweitert werden. *Lernberatung* setzt an dieser Stelle an. Sie initiiert ei-

---

[6] Die verschiedenen Methoden sind Bestandteile des derzeitigen pädagogischen Diskurses.

nen Prozess der Erweiterung und Vertiefung von vorhandenen *Kompetenzen* sowie eine Erschließung neuer Potentiale und Möglichkeiten.

Zentrale Charakteristika von *Lernberatung* in Anlehnung an das Lernberatungskonzept von Klein und Kemper sind:
- Teilnehmerorientierung
- Biographieorientierung
- Kompetenzorientierung
- Reflexionsorientierung
- Sicherung von lern- und lebensbiographischer Kontinuität
- Orientierung an den Lerninteressen
- Transparenz und Partizipation (vgl. Kemper/Klein, 1998, S. 39f.).

Die Konzentration auf die vorhandenen Ressourcen verlangt jedoch auch neue Formen des Lernens, die das einzelne Individuum ins Zentrum der Betrachtung stellen. Das bedeutet, dass das Individuum selbstständig für seinen Lernprozess eintritt und sich weiterqualifiziert, formell wie informell. Entwickelt werden für diese Lernformen neue Methoden, die eine Veränderung des individuellen Lernverhaltens ermöglichen. Die professionelle Strukturierung des Lernens unterbleibt, da diese beim Lernenden selbst liegt. Die *Lernberatungskonzeption* orientiert sich somit auch an Formen des Lernens, die Menschen sowieso ständig im Alltag praktizieren und anwenden – mit dem Unterschied, dass sie im Alltag unbewusst bleiben, hier jedoch bewusst und reflexiv vollzogen werden. „Die eigenen Lernerfahrungen bewusst zu machen hat auch zum Ziel, diese Erfahrungen aus heutiger Sicht und mit Unterstützung der Lehrenden einer kritischen Bewertung zu unterziehen: Welche erworbenen Einstellungen möchte ich beibehalten, welche Erfahrungen möchte ich in der aktuellen Lernsituation überprüfen und evtl. revidieren? Stimmt mein Selbstbild über meine Lernfähigkeit? Waren meine schulischen Lernerfahrungen wirklich so negativ? Wo sind die positiven Lernerfahrungen in der Schulzeit, die es ja auch gegeben hat, geblieben?" (Epping, Klein, Reutter 2001, S. 63)

Lernberatung als eine professionelle Begleitung von formalen als auch informellen Lernformen kann sich somit an eine *Kompetenzerfassung* anschließen. *Lernberatung* ist zum anderen jedoch nicht nur eine Begleitung von Lernvorgängen im formellen Bereich, sondern auch eine Beratung, Lernvorgänge selbstreflexiv zu organisieren und selbst zu steuern. Während die Erfassung von Lernorten und deren Kompetenzen primär eine Standortbestimmung und eine momentane Aufnahme des Individuums ist, richtet sich *Lernberatung* auf die Zukunft und initiiert somit einen Prozess, durch den weitere Lernorte erschlossen werden können. Die Ergebnisse von Lernperioden können sodann gemeinsam durch Kompetenzbilanzen überprüft werden. Kompetenzbilanz und Lernberatung bilden somit einen spiralförmigen Prozess, der kontinuierlich ineinander greift.

Damit verändert sich auch das Verhältnis zwischen den Lernenden und den „Lehrenden". Die Lehrenden verstehen sich als diejenigen, die die Lernprozesse begleiten. *Lernberatung* richtet sich in diesem Zusammenhang an Menschen, die ihr Lernen „professionalisieren" wollen. Lernberatung richtet sich damit auch nicht länger nur an benachteiligte Randgruppen (Arbeitslose etc.), sondern an alle, die ihre Fähigkeit zu lernen steigern und erweitern wollen. „Lernprozessbegleitung versteht sich dabei als kontinuierliche und nicht ziel- sondern prozessorientierte Sichtweise von Beratung, die vor allem als Hilfe zur Selbsthilfe verstanden wird. Lernprozessbegleitung richtet sich damit nicht nur an Schüler, Berufsschüler, Studenten und Teilnehmer formaler Weiterbildung, sondern schließt auch die Menschen mit ein, die außerhalb organisierter Weiterbildung informell und selbstgesteuert lernen."(Käpplinger und Rohs 2004, S. 19)

Ziel von beiden pädagogischen Instrumenten ist es, das Subjekt in seiner aktuellen Situation zu stärken, damit es die Möglichkeit hat, neue persönliche und berufliche Ziele erreichen zu können. Im Sinne des Gegensatzpaares Empowerment und Employability liegt der Schwerpunkt hier somit auf dem Empowerment.

3. Was ist BIK? Eine Dokumentationsvorlage für die Reflexion über außerberufliche informelle Kompetenzen

Die vorangegangenen Überlegungen bildeten die Grundlage für die Entwicklung des Kompetenzheftes. Das BIK-Heft in seiner endgültigen Form ist eine Dokumentationsvorlage, um eigene Lernerfahrungen aus den verschiedensten Lebensbereichen zu erkunden und reflektieren zu können. **BIK** steht für **b**erufsrelevante **i**nformelle **K**ompetenzen, womit deutlich wird, dass Schlüsselqualifikationen bzw. soft skills im Vordergrund stehen.[7] Hintergrund für die Entwicklung dieses Heftes war die Annahme, dass Menschen über vielfältige Lebensbereiche verfügen, in denen sie sich mehr oder weniger kompetent bewegen. Ziel war die Bewusstwerdung und Sensibilisierung für die Fähigkeiten und Kompetenzen, die in diesen Lebensbereichen erworben werden.

Das Heft ist unterteilt in die verschiedenen außerberuflichen Lebensbereiche wie z.B. Hobbys, Kultur, Familie, Ehrenamt, Sport, Weiterbildungskurse usw. Die meisten Fragen sind offene Fragen, die primär die Intention haben, Denk- und Reflexionsanstöße zu geben. Um dies zu veranschaulichen, möchte ich hier einen Bereich aus dem BIK-Heft vorstellen. Er beschäftigt sich mit dem Thema Familie und den damit zusammenhängenden Aufgaben und Tätigkeiten:

Bereich A:
Familie, Kinder und andere Angehörige und Lebensgemeinschaften

Organisation des gemeinsamen Tagesablaufs	☐
Organisation des Tagesablaufs trotz schwieriger Umstände (z.B. eigene Krankheit oder Krankheit eines Angehörigen)	☐
Planung der gemeinsamen Freizeitgestaltung	☐
Pflege und Betreuung des Partners im Krankheitsfall	☐

---

[7] Im Laufe des Projektes hat dieses Heft verschiedene Veränderungen durchlaufen. Anfangs ging es darum eine Dokumentation zu entwickeln, die berufsrelevante informelle Kompetenzen erfasst und zertifiziert. Dieses Heft sollte der Bewerbung beigelegt werden und somit die Chancen auf dem Arbeitsmarkt verbessern. Dieses ursprüngliche Ziel wurde im Projektverlauf aufgrund der derzeitigen Lage auf dem Arbeitsmarkt als auch aufgrund der Arbeit mit den Zielgruppen aufgegeben. In seiner endgültigen Form hat es primär die Steigerung des Selbstwertes und Sensibilisierung der eigenen Kompetenzen im Blick.

Ich habe hierbei diese Aufgaben zu erledigen:

Pflege und/oder Betreuung von Angehörigen oder nahestehenden Personen ☐
Das bedeutet für mich:

Pflege und Erziehung der Kinder ☐
Im Einzelnen heißt Erziehung für mich:

Austausch mit den betreffenden Institutionen, in denen sich
das Kind befindet (Kindergarten, Schule o.ä.) ☐
Das heißt für mich:

Planung und Organisation von Freizeitaktivitäten der Kinder ☐
Planung und Durchführung von Freizeitaktivitäten der Familie ☐
Wir unternehmen diese Freizeitaktivitäten gemeinsam:

Organisation von Festen und Ereignissen der Familie ☐
Organisation von gemeinsamen Urlauben und Reisen ☐
Organisation von Aktivitäten im Verwandtschaftskreis ☐
Pflege und Betreuung von Haustieren ☐
Sonstiges, und zwar:

Es wird deutlich, dass die Intention einerseits darin besteht, Tätigkeitsabläufe sich zu vergegenwärtigen, als auch eine persönliche Wertschätzung dafür zu entwickeln. Neben den verschiedenen Lebensbereichen geht es auch um die angeleitete Reflexion über persönliche biographische Erfahrungen. Die Verarbeitung von persönlichen Krisen und Problemen manifestiert sich oftmals in wichtigen Kompetenzen, an die der Einzelne oftmals nicht gerne zurückdenkt. Jedoch ist die Reflexion über solche Erfahrung wichtig um, sich selbst einschätzen und beschreiben zu können. Hier ein Auszug aus diesem Bereich:

Bereich D:
Besondere zusätzliche Erfahrungen, Fähigkeiten und Kompetenzen

Organisation von Auslandsreisen ☐
Erfahrung mit längeren Auslandsaufenthalten ☐
Das war in:
Ich war dort:_____Monate/Jahre
Besonders wichtig waren für mich folgende Erlebnisse:

Ich komme aus einem anderen Land und musste
mich erst in Deutschland einleben. ☐
Ich komme aus:
Besonders bedeutsam waren für mich hierbei folgende Erfahrungen:

Ich habe daher auch Kenntnisse in anderen Sprachen und Lebensformen. ☐
Und zwar:

Erfahrung mit staatsbürgerlichem Engagement in Form
(z.B. Zivildienst, Wehrdienst, freiwilliges soziales Jahr u.ä.) ☐

Besonders prägend war für mich hierbei:

Erfahrung mit besonderen Lebenssituationen (z.B. Krankheit,
Geburt, Umzug, Einleben in eine neue Kultur o.ä.) ☐
Folgende Erlebnisse hatten in diesem Zusammenhang einen
besonderen Einfluss auf den weiteren Verlauf meines Lebens:

Folgende Erlebnisse waren in meinem bisherigen Leben besonders wichtig:

Ich würde mich mit folgenden Charaktereigenschaften beschreiben:

Meine Stärken sind:

Meine Schwächen sind:

Entwickelt wurde dieses Heft in Zusammenarbeit zwei verschiedener Zielgruppen. Dies waren Schüler/innen aus verschiedenen Schultypen (Berufsbildende Schule, Haupt- und Realschule, Gymnasium) und Erwachsene, die sich aus verschiedenen Gründen in einer Weiterbildungsmaßnahme befanden. In seiner jetzigen Form gibt es dieses Heft entsprechend unserer beiden Zielgruppen in zwei verschiedenen Formen. Die oben vorgestellten Ausschnitte waren Bestandteile des Erwachsenen-BIKs. Entsprechend den beiden Zielgruppen wurde natürlich versucht, auf die spezifischen Interessen einzugehen. Für die Jugendlichen liegt der Schwerpunkt mehr auf dem Bereich Freizeit und Hobbys. So wurde versucht, eine andere Sprache zu finden und ein anderes Layout zu entwickeln, damit es für Jugendliche ansprechender ist. Jedoch geht es auch hier darum, eine Reflexion über die eigene Biographie und die persönlichen Lebensbereiche in Gang zu setzen.[8]

Bereich C:
Bereich Hobbys, Interessen und andere Freizeitbeschäftigungen

1. In meiner Freizeit ist es mir besonders wichtig:
Mit anderen zusammen zu sein ☐
Spaß zu haben ☐
Etwas Sinnvolles zu tun ☐
Etwas zu lernen ☐
Sonstiges und zwar:

2. Ich treffe mich in meiner Freizeit mit meinen Freunden und Bekannten. ☐
Meistens unternehmen wir:

3. Ich bin kreativ. ☐
Besonders gerne gehe ich diesen Aktivitäten nach:

4. Ich interessiere mich für Musik. ☐
Besonders gerne gehe ich hierbei diesen Aktivitäten nach (z.B.
Spielen eines Instrumentes, Singen oder ähnliches):

---

[8] Beide Bik-Hefte finden sich unter www.berufliches-Bildungswerk.de als download.

5. Ich besuche gerne kulturelle Veranstaltungen (z.B. Konzerte,
Theater, Kino und Ausstellungen) ☐
6. Ich bin sportlich aktiv. ☐
Besonders gerne mache ich:
_____

Ich mache diesen Sport schon seit:
_____ Wochen/Monaten/Jahren
Ich mache diesen Sport:
Oft ☐   Manchmal ☐   Unregelmäßig ☐
7. Ich interessiere mich für Computertechnologie. ☐
Ich nutze den Computer in diesen Bereichen:
Spielen ☐   Schule ☐
Internet ☐   zum Verschicken von Mails ☐
Textverarbeitung ☐   zum Basteln ☐
8. Ich habe ein Hobby. ☐
Mein wichtigstes Hobby ist:
_____

Ich habe dieses Hobby weil:
_____

Ich habe dieses Hobby schon seit:
_____ Wochen/ Monaten/ Jahren
Zusätzlich habe ich noch diese Hobbys:
_____

9. Ansonsten beschäftige ich mich noch mit folgenden Fragen:
_____

10. Wenn mir alle Möglichkeiten offen stünden, würde ich in
meiner Freizeit am liebsten:
_____

11. Ich bin in einem Verein aktiv. (z.B. Musik-, Karneval-,
Sportverein oder ähnliches). ☐
Es handelt sich um:
_____

Ich habe hier diese Aufgaben übernommen:
_____

Besonders gefällt mir dabei, bzw. gefällt mir nicht:
_____

12. Ich bin ehrenamtlich aktiv (z.B. in Jugendgruppen, Pfadfinder
oder ähnliches). ☐
Es handelt sich um:
_____

Ich habe hier folgende Aufgabenbereiche:
_____

Besonders gefällt mir dabei bzw. gefällt mir nicht:
_____

4. Die Arbeit mit den beiden Zielgruppen
4.1. Die Schüler/innen

Im Rahmen des Projektes wurden Schüler/innen im Alter von 16 Jahren mit einem Fragebogen über ihre Freizeitaktivitäten befragt. Dieser Fragebogen war die Grundlage für die Entwicklung der Kompetenzerfassung und hatte das Ziel, die primären

Freizeitbereiche von Jugendlichen zu orten. Diese Schüler/innen befanden sich in der Bewerbungssituation und waren auf der Suche nach einer Ausbildungsstelle. Gleichzeitig wurde die Kompetenzbilanz in ihrer endgültigen Form mit jungen Erwachsenen, die auf dem zweiten Bildungsweg ihren Hauptschulabschluss nachholten, durchgeführt.

4.2. Erwachsene in Weiterbildungseinrichtungen

Die zweite Zielgruppe waren Erwachsene, die sich in verschiedenen Weiterbildungsmaßnahmen befanden. Ein großer Teil dieser Gruppe war arbeitslos bzw. hatte Erfahrungen mit Arbeitslosigkeit gemacht. Eine Ausnahme war hier ein Orientierungsseminar für Frauen. Dieses Seminar richtete sich speziell an Frauen nach der Familienphase, von denen der größte Teil sowohl einen guten Schulabschluss als auch eine Berufsausbildung hatte.[9]

4.3. Vorgehensweise

Die Gespräche wurden in Kleingruppen geführt (4-5 Teilnehmende). Nach der Bearbeitung des Kompetenzheftes ging es darum, in der Gruppe zunächst die verschiedenen Aktivitäten noch einmal konkret zu benennen. Anschließend war es das Ziel, aus diesen Aktivitäten die zugrundeliegenden Kompetenzen abzuleiten. Es erwies sich als sehr vorteilhaft, die Gespräche in Gruppen zu führen, da dadurch die bereits vorhandenen Kontakte genutzt werden konnten. Da sich hier bereits Bekanntschaften gebildet hatten, gab es untereinander Einblicke in das Privatleben der anderen. In einem letzten Schritt sollten die Erkenntnisse in Beziehung gesetzt werden mit den jeweiligen Berufswünschen und Perspektiven.

4.4. Ergebnisse

Es konnte im Projektverlauf festgestellt werden, dass die Erkenntnis der eigenen Kompetenzen ein kognitiver und emotionaler Prozess ist, der folgende Phasen durchläuft:
- Fähigkeit Tätigkeiten zu benennen
- Fähigkeit den Tätigkeiten einen Wert beizumessen

---

[9] Einige Statistische Angaben:
Im einzelnen handelte es sich um folgende Weiterbildungsmaßnahmen:
Handel und Büro; Hotel und Gastronomie; Verkauf; Reintegration in den Arbeitsmarkt (speziell Frauen); Langzeitarbeitslose; Rehabilitation. Betroffene dieser letzten Gruppe konnten auf Grund von plötzlich auftretender Behinderung ihren Beruf nicht weiter ausüben (z.B. aufgrund von Allergien, Bandscheibenvorfällen usw.). In der Gruppe dieser Rehabilitanden gab es einige Ausländer, die auf Grund von Problemen mit der deutschen Sprache zusätzlich das Modul DAF (Deutsch als Fremdsprache) besuchten.
Von der Altersstruktur her waren diese Gruppen sehr heterogen. Zwar gibt es einen Schwerpunkt bei den Erwachsenen mittleren Alters (zwischen 30-50 Jahren), jedoch sind sowohl jüngere als auch ältere Erwachsene gleichermaßen vertreten.
Hinsichtlich des Schul- und Bildungsabschlusses waren die Gruppen nicht so heterogen. Vielmehr gibt es eine Konzentration bei den Haupt- und Realschülern sowie bei den Erwachsenen ohne Abschluss.

- Fähigkeit die Tätigkeiten mit Kompetenzen zu verbinden
- Fähigkeit Kompetenzen zu verorten und Lebensbereichen zuzuordnen
- Fähigkeit Kompetenzen zu repräsentieren in Bewerbung, Lebenslauf und Vorstellung.

Diese Phasen sind nicht streng voneinander getrennt und in diesem Sinne kann man eher von einem linearen Entwicklungsverlauf sprechen.

Generell konnte die Erfahrung gemacht werden, dass es gruppenübergreifend Schwierigkeiten bereitete sowohl auf einer kognitiven Ebene aus Tätigkeiten Kompetenzen abzuleiten, als auch auf einer emotionalen Ebene den Tätigkeiten einen normativen Wert beizumessen. Obwohl die Schwierigkeiten sich unterschiedlich äußerten, war diese Perspektive für die meisten der Teilnehmenden eher fremd.

Sowohl bei den Erwachsenen als auch bei den Schüler/inne/n konnte festgestellt werden, dass jene, die positive Erfahrungen mit der Schule bzw. mit ihrem bisherigen beruflichen Werdegang gemacht hatten eher positiv auf die Kompetenzbilanz reagierten. Besonders auffallend war dies bei den Schüler/inne/n, die gestärkt aus den Bewerbungsgesprächen gingen. Sie hatten teilweise sogar die Möglichkeit, ihre Erkenntnisse in ihre Bewerbungsgespräche mit einzubringen. Sie hatten somit die Erfahrung gemacht, dass ihre außerschulischen Aktivitäten eine Wichtigkeit haben, die in der äußeren Welt von Relevanz ist. Die Auseinandersetzung mit der eigenen Biographie und den darin verborgenen Kompetenzen führte zu einer Steigerung des Selbstwertgefühls, was eine Sensibilisierung für die eigenen Potentiale bewirkte.

Die gleiche Erfahrung konnte ich in meiner Arbeit mit Erwachsenen machen, deren Arbeitslosigkeit noch relativ kurz war bzw. die noch keine sich immer wiederholenden schlechten Erfahrungen auf dem Arbeitsmarkt gemacht hatten. Sie waren in der Lage, ihre täglichen Aufgaben und Tätigkeiten konkret zu benennen und waren auch offener für die Überlegung, dass hier wichtige Fähigkeiten und Kompetenzen erworben werden können, die sowohl für die eigene Persönlichkeit als auch für den Beruf wichtig sein könnten.

Im Gegensatz dazu konnte ich feststellen, dass dort, wo mit der schulischen oder beruflichen Laufbahn große Schwierigkeiten verbunden waren, auch große Schwierigkeiten bei der Bearbeitung der Kompetenzerfassung auftraten. Mit Schwierigkeiten meine ich hier jedoch primär psychische Verweigerung und Widerstand. Besonders bei jenen Erwachsenen, die bereits lange Phasen der Arbeitslosigkeit erlebt hatten, war der Widerstand und die Verweigerung gegenüber diesen Instrumenten sehr groß. Auch bei den Jugendlichen, die versuchten ihren Hauptschulabschluss nachzuholen, war eine starke Verweigerungshaltung festzustellen. Die Kompetenzerfassung konnte daher gar nicht oder nur in Ansätzen durchgeführt werden. Der Rückzug aus der Gesellschaft zeigt sich nicht nur im emotionalen, sondern auch im räumlichen Bereich. Bei diesen Gruppen konnte ein genereller Rückzug in das eigene Milieu festgestellt werden. Das Zentrum der Freizeitaktivitäten ist meistens die Familie, wohingegen Freizeit-Orte außerhalb der Familie eher selten sind. Aktivitäten in Vereinen, die Ausübung von Hobbys, der Besuch von kulturellen Veranstaltungen treten in den Hintergrund. Eine Ausnahme ist oftmals der Sport, der gruppenübergreifend ausgeübt wird. Das bedeutet, dass die Bausteine, aus denen sich die Geschichte der eigenen Biographie, der eigenen Identität und damit der eigenen Kompetenzentwicklung zusammensetzt, sich in dieser Gruppe auf das Gebiet der Familie konzentrieren. Sie bleibt oftmals bis ins höhere Alter ein zentraler Bezugspunkt der einzelnen Person. Ist die ökonomische und soziale Situation besser, so ist auch die Bereitschaft sich mit außerfamiliären Aktivitäten zu beschäftigen größer. Hier, in Gruppen mit höherer Bildung, ist sowohl ein stärkeres Interesse an als auch ein höheres Engagement in außerfamiliären Aktivitäten vorhanden: z.B. im Bereich Kultur, Technik oder auch gesellschaftliches Engagement.

4.5. Die Wirkung auf die Subjekte – eine soziologische und sozialpsychologische Erklärung

An diesem Beispiel wird deutlich, wie gesellschaftliche, wissenschaftliche und ökonomische Diskurse in einander greifen, und sich in psychischen und körperlichen Befindlichkeiten der Subjekte niederschlagen. Im Zentrum des aktuellen pädagogischen Denkens steht der Gedanke der Selbstorganisation. In Auseinandersetzung mit seiner Umwelt steuert das System sich selbst und lernt kontinuierlich dazu. Wissen und die Fähigkeit sich selbst zu organisieren wird zum wichtigsten kulturellen Kapital, welches sich in einem bestimmten Habitus personifiziert. Der Habitusbegriff im Sinne P. Bourdieus macht gerade deutlich, dass kulturelles Kapital sich in spezifischen Selbst- und Körpertechniken niederschlägt, die sehr schnell offenbaren, „aus welchem Stall man denn kommt." Neben bestimmten fachlichen und methodischen Kenntnissen sind es gerade die genannten Steuerungskompetenzen, die den heutigen Habitus charakterisieren. Das Scheitern an diesem Habitus führt zu Rückzug, Scham und Widerstand, wie ich auch in meinen Gesprächen immer wieder feststellen konnte. Ein gesellschaftliches Konzept von Subjektsein, dass Autonomie, Selbstständigkeit und Eigenverantwortlichkeit zu den zentralen Kategorien erklärt, individualisiert den Erfolg und die Krise.

Das Gefühl, den Werten und Normen der Gesellschaft nicht gerecht werden zu können, führt daher zu individuellen Scham- und Minderwertigkeitsgefühlen. (vgl. Bourdieu 1998, u.a. S. 558 ff) Die Tatsache, dass in unserer Gesellschaft der Wert des Einzelnen zu einem großen Teil an seiner Erwerbstätigkeit gemessen wird, führt zu psychischen Konflikten und Symptomen. Depressionen und Ängste, Schuldgefühle und ein gestörtes Selbstwertgefühl entstehen. Soziale Kontakte werden aufgrund von finanziellen Nöten und Schamgefühlen aufgegeben und es entsteht ein Rückzug in die Familie. „Dem Leben Arbeitsloser fehlen vor allem Zeitstruktur und soziale Anerkennung als mentale Haltepunkte für eine sinnvolle Existenz. Arbeitslose antworten mit Gefühlen von persönlichem Versagen. Diese individuelle Schuldzuweisung hat heftige Schamgefühle zur Folge; sie führen zum Rückzug aus sozialen Beziehungen, zum Abbruch der meisten sozialen Kontakte. Der gesamte Lebensrhythmus verlangsamt sich, die Welt der Arbeitslosen wird enger, bis depressive und selbstzerstörerische Auswirkungen in einen Zustand weiterreichender Apathie (und chronischer körperlicher Erkrankung) einmünden können: Das Gefühl für den persönlichen Wert geht auf diesem Weg verloren." (www.bundeszentrale-für-politische-Bildung.de)

Aus Untersuchungen ist bekannt, dass auch schon Jugendliche, die von Arbeitslosigkeit bedroht sind, sich aus der Gesellschaft zurückziehen. „Dem Nicht-Mithalten-

Können in finanzieller Hinsicht folgt oft die Infragestellung bisheriger Bezugsgruppenzugehörigkeit, bei gleichzeitigem, erzwungenen Rückzug in die Familie. Der ohnehin konflikträchtige Ablösungsprozess wird dadurch verzögert und stellt die Jugendlichen erneut unter bestehende elterliche Werte und Normen. In der irreparablen Verzögerung bzw. Verspätung des sozialen Reifungsprozesses kann die größte Gefahr der Dauererwerbslosigkeit von Jugendlichen gesehen werden. Soziale Entwicklungsdefizite in Verbindung mit Ziellosigkeit und dem Verlust von Berufs- und Zukunftsperspektiven machen die davon Betroffenen beinahe zwangsläufig zu Problemgruppen von heute und Randgruppen von morgen."
http://arbeitsblätter.stangl-taller.at/PSYCHOLOGIEENTWICKLUNG/ArbeitslosigkeitJugend.shtml

Doch dies ist nur die eine Seite der Medaille. Im Sinne Bourdieus findet hier auch eine mehr oder weniger bewusste Abgrenzung gegenüber dem herrschenden Habitus statt. Dieser Widerstand wurde in den Gesprächen sogar sehr deutlich ausgedrückt. So sagte ein Jugendlicher, der seinen Hauptschulabschluss nachholen wollte: „Sollen die Realschüler sich mit so einem Scheiß beschäftigen, ich mach das jedenfalls nicht..." „Den Unterdrückten bleibt nur die Alternative zwischen der Treue zu sich selbst und ihrer Gruppe (wobei die Gefahr bestehen bleibt, dass man sich immer wieder über sich selbst schämt) und der individuellen Anstrengung , sich an das dominierende Ideal zu eigen zu machen, die allerdings genau das Gegenteil des Unternehmens darstellt, sich die eigene gesellschaftliche Identität kollektiv neu wieder anzueignen (wie es etwa die amerikanischen Feministinnen tun, wenn sie in einer kollektiven Revolte den natural look proklamieren)." (Bourdieu 1998, S. 601)

Im diesem Sinne stehen sie selbst in dem Dilemma zwischen Abgrenzung und Idealisierung, wodurch die bestehenden hierarchischen Differenzierungsunterscheidungen sich immer wieder bestätigen. Die gesellschaftliche Anerkennung, die in jeder Interaktion „erfolgt" und jedem Subjekt seinen gesellschaftlichen Status bestätigt, ist somit immer gebunden an die gesellschaftlichen Unterscheidungskategorien (arm – reich, gebildet – ungebildet, ästhetisch – vulgär). Gleichzeitig wird in den Gesprächen deutlich, dass die Schüler/innen und Erwachsenen, die für sich selbst das Gefühl haben, diesen Habitus bzw. Aspekte davon integrieren zu können, wesentlich positiver darauf reagierten.

5. Was folgt daraus? Schlussfolgerungen und Überlegungen für die pädagogische Arbeit

Im Gegensatz zu Autoren, die Radikalkonstruktivistische Ansätze vertreten, gehe ich davon aus, dass im Zentrum der aktuellen Bildungsdebatte ein grundlegend neues Subjektverständnis verhandelt wird. Bildungsinstitutionen müssen ihre Klienten darin begleiten und unterstützen, dass sie die gegenwärtigen gesellschaftlichen Selbsttechniken und Selbststeuerungskompetenzen erlernen und ausbilden können. Die Vorstellung von Bildung und Wissen ist immer in spezifische gesellschaftliche Verhältnisse eingebettet und die momentanen individuellen Anforderungen an die Subjekte sind die Grundlage um gegenwärtig ein kompetentes Subjekt sein zu können. Daher ist die Nicht-Kenntnis dieser Techniken die Basis für neue Ungleichheits-, Differenzierungs- und Ausschlusspraktiken.

„Mit der funktionalen Verschiebung von „Sachwissen" zur „Kompetenz" wird ein Individualisierungseffekt dahingehend erzielt, als jeder aufgrund der erworbenen Metafähigkeiten selbst Verantwortung dafür zu übernehmen hat, welches weitere Sachwissen und welche Kompetenzen er sich aneignen möchte. Diese Modularisierung bzw. Selbstmodularisierung der Subjekte als gesellschaftliche Praktik hat weitreichende Konsequenzen. Für den Schulbereich wird vermutlich die Bedeutung des Kompetenzerwerbs vor allem für Abiturienten und zukünftige Akademiker im Unterschied zu Haupt- oder Sonderschulabsolventen zunehmen, so dass hier entsprechend dem gegliederten Schulsystem neue Ungleichheiten zu erwarten sind. Mit Erwerb von Kompetenzen wird also ein neues Feld habitueller Praktiken eröffnet, die zu neuen Formen sozialer Kategorisierung und Distinktion führen." (Höhne, 2003, S. 92) Stimmt das, so müssen Bildungseinrichtungen ihre Klienten im Erwerb dieser Techniken unterstützen und begleiten. Neben den verschiedenen Kompetenzen gehört dazu auch die Fähigkeit zu selbstorganisiertem Lernen. Kompetenzerfassung und Lernberatung als ineinandergreifende pädagogische Instrumente zum Erwerb dieser neuen Techniken sind somit besonders für die Subjekte von zentraler Bedeutung, die potentiell die „Hauptverlierer" dieser gegenwärtigen Entwicklung sind. Daher ist es in der Schule sehr wichtig, dass diese Techniken frühzeitig erlernt werden. Für die Schule bedeutet dies:

5.1. Kompetenzerfassung und Beratung sollten in das schulische Curriculum integriert werden

Aus den gemachten Erfahrungen konnte festgestellt werden, dass durch Gespräche, wie sie mit den Schüler/inne/n geführt wurden, Anstöße und Entwicklungen in Gang kommen können. Erst die Bewusstwerdung der eigenen Fähigkeiten und Kompetenzen ermöglicht es, sie zu vertiefen und zu erweitern.

Besonders den schlechten Schüler/inne/n fällt der Zugang zu den eigenen Kompetenzen oftmals sehr schwer. Negative „Schulkarrieren" in Form von schlechten Noten und Schulwechseln sowie der Ausblick nach der Schule ohne Ausbildung da zu stehen, prägen schon in der Schule eine Persönlichkeit mit geringem Selbstwertgefühl und Zukunftsängsten.[10] Aus diesem Grund ist es von besonderer Bedeutung, dass besonders diese Schüler/innen lernen mit einer neuen Brille auf die eigenen Biographie zu schauen. Immer wieder konnte ich die Erfahrung machen, wie schwer es den Schüler/inne/n fällt, einen Zugang zu ihren informellen Kompetenzen zu finden. So gehe ich davon aus, dass es Zeit braucht, diese Perspektive zu erlernen. Daher denke ich, dass eine Kompetenzerfassung in der Schule bereits in der 7. oder 8. Klasse beginnen sollte. Kompetenzerfassung und Beratung sollten hier eine Einheit bilden und als pädagogisches Prinzip in das schulische Curriculum integriert werden. Hierbei ist

---

[10] Wie die seit vielen Jahren durchgeführten Shell-Jugendstudien zeigen, fühlen sich heute schon Schüler noch vor dem Eintritt in das Berufsleben vom Problem der Arbeitslosigkeit bedroht. Es zeigt sich entgegen mancher tradierter Vorstellungen, dass Jungsein heute nicht mehr die unbeschwerte Zeit des Lernens, spielerischen Ausprobierens und der allmählichen Vorbereitung auf die Berufstätigkeit, ist. Die Befürchtung, eines Tages ohne Job dazustehen, rangiert bei den 12- bis 24-Jährigen inzwischen vor allen anderen Ängsten. http://arbeitsblaetter.stangltaller.at/PSYCHOLOGIEENTWICKLUNG/ArbeitslosigkeitJugend.shtml

es von zentraler Bedeutung, dass es zunächst nicht an den Eintritt in das Berufsleben gekoppelt ist.

5.2. Schule als Ort des formellen und informellen Lernens

Die Schule als Bildungs- und Disziplinierungsinstitution war nie ausschließlich mit der Vermittlung von Wissen beschäftigt. Immer schon hat sie die Schüler/innen zu bestimmten Körper- und Selbsttechniken erzogen, die zu den jeweiligen gesellschaftlichen Macht- und Herrschaftsverhältnissen passten. Norbert Elias schreibt in seinem Lebenswerk „Über den Prozess der Zivilisation" die Zivilisationsgeschichte vom ausgehenden Mittelalter bis zum Beginn des 20. Jahrhunderts. Er beschreibt diesen Prozess als eine immer stärker werdende Triebunterdrückung und Kontrolle. Heute scheint dieses Paradigma in der Form nicht mehr zu stimmen. Vielmehr herrscht eine gewisse Freiheit, wenn es um das Erleben und Ausdrücken von Gefühlen und Emotionen geht. Bezogen auf die Schule bedeutet dies: In der industriellen Gesellschaft ging es neben der Vermittlung von Wissen um: Ordnung, Gehorsam und Fleiß, Pünktlichkeit. Heute sind diese Fähigkeiten zwar nicht ersetzt, aber ergänzt durch kreative Kompetenzen. „In der industriellen Arbeitswelt arbeiteten die Menschen wie Maschinen – entsprechend war es Aufgabe der Schule maschinenähnliche Fähigkeiten von klein auf einzuüben vor allem Disziplin, Ordnung, Gehorsam, Fleiß, Pünktlichkeit, Sauberkeit und Schnelligkeit. In der Postindustriellen Arbeitswelt konkurrieren Menschen dagegen mit Maschinen und werden daher vielfach durch Maschinen ersetzt. Nur dort wo der Mensch der Maschine prinzipiell überlegen ist, werden sich dauerhafte und stabile Beschäftigungsaussichten etablieren lassen. Unterlegen sind Menschen prinzipiell, wo – insbesondere bei genau definierten und immer wieder vorkommenden Routineaufgaben – Präzision, Zuverlässigkeit, Kraft und Geschwindigkeit erforderlich sind. Überlegen sind Menschen dagegen in nicht standardisierten Situationen, in denen Eigeninitiative, Kreativität, Originalität, Flexibilität, Kontextsensibilität und menschliches Einfühlungsvermögen zum Zuge kommen."(Gill 2005, S. 209)

In diesem Sinne sollte die Schule zu einem Ort werden, in dem Schüler/innen auf kreative und spielerische Weise ihre eigenen Fähigkeiten und Potentiale erfahren und erweitern können. Vor dem Hintergrund der derzeitigen gesellschaftlichen und ökonomischen Situation sind diese Kompetenzen keine Spielerei, sondern von genauso großer Bedeutung wie die Vermittlung von fachlichen, methodischen und theoretischen Kenntnissen. In diesem Sinne muss die Schule sowohl inhaltlich als auch didaktisch diese neuen Anforderungen in ihr Curriculum integrieren. Damit verändern sich auch die Lerninhalte, die in der Schule vermittelt werden müssen. „Es sollte also deutlich geworden sein, dass im heutigen gesellschaftlichen Kontext informelle Verhaltens- und Bildungsformen vielfach angemessener sind als die formellen und kanonisierten Formen, die ehemals als Anzeichen zivilisierter und kultivierter Persönlichkeit galten. Allerdings sind sie nicht so leicht wie formelle Formen von unzivilisiertem und achtlosem Benehmen zu unterscheiden."(Gill 2005, S. 285)

Wichtig ist an dieser Stelle, dass Kompetenzerfassung Bestandteil bzw. Prinzip der Einrichtung selbst ist, d.h. es bedarf einer Beziehung zwischen Teilnehmer/inne/n und Seminarleitung. Da es hier um persönliche und intime Themen geht, muss eine vertrauensvolle Beziehung hergestellt sein. Für die Schule bedeutet das, dass es sicherlich positiv wäre, wenn hierfür ein Pädagoge und nicht der Klassenlehrer zuständig wäre. Dieses Thema wurde bei den gemeinsamen Workshops und Arbeitstreffen unter dem Stichwort „Kompetenz des Kompetenzbilanzierers" verhandelt. Neben einer authentischen, empathischen, vertrauenserweckenden Haltung muss er/sie in der Lage sein, eine vertrauensvolle Beziehung mit seinen Teilnehmenden herzustellen. Gleichzeitig muss sein Blick auf die Stärken und Potentiale der Betroffenen gerichtet sein und nicht auf die vorhandenen Schwächen und Defizite. Die „Perspektive auf die Kompetenz" schließt eine darauffolgende Auseinandersetzung mit den vorhandenen Schwächen und Defiziten jedoch selbstverständlich nicht aus.[11]

5.3. Neue Inhalte in der Erwachsenenbildung

Besonders bei der Arbeit mit „Problemgruppen" (z.B. Langzeitarbeitslosen) ist es für die pädagogische Arbeit von zentraler Bedeutung, sich der Verquickung der verschiedenen gesellschaftlichen Ebenen bewusst zu sein. Die normative Vorstellung von einem selbstgesteuerten, autopoetischen System manifestiert sich auf der individuellen Ebene in negativen individuellen Schuldzuschreibungen und Schamgefühlen. Je schwieriger die individuelle Ausgangslage ist, desto stärker werden die Widerstände, mit einer positiven Perspektive auf die eigene Biographie zu schauen. Das konnte ich sowohl bei den schlechteren Schüler/inne/n als auch bei den Arbeitslosen immer wieder feststellen. Hier personalisieren sich gesellschaftliche Werte und Normen, die sehr schwer zu bearbeiten sind. Es ist wichtig, diese Widerstände nicht nur als ein individuelles singuläres Phänomen zu verstehen, sondern als ein gesellschaftliches, das nicht ausschließlich in einer Weiterbildungseinrichtung zu bearbeiten ist.

Das Wissen um die eigene pädagogische Handlungsmöglichkeit sollte sich auch in neuen Zielen niederschlagen. Da Weiterbildungsangebote und Bewerbungstrainings Arbeitslosigkeit aufgrund der aktuellen arbeitsmarktpolitischen Situation nicht zwangsläufig beenden, müssen Maßnahmen so konzipiert sein, dass sie den Teilnehmenden auch Möglichkeiten eröffnen, eine längere Phase der Arbeitslosigkeit sinnvoll zu gestalten. „Das Hauptziel von Kursen der beruflichen Weiterbildung ist die Reintegration in den Arbeitsmarkt. Die Vermittlungsquote ist zunehmend zum Kriterium des Erfolgs gemacht worden. Bei hoher struktureller Arbeitslosigkeit ist es aber realistisch, davon auszugehen, dass ein mehr oder minder großer Teil von Langzeitarbeitslosen auch nach erfolgreicher Teilnahme an einer Bildungsmaßnahme keinen Arbeitsplatz finden wird. Allerdings weiß man zu Beginn eines Kurses nicht, bei wem die Integration in den Arbeitsmarkt gelingt und bei wem nicht. Deshalb ist es sinnvoll, neben das Ziel der Vermittlung in Arbeit auch das Ziel >Vorbereitung auf eine mehr oder weniger lange Phase des Lebens ohne Erwerbsarbeit< zu stellen. Institutionen, die Kurse in der beruflichen Weiterbildung finanzieren, sind oft nicht damit einverstanden, dass dieses Bildungsziel formuliert wird. Hier ist eine Differenzierung erforderlich: Das Bildungsziel >Vorbereitung auf eine Lebensspanne ohne

---

[11] An dieser Stelle sei nur kurz darauf hingewiesen, dass solche pädagogischen Methoden nur dann integriert werden können, wenn auch institutionell Veränderungen in Bildungseinrichtungen vollzogen werden.

Erwerbseinkommen< bedeutet nicht, dass diese Lebenssituation angestrebt wird, sondern dass die Teilnehmenden unter Berücksichtigung der Realitäten auf dem Arbeitsmarkt möglichst gut auf die möglichen Situationen vorbereitet werden, auf die sie nach Beendigung der Weiterbildung voraussichtlich treffen werden."(Reutter, Klein, Epping 2001, S. 61)

An dieser Stelle sei darauf hingewiesen, dass der Prozentsatz an Schüler/inne/n, die die Schule ohne Abschluss verlassen, wächst. Daher sei hier nur kurz die Frage aufgeworfen, in wie weit auch die Schule langfristig Ideen entwickeln muss, um Schüler/innen, die ohne Abschluss die Schule verlassen, darin zu begleiten, dass sie eine sinnvolle Tätigkeit außerhalb der Erwerbsarbeit finden.

Aufgrund der aktuellen Situation ergeben sich für Weiterbildungseinrichtungen möglicherweise neue Aufgabenfelder. Eines dieser Felder ist sicherlich die Bearbeitung der biographischen Situation. Solche Maßnahmen sollten auch ein Ort sein, wo ein Austausch mit „Leidensgenossen" möglich ist, sowie die Ängste und Probleme zur Sprache kommen können. Gleichzeitig kann dies ein Ort sein, wo eine Auseinandersetzung mit der eigenen individuellen biographischen Situation stattfinden kann.[12]

Selbstverständlich „heilt" dies nicht die psychischen Probleme, mit denen Langzeitarbeitslose zu kämpfen haben. In einer Zeit jedoch, in der der Vorsitzende der Bundesagentur für Arbeit überlegt, dass im Osten für Langzeitarbeitslose ohne Qualifikation keine Betreuungsmöglichkeiten mehr bestehen, ergeben sich für Weiterbildungseinrichtungen meiner Ansicht nach neue Aufgaben und Tätigkeitsfelder.

6. Schlusswort

In Anlehnung an Foucault gehe ich davon aus, dass gegenwärtige Vorstellungen von menschlicher Subjektivität in einem komplexen Zusammenhang mit aktuellen wissenschaftlichen, ökonomischen und sozialen Diskursen stehen und nur in diesem Wechselspiel verständlich werden.

Damit ist jedoch klar, dass selbstorganisiertes Lernen und Selbststeuerungskompetenzen, wie sie gegenwärtig verlangt werden, den Menschen nicht „in die Wiege gelegt" worden sind. Sie sind dem Menschen nicht inhärent, sondern sie müssen gefördert und erlernt werden. Pädagogische Instrumente wie Kompetenzerfassung und Lernberatung, wie sie in diesem Text beschrieben wurden, sind daher von zentraler Bedeutung, da sie die geforderten Kompetenzen zur Selbstreflexion und Selbststeuerung fördern und begleiten. Die Frage, die sich damit stellt, ist sicher nicht die Frage der Wahlfreiheit. Sicher konnte der Mensch noch nie über seine Bildung wirklich frei entscheiden. Um den gegenwärtigen Bildungsdiskurs kritisch zu betrachten, ist die Frage doch sicher eher: welche Möglichkeiten sind uns unter den gegenwärtigen Bedingungen gegeben, welche neuen Chancen und Risiken sind damit verbunden? Seit der Neuzeit bewegt sich die Vorstellung darüber, was Subjektsein ausmacht, in dem Spannungsfeld zwischen Determination und Freiheit. Bildung wurde in diesem Verständnis immer wieder als eine Möglichkeit verstanden, ein bestimmtes Maß an Frei-

---

[12] Ein Beispiel, wie dies aussehen könnte, liefern G. Reutter und R. Klein 2004, S. 203 ff.

heit zu erlangen. Diese beiden Pole charakterisieren das menschliche Dasein und es geht darum, hier einen angemessen eigenen Platz zu finden. Auch der gegenwärtige Bildungsdiskurs bewegt sich in diesem Spannungsfeld, nur dass er die Frage nach der Determination in weiten Teilen in das Subjekt verlegt. Die Autonomie und Freiheit wird einfach vorausgesetzt und bildet im Sinne des Konstruktivismus den Ausgangspunkt der Argumentation. Doch während das, was „frei" wählbar ist, soziale Anforderungen sind, werden die individuellen Misserfolge dem Subjekt zugeschrieben.

„Die Grenzen zwischen dem Inneren des Subjekts und dem Außen der Gesellschaft, dem Eigenen und dem Fremden, Autonomie und Heteronomie, Allgemeines und Spezifisches, Soziales und Individuelles, Beschreibung und Norm werden unaufhörlich verschoben und neu gebildet." (Höhne 2003, S. 100) Jeglicher Ort des gesellschaftlichen Lebens wird aus dieser Perspektive zu einem Ort, an dem Subjekte sich entfalten und verwirklichen können.[13] Unter dem Stichwort der Entgrenzung wird gerade diese Verwischung von Grenzen beschrieben. So wird von der Subjektivierung von Arbeit und von der Ökonomisierung des Sozialen gesprochen. Es geht darum, auf allen Ebenen des gesellschaftlichen Lebens Selbstorganisationsstrukturen zu fordern und zu fördern. Jeglicher Ort soll zu einer Gelegenheitsstruktur werden, um zu lernen sich zu entwickeln. Damit entwickeln sich einerseits neue Strukturen der Führung, des Managements und der Organisationskultur, die es dem Subjekt ermöglichen, selbstorganisiert zu handeln, zu arbeiten und zu lernen; andererseits sind damit neue Subjektstrategien verbunden, die von den Subjekten neue Techniken und Praktiken verlangen. Subjektsein ist an den Imperativ von Selbstgestaltung und Selbststeuerung geknüpft. „Man muss sich ausdrücken und sich äußern, man muss kommunizieren und kooperieren. Das Subjekt wird nun als aktives zu Regierungszwecken angerufen." (Opitz, 2004, S. 109)

Die Forderung nach Selbstorganisation und stetiger Selbstoptimierung lässt sich im Sinne Foucaults als eine Regierungslogik verstehen, durch die der Einzelne und die Masse sich führt bzw. geführt werden. (vgl. Pongratz 2005, S. 26 ff) Mit diesem Subjektverständnis sind viele neue Möglichkeiten und Freiheiten verknüpft. Die Schattenseiten dieses Subjektverständnisses konnten in den Gesprächen im Rahmen des Projektes immer wieder beleuchtet werden. Die Schuldzuschreibungen und Schamgefühle, die immer wieder sichtbar wurden, zeugen von der Materialisierung gesellschaftlicher Normen und Werte. Das Subjekt ist jedoch von der Anerkennung der Anderen abhängig und beurteilt sich selbst dementsprechend nach den herrschenden gesellschaftlichen Kategorien. „Wie kommt es nun, dass das Subjekt jenes Wesen ist, das sich ausbeuten lässt, das kraft seiner eigenen Formierung unterjocht werden kann. Das Subjekt ist genötigt, nach Anerkennung seiner eigenen Existenz in Kategorien, Begriffen und Namen zu trachten, die es nicht hervorgebracht und damit sucht es das Zeichen seiner Existenz außerhalb seiner Selbst – in einem Diskurs, der zugleich dominant und indifferent ist. Soziale Kategorien bezeichnen zugleich Un-

---

[13] Im Sinne des Autopoesis-Konzepts stellt sich die Frage, was passiert, wenn die Gelegenheitsstrukturen zum ständigen Lernen fehlen. Wenn es stimmt, dass Menschen immer und überall lernen, so müssen die Strukturen auch so organisiert sein, dass kontinuierliche Lernprozesse möglich sind. Was bedeutet es, wenn diese Strukturen für einige nicht vorhanden sind?

terordnung und Existenz." (Butler, 1997, S. 25.)

Ein diffuses Gefühl, niemals genug getan zu haben, lässt sich auch hier immer wieder beobachten. „Unternehmer seiner selbst bleibt der Einzelne selbst dann noch, wenn er seine Anstellung verliert. Das Ich kann sich nicht entlassen, die Geschäftsführung des eigenen Lebens erlischt erst mit diesem selbst." (Pongratz, 2005, S. 36) Der gegenwärtige pädagogische Diskurs, der darauf zielt, Selbststeuerungs- und Reflexionstechniken zu entwickeln, ist in einen umfassenden gesellschaftlichen Diskurs eingeschlossen, in dem Verantwortlichkeiten und Zuständigkeiten zwischen Subjekt und Gesellschaft neu verhandelt werden. Auf Seiten des Subjekts birgt dieser Prozess der Modularisierung, Flexibilisierung und Dezentralisierung hohe Risiken. Für die pädagogische Praxis[14] ist es von zentraler Bedeutung, hier eine selbstkritische Diskussion zu führen.

„Die beiden Konzepte >Kompetenz/Kompetenzerwerb< und >Lebenslanges Lernen< bilden pädagogische Schlüsselkonzepte im Diskurs über die Wissensgesellschaft, in denen Subjekte als allumfassend, lebenslang und individuell >angemessen< förderungs- und entwicklungsfähig dargestellt werden. Betrachtet man Individualisierungstechniken aber als ein zentrales Element neoliberaler Praktiken und Diskurse, dann wird ihre machtvolle soziale Distinktionsfunktion deutlich. Pädagogik muss daher unter der Maßgabe reflexiver Selbstbeobachtung das von ihr produzierte Wissen an die sozialen und politischen Kontexte rückbinden, in denen es verwertet wird." (Höhne 2003, S. 76)[15]

---

[14] Damit meine ich sowohl die praktische als auch die theoretische Arbeit.
[15] Leider war es mir nicht möglich, auf die veränderten Inhalte von Bildungskonzepten einzugehen. Die Konzentration auf das Erlernen selbstorganisierter Lernprozesse verändert auch die Vorstellung, was Allgemeinbildung für den Einzelnen und die Gesellschaft bedeutet. Allgemeinbildung hat seit der Neuzeit gleichermaßen die Individuation wie die Vergesellschaftung zu fördern im Sinn. Der Bezug auf das Allgemeine scheint sich in der Form verändert zu haben, dass das, was Subjektsein in der Postmoderne ausmacht, in den grundlegenden informellen Kompetenzen liegt, die es zu fördern gilt. Der Bezug zur Gesellschaft tritt immer mehr in den Hintergrund bzw. wird immer unkenntlicher.

Literatur

Arnold, R. und H. Siebert: Konstruktivistische Erwachsenenbildung. Von der Deutung zur Konstruktion von Wirklichkeit. Baltmannsweiler, 1999.

Butler, J.: Psyche der Macht. Das Subjekt der Unterwerfung. Frankfurt, 1997.

Behringer, F. A. Bolder, R. Klein, G. Reutter u.a. Diskontinuierliche Erwerbsbiographien. Baltmannsweiler, 2004.

Bourdieu, P. Die feinen Unterschiede. Kritik der gesellschaftlichen Urteilskraft. Frankfurt. 1998.

Dohmen, G.: Das informelle Lernen. Die internationale Erschließung einer bisher vernachlässigten Grundform menschlichen Lernens für das lebenslange Lernen aller. Bonn, 2001.

Epping, R., R. Klein und G. Reutter: Langzeitarbeitslosigkeit und berufliche Weiterbildung. Bielefeld, 2001.

Erpenbeck, J. und V. Heyse: Die Kompetenzbiographie. Strategien der Kompetenzentwicklung durch selbstorganisiertes Lernen und multimediale Kommunikation. Münster, 1999.

Gill, B.: Schule in der Wissensgesellschaft. Ein soziologisches Studienbuch für Lehrerinnen und Lehrer. Wiesbaden, 2005.

Höhne, T. Pädagogik der Wissensgesellschaft. Bielefeld, 2003.

Kemper, M./Klein, R. 1998: Lernberatung. Baltmannsweiler

Sven, Opitz: Gouvernementalität im Postfordismus. Macht, Wissen und Techniken des Selbst im Feld unternehmerischer Rationalität. Hamburg, 2004.

Pongratz, L.: Subjektivität und Gouvernementalität. In: Hafeneger, B. Subjektdiagnosen. Subjekt, Modernisierung und Bildung. Schwalbach, 2005.

Rohs, M. und B. Käpplinger: Lernberatung in der beruflich- betrieblichen Weiterbildung. Konzepte und Praxisbeispiele für die Umsetzung. Münster, 2004.

Veith, H.: Kompetenzen und Lernkulturen. Zur historischen Rekonstruktion moderner Bildungsleitsemantiken. Münster, 2003.

II/5. Motivation und persönliche Ziele in der Krise: ‚Zieltraining' als Ansatz aus der Praxis

Bernd Grube

Im Entwicklungsprozess unseres Lernberatungskonzeptes[1], das im Kontext der medizinisch beruflichen Rehabilitation verortet ist, hat das handlungsleitende Prinzip der Teilnehmer/innenorientierung in Bezug auf das Verständnis von Lernmotivation und persönlichen Zielen eine zentrale Rolle gespielt. Der hier beschriebene Versuch einer motivationalen Unterstützung für Menschen „in der Krise" hält die Nähe zu diesem Leitprinzip, das auch als „Paradigma der Intersubjektivität" (Aschenbach 1994) bezeichnet werden kann. In einem eher kulturpsychologischen Ansatz soll nachfolgend so weit wie möglich eine dialogische Grundhaltung vorrangig zu einer Subjekt-Objekt-Beziehung bezogen werden. Diese Grundhaltung prägt maßgeblich das in unserem Projektprozess unter starker Beteiligung der Lernenden entstandene ‚Zieltraining', das verbunden mit ersten Umsetzungserfahrungen dargestellt wird.

1. Das Motivationsmodell S-O-K für TeilnehmerInnen unserer Angebote

Langzeitarbeitslose Menschen, die möglicherweise zusätzlich behindert oder krank sind oder sich als Emigranten in einer neuen Kultur zurecht finden müssen, werden zunächst verwaltet, behandelt, unterwiesen, beurteilt oder beforscht. Die erwähnte Subjekt-Objekt-Beziehung macht aus ihnen häufig Objekte. Die Leitprinzipien unserer Lernberatung verstehen den Menschen aber als Subjekt. Es gilt, in diesem Selbstverständnis aus der Vielzahl vorhandener Motivationsansätze einen dafür geeigneten Entwurf herauszuarbeiten.

Das von uns bevorzugte S-O-K-Modell von Baltes (Baltes u. Baltes 1989) – zunächst für die Arbeit mit alten Menschen entworfen – wird von seinen Autoren als Metatheorie bezeichnet (vgl. Baltes et. al. 1999). „Das Modell ist universalistisch angelegt, schließt aber auch phänotypische Variationen aufgrund individueller und gesellschaftlicher Merkmale ein." (Baltes u. Baltes, a.a.O. S. 84). Es ermöglicht dem handelnden Menschen – auf der Grundlage der Handlungstheorie – die Selektion seiner Ziele (S), den Erwerb, die Verfeinerung und den Einsatz von Ressourcen für das Erreichen einer Optimierung (O) hinsichtlich seines Funktionsniveaus und die infolge eingetretener Verluste notwendige Kompensation (K), den Einsatz kompensatorisch eingesetzter Ressourcen. Das S-O-K-Modell ist Bestandteil des noch weiter hinten dargestellten Zieltrainings.

1.1 Ergänzende Modelle

Im Verlauf des Entwicklungsprozesses für ein motivationales Unterstützungsangebot

---

[1] Hintergrund bildet unser ProLern-Projekt (vgl. Einführung der Herausgeber), das wir, gefördert aus Mitteln des BMBF sowie des ESF von 2001-2003 im Rahmen des Programms Lernkultur Kompetenzentwicklung im Themenbereich LiWE durchgeführt haben.

wurden weitere Ansätze als wertvoll integriert, die teilweise bereits im Zusammenhang mit dem S-O-K-Modell vorlagen oder unabhängig davon hinzu kamen.

1.1.1 Selbstwirksamkeit in Lernprozessen bei Erwachsenen

Das Konzept der „Selbstwirksamkeit" ist in der lernpsychologischen Forschung der USA entwickelt worden. (Bandura, 1977). Danach ist Selbstwirksamkeit die persönliche Einschätzung eigener Handlungsmöglichkeiten. Im Rahmen einer sozial-kognitiven Lerntheorie wird menschliches Verhalten in Begriffen der Informationsverarbeitung erklärt. Dabei ist die wichtigste Informationsquelle für eigenes Verhalten die eigene Handlung. Erfolge stärken die Erwartung von Selbstwirksamkeit, wogegen Misserfolge sich entsprechend negativ auswirken. Die entsprechende Kompetenzeinschätzung der eigenen Wirksamkeit wird durch kognitive Prozesse vermittelt. „Eine hohe Selbstwirksamkeit stärkt die subjektive Überzeugung, dass die eigenen Kompetenzen für persönliche Erfolge ausschlaggebend sind, und bei niedriger Selbstwirksamkeit werden persönliche Misserfolge als Konsequenz der eigenen Unfähigkeit angenommen." (Jerusalem, 1990, S. 34). Insbesondere für Menschen mit niedriger Selbstwirksamkeit kann sich hier ein Teufelskreis entwickeln, in welchem sich Misserfolge als Beweise eigener Unfähigkeit abbilden, wodurch die labilen Kompetenzüberzeugungen ständig bestätigt und verfestigt werden. Als Folge werden Problemsituationen eher vermieden oder es wird schnell aufgrund misserfolgsorientierter Erwartungen aufgegeben. Die Bedrohung des Selbstwertes liegt in der festen Verkoppelung von Misserfolg und Inkompetenz, während die enge Verbindung von Erfolg mit den eigenen Fähigkeiten für den Aufbau einer positiven Selbstwirksamkeit besonders förderlich ist.

Ursprünglich eher für den klinischen Bereich entwickelt, lässt sich das Konzept der Selbstwirksamkeit jedoch sehr gut auch für den Bereich schulischen Lernens anwenden (vgl. Helmke, 1992). In der beruflichen Erwachsenenbildung stellt es insbesondere für den Bereich der Rehabilitation und der damit verbundenen Problematik der Langzeitarbeitslosigkeit einen wichtigen Erklärungs- und Handlungsansatz dar. Der Berliner Bildungsforscher Mathias Jerusalem hat das Konzept der Selbstwirksamkeit an einer Untersuchungsstichprobe von 210 Berliner BürgerInnen überprüft. Die Versuchspersonen nahmen über acht Monate hinweg an zwei- bis dreistündigen Einzelsitzungen teil und wurden unter Stressbedingungen zur Entwicklung ihrer allgemeinen Selbstwirksamkeitserwartungen, ihrer Leistungsängstlichkeit sowie ihrer Selbsteinschätzung bezüglich ihrer Intelligenz überprüft.

Aufgrund früherer Untersuchungen lagen Grundannahmen für ein sogenanntes idealtypisches Prozessmodell vor. Dieses besagt, dass bei gehäuften Erfahrungen von Unkontrollierbarkeit eine zunehmende Leistungsbeeinträchtigung, Passivität, Resignation und Hoffnungslosigkeit eintritt. Dabei ist allerdings wichtig, dass die entsprechenden Situationen für die Person bedeutsam sind. Weiter ist wichtig, dass sich die eintretenden Misserfolge im Sinne persönlicher Unkontrollierbarkeit begreifen lassen und der eigenen Unfähigkeit zugeschrieben werden. „Wenn nun in einer stressrelevanten Leistungssituation wiederholt Misserfolge erlebt werden, lässt sich die Entwicklung von Hoffnungslosigkeit und Resignation anhand einer idealtypischen Veränderung von Herausforderung, Bedrohung und Verlust darstellen." (Jerusalem)

Für unsere Rehabilitand/inn/en dürfte zutreffen, dass sich in ihrem Leben Misserfolge gehäuft haben. Die vielfachen Einschränkungen kognitiver und gesundheitlicher Art, schlechte soziale Ausgangsbedingungen wie Schulden oder familiäre Sorgen, die Arbeitsmarktlage für behinderte Menschen und das weitgehende Abgeschnittensein von den materiellen Angeboten der Konsumgesellschaft bieten eine Fülle von Ursachen für Misserfolge. Die erhobenen Forschungsdaten stützen die Annahme, dass insbesondere die Menschen, die sich für wenig intelligent halten (schwache Kompetenzüberzeugung) mit der Zeit eine erhöhte Leistungsängstlichkeit entwickeln, die wiederum eine geringe Selbstwirksamkeitserwartung erzeugt. Hierzu schreibt Jerusalem: „Diese ungünstigen kognitiven Einschätzungen sind zu Beginn zwar noch nicht feststellbar, ihre negative Entwicklung ist dafür um so drastischer. Die wahrgenommenen Ursachen in der Misserfolgsgruppe sind in Art, Intensität und zeitlichem Verlauf besonders ungünstig für den Selbstwert und die psychosoziale Befindlichkeit." (Jerusalem, a.a.O., S. 153) In stressbezogenen Denkprozessen steigt die Bedrohung der Selbstwirksamkeit steil an und verharrt auf einem recht hohen Niveau, der Verlust an Kontrollüberzeugungen hinsichtlich der eigenen Handlungsmöglichkeit steigt ebenfalls zunehmend an, der Herausforderungscharakter von Leistungssituationen nimmt folgerichtig immer mehr ab.

Misserfolge bei niedriger Intelligenzeinschätzung führen zu einer zunehmenden Bedrohung der Selbstwirksamkeit und lassen den schon beschriebenen Teufelskreis entstehen. Bei besserer Intelligenzeinschätzung und erst recht bei Erfolg und hoher Intelligenzeinschätzung ist die Selbstwirksamkeit nicht bedroht.

Schlussfolgerungen

Aus den Ergebnissen der Berliner Studie ergibt sich für uns eine Art Grundregel. Es scheint besonders wichtig zu sein, dass Rehabilitand/inn/en, die sich wenig zutrauen, für die erste Zeit ihres Aufenthaltes bei uns vor Misserfolgen in Leistungssituationen geschützt werden.

Dies bedeutet, dass z.B. psychologische Lern- und Leistungsdiagnostik, Schulkenntnistests, Tests in den Fachbereichen usw. nicht in der Anfangszeit der Berufsvorbereitung erfolgen sollen. Auch später wäre dringend darauf zu achten, dass die entsprechenden Leistungsergebnisse zu einer wirklichkeitsorientierten Einschätzung der eigenen Selbstwirksamkeit beitragen. Dabei wäre besondere Achtsamkeit auf alles zu legen, was die Erinnerung an erlittene Misserfolge – insbesondere in der Schulzeit – wachrufen könnte. Diese Erinnerungen können durch „Kleinigkeiten" hervorgerufen werden, wie etwa Begriffe aus der Schule wie LehrerIn, Klasse, Klassenraum, Klassenbuch, SchülerInnen. Auch optische Ähnlichkeiten wie rote Tinte, Sitzordnungen, Lehrer- und Notenkonferenzen können alte leidvolle Erinnerungen beleben.

Jede Leistungsrückmeldung sollte in einem partnerschaftlichen und vertrauensvollen Dialog stattfinden können. Ganz besonders wichtig ist dies bei neu eingetretenen Misserfolgen. Aber auch bei allen wichtigen Planungs- und Entscheidungprozessen sollte der Rehabilitand/die Rehabilitandin im Hinblick auf die Selbstwirksamkeit mit einbezogen sein. Vorstellbar ist auch, mit den betroffenen Rehabilitand/inn/en gemeinsam die Berufsvorbereitung ständig zu verbessern.

1.1.2 Persönliche Ziele und Selbstgesteuertes Lernen

In einem offenen Prozess befinden wir uns in Überlegungen, inwieweit die persönlichen Ziele unserer Rehabilitand/inn/en im Hinblick auf das selbstgesteuerte Lernen verstärkt zu berücksichtigen wären. Daraus ergeben sich Schwierigkeiten, da die Ziele von Rehabilitationsmaßnahmen zunächst von den Kostenträgern vorgegeben sind. Weichen die persönlichen Ziele der Rehabilitand/inn/en hiervon ab, gerät die gesamte Rehabilitationsförderung in eine Krise.

Aber auch aus rehabilitationspsychologischen Gründen könnte eine frühe Fokussierung auf persönliche Ziele zu erheblichen Komplikationen führen, da möglicherweise viele Menschen zunächst nicht in der Lage sind, für sich Ziele zu definieren und/oder diese Ziele hinreichend zu realisieren. Dies soll nachstehend ausführlicher dargestellt werden.

Ziele beruhen auf antizipierten Zuständen und Ereignissen, die für die Person von Bedeutung sind. Die entsprechende Forschung unterscheidet Persönlichkeits- Sozial- und Motivationspsychologische Ansätze. Es können vier Konzepte unterschieden werden:

- Konzepte der *current concerns* (persönliche Anliegen). Hierbei handelt es sich um eine Zielorientierung, die aus der Bindung (*commitment*) einer Person an für sie bedeutsame Anreize resultieren. Sie sind affektiv besetzt und werden nur um dem Preis depressiver Verstimmungen aufgegeben. (Klinger, 1977 in Brunstein & Maier 1996)
- Das Konzept *personal projects* (Little, 1983 und Murray, 1951 in Brunstein & Maier a.a.O.). Darunter sind ausgedehnte Handlungspläne zu verstehen, die „implementiert" werden um individuell relevante Zielzustände zu erreichen.
- Das Konzept der *personal strivings* (Emmons, 1986 in Brunstein & Maier a.a.O.). Hierunter sind überdauernde Bestrebungen aufzufassen, die langfristig angelegt sind, was eine Person typischerweise tun und erreichen will. Dieser Ansatz geht auf die teleonomische Persönlichkeitstheorie von Allport (1937) zurück.
- *Life task* und *current concerns* – also persönliche Projekte und Anliegen – kreisen um Anforderungen, die eine Person in einer bestimmten Lebensphase oder bei einem kritischen Lebensübergang zu bewältigen hat, um die ihr wichtigen Ziele zu erreichen.

Die vier Zielkonzepte lassen sich nach zwei Gesichtspunkten unterscheiden. Zunächst nach dem Abstraktionsniveau. So lassen sich *current concerns* und *personal projects* konkreten Vorhaben und Plänen zuordnen. *Personal strivings* und *life task* beziehen sich eher auf übergeordnete Ziele für unterschiedlichste Anliegen und Projekte. Ein zweites Merkmal orientiert sich an der Bedeutung sozialen Kontexts und Zusammenhang mit den persönlichen Zielen. Hierbei werden persönliche Ziele als sozial-kognitive Konstrukte dargestellt. Persönliche Ziele entstehen durch Interaktion zwischen den Bedürfnissen, den Motiven und Werten des Menschen und den Anforderungen, Anregungen und Strukturen der sozialen, altersspezifischen und kulturellen Lebenssituation. Für Little und Cantor sind die persönlichen Ziele hierbei durch Plastizität und Veränderbarkeit gekennzeichnet, im Zusammenhang mit wechselnden Handlungs- und Lebenssituationen. Für Emmons haben die persönlichen Ziele eher die Qualität von überdauernden Persönlichkeitsmerkmalen. Dabei werden persönliche Bestrebungen stets neu aufgegriffen und in unterschiedlichsten Situationen und Kontexten weiterverfolgt.

Wenn die Erhebung persönlicher Ziele methodisch durch freie Selbstberichte erhoben wird, scheinen vergleichbare Ausgangsdaten erhältlich zu sein. Weiter entsteht in den hier erstellten Zielkonzepten die gemeinsame Annahme, „dass persönliche Ziele dem Alltagsleben von Menschen Sinn, Struktur und Bedeutung verleihen" (Cantor, 1990; Emmons, 1986, 1989; Klinger, 1977; in Brunstein, Maier, 1996). Persönliche Ziele regen die Menschen an, diese durch Strategien und Pläne zu verwirklichen und in Handlungen umzusetzen. Weiterhin beeinflussen persönliche Ziele die emotionalen Erfahrungen. Sowohl affektive Reaktionen auf Alltagsereignisse als auch erinnerte Erfahrungen sind abhängig davon, ob die betreffenden Ereignisse und Erinnerung relevant sind und sich für die entsprechende Verwirklichung als förderlich oder hinderlich erweisen. „Sobald sich eine Person an bestimmte Ziele gebunden hat, sind ihre Affekte und Emotionen vom Erreichen dieser Ziele abhängig." (Brunstein J.C., Maier G.W., a.a.O. S. 149)

1.1.3 Persönliche Ziele und Soziale Unterstützung

Sowohl für die Realisierung als auch für die Bildung von persönlichen Zielen scheinen zwischenmenschliche Beziehungen bedeutsam. Verfügt eine Person diesbezüglich über gute Ressourcen und sind diese Ressourcen für die Verwirklichung von Zielen zu nutzen, wirkt sich dies auf das Wohlbefinden aus. Für unsere motivationalen Aufgaben scheinen Forschungsergebnisse wie die von Robbins, Lee und Wan (1994 in Brunstein & Maier, a.a.O.) bedeutsam, die darauf hinweisen, dass bereits ein anregungsreiches soziales Umfeld durch entsprechende Unterstützungsfunktionen deutlich dazu ermutigt, persönliche Ziele zu bilden und davon ausgehend Lebenssituationen zu gestalten. Noch ist aber wenig bekannt darüber, inwieweit sich soziale Unterstützung in persönlichen Zielen niederschlägt.

1.1.4 Persönliche Ziele, Traits und Motive

Als Traits gelten Persönlichkeitsdimensionen, die mit wiederkehrenden und situationsübergreifenden Mustern von Verhaltensgewohnheiten verbunden sind. Sie kennzeichnen, zu welchen Verhaltensweisen eine Person im Vergleich zu anderen Personen tendiert, wenn ihr Verhalten über Zeitpunkt, Situation und Settings hinweg aufgezeichnet und ausgewertet wird.

Persönliche Ziele dagegen beschreiben, was eine Person mit dem was sie tut, bezweckt und zu erreichen versucht (Emmons, 1989 in Brunstein & Maier, a.a.O.). Es scheint ein Zusammenhang zwischen Traits und der Bildung und Gewichtung von persönlichen Zielen zu bestehen. Während Motive als Wertungsdispositionen für den Bereich Schwierigkeiten (Leistungsmotiv), Wirksamkeit (Machtmotiv) und soziale Nähe (Intimitätsmotiv) anzusiedeln sind (Heckhausen, 1989 in Brunstein & Maier, a.a.O.), beruhen persönliche Ziele auf der Bindung einer Person an ausgewählte Anreize. Motive sind dabei hochgradig durch emotionale Erfahrungen geprägt. Dies bedeutet, dass Motive aus frühen emotionalen Lernerfahrungen entstehen, die nichtsprachlich repräsentiert sind und sich damit weitgehend der Introspektion entziehen. Persönliche Ziele dagegen sind ein bewusst erfahrbares Motivationssystem. Sie sind verbal erstellbar und dem Bewusstsein zugänglich. Planung, Bewertung, Korrektur von Handlung sowie die Mobilisierung von Anstrengungen die entsprechenden Handlungsabläufe zu meistern und etwaige Fehlschläge zu überwinden. Der Übergang von Motiven zu persönlichen Zielen kann Prozesscharakter annehmen (Wurf und Markus, 1991 in Brunstein & Maier, a.a.O.). In diesen Prozess würden die Besonderheiten der Person und ihrer Lebenssituation einfließen.

Andere Ansätze stellen eher duale Motivationssysteme dar. Hierbei sind Motive und persönliche Ziele relativ autonome Motivationssysteme, die sich in unterschiedlichem Maß aufeinander beziehen. Für die Rehabilitation sind diese Ansätze möglicherweise bedeutsam. „Weichen die Ziele einer Person deutlich und dauerhaft von ihren Motiven ab, kann die Befriedigung der betreffenden Motive beeinträchtigt werden. Nach McClelland et al. (1989) ist in diesem Fall mit emotionalen Problemen zu rechnen." (Brunstein, 1996, S. 154)

1.1.5 Anwendungsperspektiven

In der für uns bedeutsamen Selbstmanagement-Therapie von Kanfer, Reinecker und Schmelzer (1991) erfüllen die persönlichen Ziele eine doppelte Funktion. Eine erste Funktion besteht in der Steuerung des Verhaltens (persönliche Ziele und zugehörige Handlungspläne). Zum Erreichen persönlicher Ziele ist anschließend der Aufbau einer Änderungsmotivation erforderlich. Eine zweite Funktion beinhaltet die Verbindung von persönlichen Zielen als Ausgangspunkt für den Aufbau und die Veränderung von Verhalten. Im Selbstmanagement-Ansatz „werden die Klienten ermutigt, sich persönliche Ziele zu setzen und die Verantwortung für die Realisierung ihrer Ziele zu übernehmen. Unrealistische Wünsche und unverbindliche Fantasien werden identifiziert und in realitätsgerechtere und konkretere Ziele übersetzt. Defizite in kognitiven, sozialen und verhaltensmäßigen Ressourcen, die zur Verwirklichung von persönlichen Zielen erforderlich sind, werden systematisch abgeklärt und zum Ansatzpunkt für Interventionen gemacht" (Brunstein, Maier, a.a.O. S. 155). Die Autoren regen dazu an von der „natürlichen" Motivation, d.h. den persönlichen Zielen von Klienten auszugehen, diese Ziele für Veränderungsprozesse zu nutzen und die Bedeutung persönlicher Ziele für die Entwicklung beruflicher Laufbahnen zu analysieren.

1.1.6 Zusammenfassung

Persönliche Ziele werden als verbindendes Element zwischen Motivation und Persönlichkeit betrachtet. Danach kennzeichnet eine Person nicht nur, über welche Eigenschaften sie verfügt im Vergleich zu anderen, sondern auch welche Ziele sie in ihrem Leben anstrebt und verwirklichen will (Cantor,1990 in Brunstein, a.a.O.). Viele persönliche Ziele scheinen sich auf soziale Beziehungen zu beziehen, die als Anregungsfeld und Gelegenheitsstruktur für persönliche Ziele dienen. Da persönliche Ziele nur ein besonders flexibles Teilsystem der Persönlichkeit darstellen, können sie mit anderen Teilsystemen der Person interagieren. Gefundene Wechselwirkungen zwischen persönlichen Zielen und sozialen Wechselwirkungen können dies belegen.

Bereits Bühler und Massarik (1969) in Brunstein, (a.a.O.) erkannten, dass persönliche Ziele bzw. Lebensziele wichtige Orientierungspunkte für die Gestaltung von Biographien darstellen. Für die entsprechenden langfristigen Adaptationsprozesse sind entwicklungspsychologische Studien erforderlich, für die bereits Ansätze existieren. Für eine Ausweitung entsprechender Forschungsansätze wird ein Multi-Methoden-Ansatz gefordert, der auf Selbstbericht, Beobachtung und Experiment basiert. Dabei würde die Erforschung der Funktionen von persönlichen Zielen auf eine breitere Basis gestellt.

2. Die Selbstbestimmungstheorie und die intrinsische Motivation

Während die Selbstwirksamkeitstheorie Motivation eher unter dem Aspekt der Intensität sieht, versucht die Selbstbestimmungstheorie als Weiterführung dieses Ansatzes für den pädagogischen Kontext die „Qualität" der Motivation aufzuklären. (Krapp, Ryan, 2002). Neben der Stärke der Motivation soll eine Aussage zu ihrer Ausrichtung gemacht werden können, also „warum" eine Person etwas tut oder nicht tut. Die Selbstbestimmungstheorie hält hierfür fünf idealtypische Varianten der Motivation bereit.

2.1. Die intrinsische Motivation

Diese gilt als sorgfältig untersucht und besagt Folgendes: „Eine intrinsisch motivierte Person handelt aus Freude über die Tätigkeit oder einem „intrinsischen Interesse" an der Sache." (Krapp, Ryan; a.a.O. S. 58; Rudolph2003). Die Bedeutung der Emotion für zielgerichtetes Handeln wird auch durch die Neurobiologie gestützt (Roth, 1997). Die Quelle der Motivation ist unabhängig von Belohnungen oder anderen „Handlungsveranlassungen". Damit gilt die intrinsische Motivation als besonders wichtig für anspruchsvolle Formen des Lernens. Sie wird erhöht durch das Erleben von Kompetenz, und darüber hinaus wird vermutet, dass diese intrinsische Motivation nur dann auftritt, wenn sich das Individuum als ausreichend selbstbestimmt wahrnehmen kann.

Bei Kontrolle von außen, Belohnung, Zwang oder ähnlichem scheint sich keine intrinsische Motivation einzustellen. Hierfür liegen zahlreiche empirische Befunde vor. (Deci/Ryan, 1987, 2000 in Krapp, Ryan 2002). Dieser Umstand hat die Praxis des Zieltrainings maßgeblich beeinflusst. Besonders interessant in diesem Zusammenhang erscheint der sogenannte „Korrumpierungseffekt" der Belohnung. Damit ist gemeint, dass eine bereits vorhandene intrinsische Motivation durch extrinsische Bekräftigung (Lob, Bezahlung) beeinträchtigt oder aufgelöst werden kann. Der Effekt gilt als im wesentlichen empirisch gesichert (vgl. Ryan, Deci 2000 b in Krapp, Ryan 2002).

2.2. Die verschiedenen Formen extrinsischer Motivation

Diese unterscheiden sich nach Auffassung der Selbstbestimmungstheorie hinsichtlich der erlebten Selbstbestimmung. Grundsätzlich geht es um externale Regulation der Person. Auf unterster Stufe liegt eine völlig fremdbestimmte Form vor, die durchaus wirksam sein kann, aber nur solange anhält, wie die externale Beeinflussung anhält.

Auf der nächsten Stufe möchten Menschen vor sich selbst gut dastehen, das Gefühl der „sozialen Zugehörigkeit" hat zentrale Bedeutung (vgl. Krapp, Ryan a.a.O.). Diese Stufe stellt die unterste Ausprägung bereits selbstbestimmten Handelns dar und wird als Introjektion beschrieben. Bereits deutlich stärker ausgeprägt im Hinblick auf Autonomie und „freien Willen" ist die Stufe der Identifikation. Die Person handelt aus Überzeugung, es liegt persönliches Interesse vor. Die höchste Stufe ist die der Integration. Hier ordnet das Individuum das Aufgabengebiet und die damit verbundenen Ziele in sein persönliches Wertesystem ein.

Nach der Selbstbestimmungstheorie ist es also der relative Grad an Autonomie, der über die Qualität der Motivation entscheidet. Unter Autonomie wird verstanden „ob eine Person mit den Anregungen, Vorgaben oder Normen übereinstimmt und deshalb freiwillig bereit ist, das eigene Verhalten daran zu orientieren" (Krapp/Ryan, a.a.O. S. 65). Nicht gemeint – und damit häufig missverständlich interpretiert – ist damit die komplette Unabhängigkeit des Verhaltens von äußeren Einflüssen.

3. Persönliche Ziele und Subjektives Wohlbefinden

Die bereits angeführte Bedeutung der Emotionen für Motivation und zielgerichteten Handelns scheint auch für Wechselwirkungen im Hinblick auf Subjektives Wohlbefinden mit entscheidend zu sein. So verweist Brunstein (1996) auf eine Reihe von diesbezüglichen Studien und belegt mit einer eigenen Studie diesen Interaktionseffekt. „Die Ergebnisse zeigen, dass Personen, die erfolgreich nach persönlich bedeutsamen Zielen streben, ein hohes Maß an Subjektivem Wohlbefinden verzeichnen. Im Vergleich zu Personen mit geringerem Wohlbefinden weisen sie persönlichen Zielen ein höheres Maß an Bedeutsamkeit zu." (Brunstein a.a.O. S. 149)

Im Hinblick auf Subjektives Wohlbefinden herrschte zunächst Unklarheit darüber, wie stark diese Problematik möglicherweise in das Motivationsgefüge von Rehabilitanden einwirken könnte. Mittels der „WHO-Instrumente zur Erfassung von Lebensqualität" (Angermeyer et al., 2000) wurde sichtbar, dass die Rehabilitanden in allen Domänen deutlich niedrigere Werte als die Vergleichsstichproben aufweisen (Abb.1).

Insbesondere erscheint der deutlich erniedrigte Wert für die „Unabhängigkeit" für Anliegen des Selbstgesteuerten Lernens besonders auffällig. Die Rehabilitanden sind offensichtlich in eine Vielzahl von Abhängigkeiten sozialer, medizinischer und beruflicher Art eingebunden. Diese können zunächst kaum als konstruktive Grundlagen für neue Lernvorhaben betrachtet werden, eher mit Holzkamp (1995) als „Beeinträchtigung von Weltverfügung/Lebensqualität". Lerngründe wären mit Holzkamp dann zunächst nicht expansiver, sondern defensiver Natur.

Für die Praxis der Lernberatung heißt das, soweit als möglich gute, förderliche Lernbedingungen herzustellen, den biografisch verursachten Abhängigkeitsgefühlen nicht weiter Vorschub leisten, sondern Subjektives Wohlbefinden fördern. Das ist schon deshalb eine schwierige Aufgabe, weil die gleichfalls hohe Symptombelastung, die Schwierigkeiten aus der Umwelt (Handicaps in der Terminologie der WHO) und die gefährdeten sozialen Beziehungen zusätzlich dem Wohlbefinden entgegen stehen.

4. Handlungsorientierung versus Lageorientierung – die Theorie der menschlichen Handlungssteuerung

Zum Verständnis des Motivationsgefüges unserer TeilnehmerInnen und Rehabilitand/inn/en kann es hilfreich sein, mit Kuhl (1998) die Willensforschung zu berücksichtigen. Langzeitarbeitslose Menschen und Menschen mit Behinderungen oder Immigranten geraten schnell in Verdacht, an ihrer Situation nichts ändern zu wollen. Das gerade sprichwörtliche „Wer Arbeit sucht, findet auch welche!" kann dafür ein Indiz sein. Da hier – im Modell von Kuhl und Heckhausen – (vgl. Rudolph a.a.O. S. 214) die Selbstwirksamkeitsmodelle um die Bedeutung des menschlichen Willens erweitert werden – kann dieser Ansatz für alle Beteiligten eine erhebliche Entlastung darstellen.

Kuhl unterscheidet zwei Zustände: Die Handlungsorientierung und die Lageorientierung.
- Handlungsorientierte Menschen verhalten sich aktiv im Hinblick auf Pläne und Handlungsalternativen, um Diskrepanzen zwischen einem aktuellen Zustand und einem beabsichtigten zukünftigen Zustand zu beseitigen.
- Lageorientierte Menschen hingegen setzen sich weniger mit einer Zielabsicht auseinander, sondern eher damit, über die gegenwärtige, die vergangene oder zukünftige Lage nachzudenken, wenn nicht zu grübeln. Insbesondere Menschen nach wiederholten Misserfolgen neigen zur Lageorientierung.

Diese Orientierungen können nach Kuhl stabile Personenmerkmale werden. Was die willentliche Handlungssteuerung betrifft, wird die Wirkung positiver Affekte unterstrichen. „Positiver Affekt ... sollte gemäß dieser Annahme besonders die Umsetzung selbstgewollten und explizit intendierten Verhaltens bahnen; ... die Hemmung positiven Affekts, die phänomenal oft mit dem Erleben von Anspannung assoziiert sein mag, sollte demnach besonders die Umsetzung selbstgewollter Handlungen erschweren, während fremdgesteuertes Verhalten auch (oder gerade) bei niedrigem positiven Affekt gebahnt werden kann." (Kuhl, a.a.O. S. 65) Kuhl sieht den Zusammenhang zwischen prospektiver Lageorientierung und gedämpfter positiver Grundstimmung einerseits und einer gesteigerten Neigung zu fremdbestimmtem Handeln andererseits als gegeben.

Für Anliegen der motivationalen Unterstützung und des Selbstgesteuerten Lernens bedeuten diese Befunde, dass der situative Kontext positive Affekte fördern sollte.

5. Das Zieltraining

Im Rahmen des vom BMBF geförderten Projektverbundes Lernberatung „Innovative Beratungskonzepte für selbstorganisiertes Lernen Erwachsener in einer neuen Lernkultur" wurde unter Mitwirkung von Rehabilitand/inn/en ein Unterstützungsangebot für das Aufsuchen und Realisieren von „Persönlichen Zielen" (Brunstein; Maier; 1996) im Verlauf von Rehabilitationsmaßnahmen entwickelt.

Die hochkomplexe Wechselwirkung von Motivations- und Zielentwicklungen für das Handeln von Menschen ist auch in der medizinisch-beruflichen Rehabilitation von erheblicher Bedeutung für den erfolgreichen Verlauf. Entsprechende Effekte der Behinderung und Erkrankung wirken auf die Motivationen und Erwartungen der betroffenen Menschen ein (Deck, Kohlmann, Raspe, 1998), und führen in Zusammenhang mit häufig vorliegender Langzeitarbeitslosigkeit zu weiteren Einschränkungen (vgl. Epping, Klein, Reutter; 2001). Im Hinblick auf Umschulungsvorhaben ist damit zu rechnen, dass die Motivation häufig eher unklar oder gering entwickelt ist, die TeilnehmerInnen sich in Gruppen von Desinteressierten und Verweigerern wiederfinden können (Haenschke, 1998), sich Prozesse einvernehmlicher Vereinbarung von Rehabilitationszielen schwierig gestalten (Tuschhoff; 2002) oder sich auf Grund ausgeprägter Abhängigkeit ein Anpassungsverhalten im Sinne Sozialer Erwünschtheit entwickelt.

Für die angestrebte umfassende Individualisierung von Lernprozessen in offenen Lernberatungskonzepten kann ein unterstützendes Angebot insbesondere für die Auseinandersetzung mit Zielen und Motivationsproblemen nach Misserfolg (Brunstein, 1995) hilfreich sein.

Das noch immer in Entwicklung begriffene „Zieltraining" integriert unter motivationalen und volitionalen Gesichtspunkten die Förderung autonomer Zielfindung und -realisierung durch das SOK-Modell von Baltes. et al. (1999) mit dem Aufbau von Selbstlern-Management-Kompetenz. (Kemper; Klein, 1998).

5.1 Praktische Durchführung

Die Gestaltung des Trainings erfolgt durch die Teilnehmer selbst anhand einer schriftlichen Strukturhilfe zum Ablauf, in frei gewählten Kleingruppen oder in Einzelarbeit. Dabei wird berücksichtigt, dass sich gruppendynamische Prozesse auf das Training auswirken können. Viel Raum soll dabei der Kommunikation der Teilnehmer untereinander eingeräumt werden im Sinne eines kommunikativen Handelns (Klippert, 1995).

Zur Förderung der beschriebenen intrinsischen Motivation werden Außeneinflüsse der Einrichtung auf ein Mindestmaß reduziert. MitarbeiterInnen der Institution wirken nur bei der Planung, nicht bei der Durchführung mit.

> **Abb. 1: Zieltraining: Regeln / Hilfsmittel zur gegenseitigen Beratung**
> 1. **Sprechstein**
> Die Person, die den Sprechstein in Händen hält, hat **Rederecht**. Wer nichts sagen oder fragen möchte, gibt ihn weiter.
> 2. **Aufgabenkarten**
> Die Rollen sind auf farbige Karten geschrieben:
> **Gastgeber:** Er/sie sorgt für angemessene Rahmenbedingungen
> (z. B. angemessene Sitzordnung, gelüfteter Raum ...).
> **Chairperson:** Sie achtet auf die Einhaltung der Regeln und Vereinbarungen, z. B. nur einer spricht...).
> **Zeitwächter:** Eger achtet darauf, dass zeitliche Vereinbarungen einhalten werden (z. B. Pausen, Beratungsende, Redezeit ...).
> 3. **Störungskarte:**
> Jeder erhält eine Störungskarte. Störungen müssen mit Hilfe dieser Karte angezeigt werden. (z. B. „ich kann mich nicht mehr konzentrieren"; „fühle mich gestört durch").

Die Teilnehmer erhalten „Regeln/Hilfsmittel zur gegenseitigen Beratung" (Abb. 1) als Anregung für einen strukturierten Ablauf. Dabei werden „Rollen" vergeben wie „Gastgeber", „Chairperson" oder „Zeitwächter". Die Teilnahme am Zieltraining ist freiwillig. Auch der Ablauf bleibt den Teilnehmern überlassen. So können z.B. der gesamte Leitfaden durchgearbeitet werden oder aktuelle einzelne Aspekte zum Thema werden.

Die Diskussion der jeweiligen Ergebnisse verbleibt geschützt im „exklusiven" Rahmen der gewählten Ablaufform. Ebenso sind diesbezügliche persönliche Unterlagen fremdem Einblick entzogen. Zur Evaluation wird um anonyme Rückmeldung zur Effizienz des Trainings gebeten. Das Training findet pro Kurs derzeit regelmäßig im Abstand von sechs Wochen statt und ist in den Ablauf des Programms eingebettet.

5.2 Erste Ergebnisse

Die bislang vorliegenden Ergebnisse machen die erheblichen Schwierigkeiten vieler Rehabilitand/inn/en sichtbar, für sich realitätsorientierte persönliche Ziele zu formulieren und praktisch anzustreben. Das Zieltraining stellt u.E. jedoch einen guten Weg dar, Zielfindungsprozesse zu initiieren und wurde deshalb in unser kontextspezifisches Lernberatungskonzept als Kernelement integriert.

Unklar bleibt bisher, weshalb sich viele Rehabilitand/inn/en offensichtlich im S-O-K-Fragebogen überschätzen hinsichtlich der Zielgerichtetheit ihres Verhaltens. Möglicherweise kommt es hier häufig zu Fehlattributionen oder der Fragebogen wird aus „Sicherheitsgründen" und als Effekt der erheblichen sozialen Abhängigkeit im Sinne einer sozialen Erwünschtheit ausgefüllt. Eine stärkere Vernetzung des Zieltrainings mit den Intentionen des Lerntagebuches, also als persönliches und unkontrolliert bleibendes Verfahren stellt dazu einen Weg dar.

Auch zwischen einzelnen Kursen bestehen Unterschiede. So gibt interessanterweise ein Lehrgang für psychisch erkrankte Rehabilitand/inn/en mit einem erheblichen Anteil von Schulabbrechern des Gymnasiums eine deutlich realistischere Zielproblematik wieder als Rehabilitand/inn/en mit anderen Bildungsabschlüssen.

Im anonymen Rückmeldebogen (Abb. 2) erhält der selbst gestaltete Verlauf des Trainings die schlechtesten Bewertungen. Recht gute Bewertungen sind für die Zunahme der Zielabklärung und die Zielerreichung feststellen. Das sich Wohlfühlen in der Gruppe erhält die besten Ergebnisse.

In der Auswahl nachfolgender Themen wird immer wieder die Sinnfrage deutlich. Das Training wird oft als fremd, neu und verwirrend aufgefasst. Es bleibt zu überprüfen, inwieweit dies mit dem bisherigen Aufbau des Zieltrainings zusammenhängt oder mit dem Neuen, das noch nicht zu den Lerngewohnheiten der Lernenden passt.

5.3 Ausblick:

Das Zieltraining leidet bislang unter organisatorischen Mängeln. In den Reha-Teams muss die Durchführung nach Ort, Zeit und Verantwortung deutlich besser organisiert werden, um einen kontinuierlichen Verlauf zu gewährleisten. Es braucht klare strukturelle Verortungen, für die jedoch auch erste Ideen existieren: Die Rehabilitand/inn/en sollen die Gelegenheit erhalten, ihre Zielproblematik auch in Lernberatungsgesprächen zu vertiefen und die Sinnhaftigkeit des Anliegens dort zu diskutieren.

Unklar bleibt, inwieweit Rehabilitand/innen mit Schädel-Hirn-Verletzungen oder ausgeprägten psychischen Störungen vom Training profitieren können.

ZIELTRAINING – RÜCKMELDEBOGEN – ANONYM				
Bitte keine Namen eintragen!				
Datum:				
Für mich war heute wichtig:				
Bewertung: (Bitte Zutreffendes ankreuzen)				
0 = gar nicht; 1 = etwas; 2 = überwiegend; 3 = sehr;				
Mit dem Verlauf des Trainings bin ich zufrieden	0	1	2	3
Meine Ziele sind mir klarer geworden	0	1	2	3
Ich erreiche meine Ziele	0	1	2	3
In der Gruppe habe ich mich wohl gefühlt	0	1	2	3
Im nächsten Training möchte ich folgendes Thema ansprechen:				

Einschränkungen der Merkfähigkeit, der Konzentration und des Gedächtnisses können die Teilnahme am Training erschweren. Auch verweisen erste Erfahrungen darauf, dass Lernberatungsgespräche sowie die Thematisierung persönlicher Ziele in Lernkonferenzen fördern und ermutigen.

Insbesondere die positiven Rückmeldungen zur Zielabklärung lassen es sinnvoll erscheinen, das Zieltraining gemeinsam mit den Kernelementen der Lernberatung als Förderangebot weiter zu entwickeln und anzuwenden.

Als Inhalt des Lerntagebuchs bietet der Leitfaden auch in der Lernkonferenz eine gute Grundlage für die eigenverantwortliche Gestaltung des Lernprozesses in der medizinisch-berufliche Rehabilitation.

Literatur

Angermeyer, M.C., Kilian, R., Matschinger, H. (2000); WHOQOL-100 und WHOQOL-Bref, Handbuch für die deutschsprachige Version der WHO-Instrumente zur Erfassung von Lebensqualität, Göttingen: Hogrefe

Aschenbach, G. (1994); Philosophie der Psychologie in Asanger, R.; Wenninger G.; Handwörterbuch der Psychologie, Weinheim: Beltz

Baltes, P.B.; Baltes, M.; (1989); Optimierung durch Selektion und Kompensation. Z. f. Pädagogik, 35, 85-105

Baltes, P.B.; Baltes, M.; Freund, A.M.; Lang, F.; (1999); The measurement of selection, optimization, and compensation (SOC) by self-report, Max-Planck-Institut für Bildungsforschung, Materialien aus der Bildungsforschung Nr. 66, Berlin

Bandura, A. (1997) Self-efficacy: Towand a unifying theory of behavioral change. Psychological Review, 84, 191-215

Brunstein, J.C. (1995); Motivation nach Mißerfolg, Göttingen: Hogrefe

Brunstein, J.C. & Maier, G, (1996); Persönliche Ziele – Ein Überblick zum Stand der Forschung, Psychol. Rundschau, 47, 146-160

Deck, R.; Kohlmann, Th.; Raspe, H.(1998); Erwartungen und Motivationen bei Patienten in der medizinischen Rehabilitation, Z.f. Gesundheitspsychologie, 6, (3) 101-108

Epping, R.; Klein, R.; Reutter, G. (2001); Langzeitarbeitslosigkeit und berufliche Weiterbildung, Bielefeld

Haenschke,B.; Identitätslernen im Transformationsprozess, in: Klein, R.; Reutter, G. (Hrsg.) (1998); Lehren ohne Zukunft, Hohengehren: Schneider

Helmke, A. (1992); Selbstvertrauen und schulische Leistungen, Göttingen: Hogrefe

Holzkamp, K. (1993); Lernen, F/M: Campus

Jerusalem, Mathias (1990); Persönliche Ressourcen, Vulnerabilität und Stresserleben, Göttingen: Hogrefe

Kanfer, F.H.; Reinecker, H.; Schmelzer, D.(1991); Selbstmanagement-Therapie. Berlin-Heidelberg: Springer

Kemper,M.; Klein, R. (1998); Lernberatung, Hohengehren: Schneider

Krapp, A.; Ryan, R.M. (2002); Selbstwirksamkeit und Lernmotivation, Z. f. Pädagogik, 44. Beiheft, Weinheim: Beltz

Klippert, H. (1995); Kommunikationstraining, Weinheim: Beltz

Kuhl, J. (1998); Wille und Persönlichkeit: Funktionsanalyse der Selbststeuerung; Psycholog. Rundschau, 49 (2), 61-77

Roth, G. (1997); Das Gehirn und seine Wirklichkeit, F/M: Suhrkamp

Rudolph, U. (2003); Motivationspsychologie, Weinheim: Beltz

Tuschhoff, Th.(2002); Motive erkennen und fördern – eine Basisqualifikation für die Rehabilitation, in: Arbeitskreis Klinische Psychologie in der Rehabilitation BDP (Hrsg.) Motivation – Basis der Rehabilitation, Bonn: Deutscher Psychologenverlag

Evangelische Heimstiftung
Stephanuswerk Isny

ZIELTRAINING

Ein Leitfaden für den erfolgreichen Umgang mit persönlichen Zielen für das Lerntagebuch

– nur zum internen Gebrauch –

Wir danken
- dem Büro für berufliche Bildungsplanung Dortmund bbb – Frau Rosemarie Klein – für wertvolle Anregungen zu Zielen in der Lernberatung,
- dem Max-Planck-Institut für Bildungsforschung – Prof. Dr. Baltes – für die freundliche Erlaubnis zur Verwendung des SOC-Questionnaire Technical Report, Berlin 1999,
- allen, aus Datenschutzgründen namentlich nicht aufgeführten, Rehabilitandinnen und Rehabilitanden für ihre Mitwirkung an der Gestaltung dieses Leitfadens.

– Teil I –
Persönliche Ziele
I. Die Auswahl persönlicher Ziele

✒	Person A	✒	Person B
☐	Ich konzentriere meine ganze Energie auf wenige Dinge.	☐	Ich verteile meine Energie auf viele Dinge.
☐	Ich verfolge immer nur einen Plan nach dem anderen.	☐	Ich verfolge immer viele Pläne auf einmal.
☐	Wenn ich mir überlege, was ich will, lege ich mich auf ein oder zwei wichtige Ziele fest.	☐	Auch wenn ich mir überlege, was ich eigentlich will, lege ich mich nicht endgültig fest.
☐	Um ein bestimmtes Ziel zu erreichen, bin ich bereit, auf andere zu verzichten.	☐	Nur um ein bestimmtes Ziel zu erreichen, bin ich nicht bereit, auf andere zu verzichten.
☐	Ich verfolge immer nur ein Ziel nach dem anderen.	☐	Ich verfolge immer viele Ziele auf einmal, so dass ich mich leicht verzettle.
☐	Ich weiß genau, was ich möchte und was ich nicht möchte	☐	Was ich möchte, ergibt sich für mich oft erst aus der Situation.
☐	Wenn ich mich für ein Ziel entschieden habe, dann bleibe ich auch dabei.	☐	Ich kann ein Ziel jederzeit auch wieder ändern.
☐	Ich richte meine Aufmerksamkeit immer auf mein wichtigstes Ziel.	☐	Ich gehe immer sehr viele Ziele gleichzeitig an.
☐	Ich treffe wichtige Lebensentscheidungen.	☐	Ich lege mich nicht gerne auf bestimmte Dinge im Leben fest.
☐	Ich überlege mir ganz genau, was für mich wichtig ist.	☐	Ich lasse die Dinge erst einmal auf mich zukommen und sehe dann weiter.
☐	Ich habe nicht viele Ziele im Leben, die mir alle gleich wichtig sind.	☐	Ich habe viele Ziele im Leben, die mir alle gleich wichtig sind.
☐	Ich habe meine Ziele genau abgesteckt und halte mich daran.	☐	Ich passe meine Ziele oft auch kleinen Veränderungen an.

II. Die Ausrichtung auf wichtige persönliche Ziele nach vorausgegangenen Verlusten

	Person A		Person B
☐	Wenn die Dinge nicht mehr so gut laufen wie bisher, lege ich mich auf ein oder zwei wichtige Ziele fest.	☐	Wenn die Dinge nicht mehr so gut laufen wie bisher, versuche ich trotzdem, all meine Ziele beizubehalten.
☐	Wenn ich etwas Wichtiges nicht mehr so tun kann wie bisher, suche ich nach einem neuen Ziel.	☐	Wenn ich etwas Wichtiges nicht mehr so tun kann wie bisher, verteile ich meine Zeit und Energie auf viele andere Dinge.
☐	Wenn mir etwas nicht mehr so gelingt wie früher, überlege ich ganz genau, was mir wichtig ist.	☐	Wenn mir etwas nicht mehr so gelingt wie früher, lasse ich die Dinge erst einmal auf mich zukommen.
☐	Wenn mir etwas nicht mehr so gelingt wie bisher, konzentriere ich mich ausschließlich auf das Wesentliche.	☐	Selbst wenn mir etwas nicht mehr so gelingt wie bisher, verfolge ich all meine Ziele.
☐	Wenn ich nicht mehr weitermachen kann wie gewohnt, richte ich meine Aufmerksamkeit auf mein wichtigstes Ziel.	☐	Auch wenn ich nicht mehr weitermachen kann wie gewohnt, richte ich meine Aufmerksamkeit nach wie vor auf all meine Ziele.
☐	Wenn mir etwas zunehmend schwer fällt, überlege ich, welche Ziele ich unter diesen Umständen erreichen oder beibehalten kann.	☐	Wenn mir etwas zunehmend schwer fällt, finde ich mich damit ab.
☐	Wenn die Dinge nicht mehr so gut gelingen wie bisher, verfolge ich zunächst nur mein wichtigstes Ziel.	☐	Wenn die Dinge nicht mehr so gut gelingen, lasse ich es dabei bewenden.
☐	Wenn mir etwas immer mehr Mühe bereitet, überlege ich genau, was ich eigentlich will.	☐	Wenn mir etwas immer mehr Mühe bereitet, zerbreche ich mir nicht den Kopf darüber.
☐	Wenn etwas nicht mehr so gut läuft wie bisher, nehme ich von einigen Zielen Abstand, um wichtigere verfolgen zu können.	☐	Wenn etwas nicht mehr so gut läuft wie bisher, warte ich auf bessere Zeiten.
☐	Wenn ich etwas nicht mehr erreichen kann, bemühe ich mich um das, was gut geht.	☐	Wenn ich etwas nicht mehr erreichen kann, vertraue ich darauf, dass sich die Situation von selbst wieder ändert.
☐	Wenn die Dinge nicht mehr so gut laufen wie bisher, überlege ich genau, was mir wirklich wichtig ist.	☐	Wenn die Dinge nicht mehr so gut laufen wie bisher, belasse ich es dabei.
☐	Wenn etwas zusehends schwieriger für mich wird, stecke ich meine Ziele genauer ab.	☐	Wenn etwas zusehends schwieriger für mich wird, versuche ich, mich abzulenken.
☐	Wenn etwas für mich in gewohnter Weise nicht mehr machbar ist, überlege ich mir genau, was ich unter diesen Umständen noch erreichen kann.	☐	Wenn etwas für mich in gewohnter Weise nicht mehr machbar ist, denke ich nicht weiter darüber nach.

III. Beschaffung und Einsatz von Mitteln zur Zielerreichung

✎	Person A	✎	Person B
☐	Ich probiere so lange, bis mir gelingt, was ich mir vorstelle.	☐	Wenn mir nicht gleich gelingt, was ich mir vorstelle, probiere ich nicht mehr lange andere Möglichkeiten durch.
☐	Ich setze alles daran, meine Pläne zu verwirklichen.	☐	Ich warte lieber ab, ob sich meine Pläne nicht vielleicht von selbst verwirklichen.
☐	Wenn mir an etwas sehr gelegen ist, setze ich mich voll und ganz dafür ein.	☐	Auch wenn mir an etwas sehr gelegen ist, lasse ich mich dennoch nicht voll und ganz darauf ein,.
☐	Ich probiere so lange, bis mir gelingt, was ich mir vorstelle.	☐	Ich probiere nicht lange herum, wenn mir nicht gleich gelingt, was ich mir vorstelle.
☐	Ich setze alles daran, meine Pläne zu verwirklichen.	☐	Ich warte erst einmal in Ruhe ab, ob sich meine Pläne nicht von selbst verwirklichen.
☐	Wenn ich ein Ziel auswähle, bin ich auch bereit, viel dafür zu tun.	☐	Meistens wähle ich das Ziel aus, das ich mit geringem Aufwand erreichen kann.
☐	Wenn ich etwas erreichen möchte, kann ich den richtigen Zeitpunkt dafür abwarten.	☐	Wenn ich etwas erreichen möchte, ergreife ich die erstbeste Gelegenheit.
☐	Wenn ich etwas begonnen habe, das mir wichtig ist, das aber wenig Aussicht auf Erfolg hat, dann setze ich mich besonders dafür ein.	☐	Wenn ich etwas begonnen habe, das mir wichtig ist, das aber wenig Aussicht auf Erfolg hat, dann lasse ich es meist sein.
☐	Wenn ich weiterkommen möchte, nehme ich mir erfolgreiche Menschen zum Vorbild.	☐	Wenn ich weiterkommen möchte, weiß ich nur selbst am besten, was ich dafür tun kann.
☐	Ich überlege mir genau, wie ich meine Vorstellungen am besten umsetzen kann.	☐	Ich denke nicht erst lange darüber nach, wie ich meine Vorstellungen umsetzen kann, sondern probiere es einfach.
☐	Wenn mir etwas wichtig ist, lasse ich mich auch von Rückschlägen nicht entmutigen.	☐	Rückschläge zeigen mir, dass ich mich anderem zuwenden sollte.
☐	Ich überlege mir, wann genau ich meine Pläne am besten verwirklichen kann.	☐	Wenn es um die Verwirklichung meiner Pläne geht, lege ich gleich los.

IV. Ausgleich von Einschränkungen und Verlusten

	Person A		Person B
☐	Wenn die Dinge nicht mehr so gut laufen wie bisher, suche ich nach anderen Wegen, um zum Ziel zu kommen.	☐	Wenn die Dinge nicht mehr so gut laufen wie bisher, gebe ich mich auch damit zufrieden.
☐	Wenn etwas nicht mehr so gut klappt wie bisher, bitte ich andere um Rat oder Hilfe.	☐	Wenn etwas nicht mehr so gut klappt wie bisher, verzichte ich lieber darauf, als andere um Rat oder Hilfe zu bitten.
☐	Wenn mich etwas daran hindert, weiterzumachen wie bisher, dann gebe ich mir erst recht Mühe.	☐	Wenn mich etwas daran hindert, weiterzumachen wie bisher, verzichte ich lieber darauf.
☐	Bei wichtigen Dingen achte ich darauf, ob ich nicht mehr Zeit oder Anstrengung aufwenden sollte.	☐	Selbst wenn mir Dinge wichtig sind, kann es mir passieren, dass ich nicht die nötige Zeit oder Anstrengung aufwende.
☐	Unter besonders schwierigen Lebensumständen suche ich Hilfe bei Ärzten, Beratern oder anderen Experten.	☐	Sogar mit besonders schwierigen Lebensumständen versuche ich selbst zurechtzukommen.
☐	Wenn es nicht mehr so gut geht, lasse ich mir auch von anderen helfen.	☐	Selbst in schwierigen Situationen belaste ich andere nicht damit.
☐	Wenn mir etwas auf gewohnte Weise nicht mehr gelingt, suche ich nach anderen Wegen.	☐	Wenn mir etwas auf gewohnte Weise nicht mehr gelingt, begnüge ich mich mit den Dingen, wie sie sind.
☐	Wenn mir etwas nicht mehr so gut gelingt wie bisher, informiere ich mich über andere Mittel und Wege, es zu erreichen.	☐	Wenn mir etwas nicht mehr so gut gelingt wie bisher, nehme ich es hin.
☐	Wenn mir etwas nicht mehr so gut gelingt wie früher, kann ich andere bitten, es für mich zu erledigen.	☐	Wenn mir etwas nicht mehr so gut gelingt wie früher, nehme ich Verluste in Kauf.
☐	Wenn ich befürchte, etwas zu verlieren, was ich schon erreicht habe, dann wende ich mehr Zeit dafür auf.	☐	Nur um Erreichtes nicht zu verlieren, bin ich nicht bereit, viel mehr Zeit dafür aufzuwenden.
☐	Wenn etwas nicht mehr so gut klappt wie gewohnt, schaue ich, wie andere es machen.	☐	Wenn etwas nicht mehr so gut klappt wie gewohnt, mache ich mir nicht viele Gedanken darüber.
☐	Wenn etwas nicht mehr so gut läuft wie bisher, nutze ich auch Ratgebersendungen oder Bücher.	☐	Wenn etwas nicht mehr so gut läuft wie bisher, weiß ich vor allem selbst, was für mich am besten ist.

Auswertungsblatt

Ziel (Person A)	Zerstreuung-Ablenkung (Person B)
Aussagen zu • **S**elektion (Eingrenzung möglicher Wahlentscheidungen) • **O**ptimierung (Erwerb und Einsatz von neuen Mitteln zur Zielerreichung) • **K**ompensation (Erwerb und Einsatz von Mitteln, um Einschränkungen/Verlusten entgegenzuwirken)	**Andere Aussagen**

Welcher Person entsprechen Sie eher?

Summe Person A: _____   Summe Person B: _____

Anmerkung: Den Summenwert erhalten Sie durch das Zusammenzählen der jeweiligen Aussagen von Person A oder Person B.

– Teil II –
Die 8 Schritte zum Ziel
– wichtig: sich Zeit lassen, Schritt für Schritt... –

Der 1. Schritt:

Wer unterstützt mich?:
Beratungsangebote wahrnehmen, ausprobieren, mal reinschnuppern. Lehrkräfte, Mitarbeiter/innen aus der Betreuung, dem Sozialdienst und dem Psychologischen Dienst vermitteln gerne Tipps und Tricks für's Lernen.

Der 2. Schritt:

Warum bin ich hier? Was möchte ich erreichen? Was fällt mir schwer?

Der 3. Schritt:

Was kann ich hier tun? Was wird mir hier geboten?
Sich einen Überblick verschaffen über Lerninhalte, Lernanforderungen und Lernmöglichkeiten im Zentrum, unter der Woche und am Wochenende.

Der 4. Schritt:

Was bringe ich an Interessen und Fähigkeiten mit?
Mit Hilfe des Lerntagebuches, der Lernkonferenz und des Förderplans herausbekommen, was interessant ist, was sich zu lernen lohnt. Oft helfen hier auch Gespräche mit anderen Teilnehmerinnen und Teilnehmern oder den Beraterinnen/Beratern weiter.

Der 5. Schritt:

Was habe ich über mich selbst erfahren?
Wie weit bin ich? Was ist mein bisheriger Stand? Was muss ich für meine berufliche und private Zukunft noch ausbauen?

Der 6. Schritt:

Wo will ich konkret hin? Welche Lernziele habe ich?

Der 7. Schritt:

Was weiß ich über mich als Lernende/Lernender?
(Dem eigenen Lernen auf der Spur: Was bin ich für ein Lerntyp? Welche Lernumgebungen sind gut für mich? Wie finde ich die für mich passenden Lerntechniken? Wie belohne ich mich für meine Lernanstrengungen?

Der 8. Schritt:

Was habe ich dazugelernt?
Was habe ich über mich erfahren und was mache ich daraus?

II/6. Lernberatung und fachliches Lernen – Grundhaltung mit ‚Werkzeugkoffer'

Anja Wenzig

1. Lernberatung als Grundhaltung bzw. Rollenverständnis im Lern-/Lehrprozess

„Lernberatung? Das ist doch eher was für Sozialpädagogen!" Eine Reaktion, die uns gelegentlich begegnete, wenn wir in den vergangenen Jahren unsere Lernberatungskonzeption vorstellten. Oder auch: *„Lernberatung macht bei uns eine Kollegin, das Büro hat dreimal die Woche für zwei Stunden geöffnet."* Lernberatung habe eine eher orientierende Funktion und den Auftrag, den eigentlichen Unterricht ‚störfreier' zu halten als eine Rezeption, die nicht unserem Verständnis entspricht, ist bereits im Kap. I/1. der Hrsg. dieses Bandes skizziert. Dass es die Idee dieser Konzeption ist, Beratung für das Lernen in den Lernprozess zu integrieren und zur Grundlage für die Gestaltung des fachlichen Lernprozesses zu machen, soll im Folgenden näher erläutert werden. Lernberatung ist in diesem Verständnis eben nicht etwas Zusätzliches, sondern bezieht sich auf die Grundhaltung der Lehrenden (und Lernenden) und auf die Art und Weise wie die Erarbeitung von Fachinhalten gestaltet wird – integriert in den ‚eigentlichen' Lernprozess.

Lernberatung beschreibt hier die Art und Weise, wie der fachlich-inhaltliche Lernprozess gestaltet ist und wie im Lernprozess die Interaktionen zwischen Lehrenden/Lernberater/inne/n und Lernenden verlaufen. Auf Lernberatung basierende Lern-/Lehrprozesse zeichnen sich durch eine „beratungsförmige" Gestaltung und einen ebensolchen Umgang miteinander aus. Heller (2001) unterscheidet in diesem Zusammenhang zwischen einer „orientierenden" und einer „fachlichen Funktion" von Lernberatung, die im praktischen Handeln jedoch wiederum vernetzt sind. Denn in einem auf Selbststeuerung und Verantwortungsteilung ausgerichteten Lernprozess wird das fachliche Lernen mit Selbststeuerung und Verantwortungsteilung fördernden Verfahren vernetzt mit Gestaltungselementen, die den Lernprozess selbst und seine Förderlichkeit für den/die Einzelne/n und die Gruppe in den Blick nehmen. Die analytische Unterscheidung der beiden Funktionen von Lernberatung stellt sich daher in der Umsetzung eher als integrierende Lernberatungspraxis dar.

Ausschlaggebend für Lernberatungshandeln ist die pädagogische Grundhaltung, die sich an den handlungsleitenden Prinzipien der
- Teilnehmerorientierung als Verantwortungsteilung
- Partizipationsorientierung (Interaktion/Transparenz)
- Reflexionsorientierung
- Kompetenzorientierung
- Biographieorientierung
- Sicherung von (lern-)biographischer Kontinuität
- Interessenorientierung
- Prozessorientierung

festmacht, wie im Kap I/2. von R. Klein ausgeführt. Diese Prinzipien gelten sowohl für die orientierende, als auch für die fachliche Funktion von Lernberatung. Sie schlagen sich in Gestaltungselementen nieder, die der begleitenden Beratung, sowie der Entwicklung von Selbstlernmanagementkompetenzen im Lernprozess dienen. Dies sind z.B. (vgl. auch Klein I/3.):

- Instrumente zur individuellen Reflexion des Lernprozesses (Lerntagebuch, Lernberatungsgespräch)
- Instrumente zur kollektiven Reflexion und Planung des Lernprozesses (Lernkonferenz, Fachreflexion/Feedback)
- Individueller Zugang zu den Lernprozess und Lerninhalte betreffenden Materialien und Medien (Lernquellenpool)
- „aktologische" (Arnold 1998) Methoden zur Auseinandersetzung mit Fachinhalten (s.u.)
- Methoden zur Reflexion von Lernbiographie (Lernerfahrungen, Lernhaltungen)

Den Lernenden wird also über die Gestaltung des Lernprozesses die Möglichkeit gegeben, Methodenkompetenzen, soziale und personale Kompetenzen genauso wie fachliche Kompetenzen zu entwickeln. Gleichzeitig wird ihnen nicht nur zugetraut, sich selbst aktiv gestaltend einzubringen, es wird ihnen auch zugemutet, sich mit dieser für viele ungewohnten Lernerrolle auseinanderzusetzen. Um sich auf eine solche neue, partizipationsorientierte Lernkultur einzulassen, hat sich eine schrittweise stärker werdende Verantwortungsabgabe, die sich in weniger werdenden Vorgaben und Strukturierungen ausdrückt, bewährt. Es zeigt sich, dass positive Erfahrungen mit der neuen Kultur und ein ‚Einüben' der neuen Rolle nötig ist, um diese Verantwortlichkeiten zu akzeptieren, ein Akzeptieren, das ein Lernfeld für Lernende und Lehrende darstellt. Als unerlässlich haben sich auch solche Übungen erwiesen, die einen metareflektierenden Blick auf Lernhaltungen, Lernerfahrungen und Rollenbilder im Lernen werfen (s.u.).

Teilnehmerorientierung als Verantwortungsteilung, das handlungsleitende Leitprinzip von Lernberatung, auf das hin die anderen Prinzipien gedacht werden können, gelingt also vor allem dann, wenn reflexive Schleifen bezüglich der Gestaltung des Lernens und der darin liegenden Verantwortungsanteile der einzelnen Beteiligten eingelegt werden. In der Praxis wird Verantwortungsteilung zudem als Möglichkeit gesehen, dass Lernende dem Lernen für sich selbst (wieder) einen Sinn geben, ergänzend zu Maßnahmezielen und Prüfungsinhalten, eigene Ziele finden und verfolgen und entsprechende Inhalte ihren Interessen und Zielen folgend reklamieren. Damit können Lernende für das Lernen motiviert werden, indem sie sich selbst im Lernen wiederfinden, indem sie nicht nur fremdbestimmt sind, sondern auch auf eigene Ziele hinarbeiten. Vor allem bei der Arbeit mit (benachteiligten) Jugendlichen erweist sich fehlende Motivation als immer größere Herausforderung an Lehrende und Lernende.

Lernberatung zur Förderung selbstgesteuerten Lernens ist im hier beschriebenen Verständnis ein sozial eingebundenes Lernen. Im sozialen Kontext der Gruppe können Selbststeuerungskompetenzen während der Erarbeitung fachlicher Inhalte entwickelt werden (siehe Beispiele unten). Auch die Thematisierung bzw. Aushandlung der Gestaltung des kollektiven Lernprozesses auf der Grundlage individueller Interessen und Bedarfe fördert Faktoren der Selbststeuerung, nämlich das Begründen und Vertreten von Standpunkten. Über Gestaltungselemente wie z.B. Lernkonferenzen oder Fachreflexion/Evaluation, sowie durch „aktologische Methoden" (vgl. Arnold/ Schüssler 1998), bei denen in der Gruppe aktiv und teilstrukturiert Inhalte erarbeitet werden, werden darüber hinaus Gruppenprozesse aller Gruppenphasen – Forming, Storming, Norming, Performing und Informing – angestoßen und begleitet.

Diese Phasen des Gruppenprozesses sind besonders bei der Einführung einer selbststeuerungsbasierten Lernkultur zu beachten, da sich hier die Gruppe in ihren Rollen und Aufgaben bei jeder neuen Herausforderung neu finden muss. Dies gilt sowohl für die Lernenden als auch für den/die Lehrende/n, da es von beiden Seiten eine Balance und Transparenz von Klarheiten, Orientierungen, Strukturierungen und Offenheiten herzustellen gilt. Für beide Seiten bedeutet diese Zeit des Ausbalancierens und ‚Einpendelns', zwischenzeitliche Offenheiten und Unklarheiten, sowie Unsicherheiten und Unzufriedenheiten aushalten zu müssen, bis sie in der Gruppe geklärt sind.

2. ‚Werkzeugkoffer' für die Umsetzung von Lernberatung im fachlichen Lernen

Hier wird beschrieben, wie es gelingen kann, Lernberatung in alltäglichen ‚Unterrichts'-Settings zu praktizieren. Dazu werden zunächst auf das Erschließen fachlicher Inhalte exemplarisch Methoden lebendigen Lernens mit ihren Leistungspotentialen hinsichtlich der Einlösung von Prinzipien und Zielen von Lernberatung vorgestellt. Ein zweiter Blick in den ‚Werkzeugkoffer' gilt dann reflexiven Instrumenten, die mit einem veränderten fachlichen Lernen untrennbar verbunden sind. Mit dieser Ausrichtung soll deutlich werden, dass sich eine Fülle von bekannten und bewährten Methoden lebendigen Lernens mit den Intentionen der Lernberatungskonzeption verbinden, dass es weitaus mehr lebendige Lernmethoden gibt (vgl. Arnold...), als hier vorgestellt werden, und nicht zuletzt, soll erfahrbar werden, wie die Vernetzung der fachlichen und orientierenden Funktion von Lernberatung sich praktisch gestalten lässt.

2.1 Methoden zur Erarbeitung fachlicher Inhalte

Die hier vorgestellten und in der Bildungspraxis des bbb Büro für berufliche Bildungsplanung, Dortmund, häufig zum Einsatz kommenden Methoden dienen neben der Erarbeitung von Inhalten dazu, integriert ins fachliche Lernen soziale und methodische Kompetenzen zu entwickeln und erproben, die eine Übernahme von Verantwortung und eine Selbststeuerung des Lernprozesses möglich machen. Eine ganze Reihe derartiger Methoden hat auch Klippert (1996) zusammengestellt, von denen die hier exemplarisch in ihrer konkreten Umsetzung präsentierten z.T. inspiriert sind.

2.1.1 Amerikanische Debatte

Beschreibung
Die Amerikanische Debatte ist eine Übung, die vor allem zum Einstieg in ein Thema geeignet ist. Sie kann aber auch zu einem späteren Zeitpunkt als Zwischenfazit, Vertiefung oder Abschluss einer Lernphase eingesetzt werden. Bei der Amerikanischen Debatte diskutieren zwei Gruppen ein Thema, indem sie entgegengesetzte Auffassungen vertreten. Während der Debatte wird darauf geachtet, dass die Argumente der jeweils anderen Gruppe in die eigene Gegenrede aufgenommen werden, um Argu-

mente nachzuvollziehen und darauf direkt mit einem entsprechenden Gegenargument zu reagieren.

Leistungspotentiale der Übung in Bezug auf die Förderung von Selbststeuerung im Lernen
- *Inhaltsbezogene Potentiale:* Durch das Formulieren und Diskutieren von Argumenten setzen sich die Lernenden auf individuelle, reflektierende Art und Weise mit fachlichen Inhalten auseinander. Sie bringen sich mit ihren diesbezüglichen Erfahrungen und Kenntnissen in die Gruppe ein. Durch die Pro-und-Contra-Diskussion werden unterschiedliche Facetten beleuchtet.
- *Soziale/methodische Aspekte:* Die Lernenden üben sich einerseits im Formulieren und Vertreten von Standpunkten, was für die Aushandlung von Gestaltungsfragen in der Lerngruppe eine der grundlegenden Voraussetzungen ist. Andererseits praktizieren sie durch das Aufgreifen der Gegenargumente aktives Zuhören, d.h. sie lernen es im spielerischen, regelgeleiteten Ablauf der Übung kennen, einander aussprechen zu lassen und auf eine Art zuzuhören, bei der sie darauf achten, mitzubekommen, was andere sagen. Darüber hinaus haben die Lernenden die Möglichkeit, eine ihnen fremde, vielleicht auch widerstrebende Perspektive einzunehmen und sich so in ungewohnte bzw. ungewollte Denkweisen hineinzuversetzen.

Umsetzungsbeispiel
Die Amerikanische Debatte kann in unterschiedlichen Situationen eingesetzt werden: Einerseits zur Arbeit an fachlichen Lerninhalten, bei der der/die Lehrende z.B. zum Einstieg in ein neues Themengebiet zwei einander entgegengesetzte Aussagen (pro und contra) als Motto für die jeweiligen Gruppen vorgibt: Z.B. beim Thema „Rhetorik im Umgang mit Restaurantgästen".

Pro	Contra
Ein freundlicher, zuvorkommender Umgang mit den Gästen ist der Zufriedenheit förderlich.	Die Freundlichkeit der Kellner ist für die Zufriedenheit der Gäste irrelevant. Es kommt allein auf einen zügigen, reibungslosen Ablauf an.

Man kann die Methode allerdings auch gut zur Thematisierung der Gestaltung von Lernprozessen einzusetzen: Um die Lernenden für neue/ungewohnte Lernformen und geteilte Verantwortung im Lernprozess zu sensibilisieren und ein Nachdenken über für sie förderliches Lernen anzustoßen, kann man als Lehrende/r z.B. folgende Aussagen zur Diskussion stellen:

Pro	Contra
Die Mitsteuerung der Gestaltung von Lernprozessen bezogen auf Inhalte, Wege, Ziele etc. durch die Lernenden ist einem erfolgreichen Lernen förderlich.	Für ein erfolgreiches Lernen sollte der/die Lehrende allein entscheiden, wie er/sie die Lerninhalte aufbereitet und den Lernenden vermittelt.

Unabhängig davon, in welcher Situation und mit welcher Zielgruppe die Methode eingesetzt wird, folgt sie einem grundsätzlichen Ablaufschema:
- Kurze Einführung in die Methode (und ggf. warum sie an dieser Stelle zum Einsatz kommt).
- Vorstellung des Themas und der Pro-/Contra-Positionen.

- Aufteilung der Gruppe in zwei ca. gleich große Gruppen (Ermunterung, auch in der Gruppe mitzuarbeiten, die nicht der persönlichen Meinung/Einstellung entspricht).
- Je nach Selbstorganisationsgrad der Lernenden: Austeilen eines Arbeitsblattes, auf dem das übergreifende Thema, die Überschrift(en) der Arbeitsgruppe(n), konkrete Arbeitsaufträge, zur Verfügung stehende Zeit und Materialien festgehalten sind.
- Die Gruppen ziehen sich zur Sammlung von Argumenten zurück und halten diese für den späteren Gebrauch auf Flipcharts oder Moderationskarten fest.
- Die Sitzordnung wird so verändert, dass beide Gruppen einander gegenüber sitzen.
- Die Gruppen platzieren ihre visualisierten Argumente für sich selbst gut sichtbar an einer ihnen gegenüberliegenden Wand, Pinwand o.ä. Für die andere Gruppe sollten die Aufzeichnungen nicht einsehbar sein.
- Der/die Lehrende als Moderator/in der Debatte stellt vor Beginn die Regel vor, während der Debatte stets zunächst (in eigenen Worten) zu wiederholen, was der/die Vorredner/in gesagt hat, bevor mit einem eigenen Argument darauf geantwortet wird.
- Eine Gruppe beginnt die Debatte mit einem Argument. Ein/e Lernende/r aus der anderen Gruppe reagiert mit kurzer Wiederholung des Gesagten und einem Gegenargument usw.
- Ggf. erinnert der/die Moderator/in zwischendurch an die Wiederholungsregel und/oder daran, einander ausreden zu lassen.
- Nach ca. 20-30 Minuten beendet der/die Moderator/in die Debatte (es geht nicht darum, dass eine Gruppe die andere überzeugt oder eine gemeinsame Lösung bzw. ein Konsens gefunden wird).
- Der/die Moderator/in fast (gemeinsam mit den Lernenden) die wesentlichen inhaltlichen Aussagen zusammen und/oder reflektiert mit ihnen, wie sie die Debatte erlebt haben, was ihnen leicht/schwer gefallen ist, was ihnen gefallen hat/was nicht, was für sie neu/ungewohnt war, etc. An dieser Stelle können ggf. auch Vereinbarungen darüber getroffen werden, wie das gegenseitige Zuhören und Ausreden lassen bzw. Formulieren und Vertreten von Standpunkten auch in sonstige Interaktionen im Lernprozess transferiert werden können.

Variante
Bei großen Gruppen, bei denen die beiden Diskussionsgruppen aus mehr als 6-8 Personen bestehen würden, kann eine dritte Gruppe als Beobachtergruppe gebildet werden, die die Debatte an Hand eines Beobachtungsleitfadens bezogen auf Inhalts- und Kommunikations-/Interaktionsaspekte mitverfolgt. Abhängig von den Vorerfahrungen der Lernenden können sie die Vorbereitungszeit der anderen beiden Gruppen zur Erstellung eines eigenen Beobachtungsleitfadens nutzen. Im Anschluss an die Debatte können die Beobachter dann mit ihrer spezifischen Perspektive in die Auswertung einbezogen werden.

Was zu bedenken ist...
Wie konkret und detailliert Arbeitsanweisungen formuliert und festgehalten werden, hängt von den Selbstorganisations- und Kleingruppen- und sonstigen Lernerfahrungen der Lernenden ab. Wenn diese eine von Fremdorganisation geprägte Lernkultur gewohnt sind, können Offenheiten und Gestaltungs- bzw. Entscheidungsfreiheiten

leicht als Überforderung bzw. als Versäumnis der Lehrenden erlebt werden.

Je nachdem, wie stark kommunikative Kompetenzen der Lernenden entwickelt sind, kann es nötig sein, Formulierungsvorschläge für die Wiederholung des Gesagten in der eigenen Argumentation zu machen.

2.1.2 Gruppenrallye

Beschreibung
Bei der Gruppenrallye treten mehrere Kleingruppen aus einer Lerngruppe im spielerischen Wettbewerb gegeneinander an, um gegenseitig ihren Lernfortschritt zu einem bestimmten Thema zu überprüfen. Anhand vorbereiteter, zur Verfügung gestellter Materialien bereiten sich die Lernenden in den Kleingruppen auf das ‚Quiz' vor, indem sie Lerninhalte vertiefen und Fragen für die anderen Kleingruppen formulieren. Entscheidend ist, dass es hierbei nicht um die Leistungen Einzelner, sondern der jeweiligen Kleingruppe geht.

Leistungspotentiale der Methode in Bezug auf die Förderung von Selbststeuerung im Lernen
- *Inhaltsbezogene Potentiale:* Die Lernenden erarbeiten sich (vertiefende) Inhalte zu einem Thema/Aspekt eines Themas mit vom Lernberater vorbereiteten Materialien, die auf die Selbststeuerungskompetenzen und -erfahrungen abgestimmt sein sollten. Bei Selbststeuerung ungewohnten Lerngruppen empfiehlt es sich, die Inhalte außer im Schwierigkeitsgrad z.B. geschriebener Texte auch in der Kommentierung z.B. durch Bearbeitungshinweise und Vorgehensvorschläge anzupassen. Der Vorteil der gemeinsamen Erarbeitung in der Kleingruppe liegt darin, Fragen und Unsicherheiten diskutieren oder klären zu können, und sich gegenseitig beim Durchdringen der Inhalte unterstützen zu können. Bezüglich der Gruppeneinteilung ist hier sowohl die Zusammenführung von stärkeren und schwächeren Lernenden, als auch eine Differenzierung in Gruppen mit jeweils unterschiedlichem Schwierigkeits- und Komplexitätsgrad denkbar. Durch die Formulierung der Fragen für die anderen Kleingruppen, die von den Fragenden auch selbst beantwortbar sein müssen, wiederholen und durchdringen die Lernenden abermals die Inhalte.
- *Soziale/methodische Potentiale:* Da bei der spielerischen Überprüfung des Lernfortschritts nicht das Einzel-, sondern das Gruppenergebnis zählt, birgt diese Übung Lernpotentiale im Bereich des sozialen (also gemeinschaftlichen) Lernens und des Entwickelns von Sozialkompetenzen. Darüber hinaus gilt es im Rahmen der Kleingruppenarbeit, das gemeinsame Erarbeiten von Inhalten zu koordinieren und zu strukturieren – wie stark die Lernenden bei der Organisation dieses Prozesses durch Orientierungen bzw. Arbeitsaufträge des Lehrenden unterstützt werden sollen, sollte von den Selbststeuerungspotentialen der Gruppe abhängig gemacht und ggf. mit ihr ausgehandelt werden. Die Zielorientierung auf das Gruppenergebnis und die Wettbewerbssituation fördern die Übernahme einer gemeinsam getragenen Verantwortung durch die Lernenden.

Umsetzungsbeispiel: Einführung in Grundlagen der Kommunikation
Nach einer kurzen Einführung in Kommunikationstheorien und -grundlagen durch den Lehrenden bekommen zwei Kleingruppen als Arbeitsmaterialien kurze schriftli-

che Orientierungen zur Gruppenarbeit. Diese enthalten (je nach Lerngruppe, s.o.) zeitliche Vorgaben, Hinweise zum Vorgehen und Erläuterungen zum nachfolgenden Frage-Antwort-Spiel. Darüber hinaus bekommen die Lernenden eine Verschriftlichung/Zusammenfassung der zuvor gehörten Informationen und Beispiele/Erläuterungen zu einzelnen Aspekten z.B. weitere Interpretationen zu Gesprächssituationen.

In der Kleingruppe sichten die einzelnen zunächst die Materialien. Die Gruppe entscheidet das weitere Vorgehen, indem sie sich z.B. darauf verständigt, im ersten Schritt die wesentlichen Aspekte zusammenzutragen, um dazu dann entsprechende Fragen zu formulieren. Diese hält sie z.B. auf Moderationskarten fest und notiert für sich auch die dazugehörigen Antworten.

Zurück in der Großgruppe setzen sich die Kleingruppen einander gegenüber. Die erste Gruppe stellt ihre erste Frage an die andere Gruppe. Diese berät sich kurz, was sie antworten will und wer dies tun soll. Die fragende Gruppe entscheidet, ob die Frage richtig beantwortet wurde – im Zweifelsfall vermittelt hier der Lernberater zwischen den beiden Gruppen, indem er z.B. die fragende Gruppe auffordert, ihre eigene Antwort vorzutragen und zu begründen, was an der Antwort der anderen Gruppe fehlte, falsch war o.ä. Ggf. ergänzt er hier auch noch fehlende Aspekte in den Antworten. Für jede richtige Antwort bekommt die entsprechende Gruppe einen Punkt, wer nach 8-10 Fragen die meisten Punkte hat, gewinnt das Quiz. ,Erste' und ,zweite Sieger' bekommen kleine Knabbereien, Süßigkeiten o.ä. als Belohnung.

Varianten
Um den spielerischen Charakter zu verstärken, kann man in der ,Quiz-Phase' der Übung zusätzliche ,Joker' einbauen: Als Grundregel gilt dann, dass sich die fragende Gruppe aussuchen darf, wer antworten soll – weiß der/die Auserwählte die Antwort nicht oder möchte sich absichern, so kann er/sie einen Joker ziehen. Hier kann man z.B. einen ,Beratungsjoker' zur Verfügung stellen, bei dem sich die Gruppe kurz beraten und gemeinsam antworten kann, oder einen Joker, bei dem eine andere Person aus der Kleingruppe zum antworten bestimmt wird.

Was zu bedenken ist...
Bedacht werden sollte, wie oben bereits angedeutet, die Aufbereitung der Materialien und Formulierung der Orientierungen für die Kleingruppenarbeit. Die Übernahme von Verantwortung und die Selbststeuerung sollte Fremdsteuerung gewohnten Lernenden zwar schrittweise zugemutet werden, um erfahren und erlernt zu werden. Diese Zumutung sollte allerdings nicht als dauerhafte Überforderung zur Demotivation der Lernenden beitragen. Hier die richtige Balance zu finden, ist eine Herausforderung, der sich Lehrende in jeder Gruppe neu stellen müssen, und die sie auch im Sinne geteilter Verantwortung mit den Lernenden aushandeln und reflektieren können. Auch die Vorgehensweise in der Quiz-Phase kann mit den Lernenden diskutiert und gemeinsam festgelegt werden, um sie mit ihren Interessen aktiv in die Gestaltung mit einzubeziehen.

2.1.3 Gruppenpuzzle

Beschreibung
Das Gruppenpuzzle ist eine Methode zur arbeitsteiligen Erarbeitung von unterschied-

lichen Aspekten eines Themas, die im Verlauf des Prozesses zusammengeführt werden. Die Lerngruppe wird dabei in (ja nach Größe) 3-5 Kleingruppen aufgeteilt, die jeweils 3 bis 5 Mitglieder haben. Aus diesen ‚Stammgruppen' teilen sich die Mitglieder in mehrere ‚Expertengruppen' auf, in denen jeweils ein Aspekt des Themas bearbeitet wird. Die Lernenden kehren mit ihrem neu erworbenen Wissen in ihre Stammgruppen zurück und geben ihr Wissen um einen Teilaspekt an die anderen Lernenden weiter, so dass innerhalb der Stammgruppe ein Gesamtbild des Themas entsteht. Eindrücke, offene Fragen und Diskussionspunkte werden im Plenum gesammelt und geklärt, wodurch die erarbeiteten Inhalte gegenseitig und vom Lernberater ergänzt werden können.

Leistungspotentiale der Methode in Bezug auf die Förderung von Selbststeuerung im Lernen

- *Inhaltsbezogene Potentiale:* Wie die Erarbeitung der Inhalte der Expertengruppe organisiert wird, obliegt der Entscheidung der Mitglieder der Kleingruppe. Innerhalb der Kleingruppe hat zudem jede/r die Möglichkeit, sich in der für ihn/sie passenden Weise mit den Inhalten auseinanderzusetzen. Die Gruppe bietet dabei die Chance, sich gegenseitig zu unterstützen, ergänzen, etc., so dass alle Mitglieder möglichst viel aus der Arbeit der Expertengruppe mitnehmen können. Darüber hinaus fördert die Präsentation/Erklärung des Expertenaspekts in der Stammgruppe die Verinnerlichung der Inhalte. Durch das Zusammentragen im Plenum haben die Lernenden die Möglichkeit, ihr neues Wissen ‚abzusichern', indem sie mit den anderen Gruppen und dem Lernberater zusammen offene Fragen klären und Eindrücke erörtern. Der Lernberater kann an dieser Stelle auch direkt seine fachliche Expertise einbringen (die über die Gestaltung der Materialien für die Gruppenarbeit schon indirekt eingeflossen ist).
- *Soziale/methodische Potentiale:* Neben methodischen Kompetenzen des Strukturierens und Herausarbeitens wesentlicher Aspekte, sowie der Organisation der Arbeit in der Kleingruppe, üben sich die Lernenden in der Diskussion in der Expertengruppe im Formulieren ihrer Gedanken und passender, weiterbringender Fragen. Darüber hinaus trainieren sie ihre Ausdrucksfähigkeit und Verständlichkeit durch die Präsentation in der Stammgruppe.

Umsetzungsbeispiel

In einer Gruppe mit 16 Lernenden wird das Thema „Lernberatung" bearbeitet. Dazu wird die Gruppe nach einer Einführung in die Lernberatungskonzeption in 4 Stammgruppen mit 4 Mitgliedern aufgeteilt. Jedes Mitglied der Stammgruppe bekommt einen Umschlag mit einem jeweils anderen Inhalt, der durch die Beschriftung gekennzeichnet ist:
- A: Kernelemente der Lernberatung
- B: Lernbiographische Übungen und Lernberatung
- C: Lernberatung und fachliches Lernen
- D: Die Rolle des „Lernberaters"

Es wird entschieden, wer in welche Expertengruppe geht, die Gruppen treffen sich in unterschiedlichen kleineren Räumen, Sitzgruppen oder Nischen des Plenumsraums.

In der Expertengruppe entscheiden die Lernenden, zunächst eine Lesepause einzulegen. Manche machen sich schon während des Lesens Notizen, andere streichen wichtige Passagen an und notieren diese Aspekte später auf gesondertem Papier, etc. Die Lernenden beginnen, die für sie wichtigen Aspekte zu benennen und unterschiedliche Verständnisse auszutauschen. Um den Überblick zu behalten, schreibt ein Lernender auf einem Flipchart die wesentlichen Aussagen und offene Fragen mit.

Nachdem die Gruppe ihre Diskussion beendet bzw. auf Grund der zeitlichen Vorgabe abgebrochen hat, bereitet jede/r kurze Visualisierungen der Inhalte für die Stammgruppe vor (Flipchart, Moderationskarten, Folien…).

Die ‚Experten' gehen zurück in ihre Stammgruppen und stellen dort ihr Thema vor, beantworten Fragen oder notieren sie als Klärungsbedarfe für die Plenumsphase.

Zurück im Plenum berichten die Stammgruppen von ihren Eindrücken in Bezug auf das Thema Lernberatung insgesamt, von Aspekten, die sie besonders interessiert, angesprochen oder irritiert haben. Außerdem werden die offenen Fragen eingebracht. Der Lernberater moderiert den gegenseitigen Austausch, die auf Fragen bezogenen Beiträge und ergänzt, relativiert, korrigiert oder veranschaulicht sie durch Beispiele. Wesentliche zusätzliche Aspekte, die bisher noch nicht festgehalten wurden, notiert er auf Karten oder Flipcharts.

Varianten
Bei besonders kleinen (oder besonders großen) Gruppen oder bei einem besonders knappen Zeitplan ist es möglich, die Phase der Stammgruppen auszulassen und direkt aus den Expertengruppen die Inhalte durch Präsentationen zurück ins Plenum zu holen. Dadurch wird die Methode einerseits zu einer ‚üblichen' Form der arbeitsteiligen Gruppenarbeit und verliert andererseits den lernförderlichen geschützten Raum der Kleingruppe beim Zusammentragen und diskursiven Durchdringen der Inhalte. D.h. bei den Vorstellungen der einzelnen Expertengruppen sind für die anderen Gruppen die Inhalte noch völlig neu. Das lässt eine Diskussion in der Großgruppe erfahrungsgemäß eher schleppend verlaufen und verhindert bei manchen Lernenden, dass sie wesentliche Verständnisfragen wirklich stellen.

Was zu bedenken ist…
In abschlussbezogenen Lernsettings können sowohl bei den Lernenden als auch beim Lernberater Unsicherheiten entstehen, ob bei den Lernenden auch wirklich alles wesentliche ‚angekommen' ist. Dies ist genau der ‚tote Winkel', der bei keiner Form der Vermittlung oder Bearbeitung von Inhalten wirklich eingesehen bzw. gewährleistet werden kann. Allerdings ist im Gruppenpuzzle über die Präsentation von Eindrücken und vor allem offenen Fragen oder Diskussionspunkten eine ‚Überprüfung' des Gelernten bereits integriert, bei der der Lernberater zusätzlich die Möglichkeit hat, das Vorgestellte (also den Lernprozess) zu würdigen, durch klärende Nachfragen zusätzliche Informationen von den Lernenden zu bekommen und durch eigenen Beiträge weitere Aspekte zu ergänzen oder Verständnisse ‚geradezurücken', wenn sie fachlich falsch sind (sofern es sich um Themen handelt, bei denen ein ‚falsch' existiert).

2.2 Hinführende Methoden zu Verantwortungsteilung und Selbststeuerung

Fachliches Lernen und Lehren in geteilter Verantwortung ist nicht voraussetzungslos und nicht ohne soziale und orientierende Elemente denkbar, die Aufschluss über die bisherigen Lern-/Lehrerfahrungen und Rollenbilder geben, sowie die zum Teil ungewohnten Lernformen auf einer Metaebene reflektieren. Es gilt hier ein reflektiertes Lernen zu gestalten, das den Inhaltsblick mit einem Prozess- und Methodenblick integriert. Eigenverantwortliches Lernen von fachlichen Inhalten ist nicht zu trennen von einer Reflexion über seine Gestaltung und über Prozesse (in der Gruppe). Darüber hinaus ist, um Selbststeuerung wahrnehmen zu können, eine Vergewisserung über den eigenen „Stand der Dinge" notwendig, z.B. in Form von Kompetenzbilanzen, lernbiographischen Reflexionen, durch Formulieren von Interessen und Erwartungen bzw. Fähigkeiten und Kenntnissen oder durch Lernzielvereinbarungen.

2.2.1 Blick zurück in der eigenen Lerngeschichte

Neben der Förderung der Entwicklung von Selbstlernmanagementkompetenzen werden lernbiographiebezogene Übungen eingesetzt, um das Einlassen der Lernenden auf die neue, selbststeuerungsbezogene Lernkultur zu unterstützen. Die Übernahme von Verantwortung für den eigenen Lernprozess wird durch das Bewusstmachen der bisherigen Lernkultur-Erfahrungen, Lernhaltungen, Rollenbilder und die Vergewisserung über Wege/Formen, die für das persönliche Lernen förderlich bzw. hinderlich waren/sind gefördert. Die Empirie weist darauf hin, dass eine solche Reflexion, ein Bewusstsein über die persönliche Lerngeschichte sogar als Voraussetzung für das Akzeptieren und Ausfüllen einer aktiven, selbststeuernden, partizipativen Lernerrolle betrachtet werden kann.

Beschreibung der Übung „Inwieweit prägt meine eigene Lerngeschichte mein Lern- und Lehrverhalten?"
In dieser Übung (vgl. Epping/Klein/Reutter 2001) reflektieren Lernende über Personen, die wichtig für ihr Leben und ihre Lernerfahrungen waren. Nach einer Phase der individuellen Reflexion an Hand von Leitfragen, die den Einfluss der Personen auf die persönliche Lernhaltung betreffen, werden in einer Kleingruppe Gedanken und Erkenntnisse ausgetauscht.

Leistungspotentiale der Übung in Bezug auf selbstgesteuertes Lernen
Mit dieser Übung bekommen Lernende (und Lehrende) ein klareres Bild über ihre Haltungen, Prinzipien und ihr Verhalten als Lernende (oder Lehrende). Man wird sich des persönlichen Bild von Lernen und Lehren bewusst, was ein Ausgangspunkt für Diskussionen über Lerngestaltung und für Veränderungen in Lernhaltungen sein kann. Für Teams von Lehrenden kann diese Übung zu Beginn eines konzeptionellen Veränderungsprozesses (in Richtung selbstgesteuerten Lernens) ein Türöffner für Beschreibungen und Weiterentwicklungen des professionell pädagogischen Selbstverständnisses und für die Entwicklung von Lernkonzepten sein.

Was zu bedenken ist
Biographiebezogene Übungen (vgl. auch Holtschmidt und Klein-Dessoy in diesem Band) können den Einzelnen sehr nahe gehen und sehr tiefe Gefühle auslösen. Dessen sollten sich Lehrende bewusst sein, wenn sie sich für die Arbeit mit Lernbiographie, Lernhaltungen, etc. entscheiden. Der Umgang mit ‚sensiblen' Themen hängt sehr stark von der Stabilität und Offenheit in der Gruppe ab. In vertrauten Gruppen fällt es den Lernenden zumeist leichter, tiefer in die Übungen einzusteigen, während Gruppen, die sich noch nicht so gut kennen, in der Übung die Chance sehen, auf ei-

ner eher an der Oberfläche bleibenden Ebene einander besser kennen zu lernen, einen vertrauteren und offeneren Umgang zu finden. Die Tiefe der Bearbeitung – sei es in Einzel- oder Kleingruppenarbeit oder bei einer Auswertung in der großen Gruppe – hängt davon ab, was man sich selbst als Lehrende/m und den Lernenden zutraut. Dabei sollte man sich allerdings stets in den Grenzen der eigenen Profession bewegen und bei eventuellen therapeutischen Bedarfen auf entsprechende Kolleg/inn/en, Beratungsstellen o.ä. verweisen.

Umsetzungsbeispiel

> *Blick zurück in der eigenen Lerngeschichte: „Inwieweit prägt meine eigene Lerngeschichte mein Lern- und Lehrverhalten?"*
>
> Denken Sie an drei für Sie im Zusammenhang mit Lernen wichtige Menschen, die in Ihrer Erinnerung positiv oder negativ besetzt sind.
> *1. Welche Sie einschätzenden oder bewertenden Sätze haben diese drei Menschen jeweils zu Ihnen gesagt? (z.B. „ich weiß, dass Du das schaffen kannst...." oder „...aus Dir wird nie etwas, wenn Du nicht...")*
> *2. Welche Gefühle haben diese Äußerungen bei Ihnen ausgelöst?*
> *3. In welcher Weise haben diese Sätze Sie geprägt und Auswirkungen auf Ihr eigenes Lernen gehabt?*
> *4. Welche Wirkungen entdecken Sie aus diesen Sätzen in Bezug auf Ihre Vorstellungen von (gutem/schlechtem/richtigem/falschem) Lehren und auf Ihr Lehrverhalten? (z.B. „eine klare Führung der Lernenden tut Not")*
>
> - Bearbeiten Sie diese Aufgabe zunächst für sich. Machen Sie sich dabei Notizen.
> - Tauschen Sie sich dann in Ihrer Kleingruppe aus.
> - Stellen Sie dabei Gemeinsamkeiten und Unterschiede untereinander fest. Z.B.: Gibt es geschlechts- oder altersbedingte Unterschiede?
> - Präsentieren Sie einige Ihrer Arbeitsgruppenergebnisse im Plenum.

Was zu bedenken ist
Biographiebezogene Übungen (vgl. auch Holtschmidt und Klein-Dessoy in diesem Band) können den Einzelnen sehr nahe gehen und sehr tiefe Gefühle auslösen. Dessen sollten sich Lehrende bewusst sein, wenn sie sich für die Arbeit mit Lernbiographie, Lernhaltungen, etc. entscheiden. Der Umgang mit ‚sensiblen' Themen hängt sehr stark von der Stabilität und Offenheit in der Gruppe ab. In vertrauteren Gruppen fällt es den Lernenden zumeist leichter, tiefer in die Übungen einzusteigen, während Gruppen, die sich noch nicht so gut kennen, in der Übung die Chance sehen, auf einer eher an der Oberfläche bleibenden Ebene einander besser kennen zu lernen, einen vertrauteren und offeneren Umgang zu finden. Die Tiefe der Bearbeitung – sei es in Einzel- oder Kleingruppenarbeit oder bei einer Auswertung in der großen Gruppe – hängt davon ab, was man sich selbst als Lehrende/m und den Lernenden zutraut. Dabei sollte man sich allerdings stets in den Grenzen der eigenen Profession bewegen und bei eventuellen therapeutischen Bedarfen auf entsprechende Kolleg/inn/en, Beratungsstellen o.ä. verweisen.

2.2.3 Lerntagebuch als Selbstreflexionsinstrument für Voraussetzungen, Wege und Inhalte des fachlichen Lernens

Das Lerntagebuch (vgl. Behlke in II/7., Klein I/3.) dient der individuellen Reflexion des eigenen Lernprozesses, die keinem anderen zugänglich ist. Im Sinne der gemeinsamen Steuerung des Lernprozesses durch die Gruppe wird es in Phasen der Gruppenreflexion (z.B. in der Lernkonferenz) nötig, eigene Interessen, die sich in der Selbstreflexion herauskristallisiert haben, in dem Maße, wie es jeder einzelne mit sich vereinbaren kann, öffentlich zu vertreten. Nur auf diesem Wege gelangen Inhalte des Lerntagebuches in die Gruppe.

Im Laufe des Lernprozesses füllt sich das Lerntagebuch mit jeweils auf die aktuelle Lernsituation bezogenen Reflexions- und Arbeitsblättern. Auf diesen werden z.B. lernbiografische, Lernprozess bezogene und fachliche Erkenntnisse sowie die Lernziele und Lerninteressen festgehalten. Außerdem hält jeder für sich selbst an Hand bestimmter offener Leitfragen zur eigenen Reflexion und Orientierung fest, was für ihn im jeweiligen Lernabschnitt relevant war. Zusätzlich zu diesen Selbstreflexions-Notizen können weitere Materialien und Reflexionsergebnisse (z.B. Handouts, weitere Notizen u.ä.), die dem Lernenden in Bezug auf seinen Lernprozess wichtig sind, im Lerntagebuch abgelegt werden. Der Begriff „Tagebuch" signalisiert den sehr persönlichen Charakter dieser Sammlung von für den Lernenden relevanten Aufzeichnungen.

2.2.4 Lernkonferenz und Evaluation/Fachreflexion als Instrumente der kollektiven Reflexion des Lernprozesses

In der Lernkonferenz (vgl. Behlke II/7., Klein I/3.) werden Interessen, Erfahrungen, Erkenntnisse und Bedarfe mit allen am Lernprozess beteiligten reflektiert und ausgetauscht, sowie der weitere Lernprozess geplant. In diesem Rahmen werden individuelle Interessen und Bedarfe begründet formuliert und in den sozialen Kontext der Lerngruppe gestellt sowie gemeinsame Wege bei Transparenz der Individualität und Heterogenität ausbalanciert. Hierbei zeigt sich die gemeinsame Verantwortung aller Beteiligten für den Lernprozess, wobei es die komplizierte Balance zwischen individuellen und Gruppeninteressen zu halten und die bestehenden Wechselwirkungen zwischen Individuen und Gruppe zu beachten gilt.

Außerdem geben Lernkonferenzen Raum für auf bestimmte Lernphasen bezogene Rückmeldungen an die Gruppe und die Gruppenleitung, die sich auf strukturelle Bedingungen, Gegebenheiten in der Gruppe oder individuelle Erfahrungen, die das Lernen in dieser Phase positiv wie negativ beeinflusst haben, beziehen können. Es geht also darum, eigene Lernerfahrungen und deren Beeinflussung mit den anderen Gruppenmitgliedern zu teilen und sich darüber auszutauschen. Die Lernkonferenz ist damit sowohl Reflexions- als auch Planungsinstrument. Auf der Grundlage der formulierten Erfahrungen, Erkenntnisse, Interessen und Bedarfe werden Vereinbarungen über künftige Lernschritte getroffen.

Struktur gebende Eckpfeiler einer Lernkonferenz sind eine anfängliche persönliche Reflexion an Hand des Lerntagebuches, im Anschluss ein Blitzlicht, das hier einen etwas anderen Charakter hat als ein gewöhnliches Blitzlicht z.B. zum Ende eines Seminartages, indem hier jeder die Themen nennt, die er in die Lernkonferenz einbringen möchte. Der nächste Schritt ist die gemeinsame Interaktion aller Beteiligten, also die Phase, in der zum einen festgelegt wird, welche der eingebrachten Themen in der aktuellen Lernkonferenz bearbeitet werden, und wie mit den anderen Themen verfahren werden soll. Nach dieser Klärung wird an den festgelegten Themen gearbeitet, d.h. Meinungen ausgetauscht, Verabredungen getroffen, etc. Abschließend wird in einem Feedback die Lernkonferenz reflektiert.

Derartige Formen der Reflexion und Planung der *Gestaltung* des Lern*prozesses* werden ergänzt durch Instrumente und Verfahren, mit denen der individuelle und kollektive Lernfortschritt in Bezug auf Fachinhalte reflektiert und (zwischen-)bilanziert werden. Hierbei spielen zum einen Feedbackverfahren eine Rolle, bei denen sowohl Lernende als auch Lehrende ihre Einschätzungen bezüglich des Gelernten formulieren. Fachreflexion (vgl. Klein I/3.) kann a-

> Typischer Ablauf einer Lernkonferenz:
> - **Persönliche Reflexion** (Lerntagebuch)
> - **Blitzlicht** (Was ist mein Thema in der Lernkonferenz?)
> - **Gemeinsame Interaktion** (Aushandeln der Themen, Diskussion, Vereinbarungen)
> - **Feedback** (Was ich zu dieser Lernkonferenz sagen möchte.)

ber auch über Evaluationsverfahren geleistet werden, wie sie Schüssler (2002) zusammengestellt hat. Vor allem in abschlussbezogenen selbstgesteuerten Lernsettings haben Lernende häufig das Bedürfnis, eine Rückmeldung zu bekommen, ob sie inhaltlich „auf dem richtigen Weg" sind. Um hier eine Orientierung (für Lernende wie Lehrende) zu schaffen, können z.B. auch Tests oder testähnliche Verfahren zum Einsatz kommen. Diese dienen in einer lernberatungsgeprägten Lernkultur eben *nicht* dazu, dem Lehrenden Bausteine zu liefern, aus denen er schließlich eine Bewertung zusammensetzt, *sondern* dazu, Lernfortschritte für alle Beteiligten transparent zu machen und die Ergebnisse als Ausgangspunkt für eine gemeinsame Diskussion und Planung des weiteren Lernprozesses zu nehmen. Tests sollten also immer begleitet sein von beidseitigen verbalen Rückmeldungen, in denen dann wiederum die Gestaltung des Prozesses thematisiert werden kann. Auch hier zeigt sich, dass ein Blick auf die Inhalte untrennbar verbunden ist mit dem Blick auf Prozesse und Methoden. Dass Test nicht immer nur von Lehrenden formuliert werden müssen, wird an Übungen wie der oben beschriebenen Gruppenrallye deutlich. Insgesamt steht die Fachreflexion auch für einen der Orte im Lernprozess, an denen Lehrende ihre Fachexpertise in Abstimmung mit den Lernenden einbringen.

> Wichtig ist es, zu beachten, dass die hier beschriebenen Methoden und Instrumente nur Hilfsmittel sind, die es den jeweiligen Gegebenheiten (der Lerngruppe, den Rahmenbedingungen, dem persönlichen ‚Stil' der/des Lehrenden, den jeweiligen Vorerfahrungen und Rollenbildern, etc.) anzupassen gilt. Methoden leben erst durch die Art und Weise, wie sie verwendet werden und durch die Haltung mit der sie durchgeführt werden.

3. Konzept trifft Praxis

Trotz der Integration in den fachlich-inhaltlichen Lernprozess steht die Umsetzung der Lernberatungskonzeption – vor allem in stark zeitlich und strukturell eingeschränkten Lernsettings – vielfach im Spannungsfeld zwischen Überforderung, eigenen erwachsenenpädagogischen Idealen und strukturellen Realisierungsbegrenzungen. Gleichzeitig zeigt die Praxis aber auch, dass sich eine Lernkulturveränderung auch ‚im Kleinen' bemerkbar macht: Nicht so sehr der Einsatz aufwändiger, umrahmender Gestaltungselemente, sondern vor allem der Umgang miteinander im Lernprozess, also die Haltung und das Handeln der Lehrenden und Lernenden macht die neue Lernkultur aus und fördert damit auch eine fachliche und überfachliche Kompetenzentwicklung bei den Lernenden. Partizipation muss sich dann nicht zwangsläufig an mehrstündigen Lernkonferenzen festmachen, sondern wird u.a. auch in der grundsätzlichen Abstimmung und/oder Begründung des weiteren Vorgehens mit den Lernenden z.b. durch zur Wahl stellen verschiedener Alternativen deutlich. D.h. es ist in diesem Sinne nicht länger selbstverständlich, dass die Lehrenden als ‚Lernexperten' entscheiden und planen. Vielmehr werden die Lernenden als Experten für ihr Lernen in diese Entscheidungsprozesse einbezogen. Auch in aktivierenden, Selbststeuerung fördernden Methoden zur Erarbeitung fachlicher Inhalte werden Lernberatungsprinzipien transportiert, ohne, dass dies einen unzumutbaren zusätzlichen Aufwand bedeutet.

Literatur

Arnold, Rolf/Schüssler, Ingeborg (1998): Wandel der Lernkulturen. Ideen und Bausteine für ein lebendiges Lernen. Darmstadt.

Arnold, Rolf/Schüssler, Ingeborg1997: Methoden des lebendigen Lernens. Päd. Materialien der Universität Kaiserslautern. Kaiserslautern.

Epping, R./Klein, R. / Reutter, G. 2001: Langzeitarbeitslosigkeit und berufliche Weiterbildung. Bielefeld

Heller, Peter (2001): Aufbau einer regionalen Struktur für Lernberatung. Studie im Auftrag der ABWF e.V.. Neubrandenburg

Kemper, M. / Klein, R. 1998: Lernberatung. Baltmannsweiler

Klein, R./Reutter, G 2003: Lernberatung. Konzeptionelle Antwort der organisierten Erwachsenenbildung auf die Anforderungen des selbstorganisierten und -gesteuerten Lernens. In R. Bergold, A. Mörchen, O. Schäffter (Hrsg.). (2003). Treffpunkt Lernen – Ansätze und Perspektiven für eine Öffnung und Weiterentwicklung von Erwachsenenbildungsinstitutionen. Band. 2 Variationen institutioneller Öffnung in der Erwachsenenbildung, S. 47-84. Bonn.

Klippert, Heinz (2002): Eigenverantwortliches Arbeiten und Lernen. Bausteine für den Fachunterricht. Weinheim.

Klippert Heinz (2001): Teamentwicklung im Klassenraum. Übungsbausteine für den Unterricht. Weinheim.

Klippert, Heinz (2004): Methodentraining. Übungsbausteine für den Unterricht. Weinheim.

Schüssler, Ingeborg (2002): Lernwirkungen neuer Lernformen. Online unter www.abwf.de.

II/7. Lernberatung und Prozess-Evaluation

Karin Behlke

Vorbemerkung

Mit diesem Beitrag will ich ein Plädoyer für eine erweiterte Perspektive in der praktischen Umsetzung von Lernberatung als Lernprozessbegleitung halten, in deren Mittelpunkt Evaluationen auf unterschiedlichen Ebenen in Lern- und Bildungsprozessen stehen.

Im Zeitraum von 2½ Jahren habe ich als sog. Gestalterin im Projektverbund ProLern (vgl. Einführung der Hrsg.) zusammen mit einem Kollegenteam unser Lernberatungskonzept in einer Abteilung unserer Einrichtung entwickelt, erprobt, evaluiert und implementiert. Für die Kommunikation nach innen sah unser Projektmanagement vor, zusätzlich zu den Evaluationen der wissenschaftlichen Begleitung, einige qualitativ angelegten formativen Evaluationen zur Analyse von Entwicklungsschritten, Instrumentenerprobungen u.ä. durchzuführen. Was zunächst unter der Perspektive einer durch Evaluationen möglichen qualitätsvollen Dokumentation gedacht war, verband sich bei uns nach kurzer Zeit mit unserem professionellen Selbstverständnis von Lernberatung. Meine Ausführungen weisen also in die Richtung, Evaluationen, die einigen der Kernelementen von Lernberatung immanent sind, wie etwa bei Kemper/Klein (1998) im Kernelement der Fachreflexion und des Feedback, explizit eine konzeptionelle Verortung zu geben.

Es sei an dieser Stelle auch auf Beispiele bei den Kaiserswerther Seminaren (vgl. QUEM-Report, Heft 90, S. 96 ff) verwiesen, die ihrer Weiterbildungspraxis sowohl Teilnehmer/innenevaluationen zu Kursen, einzelnen Instrumenten und Verfahren wie auch Selbstevaluationen von Teilnehmer/innen zugrunde legen.

Zunächst werde ich kurz unsere Einrichtung als Handlungskontext meiner Ausführungen skizzieren. Im Anschluss greife ich auf die Prinzipien von Lernberatung zurück, aus denen die Begründungen für Evaluationen abgeleitet sind, um dann knapp unser Evaluationsverständnis zu beschreiben. Den Schwerpunkt meines Beitrages einige Evaluationsinstrumente und -verfahren, ihre Einordnung in unser einrichtungsspezifisches Konzept von Lernberatung und unsere Umsetzungserfahrungen.

1. Der Lernberatungskontext: Medizinisch-berufliche Rehabilitation im Stephanuswerk

Das Stephanuswerk Isny ist eine Einrichtung mit vier Arbeitsbereichen:
- Medizinisch-berufliche Rehabilitation
- Wohnen und Arbeiten (Werkstatt für behinderte Menschen und Wohnbereiche)
- Rehabilitationsklinik und
- Ferien- und Tagungsstätte.

Die Entwicklung unseres Lernberatungskonzeptes war im Bereich medizinisch-beruflicher Rehabilitation angesiedelt und dort speziell im Rahmen von berufsfördernden Leistungen. Unser gesamtes Angebot richtet sich an erwachsene Rehabilitanden, die aufgrund ihrer vielfältigen gesundheitlichen Einschränkungen, kognitiver und intellektueller Defizite, sozialer und psychischer Problematik sowie geringer schulischer und beruflicher Qualifikation einer besonderen Förderung bedürfen. Das Angebot im berufsfördernden Bereich umfasst mehrere Maßnahmen: Berufsfindung und Arbeitserprobung, Berufsvorbereitung, Berufliche Anpassung, Berufliche Qualifizierung, Ausbildung, Erweiterte Berufsvorbereitung – Lehrgang zur beruflichen Förderung von erheblich psychisch und sozial beeinträchtigten Rehabilitanden.

Die Entwicklung unseres Lernberatungskonzeptes sowie seine Erprobung, Evaluation und Implementierung wurde modellhaft im Bereich **Berufsvorbereitung** angesiedelt, da hier der Aufbau einer adäquaten beruflichen Handlungs-, Methoden- und Sozialkompetenz unter offenen curricularen Bedingungen als Brücke zu weiterführenden Reha-Maßnahmen möglich ist und damit einerseits ein gutes Feld für die Entwicklung und Erprobung eines innovativen pädagogischen Handlungskonzeptes gegeben war, andererseits die Berufsvorbereitung als strategischer Innovationsfaktor eingeschätzt werden konnte, aus dem – bei Wechsel von Teilnehmenden in andere Maßnahmen – Transferpotenziale sich ‚organisch' einstellen würden. In diesem Bereich arbeiteten sieben pädagogische Mitarbeiter/innen, darüber hinaus waren/sind Psychologen, Sozialarbeiter und Pflegekräfte zugeordnet, also ein Rehabilitationsteam, das in enger Zusammenarbeit berufspädagogische, psychologische, sozialpädagogische und medizinische Fachlichkeit vereint. Das besondere Merkmal unserer Dienstleistungen, die Disziplinenvielfalt, war damit auch unter den Modellbedingungen gegeben, womit wir auch Transfer-Lern-Potenziale in andere Bereiche unserer Einrichtung anzuzielen erhofften.

Das Förderangebot der Berufsvorbereitung richtet sich an Behinderte, bei denen die Phase der primär medizinischen Rehabilitation abgeschlossen ist, die jedoch mit einer unmittelbaren beruflichen Eingliederung oder Ausbildung/Umschulung noch überfordert wären. Die reguläre Maßnahmedauer von sechs Monaten kann bei begründbarem zusätzlichem Förderbedarf auf bis zu zwölf Monate verlängert werden. Die Förderung erfolgt berufsfeldspezifisch in sieben Bereichen. Weitere/andere Berufsziele sind prinzipiell möglich, bedürfen aber der vorherigen Absprache. Eine Spezifik unseres Entwicklungsvorhabens sahen wir von Anfang an in unseren Zielgruppen. Es handelt sich bei diesen um
- Mehrfachbehinderte
- psychisch und sozial Beeinträchtigte
- Schädel-Hirn-Verletzte
- Rehabilitanden mit schweren Leistungseinschränkungen
- Rehabilitanden mit erheblichen Lernbeeinträchtigungen
- Rehabilitanden mit Störungen des Sozial- und Arbeitsverhaltens.

Aufgrund der vorliegenden psychosozialen und/oder medizinischen Einschränkungen sind unsere Teilnehmenden zum einen von dauerhafter gesellschaftlicher Ausgrenzung bedroht, zum anderen bewegen sie sich – zum Teil von Kindheit an – in einem durch versicherungsrechtliche Bedingungen organisierten ‚geschützten' Lebensumfeld, das jedoch wenig Möglichkeiten birgt, Lebenseinstellungen zu entwickeln bzw. zu behalten, das eigene Leben aktiv gestalten zu können.

2. Leitprinzipien von Lernberatung und Evaluation

Auch wenn die Leitprinzipien von Lernberatung bereits vorne ausgeführt sind (vgl. Beitrag Klein Kap. I/2.), sollen an dieser Stelle nochmals knapp die ihren Raum finden, die in unserem Konzept maßgeblich sind, da sie die essentielle Grundlage sind, um den Bogen zur Evaluation zu spannen.

- Teilnehmerorientierung als Verantwortungsteilung
- Partizipationsorientierung: Transparenz, Mitsprache, Mitentscheidung
- Biographieorientierung
- Reflexionsorientierung
- Kompetenzorientierung
- Orientierung an Lerninteressen
- Prozessorientierung

Lernberatung verstehen wir als Lernprozessbegleitung. Die wesentliche Orientierung von Lernberatung ist also der **Prozess** des Lernens eines jeden Teilnehmers und der der Gruppe, mit dem Ziel der Bewusstwerdung, Nutzung und ggf. auch Verbesserung der Selbstlernkompetenzen. Diese metakognitive Ebene von und im Lernen im lernenden Tätig-Sein erfahrbar zu machen, so unsere Erfahrung, trägt maßgeblich dazu bei, dass Lernende Verantwortung für die Organisation und Steuerung ihres Lernprozesses übernehmen (können).

Doch wie kann dieser Mehrwert gefasst werden? Lernt man so besser, leichter, lieber? Woran liegt es, wenn dem so ist, woran, wenn Widerstände, Rückschritte, Frust entstehen? Können wir, und wenn ja, wie, das Bessere unseres konzeptionellen Vorgehens im und für das Lernen sichtbar machen, belegen? Für wen wären solche Belege von Nutzen? Das waren einige unserer Fragen im Projektteam, die uns dazu bewogen haben, über Evaluationen nachzudenken.

Im Ergebnis sind wir auf folgende Bezugsgrößen für Evaluation gestoßen, die als integrale Verständnisse von Lernberatung gelten können:

2.1 Evaluationen zur Einschätzung des Lernerfolges/-ergebnisses.

In diesem Zusammenhang sei angemerkt, dass der Begriff ‚Evaluation' generell und besonders bei unserer Zielgruppe, trotz ‚'Fremdheit' als der geeignetere Begriff erscheint als ‚Lernerfolgskontrolle'. Bei unserem Klientel sind auf Schule bezogene Lernerfahrungen sehr häufig misserfolgsorientiert und ‚Kontrolle' bedeutet hier ein Sichtbarmachen dessen. Der Begriff Evaluation dagegen ist nicht negativ konnotiert und wird, wenn verständlich eingeführt, tendenziell neutral oder sogar wertschätzend erlebt. Auf alle Fälle kann er eingeführt und dann bei Lernenden durch Erfahrung besetzt werden.

Impliziert sind hier sowohl Selbstevaluationsverfahren zur eigenen realistischen Einschätzung von Kenntnisstand und Lernerfolgs als auch Fremdeinschätzung derselben durch Lehrende/Lernberater/innen. Dies ist in den einschlägigen Fachdebatten nicht neu, gleichwohl nicht gängige Praxis. Mit der Auseinandersetzung mit der Lernberatungskonzeption ging in unserem Team damit auch ein ‚Rückerinnern' an bereits bekannte, wenn auch vernachlässigte Standards guten Lehrens und Lernens einher. Die

(Wieder-)Einführung von Selbsteinschätzungen zu Lernergebnissen und -erfolgen, begrifflich neu gefasst als Selbstevaluation ist dafür ein Beispiel. Diese Selbst- und Fremdevaluationen finden in den Kernbereichen von berufsbezogenem Lernen statt, wo Handlungswissen im Mittelpunkt steht, wo es aber auch um die Förderung von sozialen und methodischen Kompetenzen geht.

Im Zusammenhang mit unserem Lernberatungsverständnis geht es in der praktischen Umsetzung dieser Evaluationen darum, ihnen ‚Sinn' zu geben, d.h. ihre einerseits orientierende Funktion, andererseits auch ggf. einschätzende und bewertende Funktion einer Zwischenbilanz im Lernprozess erfahrbar zu machen. Um diesen Sinn von Evaluation zu verdeutlichen werden die dadurch gewonnenen Erkenntnisse wirksam in den Lernprozess rückgebunden, und zwar nicht nur als ‚Mitteilung', sondern möglichst auf der Basis von Interaktion. Interaktion meint hier, die Ergebnisse von Selbst- und Fremdevaluation zu Teillernschritten und deren Ergebnissen werden sprachlich ausgetauscht, gegenseitig begründet und nicht zuletzt verhandelt. Letzteres vor allem dort, wo es um Fragestellungen geht, die nicht eindeutig als ‚richtig' oder ‚falsch', sondern eher als ‚wirkungsvoll', ‚weniger wirkungsvoll', ‚angemessen', ‚weniger angemessen' unterschiedliche Deutungen zulassen.

2.2 Evaluationen zur Einschätzung lernförderlicher / lernhemmender Faktoren

Hierzu gehören Selbst- und Fremdeinschätzungen zum eigenaktiven Organisationsgrad im Lern-/ Lehrprozess und in der Interaktion zwischen Lernendem, Lerngruppe und Lehrenden/Lernberatern/innen. Die Kernelemente der Lernberatungskonzeption wie Fachreflexion und Feedback, Lerntagebuch und Lernkonferenz bieten hierfür geeignete Instrumente und Verfahren (s. Kemper/Klein, 98). Hier steht also das Lern-/ Lehrsetting im Mittelpunkt und die förderlichen oder hemmenden Anteile der jeweils Beteiligten: Ich, Andere, Rahmenbedingungen.

Besonders hervorzuheben sind hierbei angesichts des innovativen Charakters unseres Lernberatungskonzeptes, das sich ja in einer Entwicklungsphase befand und – wie wir heute wissen – immer wieder einer Lerngruppenspezifischen Ausgestaltung bedarf, Evaluationen der für uns neuen Elemente und Entwicklungen wie Lerntagebuch, Lernkonferenz, Zieltraining, Lernberatungsgespräch u.a. Nachfolgende Abbildung 1 zeigt beispielhafte Auszüge aus einer umfassenden Evaluation, die sich auf alle neuen und alten Ausgestaltungselemente unseres Lernsettings bezog.

Abb. 1: Beurteilungsbogen zum Thema Lernen
Um die Lernmöglichkeiten und die Lernmethoden für Rehabilitanden weiter verbessern zu können, ist eine regelmäßige Überprüfung des bestehenden Angebots notwendig. Hierbei ist uns auch Ihre Meinung sehr wichtig!
Mit diesem Beurteilungsbogen möchten wir erfahren, welche Angebote in welchem Umfang genutzt werden und wie effektiv Sie diese Elemente im Rahmen Ihrer Maßnahme einschätzen.
Um eine ehrliche Beantwortung der Fragen zu erleichtern, ist die Angabe Ihres Namens **nicht** vorgesehen. Dennoch ist es hilfreich für uns zu wissen, welche Maßnahmeart sie derzeit durchlaufen.
Ich befinde mich in der ☐ Berufsvorbereitung
☐ kaufmännischen Ausbildung (BFH oder BK)
☐ gewerblich-technischen Ausbildung (MFB, FFK, TLZ, EGM)

Lerntagebuch
1. Ist Ihnen das Lerntagebuch bekannt? ☐ ja ☐ nein
2. Mit dem Lerntagebuch arbeite ich ____ mal pro Woche.
3. Wie bewerten Sie den Nutzen dieses Angebots?(Bitte das entsprechende Kästchen ankreuzen)
   keinerlei Nutzen☐   ☐   ☐   ☐   ☐   ☐sehr hoher Nutzen
4. Ihre Meinung:

Lernkonferenz
1. Ist Ihnen die Lernkonferenz bekannt? ☐ ja ☐ nein
2. Die Lernkonferenz findet bei uns ____ mal pro Monat statt.
3. Wie bewerten Sie den Nutzen dieses Angebots?
   keinerlei Nutzen☐   ☐   ☐   ☐   ☐   ☐sehr hoher Nutzen
4. Ihre Meinung:

Zieltraining
1. Ist Ihnen das Zieltraining bekannt? ☐ ja ☐ nein
2. Mit dem Zieltraining arbeite ich ☐ nie ☐ selten ☐ oft.
3. Wie bewerten Sie den Nutzen dieses Angebots?
   keinerlei Nutzen☐   ☐   ☐   ☐   ☐   ☐sehr hoher Nutzen
4. Ihre Meinung:

Förderplan
1. Ist Ihnen der Förderplan bekannt? ☐ ja ☐ nein
2. Mit dem Förderplan beschäftige ich mich ☐ nie ☐ selten ☐ oft.
3. Wie bewerten Sie den Nutzen dieses Angebots?
   keinerlei Nutzen☐   ☐   ☐   ☐   ☐   ☐sehr hoher Nutzen
4. Ihre Meinung:

In gleicher Weise wurden auch Lernquellenpool, Selbstlernzentrum u.w. evaluiert.

Mit dieser Differenzierung soll deutlich werden, dass wir auch im ‚evaluatorischen Blick' behalten wollten, wie unser Lernberatungskonzept, das sich ja aus einer „intelligenten Kombination aus bewährten Gestaltungselementen und neuen Kernelementen ... mit Blick auf die Ermöglichung einer Aktivierung der Selbstlernpotenziale der Lernenden" (Zitat Klein auf einem Workshop in unserer Einrichtung) bei unseren Teilnehmenden ‚ankommt'.

Vor diesem Hintergrund stellten sich dann grundsätzlich einige Fragen:
- Welchen der Gestaltungselemente von Lernberatung sind evaluatorische Ansätze bereits immanent?
- Wo verbindet sich im didaktisch-methodischen Lernsetting Reflexion mit Evaluation?
- Wo verbietet sich die Verbindung von Reflexion mit Evaluation?

Schließlich stellte sich in unserer Praxis auch die Frage, wie weit Evaluationen dem Prinzip der Partizipationsorientierung angemessen konzipiert werden können. Konkret meint dies:
- Welche aktiv mitgestaltenden, mitbestimmenden Rollen sollen und können die Lernenden selbst bei welchen Evaluationen einnehmen?
- Wie weit sollen und können Lernende selbst zu ‚Evaluatoren für die Ermittlung lernförderlicher und lernhemmender Faktoren' werden?

3. Evaluationen in und von Lernprozessen als erster Ansatzpunkt

Es war dieser Blick auf das Lernen als Prozess, weniger das Prinzip der Partizipation, der uns zunächst in Bezug auf die Frage, wie und wo Evaluationen angelegt sollen, beschäftigt hat. Trägt man den Prozessgedanken in den Bereich Evaluation hinein, so ergibt sich zwangsläufig die Forderung nach Evaluationsmethoden und -instrumenten, die ihrerseits Prozesse und nicht nur Ergebnisse beschreiben können und darüber hinaus Prozesscharakter haben.

3. 1 Methoden der Forschung

Wir haben die aus unserem Projektmanagement entstandenen Herausforderungen und Möglichkeiten, Evaluationen in unser Lernberatungskonzept zu integrieren, genutzt, uns etwas genauer mit Forschungsmethoden auseinander zu setzen und sind dabei auf die unterschiedlichen Ausrichtungen der quantitativen und qualitativen Forschung gestoßen, deren Unterscheidungsmerkmale wir knapp und anschaulich in einer Übersicht aus den Seminarunterlagen zu den Forschungsmethoden der Universität Würzburg, Lehrstuhl für Psychologie III, fanden:

Abb. 2 :Quantitative versus qualitative Forschung

	Quantitative Forschung	Qualitative Forschung
Grundorientierung	Naturwissenschaftlich	Geisteswissenschaftlich
Wissenschaftsverständnis	Alltagstheorien ≠ Wissenschaft	Alltagstheorien + Wissenschaft
Wirklichkeitsverständnis	Objektiv	Subjektiv
Forschungszweck	Theorieprüfung	Theorieentwicklung
Forschungslogik	Deduktion	Induktion
Untersuchungsdesign	Multiple case, KG, exp., Zufallsstichprobe, statische Repräsentativität	single case, Feld-/Handlungsforschung, inhaltliche Repräsentativität
Methodeninventar	„harte" Methoden	„weiche" Methoden
Gütekriterien	Klassische Testtheorie	qualitative Gütekriterien
Auswertungsprocedere	Numerische Struktur	Klassenstruktur

(aus: www.uni-wuerzburg.de unter Vorbehalt der Einstellung ins Internet)

Mit Blickwinkel auf die Prinzipien von Lernberatung scheint die qualitative Forschung die eher Geeignete zu sein, mit ihrem Wissenschaftsverständnis und den daraus abgeleiteten Untersuchungsdesigns und Methoden die fokussierte Prozesshaftigkeit in analogischer Konsequenz darzustellen. Insbesondere die Handlungsforschung bietet hier durch formative Evaluationsmethoden Zugänge, die es ermöglichen, Lernprozesse zu beschreiben und bestätigend oder verändernd auf den laufenden Prozess einzuwirken. Orientierungsgebend für uns war auch der Forschungsansatz bei ABWF/QUEM[1], der wie folgt formuliert wurde:

Abb. 3: Charakteristik Handlungsforschung bei QUEM/LIWE

QUEM/LIWE beschreibt seinen handlungsforschenden Ansatz mit den Zielen:
- Praktische Situationen zu einem offenen Suchprozess problemerschließend zu erforschen, zu analysieren und zu gestalten und so mit wissenschaftlicher Hilfestellung progressive Entwicklungen zu unterstützen
- zeitnah Entwicklung und Erprobung praktischer Lösungsmodelle im Themenfeld zu realisieren
- den Veränderungsprozess im Praxisfeld nachhaltig zu etablieren
- aus der systematischen Begleitung von Veränderungsprozessen neue Erkenntnisse zu gesellschaftlich relevanten Zusammenhängen zu gewinnen.

Als wesentliche Prämissen dieser Handlungsforschung werden die Prinzipien der
- **Partizipation** als parteiliches Eingreifen in den Gestaltungs- und Forschungsprozess
- **Kommunikation** als auf gegenseitigem Lernprozess basierendem Austausch
- **Interaktion** als gemeinsame, vernetzte Problemlösung
- **Reflexion** als dialogischer Struktur mit kritischer Überprüfung und ggf. Ergebnisrevision zu Grunde gelegt.

(Quelle: www.abwf.de)

Partizipation als wesentliche Prämisse der Handlungsforschung und als ein zentrales didaktisches Prinzip der Lernberatung fordert unter dem Fokus, Veränderungsprozesse nachvollziehbar zu machen, einen Evaluationsansatz, wie ihn die formative Evaluation bietet. Sie macht den Befragten zum mithandelnden Subjekt, das aktiv an der Entwicklung, am Einsatz und der inhaltlichen Auswertung von Evaluationsinstrumenten und deren Rückkoppelung beteiligt ist, damit also aktiv am Veränderungsprozess partizipiert.

Die Umsetzung erfolgt durch sogenannte „weiche" Methoden. Sie sind prozessorientiert, nicht oder nur teil-standardisiert, offen und flexibel und bedürfen der Interpretation. Sie erhalten damit ihre Wertigkeit trotz Kritik an der subjektiven Ausrichtung seitens Vertretern der Empirie bzw. einem quantitativen Forschungsansatz.

3.2 Die Evaluationsinstrumente und -verfahren und ihre Umsetzung in die Praxis

Im Hinblick auf die zugrunde liegenden Leitprinzipien von Lernberatung lag es nahe, zunächst methodische Settings der qualitativen Sozialforschung, explizit formative Verfahren der Handlungsforschung, auszuwählen. Dies geschah aus der Überzeugung heraus, dass die Wirksamkeit von Lernberatung in ihrem Prozesscharakter am stimmigsten mit prozessorientierten Methoden ermittelt werden kann. Weitere methodische Zugänge im Bereich der Evaluation gilt es noch zu erschließen.

Konsens besteht unsererseits auch darin, dass formative Evaluationsmethoden besonders für die Praxis tauglich sind, da sie schnell entwickelt, umgesetzt und ausgewer-

---

[1] Quelle: www.abwf.de. Das Projekt, auf das hier Bezug genommen wird, wurde aus Mitteln des BMBF sowie des ESF gefördert.

tet sind. Die subjektive Aussage erhält ihre Wertigkeit ohne aufwändige Untersuchungsverfahren quantitativer Forschungsmethoden um Aussagen objektivierbar zu machen. Das es nicht um numerische Erfassung geht, ist ein weiterer Vorteil qualitativer Methoden die Berücksichtigung und Wertigkeit von Minderheitenaussagen.

In der bisherigen Praxis der Abteilung Berufsvorbereitung kamen folgende Instrumente und Verfahren der Prozessevaluation zum Einsatz:
- Evaluationen von Lernerfolgen/-ergebnissen (s. 2.1)
- Das Zieltraining (vgl. Beitrag Grube Kap. II/5.)
- Das Lerntagebuch
- Die Lernkonferenz
- Offene/teiloffene Fragebögen, z. B. zur Evaluation des Förderplans

Abgesehen von den traditionellen Evaluationen des Lernerfolgs dienen alle weiteren eingesetzten Instrumente und Verfahren in erster Linie der Einschätzung lernförderlicher bzw. lernhemmender Faktoren.

3.3 Die Instrumente im Einzelnen
3.3.1 Gestaltungselemente von Lernberatung mit evaluatorischer Funktion

Lerntagebuch

Das Lerntagebuch als ein zentrales Element der Lernberatung dient der individuellen Reflexion, Zielbestimmung und -überprüfung und damit der Planung des eigenen Lernens. Im Sinne der Evaluation wird darin also unter anderem der aktuelle Stand im Lernprozess mit den dabei auftretenden Erfolgen, Stolpersteinen und den damit verbundenen Befindlichkeiten kontinuierlich reflektiert und die aus den Prozess-Reflexionen abgeleiteten Konsequenzen jeweils neu beschrieben.

> **Fragebogen zum Thema „Lerntagebuch"**
>
> 1. Machen Sie Eintragungen in Ihr Lerntagebuch?
>   ☐ Ja
>   Wenn ja, wie oft: ☐ täglich
>   ☐ wöchentlich
>   ☐ unregelmäßig
>
>   Können Sie Ihre Eintragungen nützlich verwenden, z.B. für:
>   ☐ Gespräche mit Lehrkräften
>   ☐ Lernkonferenzen
>   ☐ für sich persönlich
>   ☐ Nein, ich führe kein Lerntagebuch
>
> 2. Falls Sie keine Eintragungen in Ihr Lerntagebuch machen, nennen Sie bitte Gründe, weshalb nicht:
>
> 3. Was könnte oder sollte am Lerntagebuch verbessert werden?

Damit wird der Lernprozessverlauf phasenbezogen dokumentiert, womit gleichzeitig das immerwährende Veränderungspotenzial, aber auch Grenzen sichtbar werden.

Das Lerntagebuch dient ebenso als Reflexionsbasis für die Lernkonferenz. Die kollektiven Reflexionen werden auf Grundlage der subjektiven Reflexion individuell vorbereitet. Das ermöglicht damit allen Teilnehmer/innen die aktive Partizipation an der Gestaltung des individuellen Lern-/ Lehrprozesses im sozialen Kontext (vgl. dazu auch Wenzig in Kap. II/6.). Ethisch problematisch ist der Einsatz des Lerntagebuchs, wenn es die Grenze des Selbstevaluationsinstruments verlässt und Außenanforderungen an Evaluation entsprechen soll. Dies verbietet sich aus unserem Verständnis heraus. In unserer Praxis galt die Regelung, dass das Öffentlichmachen von Reflexionen als Selbstevaluationsverfahren im Lerntagebuch ausschließlich auf freiwilliger Ebene erfolgt. D.h. in den Lernkonferenzen konnten die Teilnehmer/innen zwar ihr Lerntagebuch als Erinnerungshilfe nutzen, wurde vielfach auch mit einer Reflexion im Lerntagebuch begonnen. Was davon jedoch für die kollektive Reflexion in der Gruppe öffentlich gemacht wurde, oblag dem jeweiligen Teilnehmenden.

Bislang maßen wir zudem der grundsätzlichen Freiwilligkeit in der Benutzung des Lerntagebuches als reflexivem Instrument einen hohen Stellenwert bei, da es hier um die ausschließliche Dokumentation der persönlichen Reflexion des/der Teilnehmers/in geht, die auch in ihrer Form nicht ohne weiteres ‚verordnet' werden kann. Nach unserer bisherigen Erfahrung genügt es nicht, das Instrument inhaltlich und formal einzuführen und mit jeder neuen Lerngruppe auch zu gestalten, sondern es bedarf auch ermöglichter Zeiträume – wohlgemerkt ohne Dokumentationszwang – innerhalb der Unterrichtszeiten und es sollte immer wieder seitens der Lehrenden/Lernberater/innen darauf verwiesen werden. Andernfalls trägt sich ein solches Instrument nicht und „verkommt" zum bloßen formalen Standard, die Bedeutungsbeimessung seitens der Einrichtung wird damit unglaubwürdig, da es die Entwicklung von Routinen im Umgang damit erschwert. Laut einer Erhebung gab ein Drittel unserer Teilnehmer/innen an, das Lerntagebuch regelmäßig zu nutzen und es für ein geeignetes Reflexionsinstrument zu halten. Bei einem Klientel, das pauschalisiert eher als schreib- und reflexionsungewohnt gilt, war dieses Ergebnis doch ein beachtlicher Erfolg. Nichtsdestotrotz bleiben zwei Drittel, die es entweder gelegentlich oder gar nicht nutzen, obwohl mit jeder Lerngruppe das Instrument selbst neu entwickelt wird. Hier muss weiterhin über anschlussfähigere Alternativen nachgedacht werden, die eventuell den Aspekt ‚(Schrift-)Sprache' weniger betonen, also z.B. bildhafte Reflexion ermöglichen und damit anderen Teilnehmenden einen Zugang ermöglichen.

Lernkonferenz
Die Lernkonferenz ist eine Methode zur gemeinsamen Reflexion und Planung des Lern-/Lehrprozesses im sozialen Kontext der Lerngruppe. Die Durchführung erfolgt in ihrer Grundstruktur nach ritualisierten Abläufen: Individuelle Reflexion – Schlaglicht – gemeinsames Festlegen der Schwerpunktthemen – Erarbeiten von Lösungsvorschlägen – Feedback (vgl. Kemper/Klein 1998, S. 97ff).

Analog zum Lerntagebuch ist die Lernkonferenz ein Evaluationsverfahren, das die Partizipation am Lern-/Lehrprozess im Gruppenkontext gewährleistet und damit das Veränderungspotenzial des Einzelnen und der Gruppe nutzt. Entstehen aus der Lernkonferenz bestätigende Lern-/Lehraspekte oder zu verändernde, so ist es wichtig, diese für die Teilnehmer/innen erfahrbar aufzunehmen. D. h., Bestätigtes beibehalten, ggf. zu erweitern, im Team der Lehrenden/Lernberater/innen kommunizieren, zu Veränderndes für die Lernenden nachvollziehbar zu verändern oder aber auch die Grenzen des Veränderbaren transparent machen. Evaluationen in der Lernkonferenz (und nicht nur dort), deren Konsequenzen nicht sicht- und erfahrbar werden, erweisen sich als ‚Glaubwürdigkeitsfallen'. Die Teilnehmer/innen werden konsequenterweise weitere Evaluationen nicht durchführen. Da jedoch nicht alle Evaluationsergebnisse aus einer Lernkonferenz umsetzbar sind, hat es sich bewährt, im direkten Austausch in der Konferenz bereits über die Machbarkeit bzw. Nicht-Machbarkeit Transparenz herzustellen. Handlungsschritte konkret abzuleiten und Grenzen deutlich zu machen ist gleichermaßen wichtig, wenn die Lernkonferenz ihr Evaluationspotenzial entfalten soll.

An dieser Stelle sei davor gewarnt, ein Verfahren wie die Lernkonferenz zu früh zum Standard zu erklären. Passiert dies, besteht die Gefahr, dass formale Abläufe zwar eingehalten werden, das Experimentieren damit und die kontextspezifische Entwicklung und Anpassung dieses Verfahrens jedoch reduziert wird. Zudem ist es im Vorfeld wichtig, sich über die Partizipationsräume, die Lernende nutzen können und sollen im Team und mit der Leitung im Klaren zu sein. Dies ist nicht zuletzt für den sicheren professionellen Umgang von Lehrenden/Lernberater/inne/n in der Lernkonferenz von Bedeutung. Je eher sie sich getragen fühlen von kollektiv geklärten und gesicherten Aspekten der Mitsprache und Mitentscheidung durch Teilnehmende im Lern-/Lehrsetting, desto glaubwürdiger können sie in der Lernkonferenz agieren. Als hilfreich haben sich bei der Einführung von Lernkonferenzen die Vereinbarung von Gesprächsregeln und mit zunehmender Verselbständigung der Gruppen im Umgang damit die Festlegung von „Rollen", wie z. B. Zeitwächter, in Anlehnung an die kollegiale Beratung erwiesen.

Der positive Einfluss gut ein- und durchgeführter Lernkonferenzen auf das soziale Klima der Lerngruppe sei hier eindrücklich erwähnt. Von größtmöglichem Erfolg sprachen wir, wenn es Gruppen gelang, ohne Anleitung oder Unterstützung von Lehrenden/Lernberater/inne/n und in deren Abwesenheit ihren individuellen und kollektiven Lernprozess zu reflektieren und realistische Problemlösungen zu erarbeiten. Dies gelang zwar eher selten, sollte aber grundsätzlich ermöglicht werden im Sinne wertschätzender Partizipation und Verantwortungsteilung.

Erfolg bemaß sich in unserer Praxis auch darin, dass Teilnehmer/innen in ihren Anschlussmaßnahmen die Lernkonferenz als gemeinsames Reflexionsverfahren reklamierten. Widerstände zeigten sich seitens der Teilnehmer/innen gegen dieses Verfahren vor allem dann, wenn mehrfach die Erfahrung gemacht wurde, dass erarbeitete Problemlösungen zu keiner Änderung bzw. Beseitigung oder Reduktion von Störungen führten. Um dies zu vermeiden ist es ratsam, ein standardisiertes und organisationskulturell getragenes Controlling zu verankern, das zu Beginn jeder Lernkonferenz den Blick auf die letzten Vereinbarungen richtet und Ergebnisse oder Konsequenzen daraus sicherstellt.

3.3.2 Weitere Instrumente und Verfahren

Zieltraining
Beim Zieltraining gehen wir davon aus, dass der Aufbau von Motivation und das Verfügen über persönliche Ziele in einem ursächlichen Zusammenhang zueinander stehen. Das **Zieltraining** wurde entwickelt, um in einem reflexiven Verfahren die Entwicklung persönlicher Ziele zu unterstützen. Der erste Teil beinhaltet eine Selbst-

evaluation (Fragebogen) zu den persönlichen Zielen und mit deren Umgang, d. h. wie gering oder hoch ist die Ausprägung zielgerichteten Verhaltens. Der zweite Teil besteht aus (Reflexions-)Leitfragen zu persönlichen Zielen, die eigenverantwortlich in den Gruppen in einem gemeinsamen Reflexionsprozess bearbeitet werden, methodisch in Anlehnung an das Modell der kollegialen Beratung von Fallner. (Fallner 1990) Die Rückkoppelung an Mitarbeiter der Institution geschieht mittels einer kurzen schriftlichen Gruppenauswertung zum Verlauf der jeweiligen Sitzung (s. Grube in diesem Band). Im Sinne der evaluatorischen Wirksamkeit ist es jedoch noch erforderlich zu klären, wie die Einschätzung der Teilnehmer/innen hinsichtlich der Effizienz des Trainings das Instrument selbst oder das damit verbundene Verfahren modifiziert bzw. beeinflusst. Dies im Sinne der Rückbindung in den Entwicklungsprozess. Die Evaluationsrolle beschränkt sich also bei den Mitarbeitern nur auf den zuletzt beschriebenen Teil, der bislang noch keine Umsetzung erfahren hat. Die Teilnehmer/innen evaluieren sowohl einzeln wie auch in der Interaktion im Rahmen ihrer Lerngruppe. Mitarbeiter sind hier nur bei den Planungsgrößen behilflich, d. h. vor allem in der Bereitstellung von Material und Raum.

Die Leitprinzipien von Lernberatung finden bei diesem Instrument und dessen Handhabung im Sinne der Evaluation eine umfassende Entsprechung.

Narratives Interview im Beratungssetting
Der/die Teilnehmende wird durch eine erzählgenerierende Frage zur freien Äußerung aufgefordert. Diese Interviewform wird vorzugsweise bei biographieorientierten Fragestellungen eingesetzt. Der/Teilnehmende übernimmt fast ausschließlich die aktive Rolle und entscheidet im Wesentlichen individuell über Inhalt und Umfang des Interviews. Der/die Interviewende sorgt für die Aufrechterhaltung der Erzählstruktur und hält sich auch beim Nachfragen an die von dem/der Teilnehmende/n vorgegebene inhaltliche Ausdeutung. Das Interview endet in aller Regel mit Bilanzierungsfragen. Es finden sich also bei dieser Evaluationsmethode wesentliche Leitprinzipien von Lernberatung wie Partizipation, Biographieorientierung, Reflexionsorientierung, Orientierung an (Lern-)Interessen und Verantwortungsteilung wieder.

Diese Methode kam z. B. in Lernberatungsgesprächen zum Einsatz, vorwiegend in den Anfangsphasen, um sich damit u.a. den „Kernthemen" zu nähern, die es dann bei Bedarf in weiteren Gesprächen zu bearbeiten galt. Gerade zu Beginn von Maßnahmen und damit bei der Aufnahme sozialer Beziehungen wird diese Kommunikationsform als wertschätzend und entlastend erlebt, da die Teilnehmer/innen den Anteil der häufig misserfolgsbesetzten oder krisenhaften Biographie selbst steuern können. Gleichsam wird bei dieser Gesprächsform emotionale Zuwendung erlebt, ein bei unserem Klientel nicht zu unterschätzender Aspekt.

Offene/teiloffene Fragebögen
Offene Fragebögen enthalten Fragen, die nicht mit Ja oder Nein beantwortet werden können und zur freien Meinungsäußerung auffordern. Teiloffene Fragebögen sind Mischformen aus offenen Fragen und Fragen im Multiple-Choice-Stil. Dies wurde zum Beispiel verwendet um eine Teilnehmer/inneneinschätzung zum Lerntagebuch zu erheben.

Widerstände zeigten sich, wenn Fragebögen zu häufig als Evaluationsform zum Einsatz kamen und wenn diese vor allem offene Fragen beinhalteten. Gründe hierfür liegen u. a. in einer häufigen Ungeübtheit im Formulieren und Schreiben unseres Klientels.

Aktive Partizipation auf Teilnehmer/innenebene ist über subjektorientierte Verfahren darstellbar, die kein theoretisches Hintergrundwissen voraussetzen. Erste Erfahrungen wurden damit im jüngsten Projektentwicklungsschritt gemacht: Teilnehmer/innen entwickelten selbständig einen Fragebogen zum Förderplan (Abb.4).

Abb. 4 Fragebogen zum Förderplan

Bevor Ihr an die folgenden Fragen rangeht, sollte euch bewusst sein, dass diese Umfrage nur deshalb durchgeführt wird, um den Förderplan zu verbessern bzw. Alternativen zu ihm zu schaffen. Seht das Ganze hier mehr oder weniger als Entgegenkommen an.

Wenn die zuständigen Leute etwas ändern wollten ohne euch zu fragen, würde es Ihnen auch keine Umstände bzw. Unannehmlichkeiten bereiten. Es würde einfach gemacht werden.

Also nehmt bitte Eure Chance wahr etwas zu verändern oder wenigstens ein Stück weit mit zu bestimmen. Beteiligt euch bitte aktiv und beantwortet die folgenden Fragen dementsprechend ernsthaft!

Zusätzliche Vorschläge und Anregungen sind ausdrücklich erwünscht!!!

Gebt die ausgefüllten Fragebögen bitte bis spätestens **Mittwoch den 3. Dezember 2003** bei eurem für euch zuständigen Bezugslehrer ab.

Jürgen Binder, Thomas Ledwig und Christian Storch

1.) Allgemeine Fragen zum Förderplan:

Was haltet ihr vom Förderplan?

Ist der Förderplan für euch rehatauglich oder eher eine Selektion (Aussortierung)?

Motiviert euch der Förderplan?

Konzentriert ihr euch auf die Förderziele?

Gäbe es für euch eine Alternative zum Förderplan?

Sollte man ein höheres Mitspracherecht am Förderplan haben?

2.) Fragen zum Inhalt des Förderplans:

Was hat die Gesundheit eines Menschen mit dem Erreichen der Förderplanziele zu tun?

Können dies nicht auch Kranke?

Fühlt Ihr euch durch den Förderplan in eurer Intimsphäre verletzt? (z. B. Angaben über das Sozialverhalten im Internat etc.)

Müssen lebenspraktische Fähigkeiten im Förderplan beurteilt werden?

Ergibt es für euch einen Sinn, die Intelligenz anhand der psychologischen Diagnostik zu bewerten?

3.) Fragen bezüglich der Lehrkräfte:

Denkt Ihr, dass die persönliche Sympathie bzw. Antipathie in der Förderplan mit einfließt?

Inwieweit kann der Unterricht gestaltet werden, um die im Förderplan genannten Defizite zu verringern?

Sollte es Förderpläne für die Lehrkräfte geben einschließlich Kompetenzbewertung bzw. Motivationsbewertung?

Dies war ein Schritt über die bisherige Evaluationspraxis hinaus, da bis dato ausschließlich die Lehrenden für die Entwicklung und den Einsatz von Evaluationsinstrumenten verantwortlich waren. Dies nicht, weil die Institution entsprechende formale Vorgaben machte, sondern vor allem aus dem traditionell orientierten Rollenverständnis der Rehabilitationspädagogen heraus, dass Teilnehmer/innen mit diesen behinderungsbedingten Einschränkungen und/oder Lernstörungen damit überfordert wären. Eine Haltung, die zumindest institutionskulturell unterstützt wurde. Im Verlauf des Projekts nahm die Experimentierfreudigkeit zu und auch die organisationale Akzeptanz im Falle eines Scheiterns, wie immer das auch definiert würde. Und es sollte sich bestätigen, dass Teilnehmer/innen solcher Bildungsmaßnahmen sehr wohl eine Vorstellung davon haben oder in der Auseinandersetzung damit entwickeln, was für sie relevante Fragen zur Einschätzung eines Instruments sind. Dieses Beispiel machte deutlich, dass das vermeintliche Risiko dieses Vorgehens in erster Linie der Phantasie der Lehrenden entspringt. Im Hinblick auf Motivation war bei diesem Beispiel zu erkennen, dass sich die Wertschätzung über die aktive Rolle positiv ausdrückte in der Bereitschaft, an Veränderungsprozessen mitzuarbeiten. Um diese zu erhalten beziehungsweise noch zu steigern ist es zwingend erforderlich die Wirksamkeit dieser Evaluation, und damit Beteiligung, auf die aktuelle Qualitätsdiskussion transparent und direkt an die Teilnehmer/innen rückzukoppeln, ganz im Sinne der Lernberatungskonzeption.

Für die Lernenden ermöglichte dieses Vorgehen ganz neue Lernerfahrungen, die mit Zutrauen und Wertschätzung ihrer Fähigkeiten und einem bedarfsorientierten Unterstützungsangebot einhergingen. Sie übernahmen Entwicklungsverantwortung, investierten viel zusätzliche Arbeitszeit, führten die Umfrage selbst durch und werteten sie aus. Sie beschrieben anschließend, worin die damit verbundenen Herausforderungen bestanden, wie z. B. sich mit Kritik an ihrem Instrument seitens der anderen Teilnehmer/inne/n konstruktiv auseinander zu setzen. Lernen fand hier auf allen Ebenen statt, fachliche wie soziale Kompetenzen wurden so befördert. Partizipation hier nicht in einer fiktiven Handlungssituation, sondern in reale organisationale Prozesse eingebunden im Sinne der Modifikation von Instrumenten des Bildungsträgers, was die Bedeutung der Lernhandlung unterstrich. (s. Anhang Fragebogen Lernberatung, Fragebogen Förderplan)

3.4 Dokumentation

Die evaluationsbezogene Dokumentation bedient sich analog zu den Instrumenten folgender qualitativer Verfahren:
- Bilddokumentation, z. B. Fotoprotokolle von workshops

- Dokumentationsbögen in Form von ausgefüllten Frage- oder Protokollbögen
- Tonaufnahmen, z. B. von Interviews
- Transkription der durchgeführten Interviews
- Berichte wie z. B. Projektzwischenbericht
- Projekttagebuch
- Projektnotizen
- Teils Teilnehmer/zugängliche EDV-Dateien wie z.b. freie Teilnehmer/innenäußerungen zur Lernberatung.

Auch die Dokumentation der Evaluation beinhaltet die Subjektorientiertheit, wie dies beispielsweise durch das Projekttagebuch oder Dokumentationsbögen repräsentiert wird. Die einzelnen Dokumentationsformen repräsentieren in ihrer Subjektorientiertheit unterschiedliche Reichweiten, weshalb es sinnvoll erscheint, unterschiedliche Verfahren einzusetzen.

Es bleibt weiter ein spannender Prozess, Teilnehmer/innenorientierung im Bereich der Evaluation zu berücksichtigen und auch unter diesem Aspekt die Implementierung von Lernberatung mit ihren wesentlichen Elementen und Prinzipien voranzutreiben.

Literatur

Behlke/Grube: Lernberatungskonzept zur Förderung von Selbstmanagement mit Rehabilitanden; in: QUEM-Report, Heft 90, Berlin, 2005

Fallner/Gräßlich: Kollegiale Beratung; Hille, 1990

Götz: Zur Evaluierung betrieblicher Weiterbildung, Band 1; München, 2001

Holtschmidt/Zisenis: Prozessbegleitende Lernberatung und Organisationsentwicklung; in: QUEM-Report, Heft 90; Berlin, 2005

Kemper/Klein: Lernberatung; Baltmannsweiler, 1998

Reischmann: Weiterbildungsevaluation; Neuwied, 2003

II/8. Qualitätsstandards von Lernberatung?

Ilona Holtschmidt / Dieter Zisenis

Dieser Beitrag beschreibt den Versuch, die Umsetzung des Konzepts der prozessbegleitenden Lernberatung so zu gestalten, dass sie den Ansprüchen eines Qualitätsmanagementsystems entspricht und nachprüfbare Qualitätsstandards entwickelt. Die Kaiserswerther Seminare, ein Institut der Fort- und Weiterbildung für Gesundheitsberufe, orientieren sich dabei am Modell der European Foundation for Quality Management (EFQM; näheres unter www.deutsche-efqm.de). Kernprozesse, die Gegenstand der Qualitätszirkel in der Fort- und Weiterbildung der Kaiserswerther Seminare darstellen, sind:
- Akquise
- Weiterbildungskontrakt
- Lehren und Lernen
- Evaluation
- Abschluss der Weiterbildungsmaßnahme

Für diese Kernprozesse werden Verfahrensanweisungen, Prozessbeschreibungen und Standards mit Qualitätsdimensionen (Struktur-, Prozess- und Ergebnisqualität und Definition von Prüfkriterien) erstellt.

Die Kaiserswerther Seminare, bei denen der Autor und die Autorin beschäftigt sind, waren als Gestaltungsprojekt am Projektverbund ProLern (vgl. Einführung der Hrsg. in diesem Band) beteiligt. Ziel war es, das Profil der Bildungsarbeit – vornehmlich im Bereich der beruflichen Bildung – durch die umfassende Implementierung des Konzeptes Lernberatung und selbstgesteuertes Lernen zu entwickeln.

1. Prozessbegleitende Lernberatung bei den Kaiserswerther Seminaren

Lernberatung wird dabei als Lernprozessbegleitung und als umfassende andragogische Konzeption zur Förderung von selbstgesteuertem Lernen verstanden. Selbstgesteuertes Lernen ist der Prozess, in dem die Lernenden
- die Initiative für ihren Lernprozess ergreifen
- ihren Lernprozess selbst planen
- ihre eigenen Kompetenzen und Lernbedürfnisse diagnostizieren
- Ressourcen organisieren
- geeignete Lernsettings auswählen
- und ihren Lernprozess evaluieren.

Selbstgesteuertes Lernen im Rahmen von Lernen in Weiterbildungseinrichtungen ist immer auch als sozialer Prozess als Prozess in einer Lerngruppe zu gestalten und wird durch Lernberatung von professionellen Lernberaterinnen und Lernberatern unterstützt. Selbstgesteuertes Lernen als Prozess bedeutet, dass von unterschiedlichen Graden der Selbststeuerung auszugehen ist, die sowohl durch die individuelle Kompetenzentwicklung im Sinne des „Lernen Lernens" als auch durch die Rahmenbedingungen, unter denen das Lernen stattfindet, bestimmt werden. Der Selbstorganisationsgrad des Lernens bemisst sich dabei

- in dem Bewusstsein um solche Lernsettings (Räume, Zeiten, Methoden, Medien usf.), von denen die/der Lernende weiß, dass sie für sie/ihn selbst erfolgreich sind, im Sinne von Wissen um das eigene Lernen;
- in den tatsächlich institutionell angebotenen und individuell realisierten Steuerungsmöglichkeiten.

Im Blick auf die Lernenden heißt dies:
- Lernenden vielfältige methodische Angebote zur Auseinandersetzung mit einem Lerngegenstand und für die Gestaltung des eigenen Lernprozesses zu machen;
- Reflexions- und Selbstevaluationsverfahren zu diesen Methoden in Bezug auf eine subjektive Einschätzung des Lernprozesses und der Lernwirksamkeit anzubieten;
- die Auswahl von Zielen, Inhalten, Methoden und Medien zunehmend in die Entscheidung der Lernenden und der Lerngruppe zu übergeben.

Prozessbegleitende Lernberatung ist neben der nach wie vor bedeutsamen Vermittlung fachspezifischer Inhalte das wesentliche didaktische Strukturelement in den berufsbegleitenden Weiterbildungen der Kaiserswerther Seminare. Die prozessbegleitende Lernberatung bezieht sich dabei auf
- den *individuellen* Lernprozess der einzelnen Teilnehmenden über die gesamte Dauer der Weiterbildung im Zusammenhang institutionalisierter Lernorganisation in einer Weiterbildungseinrichtung
- den Lernprozess der *Lerngruppe*
- die Erfahrungen der Lernenden mit Ankoppelungen und *Transferbemühungen* im jeweiligen Arbeitszusammenhang und deren Einbindung in organisationale Strukturen und Veränderungsprozesse.

Dabei sind in der Vergangenheit eine Reihe von Instrumenten und methodisch-didaktischen Strukturelementen entwickelt worden, die im Rahmen der Mitarbeit im Projektverbund „ProLern" zu Standards für alle Weiterbildungsmaßnahmen entwickelt werden. Diese Beratungs- und Unterstützungsangebote sind „integrierte ‚mitlaufende' Aktivitäten einer professionellen Lehre. Lehrende richten ihre Aufmerksamkeit dann nicht nur auf das ‚Was', also die Inhalte, sondern auch auf das ‚Wie', also die Aneignungsformen der Lernenden. Lernberatung wird hier also nicht als besondere Tätigkeit ausgegrenzt, sondern als Bestandteil aller Lehr-/Lernprozesse verstanden." (Siebert 2000, S.93). Dabei handelt es sich um
- Lern- und Arbeitskontrakte
- Lerntagebücher
- Fallarbeit
- Kollegiale Beratung
- selbstorganisierte Lerngruppen
- Kursintegrierte Angebote zur Selbstevaluation und Kompetenzanalyse
- Praxisaufgaben und Projektarbeiten
- Praxisbesuche
- Supervision

Für diese methodisch-didaktischen Strukturelemente werden zur Zeit Qualitätsstandards entwickelt, die einerseits im Rahmen der Profilierung der Bildungsarbeit der Kaiserswerther Seminare auf die darin enthaltenen „Freiheitsgrade" für die Selbststeuerung von Lernprozessen der Teilnehmenden überprüft werden und andererseits im Rahmen des kontinuierlichen Qualitätsentwicklungsprozesses der Kaiserswerther

Seminare wesentliche nachvollziehbare und überprüfbare Merkmale der Bildungsarbeit beschreiben. Alle genannten Elemente sind Strukturierungshilfen für die Lernenden, um auch in durch curriculare Vorgaben mehr oder weniger stark geregelten berufsbegleitenden Weiterbildungsmaßnahmen den Selbststeuerungsgrad zu erhöhen. In diesem Zusammenhang werden zur Zeit geeignete Evaluationsinstrumente entwickelt, die auf der Ebene der Lernenden überprüfen sollen, in wie weit die angebotenen Strukturierungshilfen tatsächlich von Lernenden verstanden und genutzt werden, ihren eigenen Lern- und Aneignungsprozess aktiv und selbstverantwortlich zu gestalten. Zur gezielten Einschätzung der Anforderungen an Selbstgesteuertes Lernen in den oben benannten Gestaltungsinstrumenten der prozessbegleitenden Lernberatung wurde von uns eine Matrix entwickelt (Abb. 1, S. 182).

2. Das Instrument „Lerntagebuch" als ein Beispiel für einen Qualitätsstandard
2.1 Ziele und Grundideen des Lerntagebuches

Das Lerntagebuch ist ein zentrales Element der Lernberatungskonzeption und dient als Methodenangebot zur persönlichen Reflexion, Zielbestimmung und -überprüfung und somit Planung des Lernens und als orientierende Unterstützung für das selbstgesteuerte Lernen. Es ist integraler Bestandteil von Lernen, entfaltet mit diesem Selbstverständnis seine lernfördernde Wirkung und ist somit nicht Grundlage von Bewertungen. Folgende Ziele werden damit in Anlehnung an Kemper/Klein 1998 verfolgt:
- „Förderung der Selbstbeobachtung
- Verantwortung für das eigene Lernen
- Einbringen von eigenen Lerninteressen
- Reflexion von Lernerfahrungen
- Festhalten von Lernerfahrungen und Lernerfolgen
- Erkennen von Lernproblemen
- Bestimmung und Überprüfung von Lernzielen
- Förderung der Selbsteinschätzung von Lernleistungen"

(Kemper/Klein 1998, S. 86)

2.2 Das Umsetzungskonzept

Am günstigsten wird das Lerntagebuch direkt im ersten Kursabschnitt einer berufsbegleitenden Weiterbildung eingeführt und idealerweise mit lernbiografischen Methoden verbunden. Nach ersten Erfahrungen und einer Teilnehmerbefragung macht es Sinn sich für die Einführung des Lerntagebuches ½ bis 1 Tag Zeit zu nehmen und sich nicht darauf zu berufen, dass die Methode „selbst ausreicht". Modifiziert nach Kemper/Klein S, 95 sind folgende Reflektionskomplexe und diesen zugeordnete Fragen vorstellbar:

Allgemeine Fragen:

- Was ist mir wichtig zu lernen und was nicht?
- Wohin will ich mich entwickeln?
- Was kann ich bereits und was nicht?
- Wo kann ich mir Orientierung holen für meinen Selbstlernprozess?
- Wie komme ich zu meinem „Lernbedarf"?
- Wie (und wann) lerne ich am effektivsten?
- Was betrachte ich als förderlich, was als hinderlich (äußerlich und innerlich), um

zu meinen Zielen zu gelangen?
- Wo liegen meine Grenzen?

Reflektionsfragen für Auswertungen in den einzelnen Kursabschnitten:

(1) Lerninteressen und -erwartungen
- Welche Interessen verbinde ich mit diesem Kursabschnitt
- Welche Fragestellungen und Themen sind für mich und meine Praxis (besonders) wichtig
- Welche Lernziele habe ich für diesen Kursabschnitt?

(2) Fähigkeiten und Kenntnisse
- Welche Erfahrungen, Fähigkeiten und Kenntnisse bringe ich zum Thema/ Themenkomplex mit?
- Wo liegen meine besonderen Kompetenzen und Schwerpunkte zu dieser Thematik?

(3) Reflektion
- Wie zufrieden bin ich mit diesem Kursabschnitt?
- Was hat mir besonders gut gefallen?
- Was hat mir nicht so gut gefallen?
- Welche Themen möchte ich noch vertiefen?
- Was kann ich für meine Praxis mitnehmen?
- Was wünsche ich mir für die zukünftigen Kursabschnitte an Veränderung und was will ich dazu beitragen?
- Wie habe ich mich als Teilnehmer in dieser Woche organisiert?
- Wie habe ich die Zusammenarbeit in der Gruppe erlebt?
- Was möchte ich in die Lernkonferenz einbringen, bzw. in die Lerngruppe klären/ansprechen?
- Was möchte ich mit Kursleitung/Dozenten klären, besprechen?
- Was möchte ich in die selbstorganisierten Lerngruppen einbringen/klären/ ansprechen?
- Was ist mir noch wichtig zu sagen?

Selbsteinschätzung

- Wie war meine Beteiligung/Mitarbeit am gemeinsamen Lernprozess?
- Sind die Lernziele/Lernaufgaben in dieser Lernphase erfolgreich von mir bearbeitet worden?
- Welche Lerninhalte will ich noch bearbeiten?
- Wie beurteile ich meine Lernerfolge?

Fremdeinschätzung

Können im Prinzip identische Fragenkomplexe wie bei III sein

Ausblick auf die nächsten Kursabschnitte

- Was kann ich im Sinne eines Lernquellenpools/Büchertisches für den nächsten Kursabschnitt mitbringen?
- Was sind meine Lernziele für die kommenden Kursabschnitte?
- Habe ich konkrete Fragen an Kursleitung, Dozenten, Lerngruppe...

Teil II: Lernberatungshandeln in kontextspezifischen Konzepten

Abb. 1: Übersicht über Potenziale zur Ermöglichung von SOL in den Gestaltungsinstrumenten prozessbegleitender Lernberatung bei den Kaiserswerther Seminaren

(*)Zu steuernde Faktoren im Lernprozess / Methoden Instrumente	Eigene aktive Bestimmung und Strukturierung des Lernbedarfs und der Lerninteressen möglich bzw. gefördert?	Eigenaktives Hinzuziehen personeller und materieller Ressourcen möglich bzw. gefordert?	Festlegen der eigenen Lernziele möglich bzw. gefördert?	Festlegen und Organisieren der Lerninhalte und der Lerngegenstände mögl. bzw. gefördert?	Festlegen und Organisieren der Lernwege möglich bzw. gefördert?	Festlegen und Organisieren des Lernortes möglich bzw. gefördert?	Festlegen und Organisieren des Lerntempos und der Lernzeiten möglich bzw. gefordert?	Eigene Bewertung des Erfolgs im Lernprozess und der Ergebnisse möglich bzw. gefördert?
Lern- und Arbeitskon-	X	X	X	X	X	X	X	X
Lerntagebuch	X	X	X	X	X	X	X	X
Kollegiale Beratung	X	X	X	X			X	X
Fallarbeit	X	X	X	X			X	X
Selbstorganisierte Lern-	X	X	X	X	X	X	X	X
Selbstevaluation und	X	X	X	X			X	X
Projektarbeit und Praxis-	X	X	X				X	
Praxisbesuch Praxisaufga-	X	X	X	X	X	X	X	
Supervision	X	X	X	X			X	X

(*) auf Anregung von Fr. Rosemarie Klein/ bbb Dortmund

Für die Bearbeitung des Lerntagebuchs erachten wir es als sinnvoll, bestehende Strukturen (d.h. keine zusätzliche Hausaufgabe) wie z.b. die Abschlussrunde eines Kursabschnittes oder den Tagesabschluss zu nutzen. Hinsichtlich der Rückbindung von Reflexionen im Lerntagebuch in die Lerngruppe braucht es klare Regelungen. Das Führen des Lerntagebuchs liegt eindeutig in der Eigenverantwortlichkeit und Verbindlichkeit des Teilnehmers. Trotz „Tagebuch" und somit persönlichem Reflexionsrahmen ist eine Rückkoppelung in die Lern(groß)gruppe z.b. über die Lernkonferenz (vgl. dazu Kemper/Klein 1998, S. 98) unabdingbar, verbunden mit Kernfragen durch die Kursleitung, um individuelle Lernerfahrungen auszutauschen, Lerninteressen zu formulieren, sie mit den Interessen anderer Lernender zu vergleichen und aktiv an der weiteren Gestaltung des individuellen Lern-/Lehrprozess im *sozialen* Kontext zu partizipieren. Eine weitere Rückkoppelung erfolgt darüber hinaus zwischen den Kursabschnitten auch in den Selbstorganisierten Lerngruppen.

Am Ende einer Weiterbildungsmaßnahme sollte sinnvollerweise auch die Methode des Lerntagebuches einer Gesamtauswertung unterzogen werden z.B. im Hinblick auf Kompetenzerweiterung (Fach- und Methodenkompetenz, soziale und kommunikative Kompetenz, personale und Aktivitäts- und Handlungskompetenz).

2.3 Standards

Die für das Lerntagebuch entwickelten Standards folgen den gleichen Strukturprinzipien „Strukturqualität – Prozessqualität – Ergebnisqualität – Prüfkriterien", die auch für das Qualitätsmanagementsystem der Kaiserswerther Diakonie insgesamt gelten und können als wesentliche Qualitätskriterien für den Kernprozess „Lehren und Lernen" der Kaiserswerther Seminare verstanden werden (Abb. 2 und 3, 185/6).

2.4 Umsetzung

Die Einführung des Lerntagebuches wird seit Herbst 2003 im Rahmen des „Kaiserswerther Lern- und Arbeitsbuches" in allen neu beginnenden Kursen realisiert. Dieses Lern- und Arbeitsbuch bietet für alle Kursteilnehmer viele Spielräume zur individuellen (schriftlichen) Reflexion des eigenen Lernprozesses. Weitere Inhalte des Lern- und Arbeitsbuches sind eine differenzierte Ausgestaltung einschließlich eines Standards aller anderen methodisch-didaktischen Strukturelemente der prozessbegleitenden Lernberatung wie
- Lern- und Arbeitskontrakte
- Fallarbeit
- Kollegiale Beratung
- selbstorganisierte Lerngruppen
- Kursintegrierte Angebote zur Selbstevaluation und Kompetenzanalyse
- Praxisaufgaben und Projektarbeiten
- Praxisbesuche

und einer Auswahl methodischer Vorschläge zur (Lern)biografie.

2.5 Evaluation

Erste Erfahrungen evaluiert durch die Kursleitungen und durch Teilnehmerbefragungen liegen vor. Deutlich geworden ist, dass wir die Einführung in das Lern- und Arbeitsbuch differenzierter gestalten müssen und insbesondere. am Anfang einer Weiterbildungsmaßnahme doch mehr Orientierungshilfe geben als zunächst über die Bedingungsanalyse der Teilnehmenden eingeschätzt. Da gerade im ersten Kursabschnitt viele Teilnehmende mit „der Freiheit" den Ordner selbst zu gestalten, Reflexionsfragen nach eigenen Prämissen auszuwählen und vieles mehr überfordert sind, müssen durch die Kursleitung deutlichere Strukturvorgaben gemacht werden, als es in dem Konzept der Selbststeuerung eigentlich „mitgedacht" war. Es zeigt sich auch bei der Einführung des Lern- und Arbeitsbuches, dass die Reflexion der eigenen Lernprozesse auch für lerngewohnte Teilnehmende eine Anforderung darstellt, die in traditionellen Lehr/Lernkontexten nicht gegeben ist. Auch hier bedarf es beratender Interventionen, die die Teilnehmenden darin unterstützen, die Bedeutung der Reflexion des eigenen Lernens für den individuellen Lernprozess zu erkennen. Es braucht darüber hinaus die Erfahrung, dass diese Reflexion dem eigenen Lernen dienlich ist.

3. Spannungsfeld zwischen Lernberatung und Qualitätsentwicklung

Die Lernberatungskonzeption mit ihrem Leitprinzip der Teilnehmerorientierung und ihrem Anspruch auf „Subjektivierung von Bildung" (vgl. Ebringhoff in Kap. 1 von Klein/Reutter in diesem Band) scheint auf den ersten Blick wenig geeignet, in ein Korsett von Qualitätsstandards eingebunden zu werden. In der Tat ist in der Projektarbeit eine deutliche Spannung hervorgetreten zwischen der im Konzept „Lernberatung und selbstgesteuertes Lernen" immanent angelegten Widerständigkeit gegen Standardisierung und den Erfordernissen eines Qualitätsmanagementsystems nach Verbindlichkeit in Zielen, Abläufen und Qualitätskriterien. Diese Spannung kann sowohl auf einer theoretischen und konzeptionellen als auch auf einer handlungsorientierten Ebene beschrieben werden.

Theoretisch und konzeptionell muss die Eigenständigkeit individueller Lernprozesse insbesondere vor dem Hintergrund eines Konzeptes für das Lernen in Weiterbildungseinrichtungen, dass Lernende in ihren individuellen Lernprozessen und in der Entwicklung von Selbstlernkompetenz unterstützen will, hervorgehoben werden. Vor diesem Hintergrund scheint sich die Standardisierung von Lernprozessen und Lehr-Lern-Settings geradezu zu verbieten. Andererseits müssen sich aber auch Konzepte der Lernprozessbegleitung auf ihre Wirksamkeit hin befragen lassen. Die Entwicklung von Qualitätsstandards für die bei den Kaiserswerther Seminaren entwickelten didaktisch-methodischen Instrumente soll also vornehmlich dazu dienen, die klassische Seminararbeit zu qualifizieren und zu evaluieren. Lernprozessbegleitung zur Unterstützung des selbstgesteuerten Lernens der Teilnehmenden bei den Kaiserswerther Seminaren findet immer in einem didaktisch-methodisch strukturierten Feld und in einer kontinuierlichen Lerngruppe statt. Hierfür sind wiederum Qualitätsstandards zwingend zu entwickeln.

Auf einer eher handlungsorientierten Ebene hat die Entwicklung von Qualitätsstandards zu einem – in dieser Form bisher nicht kulturell verankerten – kontinuierlichen Reflexionsprozess im Team der Studienleiterinnen und Studienleiter geführt. Dieser Reflexionsprozess ermöglicht einerseits einen konkreten Erfahrungsaustausch zur eigenen Kursleitertätigkeit, die Selbstvergewisserung zu gemeinsam geteilten Grundprinzipien der pädagogischen Arbeit und die kollegiale Beratung und Unterstützung im Studienleiterteam.

Gleichzeitig muss auch in diesem Zusammenhang immer wieder die *Balance* herge-

Abb. 2

Kaiserswerther Diakonie	Management handbuch		Kapitel 6.
Fachbereich Aus- und Weiterbildung Kaiserswerther Seminare	Lerntagebuch		Revision Seite 1 von 2
Qualitätsdimensionen			
Strukturqualität	**Prozessqualität**	**Ergebnisqualität**	**Prüfkriterien**
(S 1) Im ersten Kursabschnitt der Weiterbildung wird ausreichend Zeit für die Einführung des Lerntagebuches (=LTB) zu Verfügung gestellt. Das Lerntagebuch ist Teil des Kaiserswerther Lern- und Arbeitsbuches. Andere Verfahren wie z.B. • Lern- und Arbeitskontrakt • Selbstorganisierte Lerngruppen • Kollegiale Beratung sind idealerweise eingeführt.	(P 1) Die Methode ist eingeführt verbunden mit Hinweisen zu Zielen des Lerntagebuches und deren Bedeutung. Der Prozess kann sinnvollerweise unterstützt werden mit lernbiografischen Übungen.	(E 1) Die TN kennen den Umgang mit dem LTB und wissen um deren Bedeutung für den eigenen Lernprozess	Die TN nutzen das Lerntagebuch.
Erstellt: Ilona Holtschmidt, Michael Goßen	Geprüft:	Freigegeben:	
Datum: November 2003	Datum:	Datum:	

Abb. 3

Kaiserswerther Diakonie — Fachbereich Aus- und Weiterbildung Kaiserswerther Seminare	Management handbuch		Kapitel 6. Revision Seite 2 von 2
Qualitätsdimensionen		**Lerntagebuch**	
Strukturqualität	**Prozessqualität**	**Ergebnisqualität**	**Prüfkriterien**
(S 2) Zwischen den einzelnen Kursabschnitten:	(P 2) Der individuelle Lernprozess wird reflektiert und in den selbstorganisierten Lerngruppen ausgetauscht	(E 2) Die Teilnehmer können ihren eigenen Lernprozess im Hinblick auf Ziele, Lernstrategien, Lernmethoden und Lernergebnisse reflektieren	Das Lerntagebuch liegt in der Lerngruppe vor.
(S 3) In allen Kursabschnitten	(P 3) Die Rückkoppelung in der Lern(groß)-gruppe wird als weiteres Reflexionsinstrument genutzt	(E 3) Die Teilnehmer partizipieren aktiv an der weiteren Gestaltung des individuellen Lernprozesses im sozialen Kontext der Großgruppe	Das Lerntagebuch liegt vor und wird exemplarisch vorgestellt.
(S 4) Im letzten Kursabschnitt	(P 4) Die Methode LTB wird in den Selbstorganisierten Lerngruppen und im Plenum ausgewertet und ist Teil der Abschlussevaluation	(E 4) Die Teilnehmer benennen Kompetenzerweiterung im Hinblick auf persönliche, soziale, methodische und fachliche Kompetenz.	Siehe auch links
Geprüft:		Freigegeben:	
Erstellt: Ilona Holtschmidt, Michael Goßen			
Datum: November 2003	Datum:	Datum:	

stellt werden zwischen verbindlichen Absprachen in der Umsetzung des pädagogischen Profils des Instituts und damit zum Einsatz der didaktisch-methodischen Instrumente und pädagogischen Spielräumen für persönlich geprägtes, authentisches Handeln als Kursleiterin und Kursleiter.

Entwicklung von Qualitätsstandards bedeutet für unser Team *Balance* zwischen	
verbindlichen Absprachen in der Umsetzung des pädagogischen Profils des Institutes und Einsatz der Instrumente	pädagogischen Spielräumen für persönlich geprägtes, authentisches Handeln als KursleiterIn

Diese Balance muss fortwährend neu ausjustiert werden sowohl bezogen auf die internen Teamentwicklungsprozesse als auch auf die grundsätzliche mikro- und makrodidaktische Frage „Wie viel Fremdsteuerung ist nötig, damit Selbststeuerung optimal gelernt und praktiziert werden kann?".

Die Erfahrungen in der Projektarbeit lassen den gewählten Ansatz, die Implementierung des Konzeptes „Lernprozessbegleitung zur Unterstützung selbstgesteuerten Lernens" mit der Qualitätsentwicklung des Institutes zu verknüpfen, als richtig und produktiv erscheinen. Insbesondere kann über diese Verknüpfung vermieden werden, dass die Entwicklung eines Qualitätsmanagementsystems in einer Weiterbildungseinrichtung lediglich an formalisierten Verfahrensbeschreibungen orientiert wird. Vielmehr muss es das Ziel eines kontinuierlichen Qualitätsentwicklungsprozesses sein, „exzellente Ergebnisse im Hinblick auf Leistung, Kunden, Mitarbeitende und Gesellschaft durch eine Führung zu erzielen, die Politik und Strategie mit Hilfe der Mitarbeitenden, Partnerschaften, Ressourcen und Prozesse umsetzt." (EFQM, S. 2) Bezogen auf Bildungsprozesse in einer Weiterbildungseinrichtung heißt dies, Auskunft darüber zu geben, was denn „exzellente Ergebnisse" sind, wie die „Leistungen" der Weiterbildungseinrichtung beschrieben werden können, wie die Interessen der „Kunden" tatsächlich berücksichtigt werden, wie „Mitarbeitende" gefordert und gefördert werden und welche „gesellschaftliche Relevanz" die erbrachten Dienstleistungen haben. Vor diesem Hintergrund ist eine Beschreibung von Qualitätsdimensionen des Konzeptes „Lernprozessbegleitung zur Unterstützung selbstgesteuerten Lernens" unabdingbar.

Noch ist die Versöhnung von Lernberatung und der Definition zu Qualitätsstandards nicht vollständig gelungen. Offene Fragen, die noch der Klärung bedürfen und Gegenstand der Diskussionen in unserem Team sind, beziehen sich auf
- die Schwierigkeit, Lernberatung als Prozesskategorie so beschreibbar zu machen, dass das Prozesshafte sichtbar wird bzw. bleibt. Ist der Begriff Standard bei der Prozesskategorie überhaupt angemessen?
- die Darstellung der Kommunikations- und Aushandlungsprozesse, damit die Kommunikation/Interaktion von zwei Partnern im Lern/Lehrprozess und somit auch die Verantwortlichkeiten der Teilnehmenden deutlich werden

- die Festlegung von Verbindlichkeiten in der prozessbegleitenden Lernberatung. Verträgt sich die Forderung nach Verbindlichkeit mit dem Anspruch der Teilnehmerorientierung?
- die Grenzen der Partizipation in institutionalisierten Lernprozessen

Literatur

EFQM© www.deutsche-efqm.de

Holtschmidt, I./Zisenis, D. 2005: Prozessbegleitende Lernberatung und Organisationsentwicklung. In: QUEM (Hg.): Prozessbegleitende Lernberatung – Konzeption und Konzepte, QUEM-Report Heft 90, S. 96-132

Kemper, M./ Klein, R. 1998: Lernberatung. Baltmannsweiler

Siebert, H. 2000: Lernberatung und selbstgesteuertes Lernen, in: Literatur- und Forschungsreport Weiterbildung Dezember 2000, Thema: Beratung, Hrsg.: DIE, S. 93

Teil III: Aspekte der Personal- und Organisationsentwicklung

III/1. Entwicklung von Selbstlernkompetenzen – Voraussetzungen für die Lehre[1]

Rolf Arnold / Claudia Gómez Tutor / Jutta Kammerer

Der folgende Beitrag beschreibt die Ergebnisse einer empirischen Untersuchung zum selbstgesteuerten Lernen[2]. Im Zentrum stehen die Anforderungen, die sich an selbstgesteuert Lernende stellen und damit die Frage, welche Kompetenzen Lernende benötigen, um selbstgesteuert lernen zu können.

1. Theoretische Überlegungen

Ausgangspunkt ist die inzwischen etablierte Vorstellung des Lernens als lebenslanger Prozess. Diese Perspektive impliziert die Fähigkeit eines Individuums, selbstgesteuert lernen zu können. Damit ist die Idee verbunden, dass Lernen ein eigenaktiver und konstruktiver Prozess ist, was durch die Hirnforschung in eindrucksvoller Weise bestätigt wird (Spitzer 2002). Mit diesem Wandel der Perspektive rückt die lernende Person ins Zentrum des Lernprozesses und wir verabschieden uns von der Annahme, dass Lehrende den Lernprozess und die Lernprodukte von Lernenden herstellen können. Oder, wie der Spanier Juan Ignacio Pozo (2000, S. 37) es ausdrückt: „Lernen bedeutet nicht, mentale *Photokopien* der Welt herzustellen noch bedeutet Lehren, ein Fax an das Gehirn der Lernenden zu schicken, damit dieses eine Kopie macht, die der Lehrer am Tag der Prüfung mit dem geschickten Original vergleichen kann" [eigene Übersetzung].

Lernen bedeutet hingegen, dass die Lernenden die neuen Inhalte mit solchen Inhalten verbinden, die schon in ihren Wissensnetzen vorhandenen sind und damit individuelle Verankerungen bzw. neuronale Repräsentationen von einem neuen Inhalt (Spitzer 2002, S. 34) entstehen können. Was und wie gelernt wird hängt demnach sehr stark von den individuellen Voraussetzungen ab (Siebert 2003) und verweist so auf die Bedeutung der subjektiven Bedingungen und Voraussetzungen des Lernens, welche auf lernbiographisch frühen Prägungen basieren und die emotionale Rahmung von aktuellen Lern-, Leistungs- und Selbststeuerungspotenzialen konstituieren. Gerhard Roth (2003) spricht in diesem Zusammenhang von „emotionaler Konditionierung", die aufgrund von wiederholt auftretenden negativen oder positiven emotionalen Er-

---

[1] Die empirischen Untersuchungen wurden im Rahmen des Projektes „Selbstlernfähigkeit, pädagogische Professionalität und Lernkulturwandel" an der Universität Kaiserslautern von 2000-2003 durchgeführt.
[2] Die Begriffe selbstgesteuertes Lernen und selbstorganisiertes Lernen werden in diesem Beitrag synonym verwendet.

fahrungen entsteht, indem bestimmte, damit zusammenhängende Erlebnisse im „emotionalen Erfahrungsgedächtnis" verankert werden. Heinz von Foerster bringt in einem Interview diesen Gedanken auf den Punkt: „Der Mensch ist ein Möglichkeitswesen, dessen Reaktionen und Verhaltensweisen prinzipiell unvorhersehbar sind. Es könnte prinzipiell auch anders sein, es könnte immer etwas ganz Unvorhersehbares geschehen" (Kahl 1998, S. 67).

Den Menschen als Möglichkeitswesen zu verstehen bedeutet dann, individuelle Unterschiede im gesamten Lernvorgang anzuerkennen sowie zu unterstützen und damit dem Lernenden zu dem zu verhelfen, was sein kann. Individualisierung im Lernprozess bedeutet allerdings auch, dass die Lernenden einer neuen und ungewohnten Situation ausgesetzt sind, die auch Ängste verursachen kann, weil die Vorstellung, sich nicht im engmaschig vorbereiteten Lernnetz des Lehrenden aufzuhalten, Unsicherheit mit sich bringen kann.

Auf dieser Grundlage kann selbstgesteuertes Lernen definiert werden als *ein aktiver Aneignungsprozess, bei dem das Individuum über sein Lernen entscheidet, indem es die Möglichkeit hat,*
- *die eigenen Lernbedürfnisse bzw. seinen Lernbedarf, seine Interessen und Vorstellungen zu bestimmen und zu strukturieren,*
- *die notwendigen menschlichen und materiellen Ressourcen (inklusive professionelle Lernangebote oder Lernhilfen) hinzuzuziehen,*
- *seine Lernziele, seine inhaltlichen Schwerpunkte, Lernwege, -tempo und -ort weitestgehend selbst festzulegen und zu organisieren,*
- *geeignete Methoden auszuwählen und einzusetzen und*
- *den Lernprozess auf seinen Erfolg sowie die Lernergebnisse auf ihren Transfergehalt hin zu bewerten.*

Aus diesen einzelnen Bestandteilen eines Lernprozesses bezieht das Individuum seine Vorstellungen zur Selbstwirksamkeit (Bandura 1997), die sich nach der Theorie der Selbstbestimmung von Deci & Ryan (1993) aus drei Komponenten zusammensetzt, und zwar dem Bedürfnis nach Kompetenz, dem Bedürfnis nach Autonomie im Sinne von Selbstbestimmung sowie dem Bedürfnis nach sozialer Eingebundenheit. Gerade das Grundbedürfnis nach Kompetenz wird sehr stark durch das emotionale Erleben während einer Lernhandlung beeinflusst.

Es ist nicht davon auszugehen, dass die bislang erworbenen Fähigkeiten der Lernenden in jedem Fall ausreichen, die Lernprozesse in dieser selbstgesteuerten Form zu gestalten. Gefordert ist deshalb die Entwicklung von Selbstlernkompetenzen bei den Lernenden, d.h. es müssen *Bereitschaften, Fähigkeiten und Fertigkeiten einer Person* vorhanden sein, damit beim Lernen die Schritte der *Antizipation bzw. Planung, der Durchführung und der Kontrolle bzw. Evaluation* selbst aktiv bewältigt werden.

2. Kompetenzbereiche zum selbstgesteuerten Lernen – Untersuchungsergebnisse

Aufgrund der theoretischen Vorarbeiten im Projekt wurde ein Fragebogen entwickelt, der sechs unterschiedliche Kompetenzbereiche zum selbstgesteuerten Lernen abdeckt. Die Auswertung ergab, dass die hypothetisch angenommenen Selbstlernkompetenzen unterschiedlich wichtig für die selbstgesteuert Lernenden waren (vgl. Arnold, Gómez Tutor, Kammerer 2002).

Als gleichermaßen relevant erwiesen sich die Fachkompetenz, die Methodenkompetenz, die Personale Kompetenz sowie die Emotionale Kompetenz. Dabei stellte sich heraus, dass Personen mit einem hohen Grad an Selbststeuerung im Vergleich zu Personen mit wenig Selbststeuerung ganz spezifische Kompetenzen in den genannten Bereichen erkennen lassen. Zusätzlich zu den angeführten signifikant unterschiedlichen Kompetenzbereichen können mit der Sozialen Kompetenz und der Kommunikativen Kompetenz zwei weitere lernrelevante Bereiche festgestellt werden, die aber keine signifikanten Unterschiede zwischen den Gruppen aufweisen. Soziale und Kommunikative Kompetenzen scheinen demnach für alle Lernenden eine ähnliche, jedoch nicht besonders ausgeprägte Relevanz zu besitzen (vgl. Abbildung 1).

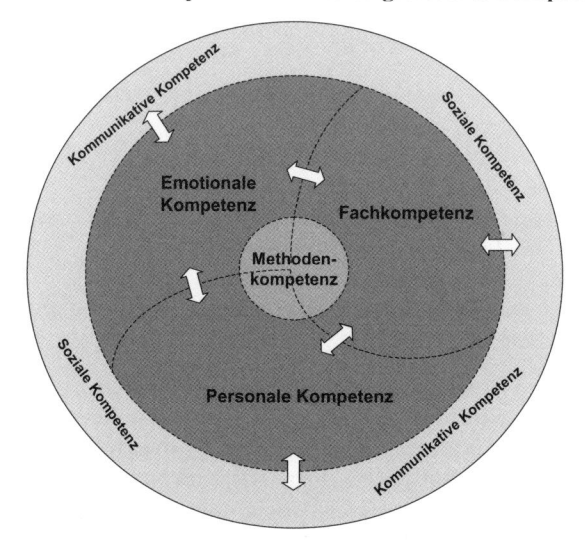

Abb. 1: Selbstlernkompetenzen für selbstgesteuerte Lernprozesse

Im Detail betrachtet fällt auf, dass hoch-selbstgesteuert Lernende im Bereich der Fachkompetenz mehr anschlussfähiges Vorwissen für ihren beabsichtigten Lernbereich aufweisen (vgl. Abbildung 2). Dies bestätigt die Aussagen von Reinmann-Rothmeier & Mandl (2001, S. 626), die in ihren lerntheoretischen Ausführungen davon ausgehen, dass anschlussfähiges Wissen für selbstgesteuertes Lernen eine Voraussetzung darstellt und erst auf dieser Basis kognitive Prozesse im Sinne der Konstruktion, Rekonstruktion und Dekonstruktion (Reich 1997) möglich werden.

Als zweiter Bereich zeigt die Methodenkompetenz (vgl. Abbildung 2), dass hoch-selbstgesteuert Lernende wesentlich mehr methodische Kompetenzen einsetzen als wenig-selbstgesteuert Lernende.

Insgesamt sind hier vor allem die Planungs-, Strukturierungs- und Überprüfungsstrategien zu nennen, die von den hoch-selbstgesteuert Lernenden signifikant häufiger genannt werden. Wenn wenig-selbstgesteuert Lernende überhaupt Methodenkompe-

Abb. 2: Signifikante Unterschiede zwischen hoch- und niedrig-selbstgesteuert Lernenden bei Fachkompetenz und Methodenkompetenz

Einzelne Bereiche	Gebildete, signifikante Faktoren	Mittelwert Gruppe 1*	Mittelwert Gruppe 2*	p
Fachkompetenz				
Vorwissen		2,63	**3,03**	,000
Methodische Kompetenz				
Metakognition	Planung von Lerninhalten	2,13	**2,89**	,000
	Lernbegleitende Maßnahmen	2,34	**2,66**	,01
Strukturieren	Strukturierungshilfen beim Lernen	2,27	**2,74**	,000
	Optische Strukturierungshilfen	2,37	**2,64**	,03
Transferwissen		2,27	**2,75**	,000
Lernumgebung		2,25	**2,77**	,000
Traditionelle Lernmedien		2,25	**2,76**	,000
Überprüfen		2,27	**2,73**	,000
Zeitmanagement		2,34	**2,67**	,009

* Gruppe 1: wenig-selbstgesteuert Lernende; Gruppe 2: hoch-selbstgesteuert Lernende

tenzen einsetzen, dann sind dies Wiederholungsstrategien oder Strategien wie Markieren sowie langsameres Vorgehen beim Umgang mit schwierigem Stoff. Hoch-selbstgesteuert Lernende scheinen demnach mehr Strategien zur Tiefenverarbeitung (also Planung, Überprüfung und Strukturierung des Lernstoffes), wenig-selbstgesteuert Lernende mehr oberflächenverarbeitende Strategien (Markieren, Wiederholen, Auswendig lernen) zu verwenden. Zu solchen Ergebnissen kommt auch Creß (1999, S. 85) in ihrer Untersuchung über personale und situative Einflussfaktoren auf das selbstgesteuerte Lernen von Erwachsenen, wobei sie die Feststellung trifft, dass hoch-selbstgesteuerte Personen eher ‚elaborative' Strategien, wenig-selbstgesteuerte Personen ‚wiederholende' Strategien bevorzugen. Diese Ergebnisse bestätigen eine weitere Voraussetzung des selbstgesteuerten Lernens, nämlich, dass Lernende für ihre Steuerungs- und Kontrollprozesse selbst verantwortlich sein müssen, um optimale Lernergebnisse zu erzielen (Reinmann-Rothmcicr & Mandl 2001, S. 626). Entscheidend für den Einsatz von tiefenverarbeitenden Strategien könnte die Einsicht bei den Lernenden sein, sich für einen erfolgreichen und nachhaltigen Lernprozess auch mit den traditionell den Lehrenden überlassenen planerischen und evaluatorischen Aufgaben im Lernprozess stärker befassen zu müssen.

Beim dritten Kompetenzbereich, der Personalen Kompetenz (vgl. Abbildung 3), fällt auf, dass hoch-selbstgesteuert Lernende mehr Energie und Konzentration auf ein Ziel hin einsetzen, denn gerade solche Faktoren wie ‚Vollendungswunsch', ‚Anstrengung' und ‚Aufmerksamkeit' sind bei dieser Lerngruppe signifikant höher. Hoch-selbstgesteuert Lernende fokussieren die Zielerreichung im Lernprozess anscheinend stärker, zusätzlich ist auch ihre intrinsische Motivation signifikant höher. Auch Creß (1999) konnte feststellen, dass tiefenverarbeitende Lernende, also hoch-selbstgesteuert Lernende, mehr intrinsische Motivation in den Lernprozess einbringen, wohingegen die an oberflächlicher Verarbeitung orientierten wenig-selbstgesteuert Lernenden eher extrinsisch motiviert werden können. Diese Ergebnisse belegen die These von Reinmann-Rothmeier & Mandl (2001), dass

Abbildung 3: Signifikante Unterschiede zwischen hoch- und niedrig selbstgesteuert Lernenden bei der Personalen und der Emotionalen Kompetenz

Einzelne Bereiche	Gebildete, signifikante Faktoren	Mittelwert Gruppe 1*	Mittelwert Gruppe 2*	p
Personale Kompetenz				
Leistungsmotivation	Vollendungswunsch	2,19	**2,79**	,000
	Konkurrenzdenken	**2,61**	2,34	,03
Anstrengung		2,17	**2,83**	,000
Aufmerksamkeit		2,14	**2,87**	,000
Lernmotiv	Intrinsische Motivation	2,33	**2,70**	,004
Emotionale Kompetenz				
Selbstwahrnehmung	Soziale Anerkennung	2,28	**2,72**	,001
	Positives Selbstwertgefühl	2,28	**2,72**	,001
Soziales Bewusstsein	Steuerung emotionaler Rahmenbedingungen	2,14	**2,83**	,000

* Gruppe 1: wenig-selbstgesteuert Lernende; Gruppe 2: hoch-selbstgesteuert Lernende

Lernen ein aktiver Prozess ist, für den zumindest situatives Interesse entwickelt werden muss.

Hinsichtlich der Emotionalen Kompetenz (vgl. Abbildung 3) sind es die positiv gefärbten Stimmungen, die bei den hoch-selbstgesteuert Lernenden stärker ausgeprägt sind. Damit rückt das bislang vernachlässigte Gebiet der emotionalen Anteile in Lernprozessen in den Blick und macht deutlich, dass Motivation und Lerntechniken allein nicht die einzigen Erfolgsgaranten in Lernprozessen sind.

In Verbindung mit der Theorie der Selbstbestimmung von Deci & Ryan (1993) kann dann davon ausgegangen werden, dass die emotionale Verarbeitung von Situationen vor allem im Bereich des Bedürfnisses nach Kompetenz sehr stark zum Ausdruck kommt. Ein positiver Zuschreibungsprozess kann die Generierung einer positiven emotionalen Reaktion fördern, wodurch zukünftige Lernprozesse durch eine *positive Gestimmtheit* profitieren. Diese ist für selbstgesteuerte lebenslange Lernprozesse eine grundlegende Voraussetzung, wie vereinzelte Untersuchungen zur Rolle der positiven Emotionen in Lehr-/Lernprozessen unterstreichen (Helmke 1992; Jerusalem & Pekrun 1999). Nicht zuletzt trägt die positive Erlebensqualität in Verbindung mit intrinsischer Motivation dazu bei, bei Lernenden das Interesse zu fördern und zu erhalten (vgl. Lewalter; Krapp & Wild 2000 sowie Lewalter; Krapp; Schreyer & Wild 1998). Hierauf weisen auch die Ergebnisse von Konrad (1997) hin, der bei Lehramtstudierenden feststellen konnte, dass es einen Zusammenhang zwischen metakognitiven Variablen, intrinsischer Motivation und emotionaler Befindlichkeit gibt. Gerade das für Lernprozesse grundlegende Element ‚Interesse', das sich auch in der intrinsischen Motivation ausdrückt, ist dabei nach Prenzel, Lankes & Minsel (2000) eng mit der emotionalen Komponente verbunden, denn „positive, anregende und bewegende Gefühle, die Handlungen begleiten oder – als gefühlsbezogene Valenzen ... – auf Gegenstandsaspekte gerichtet sind, indizieren Interesse" (ebd. 2000, S. 13).

Der Blick auf den Bereich der Kommunikativen Kompetenz (vgl. Abbildung 4) zeigt, dass hoch-selbstgesteuert Lernende nur leicht erhöhte zufällige Werte aufweisen. Sie scheinen sich demnach etwas mehr mit den kommunikativen Anteilen in Lernsituationen auseinander zu setzen, und zwar sowohl mit konstruktiven Anteilen als auch mit Anteilen fehlgeschlagener Kommunikation. Allerdings könnte die größere Sensibilität für kommunikative Prozesse auch mit ihren höheren (oder ihnen von den Lernpartnern zugeschriebenen) Fachkompetenzen zusammenhängen, wodurch diese Personen stärker in Lernprozessen das Wort ergreifen oder es ihnen aufgrund der Erwartungen erteilt wird.

Schließlich weist auch der Bereich der Sozialen Kompetenz (vgl. Abbildung 4) keine signifikanten Ergebnisse auf, hoch-selbstgesteuert Lernende suchen jedoch vergleichsweise eher nach Rat, was mit ihrer stärkeren Zielgerichtetheit im Lernprozess zusammenhängen kann. Gleichzeitig zeigen sich hoch-selbstgesteuert Lernende aber weniger interessiert an Zusammenarbeit mit anderen, die sie anscheinend eher als hinderlich ansehen, wenn es darum geht, ihrem Ziel näher zu kommen. Dennoch erkennen sie genauso wie die wenig-selbstgesteuert Lernenden die große Bedeutung von Lerngruppen. Sie stehen also dem sozialen Austausch nicht völlig ablehnend gegenüber, aber in der Tendenz erscheinen sie eher als autonom Lernende.

Abb. 4: Unterschiede zwischen hoch- und niedrig selbstgesteuert Lernenden bei der Kommunikativen Kompetenz und der Sozialen Kompetenz (nicht signifikant)

Soziale Kompetenz:

Erhöhte Werte:	Rat einholen
Geringere Werte:	Zusammenarbeit

Kommunikative Kompetenz:

Erhöhte Werte:	Konstruktive Kommunikation
	Umgang mit fehlgeschlagener Kommunikation

Damit lässt sich zusammenfassend sagen, dass bei hoch-selbstgesteuert Lernenden stärker lernvorbereitende und lernbegleitende Maßnahmen in den Lernprozess integriert sind, wobei sogar die zufälligen Unterschiede bei der Sozialen Kompetenz und bei der Kommunikativen Kompetenz noch tendenziell so gedeutet werden können, dass dieser Bereich bei hoch-selbstgesteuert Lernenden eher bewusst für den Lernprozess eingesetzt wird und das zielgerichtete Vorgehen der hoch-selbstgesteuert Lernenden unterstützen soll. Den hoch-selbstgesteuert Lernenden stehen damit eine Reihe von Selbstlernkompetenzen für ihre Lernprozesse zur Verfügung, die wenig-selbstgesteuert Lernende nicht aufweisen. Bei der Betrachtung ist jedoch der Umstand zu beachten, dass die einzelnen Kompetenzbereiche in einem engen Zusammenhang zu sehen sind und sich lediglich analytisch trennen lassen.

In selbstgesteuerten Lernarrangements wird es also darauf ankommen, die genannten Kräfte zu aktivieren und optimal zu nutzen. Dies wird dadurch gewährleistet, dass den Lernenden die Selbstlernkompetenzen verfügbar sind bzw. sie sich diese aneignen können, um ihre Lernprozesse selbständig zu planen, durchzuführen und zu evaluieren.

Das aufgezeigte Konstrukt stellt einen Idealtyp dar, es dient der Deskription, soll jedoch zugleich eine Hilfe sowohl für Lernende als auch für pädagogische Professionals bei der Organisation und Bewertung von Lernprozessen sein. Vor allem aber dient es dazu, sich die Bedeutung der unterschiedlichen Kompetenzen für den Lernprozess *bewusst* zu machen, denn nach dem Viabilitätsprinzip (vgl. Arnold & Schüßler 1998) erlebt der Lernende den Lerninhalt durch die Bewusstmachung als relevant. Er entkoppelt den Lernprozess nicht von seinem Selbst, sondern sieht den fundamentalen Zusammenhang zwischen Lernen, Wissens-, und Kompetenzentwicklung. Die dadurch mögliche ganzheitliche Entwicklung durch die Subjektorientierung lässt nachhaltiges Lernen entstehen und ist damit gleichzeitig mehr als nur die Anhäufung von Teilkompetenzen, sie bedeutet Persönlichkeitsentwicklung.

Bei der Einschätzung des Modells ist zu beachten, dass es sich um ein Raster handelt, das jeweils individuell und situationsangepasst ausgeformt werden muss, d.h. man geht von der konkreten Lernsituation aus und befragt diese nach den notwendigen Kompetenzen, die zu ihrer Bewältigung eingesetzt werden müssen. Das Selbstlernkompetenz-Modell (vgl. Abbildung 1) hat damit einen dynamischen Aufbau, das individuell gestaltete Prozesse des Neu-, Um- und Weiterlernens über das gesamte Leben hinweg beschreiben kann.

Voraussetzung zur Bewältigung dieser komplexen Handlungssituation ist allerdings, dass das Individuum entscheiden kann, welche Kompetenzen bzw. Teilkompetenzen es zur Bewältigung einer Situation benötigt bzw. welche es hierzu noch ausbauen oder umbauen muss.

3. Konsequenzen für die Lehrenden

Die angeführten Ergebnisse zeigen, dass der Lernkulturwandel auch Veränderungen für Lehrende und ihr professionelles Selbstverständnis mit sich bringt. Lehrende müssen Situationen schaffen, in denen die Lernenden die Möglichkeit haben, solche Kompetenzen zu entwickeln, die den Lernprozess vorbereiten und begleiten. Das bedeutet, Lehrende werden auch in Zukunft nicht überflüssig werden, sondern auf sie kommen unterschiedliche Aufgabengebiete zu, die über die übliche Stoffvermittlung und herkömmliche Motivierung der Lernenden hinaus gehen. Das Selbstverständnis von Lehrenden wandelt sich damit von dem eines Experten für das ‚Was', also dem eines Vermittlers von Inhalten, hin zu einem Selbstverständnis, das neben inhaltlicher Förderung auch die Begleitung, Beratung und Moderation in Lernprozessen im Blick hat.

Da zunächst ein bestimmtes Niveau an Selbststeuerung nicht vorausgesetzt werden kann, sondern in einem Prozess der Anregung und Anleitung erworben wird, ist es eine vordringliche Aufgabe von Lehrenden, die dafür notwendigen Kompetenzbereiche zu fördern (vgl. Arnold, Gómez Tutor, Kammerer 2004). Dies geschieht einerseits durch die direkte Förderung, indem Kompetenzen als Lerngegenstände in den Mittelpunkt einer Lehrveranstaltung gestellt und gezielt eingeübt werden, und andererseits durch indirekte Förderung im Sinne eines offenen Lehr-/Lernarrangements, das kompetenzerweiternde Elemente enthält und sowohl die Lernvorbereitung als auch die Lernbegleitung berücksichtigt.

Hinsichtlich der Förderung der einzelnen Bestandteile einer Selbstlernkompetenz bedeutet dies für die *Fachkompetenz*, dass den Lernenden anschlussfähiges Wissen angeboten werden muss, wobei durch aktivierende Methoden wie Brainstorming oder Mind-Mapping der vorhandene Wissensstand aktualisiert werden kann. So betrachtet müssen Lehrende hier ‚Startrampenstrategien' (Bönsch 2002) einsetzen, um Lernprozesse in Gang zu bringen.

Im Bereich der *Methodenkompetenz* besteht die Aufgabe darin, die Lernenden von oberflächenverarbeitenden Strategien wie Markieren oder Wiederholen beispielsweise über Lernkarteien hin zu tiefenverarbeitenden Strategien zu führen und hierbei Methoden zur Planung, Strukturierung und Evaluierung von Lernprozessen zu verwenden. Gerade das Wissen über eigene kognitive Stärken und Schwächen hilft, Stärken auszubauen und Schwächen zu kompensieren und dadurch einen Lernprozess methodisch optimiert, gezielter zu vollziehen.

Hinsichtlich der *Personalen Kompetenz* ist es aufgrund der hirnphysiologischen Voraussetzungen notwendig, Aufmerksamkeit, Motivation und Anregung beim lernenden Individuum zu schaffen. Hier können beispielsweise Methoden der kontinuierlichen Evaluation mit einer individuellen Bezugsnorm-Orientierung (Rheinberg 2002) helfen, die Motivation zu erhöhen und gleichzeitig ein positives Selbstkonzept aufzubauen. Andererseits deuten die empirischen Ergebnisse (vgl. Arnold, Gómez Tutor, Kammerer 2002) darauf hin, dass das selbstgesteuerte Lernen als solches die Motivation und Zufriedenheit im Lernprozess steigert, so dass hier ein zirkulärer Prozess in Gang gebracht werden kann: Motivation steigert die Selbststeuerungsfähigkeit – Selbststeuerung wirkt sich positiv auf die Lernmotivation aus. Der Anstieg der Selbststeuerung bei den Lernenden kann demnach als Motivierungsmotor genutzt werden, was mühsame und separat geplante Motivierungsphasen in Lehrveranstaltungen entbehrlich macht und kontinuierliche Motivation schaffen kann. Auch strukturierende Hinweise der Lehrperson hinsichtlich der Bedeutung des aktuellen Lernschrittes für zukünftiges Lernen, und damit die Erhöhung der Transparenz von Lernprozessen, kann sich als hilfreich für die Aufrechterhaltung und Erhöhung der Motivation der Lernenden erweisen.

Im Bereich der *Emotionalen Kompetenz* (Arnold 2003), die sich hieran anschließt, ist es wichtig, die positiven Emotionen zur Installierung eines positiven Selbstkonzeptes zu stärken, damit das Individuum sich als selbstwirksam erlebt, also die subjektive Überzeugung erlangt, dass es sich aufgrund seiner angeeigneten Kompetenzen auch neuen und schwierigen Herausforderungen stellen kann. Daneben stellt auch die gemeinsame Reflexion der auftretenden Lernwiderstände eine Aufgabe für Lehrende dar, um chronischen Stress zu verhindern oder zu verringern, der sich durch Angst und Furcht beim Lernen einstellen kann (Spitzer 2002, S. 169ff). Die Aufklärung über emotionale Hindernisse des Lernens wird häufig deshalb vernachlässigt, weil Selbststeuerung im Lernprozess so verstanden wird, dass Lernende alleine zurecht kommen sollen, nachdem sie mit adäquaten Aneignungs- und Verarbeitungsstrategien vertraut gemacht wurden. Die Entwicklung von Problemlösungsfähigkeit oder

Kreativität ist aber durch eigene Zwanghaftigkeiten oder verborgene Ängste häufig stark behindert, und ein Training dieser Kompetenzebenen bleibt dann zumeist äußerlich und wenig nachhaltig.

Demzufolge steht für die Förderung der Selbstlernkompetenzen die Auswahl der Methoden zur Debatte, denn Methoden ermöglichen eine aktive Erfahrung hinsichtlich der Lerninhalte und müssen abgestimmt sein auf die Rahmenbedingungen, die einflussreichen Aspekte der Lehr-/Lernsituation sowie die Voraussetzungen der Lernenden. Ein bedeutsamer Aspekt muss jedoch hier beachtet werden: Wie bei den Lernenden so trifft auch für Lehrende zu, dass sie nur *die* Information weitergeben, die in *ihrem* kognitiven System verankert sind und zwar auf ihre jeweils individuelle Art. Was Lehrende also lehren sind ebenfalls keine objektiven, sondern durch die individuelle kognitive Struktur veränderten Wissensanteile, die wiederum von den Lernenden auf ihre Weise verarbeitet werden. Lehren und Lernen sind somit zwei getrennte, autopoietische Systeme (Maturana & Varela 1987), d.h. Systeme, die durch Selbstorganisation funktionieren und sich durch Selbstorganisation entwickeln.

An dieser Stelle stellt sich die Frage, wie die autopoietisch organisierten Systeme (also die Lernenden) gewissermaßen von außen (durch die Lehrenden) auf die emotionalen Vorgänge der inneren Strukturierung bzw. Umstrukturierung und damit auf eine produktive Bearbeitung dieser Prozesse aufmerksam gemacht werden können. Zur Klärung trägt der Begriff der „strukturellen Koppelung" (Maturana & Varela 1987) bei, mit dem die Interaktion unterschiedlicher Systeme erfasst wird. Bei der strukturellen Koppelung handelt es sich um die Interdependenz verschiedener Einheiten, die durch „reziproke Perturbationen ... wechselseitige Strukturveränderungen" (Maturana & Varela 1987, S. 85) ermöglicht. Mit berücksichtigt werden muss in diesem Zusammenhang das Prinzip der Selbstreferenz, das den Aushandlungsprozess beeinflusst. Beobachten, Erkennen oder Lernen findet nur statt, wenn in Relation zum vorhandenen Wissen etwas als neu oder interessant identifiziert wird und dabei die kognitive (und emotionale) Dissonanz überwunden werden kann.

Die Art und Weise der Gestaltung von kommunikativen Handlungsmustern erscheint hier als das geeignete Mittel, die jeweils eigenen Strukturen an andere zu vermitteln und eine Schnittmenge für eine gemeinsame Sicht auszuhandeln. Eine Anregung anderer Systeme ist damit möglich. Kommunikation wird so in dem Prozess der Aushandlung einer gemeinsamen Wirklichkeit zu einem zentralen Instrument, das aber noch nicht genügend hinsichtlich der Einflüsse auf die emotionalen Befindlichkeiten von Lernenden untersucht ist, obwohl hierzu Watzlawick u.a. (1990) hinlänglich theoretische und empirische Vorarbeiten geleistet haben.

Kommunikative Handlungen von Lehrenden haben damit Einfluss auf die emotionale Kategorisierung einer Situation, die Lernende für sich vornehmen. Die Art und Weise, wie Lehrende kommunikativ handeln, trägt damit zur Entstehung und späteren Verwendung von emotionalen Schemata bei und ist dann gleichzeitig auch ein wichtiger Ansatzpunkt bei der Veränderung bzw. Optimierung von Lernsituationen. Im Anschluss an Bruner (2003) kann davon ausgegangen werden, dass Sprache einerseits eine Perspektive und eine Einstellung über das, was vermittelt werden soll, transportiert und andererseits eingesetzt werden kann, um reflexive Interventionen bei der lernenden Person in Gang zu setzen. Das bedeutet, die lernende Person wird in die Lage versetzt, metakognitive Operationen durchzuführen, mit Hilfe derer sie ihr Wissen individuell kontrolliert und wählt. Auf diese Weise entwickelt der Lerner „ein Selbstgefühl, das auf seiner Fähigkeit beruht, sich Wissen gemäß eigener Zwecke anzueignen, und ... er [ist] in der Lage, die Ergebnisse seiner Aneignung zu teilen und auszuhandeln" (Bruner 2003, S. 496-497).

Zusammenfassend lässt sich also sagen: Zwei Systeme verhalten sich entsprechend ihrer eigenen Beobachtungslogik autopoietisch und organisieren ihr Wissen. Gleichzeitig halten sie aber durchaus füreinander veränderungsrelevante Beobachtungen bereit. Die Veränderungsrelevanz ergibt sich aber nicht aus der Logik der Intervention des „verantwortlichen" Systems, sondern aus der Logik der Rezeption des sich verändernden bzw. „lernenden" Systems. Auf Lehre bezogen kann in diesem Sinne von „didaktischer Kopplung" (Arnold 2003, S. 28) gesprochen werden, mögliche Lehr-/ Lernarrangements oder Interventionsformen müssen hierbei vom Lernen her entwickelt werden. Lernen und Bildung lassen sich dementsprechend nur als Selbstbildung konzipieren bzw. als Suche des Systems nach Informationen in der Umwelt, wobei die kognitiven und die emotionalen Prozesse beachtet werden müssen. Lehren und Lernen wirken so immer nur strukturell gekoppelt aufeinander, auch wenn die Didaktik oder auch die Entschiedenheiten erzieherischer Interventionen noch immer implizit von einem Maschinenmodell dieses Wechselzusammenhangs ausgehen und sich die Ungesichertheit ihrer Modelle und Zugriffe theoretisch nicht wirklich eingestehen.

Neben der Förderung der Selbstlernkompetenzen bei den Lernenden resultiert aus der neuen Rolle der Lehrenden auch die Beratung der Lernenden als ein weiteres Aufgabenfeld (Arnold 2001). Die neue Lernkultur bringt Verunsicherungen bei den Lernenden mit sich, die sich aufgrund ihrer bisherigen eher erzeugungsdidaktischen Erfahrungen ganz neuen Herausforderungen gegenüber sehen und an der Perspektive, nun ‚allein' für den Lernprozess verantwortlich zu sein, scheitern können. Hier gilt es, den Lernenden zu verdeutlichen, dass Suchbewegungen in Lernprozessen eine Normalität darstellen und die daraus resultierenden Verunsicherungen angesichts des Chaos der vielen Einzelbestandteile eines Lernvorganges ein geläufiger Zustand innerhalb eines Lernprozesses sind, wodurch erst ein kreatives ‚Lernprodukt' entstehen kann.

Die beratende Begleitung in diesem Prozess kann Sicherheit und Vertrauen vermitteln und zur Einsicht verhelfen, dass Fehlschläge der Beginn für neue Fragen und Einsichten sein können. Beratung beinhaltet jedoch auch eine Bestandsaufnahme des derzeitigen Lernverhaltens, so dass Lernende die Möglichkeit bekommen, ihr Lernen zu reflektieren und entsprechend ihrer Bedürfnisse neue Bestandteile und Lernstrategien in ihr Repertoire aufzunehmen. Lehrende können dann einen langsamen Rückzug im Sinne eines ‚fading out' antreten und somit die Lernenden immer mehr in das selbständige und selbstgesteuerte Lernen entlassen.

Als dritte Aufgabe für Lehrende ergibt sich schließlich ihre Modellfunktion, denn Lernende können in Lehrveranstaltungen am Modell des Lehrenden und seines Methodeneinsatzes lernen, indem sie die für sie passenden Methoden auswählen und einüben, die ihren selbstgesteuerten Lernprozess unterstützen. Dabei ist zu betonen, dass es sich bei der Auswahl der Methoden auch um sogenannte traditionelle Methoden handeln kann, denn wichtig ist, die Methode nicht um der Methode willen zu wählen, sondern einen Pool an Methoden bereitzustellen, der traditionelle, aber auch neue (aktivierende) Methoden enthält. Entscheidend bei der Modellfunktion der Lehrperson ist aber ihre Grundhaltung, die dem Individuum mehr Freiraum lässt und lebendiges Lernen ermöglicht.

Förderung von Selbstlernkompetenzen, Beratung und Vorbildfunktion stellen damit zentrale Bereiche dar, in denen Lehrende die selbstgesteuerten Lernprozesse der Lernenden unterstützen und voranbringen können. So kann die Kognitionslastigkeit des Lernens zugunsten einer eher ganzheitlichen Vorgehensweise überwunden werden, wodurch sich bestimmte Lernwiderstände und motivationshemmende Faktoren bei den Lernenden auflösen lassen. Allerdings stehen dabei die von den Lehrenden eingesetzte Didaktik und Methodik im Spannungsfeld zwischen Machbarkeit und ungewissem Erfolg, denn für Lehrende wird schnell klar, dass „man beim didaktischen Handeln alles tun muss, was Lernen erfolgreich macht, und man zugleich weiß, dass damit Lernerfolg eben doch nicht ‚gemacht' werden kann" (Reischmann 1998, S. 270).

4. Rolle der Lehrenden aus Sicht der Lernenden

Von Bedeutung ist neben der Sichtweise der Lehrenden auch die Frage, welche Einstellungen und Vorstellungen Lernende gegenüber den Aufgaben und der Rolle der Lehrenden einnehmen. Vor allem die Frage, ob sich die Vorstellungen über die Funktion und Rolle von Lehrenden bei den befragten Lernenden mit erhöhten Selbstlernkompetenzen ändert, soll hier noch betrachtet werden. Die Ergebnisse der empirischen Untersuchung (vgl. Arnold, Gómez Tutor, Kammerer 2002) machen hier deutlich, dass auch die hoch-selbstgesteuert Lernenden nach wie vor den Lehrenden einen aktiveren Teil im Lehr-Lernprozess zuschieben und ihre Sicht von der Vorstellung der wenig-selbstgesteuert Lernenden nicht sehr stark differiert. Danach ist auf den ersten Blick für alle Lernenden die Lehrperson hauptsächlich die Person, die einen Überblick und eine Struktur vermitteln sowie die Wissensinhalte adäquat weitergeben soll. Die Vorstellungen über die Lehrpersonen sind demnach immer noch stark traditionell geprägt und haben weiterhin die Vermittlung und die Aufbereitung des Wissens in verdaubaren Anteilen im Visier.

Ein genauer Blick auf die beiden untersuchten Gruppen (vgl. Abbildung 5, S. 201) verdeutlicht, dass die hoch-selbstgesteuert Lernenden die Aufgaben der Lehrenden etwas zielgerichteter in inhaltlicher Hinsicht beschreiben, indem sie von den Lehrenden strukturierende und vermittelnde Kompetenzen zur Unterstützung ihrer Tiefenverarbeitung erwarten, jedoch weniger motivationale Unterstützung des Lernprozesses oder ein direktes Methodentraining. Dies macht wieder deutlich, dass hoch-selbstgesteuert Lernende mit mehr intrinsischer Motivation an die Aufgaben herangehen und so weniger abhängig von einer Außensteuerung sind.

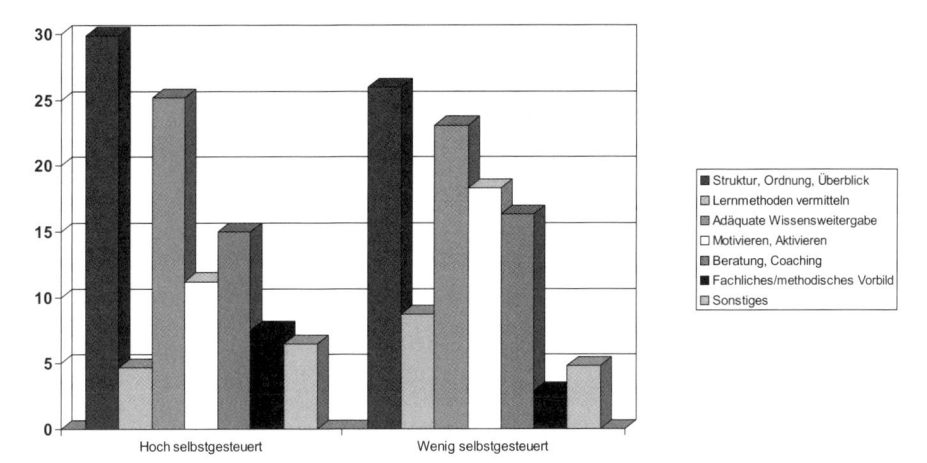

Abb. 5: Rolle der Lehrenden aus Sicht der Lernenden

Legende:
- Struktur, Ordnung, Überblick
- Lernmethoden vermitteln
- Adäquate Wissensweitergabe
- Motivieren, Aktivieren
- Beratung, Coaching
- Fachliches/methodisches Vorbild
- Sonstiges

Kategorien: Hoch selbstgesteuert, Wenig selbstgesteuert

Interessant ist jedoch die Tendenz, die Lehrenden eher als methodisches und fachliches Vorbild zu sehen, von dem die entsprechenden Fähigkeiten für die Bewältigung des Lernprozesses (indirekt) erworben werden können. Die wenig-selbstgesteuert Lernenden erwarten dagegen von den Lehrenden in einem etwas stärkeren Ausmaß die Vermittlung von Lernmethoden und die Motivierung und Aktivierung für den Lernprozess. Diese Ergebnisse zeigen die Notwendigkeit einer individuellen und differenzierten Betrachtung von Lernenden in einer Lerngruppe auch aus der Perspektive der Rolle der Lehrenden als Lernprozessunterstützer nochmals auf.

Diese Ergebnisse bedeuten aber auch, dass bei den Lernenden der Bewusstseinswandel über die neuen Aufgaben der Lehrenden im Sinne von Beratung und der Verlagerung der lernvorbereitenden und lernbegleitenden Maßnahmen auf die Lernenden noch nicht vollständig stattgefunden hat. Wird dieser Wandel nicht vollzogen, so lässt sich zwar die Methodenkompetenz der Lernenden erweitern, jedoch bleiben damit die alten erzeugungsdidaktischen Konzepte wirksam und werden weiterhin von den Lernenden eingefordert. Selbstgesteuertes Lernen durch die Lernenden kann jedoch damit nicht erreicht werden, obwohl dieses Lernen – wie die Untersuchung zeigt – eine größere Zufriedenheit schafft und die allgemeinen Lernleistungen befördert (vgl. Abbildungen 6 und 7, S. 202).

5. Neue Kompetenzen für Lehrende

Nicht nur an die Kompetenzen der Lernenden werden also veränderte Ansprüche gestellt, sondern auch Lehrende sind durch die Umgestaltung und Öffnung der Lernprozesse anders als bisher gefordert und müssen ihr professionelles Selbstverständnis als Lehrperson einer Überprüfung unterziehen und ihre Rollendefinition klären. Lehrende müssen sich neben ihren bisherigen methodisch-didaktischen Kompetenzen weitere aneignen, um die Heterogenität der Lerngruppe sowie die unterschiedlichen Erwartungen und Bedürfnisse der Lernenden zu bewältigen.

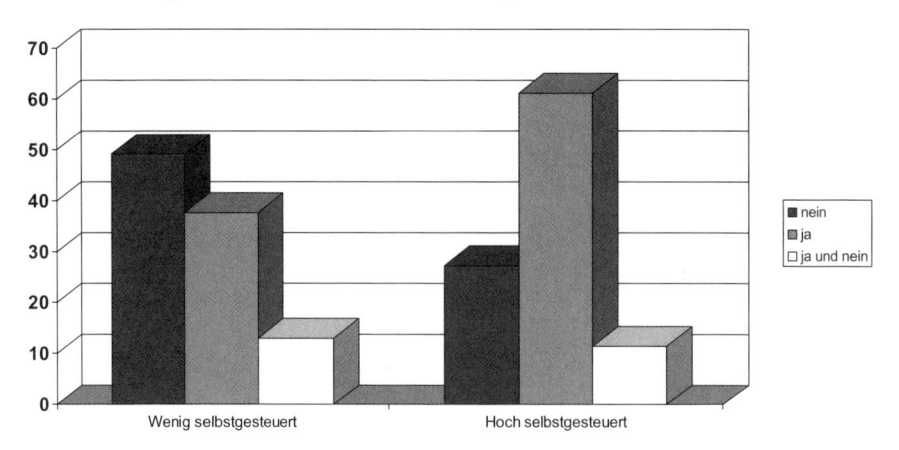

Abbildung 6: Zufriedenheit mit dem Lernprozess aus Sicht der Lernenden

Abbildung 7: Allgemeine Lernleistungen der befragten Lernenden

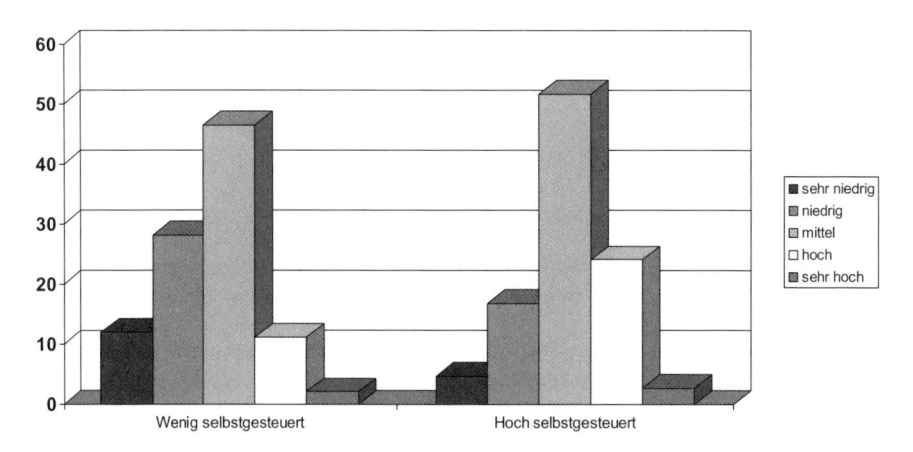

Hierzu gilt es auch für die Lehrenden, ihre emotionalen Kompetenzen zu entwickeln, um den Umgang mit den Unsicherheiten und dem Nicht-Planbaren bewältigen zu können. Daneben wird eine erweiterte Methodenkompetenz notwendig, um Lernenden ein für selbstgesteuerte Lernprozesse ausreichendes Repertoire an Lernstrategien an die Hand zu geben. Ein zusätzlich sehr bedeutsamer Bereich sind die Beratungs- und Moderationskompetenzen, die kommunikative Fähigkeiten, Beobachtungskompetenzen und Empathie mit einschließen, denn „Lehrende sind ‚Beobachter 2. Ordnung', die nicht nur darauf achten, was die Lernenden denken, wahrnehmen, erkennen, sondern auch, wie sie ihre Wirklichkeiten konstruieren, auf Grund welcher Leitdifferenzen und Maßstäbe (‚Codes') sie wahrnehmen und bewerten, welche Perspektiven sie einnehmen (z.B. als Opfer, als Benachteiligter), welche blinden Flecken eine Codierung zur Folge hat" (Siebert 2001, S. 182).

Ferner stellt die Diagnosekompetenz einen notwendigen Kompetenzbereich für Lehrende in ermöglichungsdidaktischen Arrangements dar. Wollen Lehrende ihrer Beratungsfunktion nachkommen, so ist es notwendig, dass sie vermehrt diagnostische Instrumente einsetzen und handhaben können, um Lernstandsdiagnosen hinsichtlich der individuell verfügbaren Selbstlernkompetenzen der Lernenden zu erstellen. Hieran schließen sich Evaluationskompetenzen an, um beispielsweise Input-, Prozess- oder Produktevaluationen durchführen zu können und so zur Qualitätsentwicklung der selbstgesteuerten Lernprozesse beizutragen.

So betrachtet wird deutlich, dass sich Lehrende nicht durch apersonale Medien ersetzen lassen, sondern weiterhin eine bedeutsame Rolle im Lehr-/Lernprozess spielen werden.

Literatur

Arnold, Rolf & Schüßler, Ingeborg 1998. Wandel der Lernkulturen. Darmstadt: Wissenschaftliche Buchgesellschaft.

Arnold, Rolf 2001. Lehr-/Lernkulturen – auf dem Weg zu einer Erwachsenendidaktik nachhaltigen Lernens? In: Heuer, Ulrike et. al. (Ed.). Neue Lehr- und Lernkulturen in der Weiterbildung. Bielefeld: Bertelsmann.

Arnold, Rolf 2003. Humanistische Pädagogik. Emotionale Bildung nach Erich Fromm. Stuttgart: Verlag für akademische Schriften.

Arnold, Rolf, Gómez Tutor, Claudia, Kammerer, Jutta 2002. Selbstlernkompetenzen auf dem Prüfstand – eine empirische Untersuchung zur Bedeutung unterschiedlicher Kompetenzen für das selbstgesteuerte Lernen. Arbeitspapier 2 des Forschungsprojektes „Selbstlernfähigkeit, pädagogische Professionalität und Lernkulturwandel". In: *Pädagogische Materialien der Universität Kaiserslautern* H. 14. Kaiserslautern.

Arnold, Rolf, Gómez Tutor, Claudia & Kammerer, Jutta 2003. Methodenhandbuch selbstgesteuertes Lernen. In: *Pädagogische Materialien der Universität Kaiserslautern* H. 16. Kaiserslautern.

Bandura, Albert 1997. Self-efficacy: The exercise of control. New York: Freeman.

Bönsch, Manfred 2002. Lernmotivation und Lernmotive. In: *Unterrichten/Erziehen* 21. S. 219-221.

Bruner, Jerome 2003. Die Sprache der Erziehung. (Original 1982). In: *Zeitschrift für Pädagogik* 49. S. 485-498.

Creß, Ute 1999. Personale und situative Einflussfaktoren auf das selbstgesteuerte Lernen Erwachsener. Regensburg: Roderer.

Deci, Edward L. & Ryan, Richard M. 1993. Die Selbstbestimmungstheorie der Motivation und ihre Bedeutung für die Pädagogik. In: *Zeitschrift für Pädagogik* 39. S. 223-238.

Helmke, Andreas 1992. Selbstvertrauen und schulische Leistung. Göttingen: Hogrefe.

Jerusalem, Matthias & Pekrun, Reinhard (Hrsg.) 1999. Emotion, Motivation und Leistung. Göttingen: Hogrefe.

Kahl, Reinhard 1998. Triff eine Unterscheidung. Begegnungen mit Heinz von Foerster. In: *Pädagogik* 50, S. 64-68.

Konrad, Klaus 1997. Metakognition, Motivation und selbstgesteuertes Lernen bei Studierenden. In: *Psychologie in Erziehung und Unterricht* 44. S. 27-43.

Lewalter, Doris; Krapp, Andreas & Wild, Klaus-Peter 2000. Motivationsförderung in Lehr-Lern-Arrangements – eine interessentheoretische Perspektive. In: Harteis, Christian & Kraft, Susanne (Hrsg.). Kompendium Weiterbildung – Aspekte und Perspektiven betrieblicher Personal- und Organisationsentwicklung. Leverkusen: Leske + Budrich. S. 149-156.

Maturana, Humberto & Varela, Francisco 1987. Der Baum der Erkenntnis. Bern: Scherz.

Pozo, Juan Ignacio 2000. La crisis de la educación científica, ¿volver a lo básico o volver al constructivismo. In: Barberà, E. et. al.. El constructivismo en la práctica. Caracas: Editorial Laboratorio Educativo und Barcelona: Editorial Graó.

Prenzel, Manfred; Lankes, Eva-Maria & Minsel, Beate 2000. Interessenentwicklung in Kindergarten und

Grundschule: Die erste Jahre. In: Schiefele, Ulrich & Wild, Klaus-Peter (Ed.). Interesse und Lernmotivation: Untersuchungen zu Entwicklung, Förderung und Wirkung. Münster: Waxmann. S. 11-30.

Reich, Kersten 1997. Systemisch-konstruktivistische Pädagogik. Einführung in Grundlagen einer interaktionistisch-konstruktivistischen Pädagogik. 2. Auflage. Neuwied: Luchterhand.

Reinmann-Rothmeier, Gabi & Mandl, Heinz 2001. Unterrichten und Lernumgebungen gestalten. In: Krapp, Andreas & Weidenmann, Bernd (Ed.). Pädagogische Psychologie. Ein Lehrbuch. 4. Auflage. Weinheim: Beltz PVU.

Reischmann, Jost 1998. Andragogisch-didaktische Überlegungen zwischen Wissen und Können. In: *Grundlagen der Weiterbildung* 9. S. 267-271.

Rheinberg, Falko 2002. Motivationsförderung im Unterrichtsalltag. Probleme, Untersuchungen, Ergebnisse. In: *Pädagogik* 54. S. 8-13.

Roth, Gerhard 2001/2003. Fühlen, Denken, Handeln. Wie das Gehirn unser Verhalten steuert. Frankfurt: Suhrkamp.

Siebert, Horst 2001. Thesen. In: Heuer, Ulrike et. al. (Ed.). Neue Lehr- und Lernkulturen in der Weiterbildung. Bielefeld: Bertelsmann. S. 179-183.

Siebert, Horst 2003. Konstruktivistische Leitlinien einer Ermöglichungsdidaktik. In: Arnold, Rolf & Schüßler, Ingeborg (Hrsg.). Ermöglichungsdidaktik. Erwachsenenpädagogische Grundlagen und Erfahrungen. Baltmannsweiler: Schneider-Verlag Hohengehren. S.37-47.

Spitzer, Manfred 2002. Lernen. Gehirnforschung und die Schule des Lebens. Heidelberg, Berlin: Spektrum Akademischer Verlag.

Watzlawick, Paul; Beavin, Janet H. & Jackson, Don D. 1990. Menschliche Kommunikation. Formen, Störungen, Paradoxien. 8. Aufl.. Bern, Stuttgart: Huber.

III/2. Personalentwicklung durch selbstorganisiertes Lernen – ein Beitrag zur Professionalisierung

Evelyne Fischer

1. Warum selbstorganisiertes Lernen?

Berufliches Lernen als Lernen in der und für die Arbeitstätigkeit ist darauf gerichtet, aktuelle und künftige Anforderungen bewältigen zu können. Diese Anforderungen sind einerseits durch eine gewisse Unschärfe charakterisiert, da Unternehmens-, Branchen-, Wirtschafts- und Arbeitsmarktentwicklungen nur begrenzt vorher bestimmbar sind, und die Anforderungen sich aus inhaltlichem aber auch arbeitsorganisatorischem Wandel ergeben können.

Andererseits und mit der Unbestimmtheit künftiger Entwicklungen verbunden zielen sie verstärkt auf die Meta-Ebene von Kompetenzen. Es geht zunehmend weniger um reinen Wissenserwerb; die Aspekte der Anwendung, eigenverantwortlichen Weiterentwicklung und Umsetzung von Wissen und Können in der Arbeitstätigkeit erlangen verstärkte Bedeutung. Dies stellt sowohl das lernende Subjekt als auch die mit beruflicher Bildung befassten Institutionen vor neue, lösungsoffene Aufgaben. „Wenn künftige Weiterbildungsanforderungen in der Risikogesellschaft besonders durch Differenziertheit und Unbestimmtheit zu kennzeichnen sind, erlangt das Erlernen der Fähigkeit zu selbst bestimmtem und selbst organisiertem Lernen entscheidende Bedeutung, damit souveräne Bürger Innovationen in allen Lebensbereichen mit gestalten können" (Memorandum 2000, S.6). Das Prinzip der Selbstorganisation stellt eine adäquate Bewältigungsstrategie für entwicklungsoffene Prozesse dar; es birgt bildungskonzeptionelles Innovationspotential.

Hier haben Bildungseinrichtungen eine Chance, im Zuge der Modernisierungsprozesse neue innovative Profile auszubilden und bereits vorhandene weiter zu entwickeln. Einerseits ergeben sich aus dem Übergang in die Wissensgesellschaft neue Anforderungen an ein lebenslanges bzw. lebensbegleitendes sowie an ein zunehmend selbst organisiertes Lernen (Heid, 2000; Herold/Landherr, 2001). Andererseits sind mit den gegenwärtigen wirtschaftlichen Entwicklungen (Globalisierung, Strukturwandel in Branchen und Regionen sowie arbeitsmarkt-politische Entwicklungen und Reformen und deren veränderten inhaltlichen Zielsetzungen) neue Herausforderungen an eine Professionalisierung von Weiterbildung verbunden. Bereits 2002 resümierten Staudt und Kriegesmann: „In der Summe wird deutlich, dass Weiterbildungsplanung, -durchführung und -umsetzung an erheblichen Orientierungs-, Methoden- und Professionalisierungsdefiziten leiden." (S. 115). Dieses Defizit zu beheben erfordert eine neue Einbindung von Weiterbildung in gesamtbetriebliche Prozesse. „Im Rahmen umfassender betrieblicher Kompetenzentwicklungsstrategien zeichnet sich eine deutlich engere Kopplung und Verknüpfung von Weiterbildung und Personalentwicklung mit strategischen Unternehmensplanungen ab." (Baethge-Kinsky, 2004, S.13)

Die veränderte Weiterbildungspraxis stellt zum einen innerhalb der Unternehmen eine neue Herausforderung dar und tritt zum anderen über die Unternehmensgrenzen hinweg als Anforderung an das Agieren von Weiterbildungseinrichtungen in Erscheinung. Für die Professionalisierung von Weiterbildungseinrichtungen bedeutet das, diese Anforderungen potentieller Kunden aufzunehmen und ihnen in den Produkten und Dienstleistungen zu entsprechen. Das erfordert gleichzeitig von den Weiterbildungseinrichtungen die interne Organisations- und Personalentwicklung strategisch so auszurichten, dass nachhaltig professionelle Strukturen, Prozesse und Kompetenzen für lebenslanges Lernen entstehen.

Kompetenzentwicklung als Verschränkung von Personal- und Organisationsentwicklung zu ermöglichen kann nicht Sache des lernenden Individuums allein sein. Sowohl in den Zielfeldern beruflicher Weiterbildung – den Wirtschaftsunternehmen – als auch bei den Trägern von Weiterbildungsprozessen – und damit auch und vor allem in den Weiterbildungseinrichtungen – verlangt eine solche strategische Ausrichtung von Kompetenzentwicklungsprozessen Rahmenbedingungen und Stützstrukturen. „Auch Selbstregulation für individuelle oder Unternehmensentwicklung braucht einen Handlungsrahmen. ... Kompetenzentwicklung setzt eine Integration von Personal-, Organisations- und Unternehmensentwicklung ... voraus." (Staudt und Kriegesmann, 2002, S.119)

Für Weiterbildungseinrichtungen sind diese neueren Entwicklungen mit qualitativ neuen Anforderungen an Professionalisierung verbunden. Sie stehen vor der Aufgabe, die Professionalität ihrer Produkte und Dienstleistungen, ihrer Organisationen und ihrer Mitarbeiter so voranzutreiben, dass sie mit einer neuen Qualität diese Anforderungen lebenslangen, arbeitsprozessintegrierten Lernens erfüllen können.

Wie stellt sich der Stand der Personalentwicklung in den Weiterbildungseinrichtungen dar? Sowohl in Ausbildungs- als auch noch viel mehr in Weiterbildungszusammenhängen bilden klassische Vorgehensweisen von Wissensvermittlung und -aneignung immer mehr nur ein Element des erforderlichen Lernprozesses (u.a. Siebert, 2001). Um in den sich ständig verändernden Anforderungen bewusst und kontextspezifisch optimal agieren zu können, müssen Handlungsbedingungen und -möglichkeiten durch Organisationen wie Individuen permanent reflektiert, kommuniziert und konstruiert werden können. Dazu kann Wissensvermittlung nur ein Schritt sein. Darüber hinaus braucht es Kompetenzentwicklung in einer Lernkultur, die die handelnden Akteure – Lehrende, Lernende und ihr organisationales Umfeld – durch zielgerichtete und methodisch unterstützte Interaktion gemeinsam hervorbringen.

Selbst organisiertes Lernen heißt den eigenen Mitarbeitern wie den Kunden einen Möglichkeitsraum zu öffnen. Die Lernenden erfahren dabei Methoden zur Reflexion, Transparenz und Entwicklung ihres derzeitigen Wissens- und Könnensstatus und seiner Verwertungsmöglichkeiten, möglicher Lernziele sowie zu Lernwegen und Lerninhalten. Bildungseinrichtungen haben nach diesem Verständnis die Aufgabe, Selbstlernkompetenzen ihrer Kunden zu entdecken, zu bestärken, zu entwickeln und zu unterstützen, indem sie den methodischen Rahmen für deren Erwerb bereitstellen.

Was bedeutet dies für die Bildungseinrichtungen? Wie macht man das? Wie verändert eine solche Aufgabe das Lehren und Lernen? Um diese Fragen zu klären, hat die

Arbeitsgemeinschaft für betriebliche Weiterbildungsforschung e. V. (ABWF) ein Projekt initiiert. Über vier Jahre, von 2001 bis 2004 entwickelten im Projekt heißt „Neue Lernformen zur Mitarbeiterentwicklung – Weiterbildner lernen selbst organisiertes Lernen"[1] vier Bildungseinrichtungen verschiedene Modelle, selbstorganisiertes Lernen zu befördern und aktiv in die Personalentwicklung der Bildungseinrichtungen einzubinden. Die dahinter liegende Annahme ist, dass Bildungseinrichtungen ihren Kunden eher Angebote zu selbst organisiertem Lernen offerieren können, wenn deren Mitarbeiter selbst die Sinnhaftigkeit selbst organisierten Lernens individuell und organisational erfahren haben.

2. Selbst organisiertes Lernen in der Praxis

Im Mittelpunkt des Projektverbundes zum Thema „Nutzung neuer Lernformen zur Mitarbeiterentwicklung in beruflichen Weiterbildungseinrichtungen – Weiterbildner lernen selbst organisiertes Lernen" stand die Frage: Wie gestalten Bildungseinrichtungen in täglichen Arbeitsaufgaben Lernanlässe und dazu geeignete Rahmenbedingungen, in denen Mitarbeiter selbst organisiert lernen können? Dazu arbeiteten vier Teilprojekte mit jeweils eigenen konkreten Entwicklungsaufgaben (vgl. Fischer, 2003). Beispiele für derartige Entwicklungsaufgaben waren:
- Einführung von eLearning in die Fortbildungen
- Weiterentwicklung des vorhandenen Wissensmanagements
- Reflexion von Kompetenzen und Kompetenzorientierung in Fortbildungen
- Erarbeitung neuer Lernfelder. Weg von einem traditionellen Fächerkanon – hin zu einer Lernkultur, die weitgehend der späteren Arbeitssituation entspricht.

Der Gestaltungsauftrag sah vor, anhand konkreter einrichtungsspezifischer Entwicklungsaufgaben neue Formen selbst organisierten Lernens mit Weiterbildnern zu entwickeln und diese dann aufbereitet als Lernangebote und Lerndienstleistungen den Kunden der Bildungseinrichtungen zugänglich zu machen.

Mit dem Fortschreiten des Projektes verdichtete sich immer stärker das Erleben und die Erfahrung einer gewissen Parallelität von Prozessen der Lerngestaltung in Weiterbildungseinrichtungen mit Prozessen der Arbeitsgestaltung in der industriellen Wirtschaft. Dort ist mit dem Konzept Qualifizierender Arbeitsgestaltung (QAG) bereits in den 80er Jahren die Verschränkung von Personal- und Organisationsentwicklung als Kompetenzentwicklungskonzept (vgl. Duell/Frei, 1986) gedacht und methodisch untersetzt worden. Qualifizierende Arbeitsgestaltung ist darauf ausgerichtet, Handlungskompetenzen in Bezug auf Arbeitsgestaltungsprozesse zu erwerben und zu entwickeln. Wenn nun – wie in unserem Projekt – Arbeit zunehmend mit Lernen zusammenfällt, liegt es nahe, zu prüfen, inwieweit die einer Qualifizierenden Arbeitsgestaltung zugrundeliegenden Prinzipien auf den „Arbeitsgegenstand" Lernen übertragbar sind.

Dazu überprüften wir die Prinzipien Qualifizierender Arbeitsgestaltung in ihrer Anwendung auf unsere Modellprojekte zum selbst organisierten Lernen. Diese Prinzi-

---

[1] Gefördert aus Mitteln des Bundesministeriums für Bildung und Forschung sowie aus Mitteln des Europäischen Sozialfonds

pien (Frei et al., 1996) sind:
- Partizipation: Betroffene zu Beteiligten machen.
- Doppelhelix: Keine individuelle ohne systemische Entwicklung.
- Judo-Prinzip: Andere als die eigenen Kräfte nutzen.
- Heuristik: Es gibt nicht den einen besten Weg.

Parallel zur Qualifizierenden Arbeitsgestaltung sehen wir für eine „Kompetenzorientierte Lerngestaltung"[2] das Ziel, Handlungskompetenzen in Bezug auf das Lernen – in erster Linie das selbst organisierte Lernen – zu entwickeln.

3. Was macht „Kompetenzorientierte Lerngestaltung" aus?

Dazu haben wir folgende Leitlinien entwickelt:

Eine neue Lernkultur kann nicht *für* die Lernenden entwickelt werden, sondern nur *mit* Ihnen und *durch* sie. Übertragen auf die Entwicklung selbst organisierten Lernens in den Bildungseinrichtungen lässt sich sagen: Partizipation ist nicht alles (da braucht es noch weitere Bedingungen), aber ohne Partizipation ist alles nichts!

Beteiligung zielt darauf ab, das Expertenwissen derer zu schätzen, die mit der erarbeiteten Lösung leben müssen. Was bedeutet dies für Bildungsprozesse? Selbst organisiertes Lernen kann man nicht „vermitteln"; es entwickelt sich, wenn beteiligte Mitarbeiter durch das Erleben neuer Lernformen aktiv werden. Solche neuen Lernformen können u.a. Lernwerkstätten sein, betriebliche Entwicklungsgruppen, didaktische Teams. All diesen Formen ist gemeinsam, dass sie die Verantwortung für das Lernen zwischen Lehrenden und Lernenden teilen. So wurde beispielsweise in einer Einrichtung in einem Workshop „SOL und Lernkultur" eine Liste von Themenfeldern von Mitarbeiter/inne/n und Führungskräften gemeinsam erarbeitet, die zugleich auch einen Entwicklungs- und Handlungsbedarf in der Organisation bzw. im Weiterbildungsprozess abbildeten. Diese Themen- und Handlungsfelder wurden auf dem Workshop zur Bearbeitung und Entwicklung in die Verantwortung der Lernwerkstatt „Didaktik/Methodik" übergeben und zugleich auch von den Mitarbeiter/inne/n als Lern- und Arbeitsfelder für die Werkstatt angenommen. Das heißt konkret, es gab eine von allen Mitarbeiter/inne/n und Führungskräften anerkannte Liste von Handlungserfordernissen und es meldeten sich fünf Mitarbeiter/innen, die bereit waren die Themenfelder selbst organisiert zu bearbeiten." (Keiser, 2004, S. 77) In einem anderen Projekt erfolgte die Themengenerierung und -bearbeitung mittels der Open Space-Methode.

Doppelhelix bedeutet: Es gibt keine individuelle ohne organisationale Entwicklung! Individuelle und systemische Veränderungsprozesse müssen aufeinander abgestimmt sein, das heißt, dass der eine Prozess dem anderen immer nur ein bestimmtes Maß „vorauseilen" kann.

Selbst organisiert lernen können per se nur die Akteure selbst. Dies darf jedoch nicht dazu verführen, Lernende mit dem Lernen allein zu lassen. Führungskräfte und Mitarbeiter wirken dabei als Macht- und Fachpromotoren. Führungskräfte schaf-

---

[2] Fischer/Duell(2003): Wenn Arbeit Lernen ist...QUEM-Bulletin Nr.6/2003, Berlin

fen grundsätzlich und prozesshaft den Möglichkeitsraum für die Entwicklung selbst organisierter Lernformen. SOL aktiviert Mitarbeiter und setzt aktivierte Mitarbeiter voraus. SOL-basierte Personalentwicklung kann nicht *für* die Mitarbeiter gestaltet werden, sondern nur *mit* Ihnen und *durch* sie.

Eine Besonderheit unseres Projektes ist es, dass zwischen den Weiterbildnern als den individuell Lernenden und der Bildungseinrichtung, die sich organisational verändert, ein Bindeglied existiert: die Lernbegleiter. Sie haben die Aufgabe, das selbst organisierte Lernen zu unterstützen. „Lernbegleitung besteht im wesentlichen darin, Arbeitende/Lernende bei der Lösung konkreter ergebnisoffener Arbeitsaufgaben professionell zu begleiten, indem die dabei stattfindenden Lernprozesse bewusst gemacht und gefördert werden. Dafür sind Lernbegleiter als externe Promotoren geeignet, die fachliche Expertise mitbringen und die Prozessgestaltung managen.

Lernbegleiter handeln auf der Basis von Akzeptanz und Vertrauen in den Entwicklungsprozess. Sie unterstützen das selbst organisierte Lernen durch Reflexion und Feedback, schaffen durch das Aufbrechen von Routinen Irritationen als neue Lernanlässe und liefern spezielles methodisches Know how. Sie fungieren als Spiegelflächen für Lernende. Eine wichtige Aufgabe der Lernbegleiter ist es, Erwartungen zu enttäuschen und zwar immer wieder aufflackernde Erwartungen daran, dass die richtige Lösung von außen kommt und vermittelt werden kann.

Lernbegleiter schaffen und unterstützen zudem in den Bildungseinrichtungen eine Fehlerkultur, die Fehler als Lernanlässe betrachtet. Damit ermöglichen sie ein Probehandeln und unterstützen ein Klima, in dem Alternativen entwickelt und erprobt werden können. Durch ihre Interventionen ermöglichen sie einen Perspektivenwechsel. Lernbegleiter achten darauf, dass Lernen als offener Prozess gestaltet wird, der zirkulär, vernetzt und iterativ verläuft anstatt geradlinig, kausal und sequentiell." (Aulerich et al., 2004, S.32/33)

Damit „Kompetenzorientierte Lerngestaltung" eine Chance hat, braucht es mehr als nur „guten Willen". Selbst organisiertes Lernen braucht ein Ziel und einen Handlungsrahmen. Diesen bieten in unserem Projekt authentische Entwicklungsaufgaben der Bildungseinrichtungen. Diese werden als Lerngelegenheiten gestaltet. **Die Entwicklungsaufgaben konstituieren Anforderungen und geben dem SOL Stellenwert und einen spezifischen Sinn.** Sie stellen so einen komplexen Lernanlass dar.

Die authentischen Arbeitsaufgaben sind nicht statisch, sondern werden in einem kommunikativen Entwicklungsprozess permanent neu (re-)definiert und kontraktiert. Die zur Bewältigung der Entwicklungsaufgaben gestalteten Arbeitsformen werden von den Beteiligten miteinander geklärt und vereinbart. Dies geschieht durch die Schaffung konkreter Arbeits- und Lernarrangements, die organisations- und aufgabenspezifisch sind. Wie ein solcher Prozess gestaltet werden und welche Stolpersteine er enthalten kann, soll hier exemplarisch anhand eines Beispiels aus dem Projektverbund verdeutlicht werden (entnommen aus Schicke, 2004).

Die Entwicklungsaufgabe hieß Einführung von eLearning in die Fortbildungen, verbunden mit der Entwicklung von Expertinnenwissen im Bereich eLearning. „Zwei Expertinnen haben darauf hin, in zwei Workshops, eine Wissensbasis für ein gemeinsames Verständnis dafür gelegt, welche Formen des eLearnings für das FCZB und seine Zielgruppen *nicht* infrage kommen und welche Lernmöglichkeiten ein gutes eLearningdesign den Zielgruppen des FCZB bieten könnte.

Die Workshops haben bei den Mitarbeiterinnen Neugier und Interesse für eLearning geweckt. In der Steuerungsgruppe erwartete die Koordinatorin des Bereichs Fortbildung, dass das Projekt „Mitarbeiter/innen lernen selbstorganisiertes Lernen" dieses Interesse weiter fördert und die Auseinandersetzung des Gesamtteams mit eLearning intensiviert. Die Beraterinnen (in der Rolle der Lernbegleiterinnen, E. F.) haben an dieser Stelle der Steuerungsgruppe folgenden Vorschlag unterbreitet:

- KOBRA bindet eine eLearningexpertin in das Beratungsteam ein und bietet ein zeitlich befristetes Online-Coaching zu webgestütztem Lehren und Lernen für das Gesamtteam an.
- Mit Hilfe der virtuellen Lern- und Kommunikationsplattform können die Mitarbeiterinnen das kooperative virtuelle Lernen praktisch ausprobieren und zugleich ihr Wissen über die Technologie und Didaktik virtueller Lernumgebungen erweitern.

Die Geschäftsführerin und die Koordinatorin des Bereichs Fortbildung haben dem Vorschlag zugestimmt, obwohl es Bedenken gab, denn das Online-Coaching fand zu einem Zeitpunkt statt, als alle Mitarbeiterinnen über das normale Maß hinaus in Aufgaben eingebunden waren. Andererseits sollte auch aus ihrer Sicht das SOL-Projekt einen Schritt weiter kommen. Mit einer Expertin wurden die Auswahl der Plattform, die Dauer und der Umfang des Online-Coachings entschieden.

Die Expertin entwickelte die virtuelle Lernumgebung sowie den fachlichen Input und stand als Coach für die Online-Kommunikation zur Verfügung. Es gab die Annahme, dass die Mitarbeiterinnen untereinander und mit der Coach virtuell kommunizieren würden. Der Ablauf des Online-Coachings war strukturiert und folgte einem für handlungsorientierte Fortbildungsangebote gebräuchlichen Phasenmodell.

1. Präsenzworkshop mit dem Gesamtteam; Einführung in die Bedienung der Coachingsplattform und Kontraktieren des Angebots mit den Mitarbeiterinnen: Ziele des Online-Coachings und Absprachen zum zeitlichen und organisatorischen Rahmen.
2. Virtuelle Literaturphase und Informationsaustausch; Coaching zu individuellen Fragen (Wissenserwerb)
3. Virtuelle Gruppenarbeit zu vorbereiteten Arbeitsaufgabe und Coaching. (Lösen komplexerer Aufgaben)
4. Virtuelle Gruppenarbeit zu einem realen Praxisprojekt: Erstellung eines Online-Contents mit Hilfe der Lernplattform und unterstützt durch die Coach. (Transfer)
5. Auswertung des Online-Coachings mit dem Gesamtteam in Präsenzform (Reflexion)

Gemessen an den Annahmen und geplanten Zielen des Online-Coachings erschien die Umsetzung auf dem ersten Blick als gescheitert, denn nur wenige Mitarbeiterinnen haben es für ihr individuelles Lernen genutzt. Die Kommunikation verlief fast ausschließlich zwischen einzelnen Mitarbeiterinnen und der Coach. Die Tools der Lernplattform wurden fast gar nicht für die Kommunikation mit den Kolleginnen genutzt. Dort wo es zu kooperativem Lernen in der Arbeitsgruppe kam, hatte die Coach dies organisiert. Für die Mitarbeiterinnen war unklar, wie sich die virtuellen Teams bilden würden: Die gestellten Arbeitsaufgaben wurden als „künstlich aufgesetzt" erlebt. Das Online-Coaching war zu wenig intern im FCZB gesteuert und war infolgedessen nicht anschlussfähig an die Sicht der Mitarbeiterinnen.

Trotz dieser kritischen Einschätzung war das Online-Coaching für das Projekt „Mitarbeiter/innen lernen selbstorganisiertes Lernen" eine Lernchance und hatte für die Kompetenzentwicklung im FCZB positive Effekte. Alle Mitarbeiterinnen haben sich damit beschäftigt, auch dann, wenn sie es kaum oder gar nicht genutzt hatten. Man konnte etwas verpassen und es wurde viel über das Online-Coaching gesprochen, unter anderem auch weil die Beraterinnen es thematisiert haben. Eine Fortbildungsleiterin hat die Kommunikation mit der Coach für ihr individuelles Lernen sehr intensiv genutzt und sich anschließend in einer Fortbildung zur Online-Tutorin qualifiziert. Die Gruppe der Fortbildungsleiterinnen hatten mit dem Chat und der Gruppenarbeit experimentiert. Sie haben diese zum Teil frustrierend erlebten Lernerfahrungen reflektiert und Schlussfolgerungen gezogen für die Rolle der Tutorin in zukünftigen Fortbildungen. Insgesamt wurde dadurch der Umgang mit dem Thema eLearning unbefangener. Der hohe Anspruch der Entwicklungsaufgabe, das Gesamtteam muss sich mit eLearning/selbstgesteuertem Lernen auseinandersetzen, war realisiert. („Der Berg war abgetragen", Mitarbeiterin im FCZB) Danach konnten andere Wege für die Einführung von Expertenwissen in das FCZB gefunden werden. Besonders effektiv war es, wenn die Mitarbeiterinnen den Beratungsbedarf entsprechend ihren Arbeitsaufgaben selbst steuerten. Unterdessen war die Akquisition neuer Projekte auch so weit vorangeschritten, dass einzelne Mitarbeiterinnen die mit eLearning verbundenen Anforderungen in ihrem Aufgabenbereich selbst einschätzen konnten. Später wurde zusätzlich eine Spezialistin für die Entwicklung von eLearning und Online Content eingestellt, die weitere im FCZB nicht vorhandene Fachkenntnisse mitbrachte.(Schicke, S. 22-24)

Das Bewusstwerden der Lernhaltigkeit der Arbeits- und Entwicklungsaufgaben geschieht in den Bildungseinrichtungen über Formen der Meta-Kommunikation. Das meint, neben der Lösung der Aufgabe (dem WAS des Tuns) steht die erprobte Ausführung, verbunden mit dem dabei erworbenen Wissen (das WIE des Tuns) im Fokus der Aufmerksamkeit. Insofern ist es sicherlich nicht zufällig, dass eine Weiterbildungseinrichtung in der Projektverlängerung die Weiterentwicklung ihres Wissensmanagements zur Entwicklungsaufgabe machte. In dieses Wissensmanagementsystem gehen die kommunizierten und somit vergesellschafteten Lernerfahrungen der Einzelnen ein. So wird gewährleistet, dass individuelle Lernerfahrungen transferierbar und darüber organisationswirksam werden können. Dies manifestiert sich in neuen Arbeitsformen und Strukturen, Produkten und letztlich einer veränderten Arbeits- und Lernkultur.

Keine Lösung ist so gut, dass man sie linear auf einen anderen Fall übertragen könnte. Erfolgreiche Lösungen soll man *kapieren, nicht kopieren*! Insofern haben auch Best Practices ihren Wert in ihrem Modellcharakter, in ihrem Vor-Bild für eine eigene Lösung, sie stellen diese Lösung aber nicht dar. Selbst organisiertes Lernen und die direkte Übernahme der Lösungen anderer schließen sich nachgerade aus. Erst die subjektive Aneignung und damit die Auseinandersetzung, Weiterentwicklung und Interiorisierung von Best Practices ermöglicht die Entstehung einer neuen Lernkultur. Den Wert unseres Projektes sehen wir daher nicht in plakativen, zum Kopieren einladenden Vorzeige-Lösungen. Eben weil selbst organisiertes Lernen sich in einer eigenen Lernkultur ausdrückt und über eine Methodensammlung mit zugesicherter Erfolgsgarantie hinausgeht, muss jede Bildungseinrichtung *ihre* eigene Lösung finden. Es wirken nicht irgendwelche „SOL-Methoden" im Eins- zu Eins- Modus, erst in der prozesshaften organisationsübergreifenden Umsetzung, Kommunikation und Reflexion von individuellem Lernen, externer Lernbegleitung und interner Führung entsteht eine neue, veränderte Lernkultur.

4. Ergebnis

Im Ergebnis des Projektes können wir Folgendes feststellen: „Personalentwicklung durch selbst organisiertes Lernens (SOL) ist ein ergebnisoffener Prozess, aber kein Prozess ohne Ergebnis. Ergebnisoffenheit meint dabei auch *nicht* Ziellosigkeit. Ziele bringen die unterschiedlichen Akteure aus ihren jeweiligen Perspektiven mit. Im Prozess selbst organisierten und organisational gestützten Lernens werden diese Ziel kommuniziert. Ergebnisoffenheit meint stattdessen:
- Offenheit für die Eigendynamik des Systems,
- die Fähigkeit, „Unerwartetes wahrzunehmen" und darin neue Handlungsoptionen zu erkennen,
- Suchbewegungen der Akteure zu ermöglichen und zuzulassen,
- Möglichkeitsräume des Handelns zu entwerfen,
- Irritation als Quelle neuer Handlungsmöglichkeiten zu verstehen.

Sich auf Ergebnisoffenheit einzulassen und damit SOL zu ermöglichen bedeutet gleichzeitig zu akzeptieren und wertzuschätzen, *dass* etwas geschieht und sich von der Vorstellung zu lösen, dies müsste immer linear, kausal und planbar sein. Im Zulassen, in der Nutzung und methodisch unterstützten Initiierung nicht kausalen, nicht linearen, nicht (nur) rationalen selbst organisierten Lernens sehen wir Merkmale der im Projektverbund erprobten besonderen Form einer in authentische Arbeitsaufgaben integrierten und damit kompetenzorientierten Personalentwicklung." (Aulerich et al. S. 130)

Personalentwicklung in dieser Konfiguration von authentischen Entwicklungsaufgaben, Promotoren, Lernbegleitung, systemischer Verankerung in der Organisation und Einbettung in eine SOL-basierte Lernkultur stellt einen eigenständigen Ansatz zur Professionalisierung von Weiterbildnern dar. Im beschriebenen Sinne ist „Kompetenzorientierte Lerngestaltung" eine weiterentwickelte Form von Personalentwicklung in Einrichtungen der beruflichen Aus- und Weiterbildung und damit ein Konzept zur Herausbildung einer innovationsförderlichen Lernkultur.

Literatur

Aulerich, G.et al.:(2004): Thesen: Personalentwicklung und Professionalisierung durch „Kompetenzorientierte Lerngestaltung" In: Kompetenzorientierte Lerngestaltung. Handreichung für die Praxis.QUEM Berlin

Argyris, C.; Schön, D.A.(1999): Die lernende Organisation. Grundlagen, Methode, Praxis. Stuttgart

Baethge,M.; Baethge-Kinsky,V.; Holm,R.; Tullius,K. (2003) Anforderungen und Probleme beruflicher und betrieblicher Weiterbildung. Expertise im Auftrag der Hans-Böckler-Stiftung, Arbeitspapier Nr. 76, Düsseldorf

Baethge-Kinsky, Volker; Holm, Ruth; Tullius, Knut (2004) berufliche Weiterbildung am Scheideweg; In: Aus Politik und Zeitgeschichte B 28/2004; S. 11-16

Baitsch, C.: Was bewegt Organisationen?: Selbstorganisation aus psychologischer Perspektive. Frankfurt/Main; New York: Campus Verlag, 1993

Dehnbostel, Peter; Rohs, Mathias (2003): Die Integration von Lernen und Arbeiten im Prozess der Arbeit Entwicklungsmöglichkeiten arbeitsprozessorientierter Weiterbildung. In: Mattauch, Walter; Caumanns, Jörg (Hg.) (2003): innovationen der IT-Weiterbildung. Bielefeld. S. 103-114)

Duell, Werner; Frei, Felix (1986): Leitfaden für qualifizierende Arbeitsgestaltung. Köln: Verlag TÜV Rheinland

Fischer, Evelyne (2003): Weiterbildner lernen selbst organisiertes Lernen. In: QUEM-report Heft 76, Teil II, Berlin

Fischer, Evelyne; Duell, Werner(2003): Wenn Arbeit Lernen ist... „Qualifizierende Arbeitsgestaltung" als „Kompetenzorientierte Lerngestaltung" – ein erfolgreiches Konzept neu fokussiert; in: Arbeitsgemeinschaft Betriebliche Weiterbildungsforschung e.V., Hg.;QUEM-Bulletin,Heft 6 , Berlin; S. 7-10

Frei, F. / Hugentobler, M. / Alioth, A. / Duell, W. / Ruch, L. (1996) Die kompetente Organisation. Qualifizierende Arbeitsgestaltung – die europäische Alternative; 2. Aufl., vdf Hochschulverlag, Zürich

Haun, M.: Handbuch Wissensmanagement. Grundlagen und Umsetzung, Systeme und Praxisbeispiele. Berlin: Springer, 2002

Hayek, F.A. v.: The Use of Knowledge in Society. American Oeconomic Review, 35 (4), 1945, 519-530

Heid, Helmut (2000) , Qualität der Argumente, mit denen das Erfordernis lebenslangen Lernens begründet wird, in: Harteis, Christian, Heid, Helmut & Kraft, S., Hg. (2000) Kompendium Weiterbildung. Aspekte und Perspektiven betrieblicher Personal- und Organisationsentwicklung, Opladen, S. 289-296

Herold & Landherr (2001). SOL. Selbstorganisiertes Lernen. Ein systemischer Ansatz für den Unterricht. Baltmannsweiler: Schneider-Verlag.

Keiser, S./ Hübner, U. (2003) Gestaltungsprojekt: MOTIV – Lernen, In: Lernen in Weiterbildungseinrichtungen. PE/OE-Konzepte. Zwischenergebnisse von Projekten, QUEM-report, Heft 76, Teil II; S. 497-527

Keiser, S. (2004): Teilprojekt IMT Akademie für Technik und Wirtschaft Dresden. In: Kompetenzorientierte Lerngestaltung. Handreichung für die Praxis. QUEM Berlin

Kirchhöfer, Dieter (2004) Lernkultur Kompetenzentwicklung – Begriffliche Grundlagen. Arbeitsgemeinschaft Betriebliche Weiterbildungsforschung e.V., Hg.

König, E.; Volmer, G. (1996) Systemische Organisationsberatung. Grundlagen und Methoden. Weinheim

Königswieser, R.; Exner, A.: Systemische Intervention. Architekturen und Designs für Berater und Veränderungsmanager. Beratergruppe Neuwaldegg. Stuttgart 2002

von Küchler, Felicitas, Schäffter, Ortfried (1997) Organisationsentwicklung in Weiterbildungseinrichtungen, Studientexte für Erwachsenenbildung, Deutsches Institut für Erwachsenenbildung, Frankfurt: DIE

Memorandum über lebenslanges Lernen. Arbeitsdokument der Kommissionsdienststellen. Brüssel 2000

Mitteilung der Kommission: Die neue Generation von Programmen im Bereich Allgemeine und berufliche Bildung nach 2006 (2004)Brüssel, Kommission der Europäischen Gemeinschaften

Nittel, Dieter (1999) Von der „Teilnehmerorientierung" zur „Kundenorientierung" – Zur Bedeutung von systematischen Begriffen für pädagogische Feldanalysen, in: Gieseke, Wiltrud; Arnold, Rolf, Hg., Die Weiterbildungsgesellschaft, Band 1, Bildungstheoretische Grundlagen und Perspektiven, Neuwied, S. 161-184

Peters, Roswitha (1999) Erwachsenenbildungs-Professionalität als theoretisches Konstrukt, in, Arnold, Rolf, Hg., Erwachsenenpädagogik – zur Konstitution eines Fachs , Festschrift für Horst Siebert zum 60. Geburtstag, Baltmannsweiler

Personalentwicklung und Professionalisierung durch Kompetenzorientierte Lerngestaltung. Handreichung QUEM (erscheint Oktober 2004)

Schein, E.H.: Prozessberatung für die Organisation der Zukunft. Köln 2000

Siebert, H.: Selbstgesteuertes Lernen und Lernberatung. Neue Kulturen in Zeiten der Postmoderne. Neuwied, Kriftel: Luchterhand, 2001

Schicke, H. (2004): Teilprojekt FrauenComputerZentrumBerlin. In: Kompetenzorientierte Lerngestaltung. Handreichung für die Praxis.QUEM Berlin

Schrader, Josef, Hartz, Stefanie (2003) Professionalisierung – Erwachsenenbildung – Fallarbeit, in, Arnold, Rolf, Schüßler, Ingeborg, Hg., Ermöglichungsdidaktik, Erwachsenenpädagogische

Staudt, Erich; Kriegesmann, Bernd (2002) Weiterbildung: Ein Mythos zerbricht (nicht so leicht!) – In: Staudt, Erich u.a. Kompetenzentwicklung und Innovation. Die Rolle der Kompetenz bei Organisations-, Unternehmens- und Regionalentwicklung. edition QUEM. Studien zur beruflichen Weiterbildung im Transformationsprozess, Bd. 14, Waxmann Verl., S. 71-125

Staudt, E.; Kriegesmann, B. (2002 a) Zusammenhang von Kompetenz, Kompetenzentwicklung und Innovation. In: Staudt, E. u.a.: Kompetenzentwicklung und Innovation. Studien zur beruflichen Weiterbildung im Transformationsprozess, Band 14; Waxmann Verlag; S. 15-70

Staudt, E. et.al. (2002 b) Kompetenz und Innovation. In: Staudt, E. u.a.: Kompetenzentwicklung und Innovation. Studien zur beruflichen Weiterbildung im Transformationsprozess, Band 14; Waxmann Verlag; S. 127-236

Willke, H.: Systemisches Wissensmanagement. Stuttgart: Lucius und Lucius, 1998

III/3. Lernberatung als Impuls und Ansatz für Personal- und Organisationsentwicklung

Anja Wenzig

1. Orientierungen zu diesem Beitrag

Die gesellschaftlichen Entwicklungen – vor allem die Veränderungen in der Arbeitswelt – und ihre bildungs- und arbeitsmarktpolitisch transportierten Wirkungen auf die Lernenden in beruflichen Weiterbildungsveranstaltungen, die wir im Kontext von Lernberatung als Anforderungen des lebenslangen selbstorganisierten Lernens zusammenfassen, machen (zunehmend) auch vor den Institutionen der beruflichen Weiterbildung und den darin pädagogisch Tätigen nicht halt. Lehrende wie Organisationen sehen sich immer neuen, häufig wechselnden Rahmenbedingungen und damit einhergehenden Anforderungen gegenüber gestellt (vgl. auch Kemper/Wacker in diesem Band), wie z.B.:

- Wegfall ganzer Maßnahme- (und damit Organisations-) Bereiche durch Streichung aus dem Förderkatalog der Bundesagentur für Arbeit
- Kürzung von Fördermitteln bei steigenden Anforderungen an die Durchführung
- Völlige Umstrukturierung ganzer Tätigkeitsbereiche durch Veränderungen in konzeptionellen und strukturellen Vorgaben (z.B. zur Verfügung stehende Zeiten, Personal, flexibler Ein- und Ausstieg durch Bildungsgutscheine, Modularisierung)
- Übernahme neuer Aufgaben und Besetzung neuer Geschäftsfelder (z.B. Vermittlung)
- Umsatzeinbrüche durch massive Veränderungen in den Rahmenbedingungen der Teilnehmerschaft (z.B. im sozialen Bereich), die eine Teilnahme an beruflicher Weiterbildung verhindern

Auch für berufliche Weiterbildner und Weiterbildungseinrichtungen ergibt sich hierdurch die Notwendigkeit stetig (lebensbegleitend) selbstorganisiert zu lernen bzw. sich zu verändern oder weiterzuentwickeln. Sie rücken damit zunehmend als ‚Lernende' in den Blick. Hierbei ist in der Praxis ein stark ausgeprägtes Bedürfnis nach Konzepten bzw. ‚Rezepten' wahrnehmbar.

Wie bei den Teilnehmer/inne/n als Lernenden erweist sich prozessbegleitende Lernberatung auch bei Personal- und Organisationsentwicklungen als tragfähiger Arbeitsansatz durch den Orientierung und Struktur gebenden Rahmen, in dem sich auf Selbst- und Mitsteuerung, sowie die Förderung von Selbst(lern)managementkompetenzen ausgerichtete handlungsleitende Prinzipien mit entsprechenden Gestaltungselementen verknüpfen.

In diesem Beitrag wird deshalb zunächst beschrieben, welche Wirkungen die Auseinandersetzung mit Lernberatung als neuem Arbeitskonzept für die Gestaltung von Lern-/Lehrsettings auf pädagogisch Tätige und auf Organisationen der beruflichen Weiterbildung haben. Die Gestaltung eines solchen Lernprozesses für die Lehrenden und Organisationen auf der Grundlage von Lernberatung steht im Anschluss im Mittelpunkt. Die Ausführungen beziehen sich im Wesentlichen auf Ergebnisse der zweijährigen Projektarbeit im Projektverbund „ProLern – Beratungskonzepte zur Förderung selbstorganisierten Lernens"[1]. Um dem Verhältnis von Lernberatung und Organisationsentwicklung auf den Grund zu gehen wurden von der wissenschaftlichen Begleitung des Projektverbunds parallel zu einer prozessevaluierenden Dokumentenanalyse Experteninterviews mit den Projektverantwortlichen und Vertretern der Leitungsebene in den beteiligten Organisationen, sowie externen Experten geführt und ausgewertet.[2]

Der gemeinsame Arbeitsprozess in ProLern hat gezeigt, dass die konzeptionelle Entwicklungs- und Erprobungsarbeit in Bezug auf die Gestaltung Selbstorganisation fördernder Lernsettings nur verknüpft mit einer Veränderung von Arbeitskulturen und organisationaler Strukturen konsequent gedacht und durchgeführt werden kann: Einerseits führt die Auseinandersetzung mit Lernberatung innerhalb der Organisationen zu organischen Entwicklungen und Veränderungen, andererseits ist die Erprobung und Implementierung von Lernberatung selbst ein systematisch-strategischer Entwicklungsprozess der Organisationen, der auf Grundlage der Prinzipien und Gestaltungselemente von Lernberatung gestaltet und organisiert werden kann.

2. Lernberatung in Organisationen als Impuls für organische Entwicklungen

Während der Entwicklung und vor allem bei der schrittweisen Erprobung ihrer Beratungskonzepte für selbstorganisiertes Lernen stießen die Projekteinrichtungen immer wieder auf Stolpersteine, die dazu führten, dass strukturelle und organisatorische Veränderungsnotwendigkeiten sichtbar und angegangen wurden. So nahmen im Laufe der Projektlaufzeit die meisten Einrichtungen Veränderungen an der Lernorganisation vor, indem z.B. Zeitstrukturen so modifiziert wurden, dass mehr Freiräume für inhaltliche und methodische Gestaltung, sowie für konzeptionelle Arbeit entstanden. Dadurch veränderte sich nicht nur für Teilnehmer/innen und Lernberater/innen der gewohnte Kursablauf, es entstanden zudem neue Arbeitsstrukturen innerhalb der Lernberaterteams.[3] Veränderte und *verbindliche* Kommunikations- und Kooperationsformen wurden eingeführt. Im Zuge dessen galt es, objektiv vorhandene oder subjektiv empfundene Grenzen in Frage zu stellen. „Strukturen, Kompetenzen, Verantwortung und Befugnisse" (ProLern-Dokument 6/02), sowie „Handlungsspielräume, Rollen und Zuständigkeiten" (ProLern-Dokument 11/02) wurden – zum Teil neu – ausgehandelt und festgelegt, so dass Klarheiten und Verbindlichkeiten entstanden, die sich als essentiell für Entscheidungs- und Gestaltungsprozesse herausstellten.

---

[1] Der Projektverbund „ProLern" war Teil der Forschungs- und Entwicklungsprogramms „Lernkultur Kompetenzentwicklung", das von BMBF und ESF gefördert und von der Arbeitsgemeinschaft für betriebliche Weiterbildungsforschung (ABWF e.V.) durchgeführt wird.
[2] Dieser Arbeitsschwerpunkt wurde bearbeitet von Anja Wenzig, bbb Büro für berufliche Bildungsplanung, und ist Bestandteil ihrer Diplomarbeit „Lernberatung als Impuls für die Organisationsentwicklung von (beruflichen) Weiterbildungseinrichtungen" (Wenzig, 2003)
[3] Es wurden z.B. Stundenplanumstrukturierungen vorgenommen und kombiniert mit der Einführung von Teamdeputaten, die Zeiten für konzeptionelle Arbeit zulassen und den Anspruch darauf festschreiben. (vgl. Wenzig 2003, S. 60, vgl. ProLern-Dokument 2/03)

"Lernberatung zur Förderung von Selbststeuerungsfähigkeit und Selbstständigkeit benötigt ... klare Strukturen, in denen auf der Durchführungsebene Entscheidungen über die Gestaltung des Lernprozesses und seiner Organisation getroffen werden können." (Wenzig 2003, S. 59) [1] Der Projektverbund „ProLern" war Teil des Forschungs- und Entwicklungsprogramms „Lernkultur Kompetenzentwicklung", gefördert von BMBF und ESF und durchgeführt von der Arbeitsgemeinschaft für betriebliche Weiterbildungsforschung (ABWF e.V.).

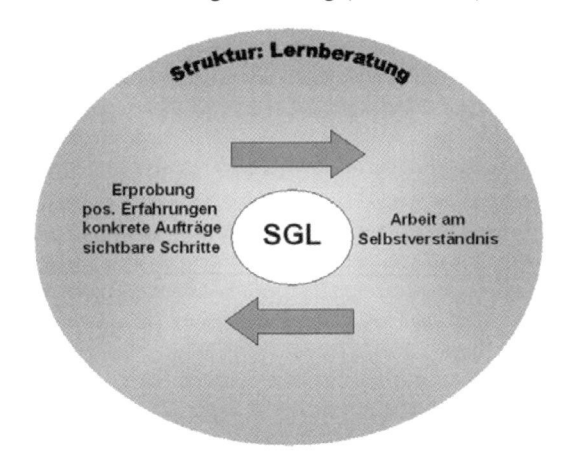

Die Suche nach neuen Formen der Lerngestaltung auf Grundlage der Prinzipien von Lernberatung war zudem untrennbar verknüpft mit einer prozesshaften Auseinandersetzung mit dem jeweils eigenen professionellen Selbstverständnis. Von der gewohnten und lange Jahre praktizierten Rolle als Lehrer/in, Kursleiter/in o.ä. galt es, sich auf den Weg zur/zum Lernberater/in zu begeben.

Dabei entwickelte sich das Bild dieser neuen Rolle im Wechselspiel mit positiven oder auch negativen Erfahrungen in der Erprobung von Lernberatungselementen und Rollenkonstellationen (siehe Abbildung; Quelle: Wenzig 2003, S. 80).

Kulturveränderungen in den Organisationen

Im Laufe des Projekts nahmen die Projektbeteiligten ihre Rolle als Lernberater/in an, indem sie ihre pädagogische Grundhaltung und ihr Handeln veränderten. Es zeigte sich, dass das gewandelte Selbstverständnis einzelner Mitarbeiter/innen sich auf die Arbeits- und Lernkultur innerhalb der Einrichtungen auswirkte. Zum Teil fand Lernberatung auch Eingang in die Leitbilder der Organisationen und wird von allen Beteiligten als Qualitätsmerkmal verstanden und kommuniziert. Inwieweit diese Qualität in diesen schwierigen Zeiten für die berufliche Weiterbildung auch auf (öffentlicher) Geldgeberseite anerkannt wird, sei dahingestellt.

Exkurs zum Verständnis von Lernkultur, Arbeitskultur und Organisationskultur

Das in diesem Text verwendete Verständnis von Lernkultur, Arbeitskultur und Organisationskultur gründet sich zunächst auf einem allgemeinen Verständnis von „Kultur", wie es beispielsweise Arnold (1998) beschreibt: „Folgt man einem allgemeinen Begriffsverständnis, so bezeichnet ‚Kultur' im Gegensatz zu ‚Natur' alle nach einem kollektiven Sinnzusammenhang gestalteten Produkte, Produktionsformen, Lebensstile, Verhaltensweisen und Leitvorstellungen einer Gesellschaft. Als kulturelle Muster gemeinsamer Werte und Überzeugungen prägen diese Symbolisierungsformen sowohl über Traditionen als auch durch die alltäglichen Umgangsformen ihre Gesellschaftsmitglieder."
Die Konkretisierung bestimmter kontextgebundener Kulturen (Lernkultur, Arbeitskultur,

Organisationskultur) und vor allem ihre definitorische Abgrenzung stellt sich bei einem Blick in die mit „Kultur" befasste Literatur rund um Lernprozesse in organisierten, institutionellen Zusammenhängen sehr uneinheitlich dar. Deshalb soll hier eine eigene Abgrenzung der Begrifflichkeiten bezüglich derartiger Lernzusammenhänge vorgenommen werden.

Grundsätzlich geht es also um Verhaltens- und Umgangsformen, um ausgesprochene oder unausgesprochene Werte und Normen, sowie über Kommunikations- und Interaktionsprozesse reproduzierte Wahrnehmungs- und Deutungsmuster (vgl. Arnold 1998, S.3) bzw. um überlieferte Plausibilitäten, Gewissheiten, Aktionsmuster und unausgesprochene Vertrautheiten bzw. ‚Selbstverständlichkeiten' (vgl. Arnold 2001), die sich jeweils auf bestimmte Interaktionsfelder beziehen: Das Lernen (in organisierten bzw. institutionellen Kontexten), das Arbeiten (in Bildungsorganisationen) und die Organisationen selbst als Interaktionsfeld. Konkreter ausgedrückt bezieht sich „Kultur" hier auf Interaktions- und Kommunikationsprozesse auf unterrichtlicher, kollegialer, organisationaler Ebene (vgl. Arnold 1998, S.4).

Im Zusammenhang mit Lernberatung ist das Kernstück der Beschreibung von „Lernkultur" die Formulierung handlungsleitender Prinzipien. Die große Herausforderung, vor der Organisationen der Weiterbildung im Zusammenhang mit der Entwicklung einer neuen Lernkultur stehen, ist es, derartige Leitprinzipien auch in den anderen Ebenen von Interaktionsprozessen zu realisieren. Allerdings bestehen in (Lern-)Kulturen auch Entwicklungs- und Innovationspotentiale. So bieten Lernkulturen für Arnold „den in ihr lebenden Mitgliedern eine gewisse Orientierung für ihr Lehr-Lern-Handeln, konstruieren damit aber auch gleichzeitig eine soziale Realität. Diese Orientierungsfunktion bleibt aber nur so lange erhalten, solange die der überlieferten Lernkultur zugrundeliegenden Normen, Werte und Deutungsmuster von den Lehrenden und Lernenden geteilt werden. ... Eine alternative Kultur kann sich jedoch nur dann nachhaltig etablieren, wenn sie nicht sogleich sanktioniert, sondern auch von anderen Kommunikationspartnern geteilt wird und sich neben oder unter herrschenden Wertvorstellungen weiterentwickeln kann." (ebd., S. 6f)

Auch Weinberg geht von einer grundsätzliche Möglichkeit zur Entwicklungs- und Innovationsfähigkeit, die je nach Lernkultur mehr oder weniger stark ausgeprägt sein kann: „Mit dem Begriff der Lernkultur wird versucht, die Modalitäten des Lernen und die Modalitäten der Lebensführung zu beschreiben, die in einer Gruppe bestehen, und zu klären, worin ihr Zusammenhang besteht, worauf die Dauerhaftigkeit dieses Zusammenhangs beruht, und ob der bestehende lernkulturelle Zusammenhang weiter entwickelbar oder innovativ veränderbar ist." (Weinberg 1999, S. 88).

Was bedeuten diese Ausführungen nun für die drei hier gebrauchten Begriffe und ihre Definition bzw. Abgrenzung? Lernkultur lässt sich demnach beschreiben als eine Kultur, die sich auf Kommunikations- und Interaktionsprozesse im Zusammenhang mit Lernprozessen bezieht. Dies können sowohl Lernprozesse der Teilnehmer/innen von Weiterbildungsangeboten sein, als auch Lernprozesse von Mitarbeitern in Weiterbildungseinrichtungen (oder auch in Unternehmen anderer Branchen, sofern dort Lernprozesse stattfinden). Die Lernkultur in Weiterbildungsangeboten und Weiterbildungseinrichtungen wird beeinflusst von der Arbeits- und Organisationskultur der Einrichtungen und von den (Lern-)Erfahrungen der Lernenden in den Weiterbildungsangeboten und den Organisationen.

Arbeitskultur kann als Bindeglied zwischen Lernkultur und Organisationskultur betrachtet werden. Sie bezieht sich auf Kommunikations- und Interaktionsprozesse auf kollegialer Ebene, also auf die Art und Weise des Umgangs miteinander in der Zusammenarbeit innerhalb einer Organisation bzw. Organisationseinheit. Die Arbeitskultur ist gekennzeichnet durch Kommunikationsformen, -strukturen und -kultur(en), Kooperationsformen, -strukturen und -kultur(en) sowie durch Arbeitsstrukturen und Arbeitsorganisation. Je nach Größe und innerorganisationaler Homogenität kann sich die Arbeitskultur auf die gesamte Organisation oder auf Teilsysteme der Organisation beziehen. Beeinflusst wird die Arbeitskultur sowohl von der Lern- und Organisationskultur, den Anschauungen und Erfahrungen der Organisationsmitglieder, sowie von äußeren Rahmenbedingungen, die sich auf Prinzipien, Anschauungen und Strukturen auswirken.

Organisationskultur drückt sich in einer bestimmten Arbeitskultur aus, die wiederum aus verschiedenen Subkulturen bestehen kann. Zudem ist die Organisationskultur von einer übergeordneten strategischen und ideellen Ausrichtung bestimmt. Auch die Organisationskultur wird von äußeren Rahmenbedingungen und inneren Entwicklungen beeinflusst. So wirken Lern- und Arbeitskultur(en) innerhalb der Organisation auf die Organisationskultur und umgekehrt.

Für kulturelle Entwicklungsprozesse ist nicht entscheidend, auf welcher Interaktionsebene Impulse für Veränderungen gesetzt werden, von einer Kulturveränderung sind immer alle Ebenen betroffen und nötig für eine tatsächliche Veränderung, die mehr sein soll als eine strukturelle und organisatorische Umorientierung. Um Kulturen zu verändern, muss an Verhaltensweisen und Leitvorstellungen (s.o.) gearbeitet werden.

Lernende als Multiplikator/inn/en

Sehr eindrücklich war die Art und Weise, wie sich Lernberatung in den Einrichtungen über den eigentlichen ProLern-Kontext hinaus verbreitet hat. Die Multiplikation an verschiedenen Stellen ist bedingt durch die jeweilige Lern- und Arbeitsorganisation: Einerseits nahmen Teilnehmer/innen auch an Lerneinheiten teil, die von nicht am Projekt beteiligten Mitarbeiter/inne/n gestaltet wurden, und forderten hier das gleiche Lernen ein, dass sie bei den ProLern-Mitarbeiter/inne/n kennen gelernt hatten: „Die Teilnehmer werden ... mit neuen Methoden und Gestaltungsmöglichkeiten konfrontiert und tragen diese in die Fachkurse weiter, indem sie entweder bei den Lehrkräften ähnliche Methoden einfordern oder selbst die erlernten Methoden einsetzen." (ebd., S.68)

Lehrende als Multiplikator/inn/en

Andererseits zeigte sich der gleiche Effekt auch bei den Mitarbeiter/inne/n aus ProLern, die durch ihre Tätigkeiten in anderen Bereichen der Einrichtungen ihre veränderte pädagogische Haltung, sowie neu erlernte und entwickelte Methoden, Instrumente und Verfahren in diese Bereiche weitertrugen. Sowohl die eine, als auch die andere Multiplikationsweise brachte nach und nach deutlicher und dringlicher die Notwendigkeit eines *systematischen* Prozesses ans Licht. Bei den Mitarbeiter/inne/n anderer Abteilungen war Neugier geweckt worden und sie erkannten ihren eigenen Bedarf, sich intensiver mit Lernberatung und selbstorganisiertem Lernen auseinanderzusetzen, um den Interessen der Teilnehmer/innen, aber auch den veränderten Anforderungen an berufliche Weiterbildung gerecht werden zu können (vgl. ebd.). Bis dahin eher ‚zufällige' Begegnungen mit Lernberatung sollten einer bewussten Beschäftigung mit der Thematik weichen.

Mit Unterstützung der wissenschaftlichen Begleitung wurden selbstorganisierte gemeinsame Lernprozesse der Mitarbeiter/innen angestoßen. Inwiefern Lernberatung in den Implementierungsprozessen handlungsleitend, erfahrbar und hilfreich war, wird im folgenden Kapitel ausgeführt.

3. Erprobung und Implementierung von Lernberatung als strategisch-systematischer Lern- und Entwicklungsprozess in und von Organisationen der beruflichen Weiterbildung

3.1 Lernberatung als professionelle Grundhaltung im Lern- und Entwicklungsprozess

Der Prozess der Erprobung und Implementierung der jeweiligen Lernberatungskonzepte in den Einrichtungen ging einher mit selbstorganisierten Lernprozessen auf den unterschiedlichen Akteursebenen (siehe Abbildung 2). Dabei bildete Lernberatung als handlungsleitendes Konzept einen Struktur gebenden Rahmen. Die beiden Seiten der Lernberatungskonzeption – pädagogische Grundhaltung und Gestaltungskonzept – waren also im Projektprozess praktisch erfahrbar und wurden gelebt. Was die pädagogische Grundhaltung in Bezug auf die Begleitung von Lern- und Entwicklungsprozessen in Organisationen der beruflichen Weiterbildung ausmacht, wird im folgenden Kasten beschrieben:

Leitprinzipien von Lernberatung transferiert auf Personal- und Organisationsentwicklung

Teilnehmerorientierung als Verantwortungsteilung meint in Bezug auf Lehrende und Organisation, nicht nur Verantwortung teilweise an Teilnehmer/innen abzugeben und sich an ihren Interessen und Bedarfen zu orientieren, sondern die Verantwortung für die Gestaltung von Lern- und Arbeitsarchitekturen innerhalb von Teams und hierarchieübergreifend in der Organisation gemeinsam zu tragen.

Partizipationsorientierung macht sich auch in Bezug auf Lehrende und die Weiterbildungseinrichtung insgesamt fest an **Transparenz** über Rahmenbedingungen, Strukturen, Entscheidungen, Informationen u.ä. und an **Interaktion** im Sinne von Aushandlungs- und Beteiligungsprozessen.

Reflexionsorientierung drückt sich im Zusammenhang mit Personal und Organisation vor allem in reflexiven Schleifen aus, in denen z.B. praktische Erfahrungen mit Lernberatung, konzeptionelle Verortungen und Entwicklungen auf einer Metaebene überdacht, ausgetauscht und beraten werden.

Biographieorientierung bezieht sich bei den Lehrenden in einer Organisation vor allem auf lern- und berufsbiographische Hintergründe, die Relevanz für aktuelle Rollenbilder, Haltungen und Lehrgestaltung haben. Im Sinne der **Sicherung von lern- und lebensbiographischer Kontinuität** geht es hier um das Herstellen umfassender Anschlussfähigkeit, bezogen auf Organisationen auch an Lern-, Arbeits- und Organisationskultur.

Kompetenzorientierung meint hier nicht nur das Gegenteil von Defizitorientierung als veränderten didaktischen Blick, sondern auch ein Bewusstsein über und Ansetzen an vorhandenen Kompetenzen und Potentiale der Mitarbeiter, sowie Ressourcen der Organisation.

Prozessorientierung lässt sich im Zusammenhang mit konzeptionellen und kulturellen Weiterentwicklungen nicht von Zielklärungen und -vereinbarungen trennen. D.h., dass gemeinsame (Teil-) Ziele Grundlage einer produktiven Entwicklungs- und Erprobungsarbeit sind, zu denen prozessbedingte Umsteuerungen und Konzentrationen des Blickwinkels keinen Widerspruch darstellen.

Interessenorientierung ist im Zusammenhang mit Personal- und Organisationsentwicklung zu verstehen als Orientierung an Lerninteressen, -bedarfen und -zielen der Mitarbeiter, sowie strategischen Interessen und Entwicklungszielen der Organisation, bzw. die Ausbalancierung dieser Perspektiven zur Förderung eines konstruktiv-produktiven Entwicklungsprozesses.

Praxisorientierung ist in Bezug auf Lehrende und Organisation eine selbstverständliche Voraussetzung für Lern- und Entwicklungsprozesse, da Ziel dieser Prozesse die Veränderung praktischen Handelns durch Reflexion und Modifikation experimentellen Tätigseins ist.

Die Erfahrbarkeit von Lernberatung als Grundhaltung und Gestaltungsrahmen lässt sich mit einem Blick in die Projektpraxis verdeutlichen: Die Projektmitarbeiter/innen in den ProLern-Einrichtungen hatten sich die Aufgabe gestellt, Prinzipien von Lernberatung in ihrer Arbeit mit den Teilnehmer/inne/n einzulösen. Sie experimentierten also unter anderem mit der Integration von Reflexions-, Kompetenz-, Biographie- und interessenorientierten Gestaltungselementen und versuchten gleichzeitig Partizipationsräume zu schaffen. Diese Schritte auf der Interaktionsebene zwischen Teilnehmer/inne/n und Lernberater/inne/n waren gleichzeitig für die Lernberater/innen ein Lernprozess, der von Seiten der Projektverantwortlichen in den Einrichtungen – unterstützt durch die wissenschaftliche Begleitung – auf Grundlage der gleichen handlungsleitenden Prinzipien gestaltet wurde, wobei hier auch schnell Grenzen sichtbar wurden. Als besondere Herausforderung hat sich die Umsetzung des Prinzips der Verantwortungsteilung herausgestellt, da Mitsteuerungsmomente nur bedingt Hierarchie übergreifend einzulösen waren, was zu Reibungspunkten führte: „Dann stellt sich auch die Frage der Hierarchieebenen ganz klar. D.h. wie eng ist die Kontrolle der Lehrkräfte, wie groß sind die Freiheiten, aber auch, wie ist der Rahmen, in dem sich bewegt werden muss. ... Diese Fragen tritt es relativ heftig los." (Interview Leitungsebene)

Abb. 2: Lernberatung als Rahmen für selbstgesteuerte Lernprozesse in Organisationen

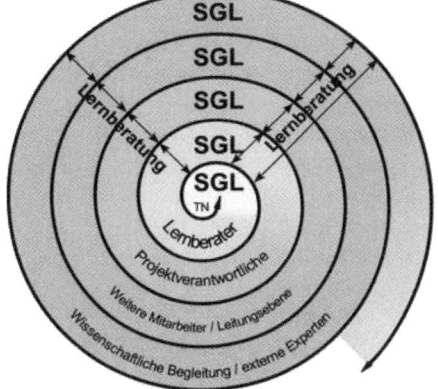

3.2 Lernberatung als Gestaltungsrahmen des Lern- und Entwicklungsprozesses

Festmachen lässt sich die Umsetzung der Lernberatungsprinzipien u.a. an den Gestaltungselementen, derer sich die Projektmitarbeiter/innen für ihren gemeinsamen Lernprozess bedient haben. Auch hier gibt es wieder mehrere Interaktionsebenen, nämlich zum einen innerhalb der Organisationen die Tatsache, dass die Projektverantwortlichen als Lernberater/innen und damit als Gestalter/innen von Räumen fungieren, in denen innerhalb der gegebenen oder durch Aushandlungsprozesse geschaffenen Rahmenbedingungen selbstgesteuerte und selbstorganisierte Lernprozesse ablaufen können. Darüber hinaus hat die wissenschaftliche Begleitung eine Lernberater-Funktion sowohl für die *einzelnen* Einrichtungen, indem sie dort Lernräume für (zukünftige) Lernberater und für die Projektverantwortlichen eröffnet, als auch für den Projekt*verbund*, indem sie den Projektprozess insgesamt begleitend berät und gestaltet. In folgender Übersicht (S. 224) sind die (Kern-)Gestaltungselemente in ihrer Umsetzung auf den unterschiedlichen Ebenen zusammengeführt. Daran wird zudem deutlich, dass die Gestaltungselemente in den jeweiligen Kontexten und Situationen eine spezifische Ausprägung und Interpretation erhalten, also *zu gestaltende* Elemente sind und kein fertiges Produkt.

Es zeigt sich also, dass die Implementierung von Lernberatung in den Einrichtungen als Beratungs-, Lern- und Entwicklungsprozess betrachtet werden kann, bei dem Lernberatung als professionelle Grundhaltung und methodischer Ansatz grundlegend ist. Weitere Gestaltungselemente waren beispielsweise lernbiographische Methoden zur Auseinandersetzung mit dem persönlichen Lern- und Lehrverständnis oder Kompetenzbilanzierungsverfahren, die Projektverantwortliche bzw. die wissenschaftliche Begleitung in der Arbeit mit den Lehrenden vor Ort zur begleitenden Arbeit am Selbstverständnis und zum Anknüpfen an vorhandenen Verständnissen, Konzepten und Kompetenzen eingesetzt haben. Bei der Gestaltung der Prozesse auf der Grundlage von Lernberatung kommt den jeweiligen Lernberater/inne/n auf den verschiedenen Ebenen eine besondere Rolle zu: Einen entscheidenden Beitrag für die Lern- und Entwicklungsprozesse in den Einrichtungen im Einzelnen leisten die sogenannten Gestalter/innen, die als interne Promotorinnen den Prozess koordinieren, Impulse geben und als feste Ansprechpartner dafür zuständig sind, dass (mit den Teams) Arbeitsstrukturen geschaffen und Verbindlichkeiten festgelegt und eingehalten werden (vgl. Wenzig 2003, S. 61f, 76).

Eine ähnliche Rolle spielt die wissenschaftliche Begleitung als Projektleitung in Bezug auf den Projektverbund. Sie bringt zusätzlich zur Gestaltung der Lernprozesse auf der Grundlage von Lernberatung den Prozess durch externe Impulse und Fachexpertise in Bezug auf Lernberatung voran.

3.3 Voraussetzungen für weitreichende Lernprozesse in den Organisationen

Experimentierfelder als Rahmenbedingung

Als förderlich für die Entwicklung und Erprobung von Lernberatung haben sich Freiräume erwiesen, die Experimente ermöglichen. In den zunächst eingegrenzten Erprobungsfeldern haben Suchprozesse ihren Raum, bei denen sich nicht alle Ansätze und Ideen auf Anhieb bewähren müssen. Diese Experimentierfelder sollten jedoch innerhalb der Organisation nicht dauerhaft isoliert – und damit eine Zeit lang geschützt – bleiben. Für die (langfristige) Implementierung von Lernberatung empfiehlt sich, Erfahrungen und Entwicklungen in weitere Bereiche der Organisation zu transferieren.

Teil III: Aspekte der Personal- und Organisationsentwicklung

Kernelemente von Lernberatung auf unterschiedlichen Interaktionsebenen

Gestaltungs-element	Interaktion innerhalb der Organisation	Interaktion WIB und Org.	Interaktion WIB und Projektverbund
Lerntagebuch (individuelle Reflexions- und Planungshilfe)	• Projekttagebuch: • zum Teil individuelle Aufzeichnungen, • zum Teil (virtuelle) Tagebücher der Projektteams • Statusberichte an Hand orientierender Reflexionsfragen	• Lerntagebuch (bei Arbeitsgesprächen) • Workshoptagebuch (bei Workshops mit Projektbeteiligten oder weiteren Mitarbeiter/inne/n) • Statusberichte an Hand orientierender Reflexionsfragen	• Lerntagebuch (bei Arbeitstreffen) • Workshopbuch (bei Workshops mit zusätzlichen externen Experten) • regelmäßige (individuelle) Reflexionsimpulse • orientierende Reflexionsfragen für Statusberichte
Lernkonferenz (kollektive Reflexion und Planung subjektiver und kollektiver Lernschritte)	• (Projekt-)Teamsitzungen (konzeptionelle Fragen, Prozessreflexion und -planung)	• Vor-Ort-Beratung • Vor-Ort-Workshops	• Arbeitstreffen • Workshops
Fachreflexion, Feedback, Evaluation (Bilanzierung von Lernergebnissen im sozialen Setting)	• Projektteamsitzungen	• Vor-Ort-Workshops • Vor-Ort-Beratung • Lernberater-Interviews	• Arbeitstreffen • Workshops • Rückspiegelung von Evaluationsergebnissen in den Verbund + Diskussion
Lernquellenpool (individuell nutzbarer Medien, Material- und Literaturpool)	• Als kollegialer Materialaustausch und Literatursammlung • Inhalte bspw.: Literatur zu SOL und Lernen allgemein, Selbstlernmaterialien, Kursmaterialien von Kolleg/inn/en, Methodenpool	• Bei Vor-Ort-Workshops • Inhalte bspw.: Aktuelle Fachliteratur zu SGL/SOL, Lernberatung, Lernpsychologie u.ä., Lernberatungsmaterialien (z.B. Lerntagebücher), Beispiele für Kompetenzbilanzierungen, im Projektprozess entstandene Materialien und Dokumente, Methodenpool	• Bei Arbeitstreffen und Workshops • Inhalte bspw.: Aktuelle Fachliteratur zu SGL/SOL, Lernberatung, Lernpsychologie u.ä., Lernberatungsmaterialien (Lerntagebücher...), Beispiele für Kompetenzbilanzierungen, im Projektprozess entstandene Materialien und Dokumente, Metho-denpool • Materialien, Literaturhinweise u.ä. per Email
Selbstlernzeiten (Lernphasen, in denen einzeln oder in der Gruppe an best. Themen gearbeitet wird)	• Ausgestaltung einzelner Elemente in Arbeitsgruppen • Erprobung entwickelter Elemente mit den TN (‚Unterricht', ‚Kurseinheiten') • Weiterbildung • Literaturstudium	• individuelle Vor- und Nachbereitung von Workshops, sowie Arbeits- und Beratungsgesprächen	• Vorbereitung und Anfertigung von Berichten, Selbstdarstellungen, etc. • Formulierung/Bearbeitung von Reflexionsfragen einzeln oder im Team • Transferüberlegungen zu Erfahrungen und Erkenntnissen aus Arbeitstreffen und Workshops
Lernberatungsgespräch (individuelles Reflexions-/Planungsgespräch Lernberater/in und Lerner/in)	• Gespräche zwischen Projektverantwortlichen (Gestalter/inne/n) und (Projekt-)Mitarbeiter/inne/n	• Beratung/Gespräche zwischen WIB und Gestalter/inne/n und/oder Einrichtungsleitung vor Ort	• Individuelle Gespräche bei Workshops und Arbeitstreffen

Voraussetzungen bei den beteiligten Personen

Da in den meisten Organisationen trotz der alten Weisheit „aus Fehlern lernt man" keine ausgeprägte Fehlerkultur existiert, verlangen die beschriebenen Experimentierfelder und Suchprozesse den Beteiligten viel Geduld ab. Dies gilt nicht nur für die Lernberater/innen, sondern vor allem auch für Leitungspersonen. Dennoch bringen auch die scheinbaren Rückschläge und Umwege den Entwicklungsprozess voran, weil aus ihnen zumeist Rückschlüsse für neue Versuche gezogen werden können. Für alle Beteiligten sind dennoch sichtbare ‚Erfolge' von großer Bedeutung: Einerseits für die Mitarbeiter/innen, damit sie die Motivation behalten und die Erfahrung machen, weiterzukommen: „Wir arbeiten hier auf einer praktischen Ebene, d.h. es muss auch ... sichtbar sein und ... ausprobiert werden und ... Erfahrungen gemacht werden, die dann wieder thematisiert werden." (Interview Gestalter/innen-Ebene) „Für die Mitarbeiter war es wichtig, zu ‚sehen, was sie tun' (Interview Leitung), also handelnd sichtbare Erfahrungen mit dem Ansatz zu machen." (Wenzig 2003, S. 53)

Andererseits erwarten dies die Leitungspersonen, die auf Grund ihrer anderen Perspektive, die häufig von der Notwendigkeit zur Wirtschaftlichkeit geprägt ist, relativ schnell Sinn, Ziel und Effektivität der Prozesse anzweifeln. „Problematisch daran erweist sich hauptsächlich, dass dieser Verständigungsprozess von allen Beteiligten als weniger langwierig eingeschätzt und entsprechend kalkuliert wurde" (Wenzig 2003, S. 67) Auch wenn „spürbar [ist], dass was angekommen ist", gab es auf dem Weg dahin „Missverständnisse und Irritationen, Suchprozesse, die viel – von Leitungsseite aus betrachtet zu viel – Zeit in Anspruch genommen haben" (Wenzig 2003, S. 52f).

Es hat sich für die Erprobungs- und Implementierungsprozesse als hilfreich erwiesen, wenn Leitung nicht nur grundsätzlich befürwortend und von außen beobachtend oder ggf. kontrollierend den Prozess begleitet, sondern sich selbst auf einen inhaltlichen Lernprozess einlässt. Die Erfahrungen in ProLern legen die Vermutung nahe, dass es nur, wenn auch auf Leitungsebene das professionelle Selbstverständnis hinterfragt wird und Haltung und Handeln dort den handlungsleitenden Prinzipien auf Mitarbeiter- und Teilnehmerebene entsprechen, möglich ist, ein neues Konzept von einem experimentellen, isolierten Status in eine nachhaltige, übergreifende Implementierung zu überführen. Um diese Vermutung zu bestätigen, zu widerlegen oder zu relativieren, wäre allerdings ein längerer Erfahrungszeitraum nötig.

Die Bereitschaft, sich auf die Weiterentwicklung didaktisch-methodischer Konzepte einzulassen und die eigene pädagogische Haltung zu hinterfragen, stellt sich bei Mitarbeiter/inne/n, die in die Entwicklung einrichtungsspezifischer Lernberatungskonzepte einbezogen werden sollen, vor allem dann ein, wenn konkrete Lernanlässe im Sinne von Betroffenheit oder direkt erkennbarem Nutzen vorhanden sind (z.B. Unzufriedenheit mit bestimmten Gegebenheiten bezogen auf die Lerngestaltung und -organisation oder die Arbeitsorganisation und -strukturen). Motivierend sind außerdem „Erfahrungsräume, in denen entweder eigene positive Erfahrungen mit der Umsetzung von Lernberatung gemacht werden oder Lernberatung durch andere praktiziert erlebt wird. Auch Irritationen können ein Zugang zu Lernberatung sein, da aus ihnen Fragen entstehen, auf die es eine Antwort zu suchen gilt, womit man sich in den Prozess hinein begibt" (Wenzig 2003, S.79)

Darüber hinaus sollten Anschlüsse zur gewohnten Denk- und Arbeitsweise hergestellt werden, indem Vorhandenes bilanziert und auf Bewährtes durch Erweiterung und Ergänzung mit neuen Elementen aufgebaut wird. Hier gilt es für die (internen) Promotor/inn/en Geduld zu zeigen oder zu entwickeln und gleichzeitig Strukturen zu schaffen, die eine Beteiligung fördern und fordern.

Arbeitsarchitektur

Bewährt für intensive Lernprozesse innerhalb der Organisationen hat sich eine **Parallelität von Lern- bzw. Erfahrungsräumen**, in denen die Mitarbeiter/innen Aspekte von Lernberatung individuell kennen lernen und erfahren können (z.B. im eigenen Handeln in den Lerngruppen, in Workshops und Projektteamsitzungen), **und Foren**, in denen **konzeptioneller Austausch** jenseits der Alltagsarbeit aus einer Meta-Perspektive heraus stattfinden kann (vgl. Wenzig 2003, S.66). Vor allem die Möglichkeit, im **Team** an Entwicklungen zu Arbeiten und Erfahrungen zu reflektieren und zu diskutieren, wird von den Mitarbeiter/inne/n als besonders hilfreich, bereichernd und voranbringend empfunden (vgl. ProLern-Dokument 12/02). Dies gilt sowohl innerhalb der Einrichtungen, als auch auf der Ebene des Projektverbunds, dessen gemeinsame Arbeitstreffen und Workshops jeweils Meilensteine in der Klärung von Irritationen und Fragen, sowie in der Entwicklung neuer, klarerer Perspektiven dargestellt haben. Hier wurden „Impulse" gesetzt und in einem „wertschätzungsorientierten und kritisch-konstruktiven Arbeitsklima" reflektiert (ProLern Dokument 11/02). Diese **Kombination aus individuellen Lernerfahrungen und kollektiven reflexiven Schleifen** auf einer Metaebene scheint geeignet zu sein, um Motivation und Partizipationsbereitschaft herzustellen und zu erhalten, sowie Lern- und Entwicklungsprozessen Dynamik zu verleihen (vgl. Lernberater-Interview 10/03).

Bezogen auf die konkrete Gestaltung der gemeinsamen Entwicklungsarbeit haben – auf den ersten Blick banal erscheinende, in der Praxis jedoch nicht zwingend gegebene – Elemente sich in ihrer Relevanz bestätigt. Dies sind zum einen *regelmäßige*, möglichst frühzeitig allen relevanten Akteuren *bekannte* und *verbindliche* Termine für Foren, in denen eine Konzentration auf die konzeptionelle Arbeit jenseits des Alltagsgeschäfts möglich ist. Dabei können neue Foren geschaffen oder vorhandene so genutzt werden, dass Zeiten für Entwicklungsarbeit klar abgegrenzt und zugesichert sind. Als sinnvolle Konstellation hat sich zudem (vor allem bei größeren Teams) eine Kombination aus der Arbeit in einer Großgruppe und der Delegation von Aufgaben an Kleingruppen erwiesen. Hierbei hat sich gezeigt, wie wichtig die Entwicklung klarer Arbeitsaufträge für ein Gelingen ist. *Klarheit* und *Verbindlichkeit* sind in Bezug auf die Arbeitsarchitektur und den Prozess insgesamt Schlüsselkategorien (s.o.). Das bezieht sich sowohl auf Strukturen, als auch auf Rollen und Aufträge, wobei diese Klarheiten angesichts der Tatsache, dass es sich um einen gemeinsamen *Such*prozess handelt, nichts Statisches sein können, sondern in reflexiven Schleifen ausgehandelt und redefiniert werden müssen. Aus dem bisher Erwähnten ergibt sich als eine weitere Grundvoraussetzung für das Gelingen des Implementierungsprozesses die Existenz oder das Schaffen einer *Kommunikationskultur* und von *Kommunikationsstrukturen*, ohne die Arbeitsstrukturen nicht hergestellt werden und Aushandlungs- und Reflexionsprozesse nicht stattfinden können.

4. Lernberatung als Beitrag zur Innovations- und Zukunftsfähigkeit von Weiterbildungsorganisationen

Insgesamt wird Lernberatung als Rahmen für selbstorganisiertes Lernen in den Einrichtungen als zusätzliches Qualitätsmerkmal der Arbeit verstanden und so auch z.T. in Außendarstellungen genutzt (vgl. Wenzig 2003, S. 46). Die Entwicklung und Erprobung dieses neuen Konzeptes hat nicht nur zu einer Veränderung bestehender Angebote, sondern auch zur „Entwicklung neuer Maßnahmen, in denen Lernberatung von vornherein mit angelegt ist" geführt (Wenzig 2003, S.69). Die ProLern-Einrichtungen erhoffen sich hierbei eine Profilierung durch Lernberatung im Sinne einer Verbesserung der Wettbewerbsfähigkeit. Dabei spielt zum einen die Tragfähigkeit des Konzepts der Lernberatung und die Aktualität selbstorganisierten Lernens eine Rolle. Zum anderen weisen die Organisationen ihre Innovationsfähigkeit durch die Veränderung von Strukturen, Arbeitsweisen und Angeboten nach, für die sie „organische Entwicklungsprozesse nutzen und durch methodisch-systematische Begleitung forcieren" (ebd., S. 85).

Was es bei der Gestaltung von Lern- und Entwicklungsprozessen in und von Organisationen zu beachten gilt:

- Handlungsleitende Prinzipien und Gestaltungselemente von Lernberatung als Grundlage der Beratungs- und Entwicklungsarbeit
- Experimentierbereitschaft und Experimentierfelder, die nicht dauerhaft isoliert bleiben dürfen
- Entwicklungs- und Erprobungsarbeit in Teams, die nicht isoliert sein sollten, um Verantwortungsabgabe im Sinne von Desinteresse anderer Mitarbeiter an diese Gruppe zu vermeiden
- Tätigsein und Reflexion kombinieren
- Positive Fehlerkultur (Fehlschläge als Lernfelder) fördern
- Sichtbare ‚Erfolge' und positive Erfahrungen ermöglichen und bewusst machen
- Beteiligung von Leitung am Entwicklungsprozess (auch im Sinne von Selbstverständnisentwicklung)
- Konkrete Lernanlässe und erkennbaren Nutzen als Zugänge zur Entwicklungsarbeit erfassen bzw. sichtbar machen und bei der Gestaltung des Lernprozesses berücksichtigen
- Anschlüsse zu vorhandenen Kompetenzen und Kulturen herstellen (Bewährtes bewahren, Neues integrieren)
- Klare und verbindliche Arbeitsstrukturen

Die sich in den Einrichtungen entwickelnden neuen Lernkulturen sind allerdings nicht nur Anzeichen von Innovation, sie können angesichts der wachsenden Bedeutung überfachlicher Qualifikationen zudem einen Beitrag zur Zukunftsfähigkeit der Organisationen leisten. Denn, „(die) Lernarchitektur innerhalb von Weiterbildungseinrichtungen zeichnet sich nicht nur durch vorhandene und noch zu optimierende Infrastrukturen aus, sondern vor allem durch die andragogischen Kompetenzen der Mitarbeiter, die es ermöglichen, die angesprochenen Erfahrungsräume so zu gestalten, dass Teilnehmer sich hier in einer orientierungslosen Zeit orientieren können und im sozialen Kontext der Gruppe, in der Interaktion mit anderen und mit der Begleitung durch Lernberater fachliche, methodische und personale Kompetenzen erwerben können." (Wenzig 2003, S.83)

In den Innovationsprozessen haben die Einrichtungen darüber hinaus gelernt, Gestaltbares zu gestalten, hierbei scheinbare Grenzen zu überwinden, tatsächliche Grenzen zu erkennen und mit nicht beeinflussbaren Faktoren kreativ umzugehen, also „trotz widriger Rahmenbedingungen und starrer Strukturen, die wenig Gestaltungsfreiraum lassen, selbstgesteuertes Lernen und Lernberatung über die Arbeit an Inhalten erlebbar zu machen und damit die Kompetenzen der Teilnehmer weiterzuentwickeln, was nicht davon entbindet, bessere Rahmenbedingungen für Maßnahmen einzufordern" (Wenzig 2003, S. 70).

Fazit: Selbstorganisation braucht Fremdorganisation!

Die Entwicklungs- und Erprobungsarbeit in den ProLern-Einrichtungen zeigt, dass auch und *gerade* stark individualisiertes, flexibles, auf Selbstorganisation ausgelegtes Lernen einem hohen Maß an Strukturiertheit, Organisation und Verbindlichkeit bedarf. Nicht zu vernachlässigen ist dabei die Erkenntnis, welch enorme Rolle der soziale Kontext für die umfassenden Lernprozesse Einzelner spielt, und welche Potentiale hinsichtlich individueller Kompetenzentwicklung die Lern*gruppe* in sich trägt. Dies gilt – wie die meisten Erkenntnisse, die im Projektprozess bezogen auf die Gestaltung der Lernprozesse der Teilnehmer/innen erworben wurden – auch auf der Ebene der Organisation für die Lernprozesse der Mitarbeiter/innen, die genauso als Lerngruppe begriffen werden können. Die Tatsache, dass auch auf Grund von Selbst- und Fremdeinschätzung Selbstorganisation gewohnte und praktizierende Lernende (vor allem auf Organisationsebene) die Notwendigkeit von Strukturierungshilfen und sozialen Lernprozessen hervorheben (vgl. Lernberater-Interviews 10/03), weist darauf hin, dass selbstorganisiertes Lernen unabhängig von Voraussetzungen der Zielgruppen kein isoliertes Lernen sein kann, sondern immer Unterstützungsformen und das Eröffnen von Zugängen zur Thematik notwendig sind.

Entscheidend ist, dass bei allen Interaktionen – sei es in der Lernsituation mit den Teilnehmer/inne/n oder in der Zusammenarbeit mit Kolleg/inn/en – die (neue) pädagogische Haltung ausschlaggebend für die Art und Weise des Handelns und die Mittel, derer man sich dabei bedient, ist. Wenn Lernberatung die Lern- und Arbeitskultur bestimmt, zeigt sich, dass Fremdorganisation und selbstorganisiertes Lernen kein Widerspruch sein müssen, sondern Strukturierungshilfen für selbstorganisierte Lernprozesse hilfreiche und notwendige Impulse bieten.

Literatur

Arnold, Rolf 1996: Lernkultur. In: Arnold, Rolf/Nolda, Sigrid/Nuissl, Ekkehard (Hrsg): Wörterbuch Erwachsenenpädagogik. Bad Heilbrunn.

Arnold, Rolf/Schüssler, Ingeborg 1998: Wandel der Lernkulturen. Ideen und Bausteine für ein lebendiges Lernen. Darmstadt.

Klein, Rosemarie 2005: Argumente und Empfehlungen für prozessbegleitende Lernberatung – aus der Praxis für die Praxis. In: QUEM (Hrsg.): Prozessbegleitende Lernberatung – Konzeption und Konzepte. QUEM-Report, Heft 90, S. 150-178.

Klein, Rosemarie/Reutter, Gerhard 2004: Lernberatung als Lernprozessbegleitung in der beruflichen Weiterbildung. Voraussetzungen in Weiterbildungseinrichtungen. In: Rohs, M./Käpplinger, B. (Hrsg.): Lernberatung in der beruflich-betrieblichen Weiterbildung. Münster.

Lernberater-Interviews 2003. In: ProLern-Dokumente: Materialien und Dokumente des Projekts ProLern. Dortmund 1/2002 bis 12/2003.

ProLern-Dokumente: Materialien und Dokumente des Projekts ProLern. Dortmund 1/2002 bis 12/2003.

Weinberg, Johannes 1999: Lernkultur – Begriff, Geschichte, Perspektiven. In: QUEM (Hrsg.): Kompetenzentwicklung 99. Berlin.

Wenzig, Anja 2003: Lernberatung als Impuls für Organisationsentwicklung in (beruflichen) Weiterbildungseinrichtungen. Diplomarbeit, Münster.

III/4. Selbstorganisiertes Lernen oder: Wie hole ich mir den Teufel in die Weiterbildungsorganisation?

Gabriele Gerhardter

Prolog als Monolog mit den LeserInnen

Erlauben Sie mir zu Beginn einen metaphorischen Ausflug ins Teuflische. „Muss das sein", höre ich Sie sagen, „wenn es doch eigentlich um selbstorganisiertes Lernen in Erwachsenenbildungseinrichtungen geht? Können hier nicht ein paar wesentliche Hinweise, Methoden und ihre Grenzen aufgezeigt werden? Meinen AutorInnen, wenn sie zum Schreiben aufgefordert werden, sie müssen gleich Gott und die Welt erklären?" Na ja, nicht immer, diesmal schon, also lassen Sie uns gleich mal bei Gott beginnen...

Am Anfang war Gott, er hat seine Welt erschaffen: Erde, Wasser, Pflanzen, Tiere und zum Schluss die Menschen, die ihm wohlwollend sind. Alle seine Geschöpfe machen das, was er in umfassender Weise strukturiert und geschaffen hat, ganz gut und richtig. Die Welt funktioniert und ist im Sonnensystem ein interessanter Platz geworden. Niemand kann Gott dreinreden, alles verläuft friedlich und gut... jedoch hin und wieder vielleicht schon ein wenig langweilig? Irgendwie (und selbst Gott kann nicht mehr genau sagen, wie es passierte) war dann plötzlich der Teufel da. Von ihm eingesetzt, ja, aber doch nicht ganz so gewollt. Rüttelt dieser doch an seinen festgesetzten Strukturen und seinen bisher von allen anerkannte Prinzipien. Herausforderungen, Beweise der richtigen Welt-Gestaltung und Hinterfragen von Allgemeingültigkeiten sind nun an der Tagesordnung: Wie der Teufel nervt! Und fordert! Wie er bisherige Werte in Frage stellt, umgestalten will, einfach unmöglich – ja, aber eigentlich nicht nur. Irgendwie ist es nun doch auch spannender geworden: die Menschen wollen plötzlich wissen, warum was so ist und nicht umgekehrt, sie beäugen und hinterfragen Gegebenheiten und meinen, es wäre doch manches zu verbessern: „Die Welt verändert sich ständig – auf die gleichen Fragen müssen neue Antworten gefunden werden" – das flüstert ihnen der Teufel ein. Tatsächlich hat das Gott bei der Erschaffung der Welt nicht wirklich mitbedacht, gerade wo es jetzt so richtig läuft, soll schon wieder etwas geändert werden? Heimlich macht ihm diese Herausforderung jedoch auch Spaß, vor allem, seit er erkannt hat, dass – wenn es den Teufel gibt – er an Profil gewinnt. Der ständige Hinterfrager, der Herausforderer seiner Allmacht ist sein geliebter Gegenspieler geworden, der ihm hilft, sich zu profilieren und passende Antworten für die Welt zu finden. Das fördert seinen Ruf als Schöpfer, als Kreator der Welt. Danken kann er dies dem Teufel nicht, aber er lässt ihn gewähren und gibt ihm so einen fixen Platz in seinem Universum – solange er nicht zu aufmüpfig wird. Brav ist jedoch kein Attribut des Teufels...

1. „An der offenen Grenze": neue Lernkultur für arbeitsmarktferne Personen im regionalen Kontext

„An der offenen Grenze" ist eine Equal-Entwicklungspartnerschaft im nördlichen Niederösterreich, die sich zum Ziel gesetzt hat, langzeitbeschäftigungslose und vom

Arbeitsmarkt ausgegrenzte Personen neue Perspektiven durch bedarfsgerechte Qualifizierungs- und Begleitmaßnahmen zu geben.[1] Die offene Grenze ist dabei Programm: auf vielfältige Weise sollen regionale, fachliche, politische und persönliche Grenzziehungen hinterfragt und nach innovativen Lösungen zur Arbeitsmarktintegration gesucht werden, die der Zielgruppe neue Perspektiven erschließen. Ein wesentlicher methodische Ansatzpunkt dabei ist „selbstorganisiertes Lernen" der TeilnehmerInnen. Damit dies jedoch nicht zu einem zynischen „Hilf-dir-selbst" Konzept verkommt, wurden die Gemeinden und Regionen aufgerufen, sich an einen konstruktiven Dialog für mehr Chancen am Arbeitsmarkt zu beteiligen.

1.1 Neue Lernkultur im regionalen Kontext

Das Bundesland Niederösterreich verfügt über eine 414 km lange gemeinsame Staatsgrenze mit den beiden neuen EU-Mitgliedsstaaten Tschechien und Slowakei. Dies ist mehr als ein Drittel der gesamten Außengrenze Österreichs zu den Mittel- und Osteuropäischen Ländern. Für das Wald- und Weinviertel stellte die „tote Grenze" für mehr als vierzig Jahre ein entscheidendes Entwicklungshemmnis dar, derzeit sind sie vorwiegend periphere, agrarisch strukturierte Regionen, die durch geringe Qualifikation, hohe PendlerInnenbewegung und eine Dominanz von abwanderungsbedrohten Niedriglohnindustrien geprägt sind. Die übrigen – meist kleinen – Industrie- und Gewerbebetriebe der Grenzregionen sind auf die örtliche Nahversorgung konzentriert. Im nordwestlichen Teil des Waldviertels gibt es noch einige Textil- und Bekleidungsunternehmen, viele sind jedoch bereits geschlossen oder abgewandert. Im Weinviertel ist von Süd nach Nord ein jäher Abfall in der wirtschaftlichen Dynamik und im Angebot an Arbeitsplätzen zu beobachten. Der regionale Arbeitsplatzmangel, vor allem im nördlichen Weinviertel, wird durch mühevolle Tagespendelwanderungen nach Wien, im Waldviertel durch Abwanderung und PendlerInnenwanderung ausgeglichen. Diese Gegebenheiten und Entwicklungsstrukturen bieten das sozioökonomische und kulturelle Umfeld und damit wesentliche Einflussfaktoren für die Gestaltung von regional maßgeschneiderten Angeboten für arbeitsmarktferne Personen. Um hier neue Erfahrungen zu sammeln und innovative Ansätze auszuprobieren, wurden zwei Gemeinden ausgewählt, in denen Lernwerkstätten, sogenannten LOT-Häuser, eingerichtet wurden:
- *Waidhofen/Thaya*: im Waldviertel, ländlich geprägt mit (ehemals) industriellem Hintergrund. Geringe Einkommen, geringe Kaufkraft und mit starker Abwanderungsprognose. Gehört zu den Regionen mit höchster Arbeitslosigkeitsrate in Österreich (im Juni 2004: Arbeitslosigkeit 7%, beim Arbeitsmarktservice gemeldete offene Stellen: 29)
- *Korneuburg:* im Weinviertel, eine Wien-Umland Stadt im Sub-Urbanisierungsbereich mit guter verkehrsmäßiger Anbindung, EinwohnerInnen sind vielfach EinpendlerInnen nach Wien, hohe Kaufkraft (im Juni 2004: Arbeitslosigkeit: 4,3%, beim Arbeitsmarktservice gemeldete offene Stellen: 743).

---

[1] Equal ist eine europäische Gemeinschaftsinitiative zur Unterstützung experimenteller Aktivitäten zur Beseitigung von Ungleichbehandlungen und Ausgrenzung von Personen am Arbeitsmarkt.

In den beiden Gemeinden wurden LOT-Häuser eingerichtet, die auf innovativen Wegen selbstorganisiertes Lernen für arbeitsmarktferne Personen ermöglichen. Die Struktur der Lernhäuser und die Zielgruppenorientierung sind dabei ident – es hat sich jedoch gezeigt, dass die regionalen Bedingungen und Bedarfe derart unterschiedlich sind, dass nach eineinhalbjähriger Laufzeit zwei vom Angebot unterschiedliche LOT-Häuser entstanden sind. Die Koppelung des Angebotes mit den regionalen Gegebenheiten wird als wesentlicher Eckstein der LOT-Häuser erachtet und immer mehr verdichtet: Die Lernwerkstätten öffnen ihre Türen und sind vielfältig in der Region präsent: durch Feste (wie z.B. im Rahmen der EU-Osterweiterung), durch direkten Kontakt mit den Unternehmen, Schulen, sozialen Initiativen, durch Kooperationen mit dem Stadtmarketing etc. Lernen bekommt einen regionalen Bezug, die Gemeinde wird somit aktive Beteiligte und Mitgestalterin von Bildungsmaßnahmen.

1.2 Selbstorganisiertes Lernen umfassend ermöglichen

Das vielfältige und kombinierte Qualifizierungs- und Orientierungsangebot in den LOT-"Lernen-Orientieren-Tun"-Häusern stellt die umfassende Kompetenzentwicklung der TeilnehmerInnen in den Mittelpunkt. Die Stärkung fachlicher, persönlicher und sozialer Handlungskompetenz für die Zielgruppe der langzeitbeschäftigungslosen Personen wird als Voraussetzung für einen erfolgreichen (Wieder-)Einstieg in die Arbeitswelt gleichermaßen berücksichtigt. Dazu werden neue Lernformen, -methoden und -inhalte zu einem Gesamtkonzept eines integrativen Qualifizierungs- und Beratungs-Modell entwickelt und in der praktischen Umsetzung laufend verfeinert.

Die Struktur der LOT-Häuser basiert auf einem breitgefächerten Qualifizierungs- und Orientierungsangebot in fünf Zonen, die miteinander vernetzt sind.

- Info-Zone: Die Infozone ist ein offener Kommunikations- und Informationsraum für alle InteressentInnen und TeilnehmerInnen. In Form eines Cafes gestaltet, haben die anwesenden Personen die Möglichkeit, Literatur, Tageszeitungen mit aktuelle Jobangeboten, Informationsbroschüren, Veranstaltungsprogramme und das Internet zu nutzen
- Werk-Zone: In der Werkzone werden Projekte durchgeführt, in denen einerseits grundsätzliche technisch-handwerkliche Fähigkeiten der TeilnehmerInnen trainiert werden können, andererseits der Prozess des gemeinsamen Arbeitens selbst reflektiert wird, um die individuelle Handlungskompetenz zu stärken. Diese Zone ist gerade für TeilnehmerInnen, die es nicht gewohnt sind, sich ausschließlich geistig-verbal mit Dingen auseinandersetzen, ein „praktisches" Angebot.
- Kurs-Zone: Qualifizierungsaktivitäten – fachliche, berufsbezogene, persönliche und soziale – werden als offene Gruppentrainings mit selbstorganisierten Lernen angeboten. Die Kursgruppen sind in die Aktivitäten der anderen Lern-Zonen innerhalb und außerhalb der LOT-Werkstätte eingebunden. Auch eine Zusammenarbeit mit anderen regionalen Bildungseinrichtungen und regionalen Initiativen ist dabei erwünscht.
- Initiativ-Zone: Sie bietet eine praktische Möglichkeit, die sozialen, kommunikativen und organisatorischen Fähigkeiten durch das gemeinsame Arbeiten in konkreten Projekten, die Erfolge sichtbar machen, zu stärken. Diese Initiativen sind auch für Personen, die kaum Zugang zu Lernangeboten finden, attraktiv gestaltet, um

den ersten Schritt in Richtung Bildung zu fördern. Hier können alltagspraktische Lebens- und Interessensthemen der TeilnehmerInnen aufgriffen werden. Ein Beispiel sind gesundheitliche Themen in Form von Vorträgen oder gemeinsamen Bewegungsaktivitäten. Auch regionale Initiativen und Aktivitäten werden hier eingebunden und gemeinsam mit den TeilnehmerInnen als Projekte gestaltet (z.B. eine Aktion des Stadtmarketings wird von den TeilnehmerInnen vorbereitet und anschließend in den Plätzen der Stadt sichtbar).
- Beratungs-Zone: Alle Problemstellungen im Zusammenhang mit Arbeitslosigkeit können hier ziel- und lösungsorientiert bearbeitet werden.

Die TeilnehmerInnen bewegen sich – entsprechend dem Prinzip der Selbstorganisation – flexibel in den einzelnen Zonen, um hier auf unterschiedliche Weise Lernerfahrungen zu sammeln. Ein/e Coach begleitet sie auf dem Weg und reflektiert die einzelnen Schritte sowie weitere Möglichkeiten zum persönlichen Lernziel. Zusätzlich gibt es LotsInnen: Sie „lotsen" die TeilnehmerInnen in das LOT-Haus, indem sie mit zahlreichen Institutionen, Organisationen und regionalen MultiplikatorInnen Kontakte aufbauen, sie begleiten die TeilnehmerInnen aber auch wieder hinaus in das Arbeitsleben, indem sie betriebliche Kontakte aufbauen und vermittelnd tätig werden.

Um Selbstorganisation als Arbeitsprinzip in den LOT-Häusern zu entwickeln, wurde im Rahmen der Entwicklungspartnerschaft ein Lehrgang „SOLE – Selbstorganisiertes Lernen Erwachsener" angeboten. Im Sinne der Offenheit nicht nur als train-the-trainer Angebot für die LOT-Häuser, sondern gemeinsam mit anderen regionalen Einrichtungen, um hier ein Netzwerk für neue Bildungsprinzipien in der Region zu bilden[2].

Zusätzlich unterstützen Regionalkonferenzen die regionale Perspektivenentwicklung, damit Bildung, Lernen und Beschäftigung sich hier in andere regionale Politiken (Arbeitsmarkt, Struktur- Wirtschaftspolitik etc.) einbinden können.

Selbstorganisiertes Lernen war zwar zu Beginn der Aktivitäten der LOT-Häuser und LotsInnen „im Programm", allerdings keine Selbstverständlichkeit. Vielmehr mussten die Leiterinnen und MitarbeiterInnen der Einrichtungen sich auf den Weg machen, wie sie dieses Arbeitsprinzip pädagogisch und strukturell umsetzen können. Lernen stand auf der Tagesordnung der LOT-Häuser – nicht nur für die TeilnehmerInnen.

2. LOT-Häuser: Weiterbildungseinrichtungen lernen selbstorganisiertes Lernen Erwachsener

Die Debatte um „selbstorganisiertes Lernen" vollzieht sich vor dem Hintergrund gesellschaftlicher Prozesse, die die Rahmenbedingungen des Lernens in der Erwachsenenbildung insgesamt verändern. In der modernen Gesellschaft mit ihren immer komplexer werdenden Strukturen und entsprechenden Anforderungen an das berufliche, gesellschaftliche und private Leben des Einzelnen ist Bildung zur Herausforderung geworden.

---

[2] Ein Ergebnis daraus: www.sole-box.net gibt grundlegende Informationen über die Prinzipien, Gestaltungsmöglichkeiten als auch Arbeitsmaterialien zu selbstorganisiertem Lernen.

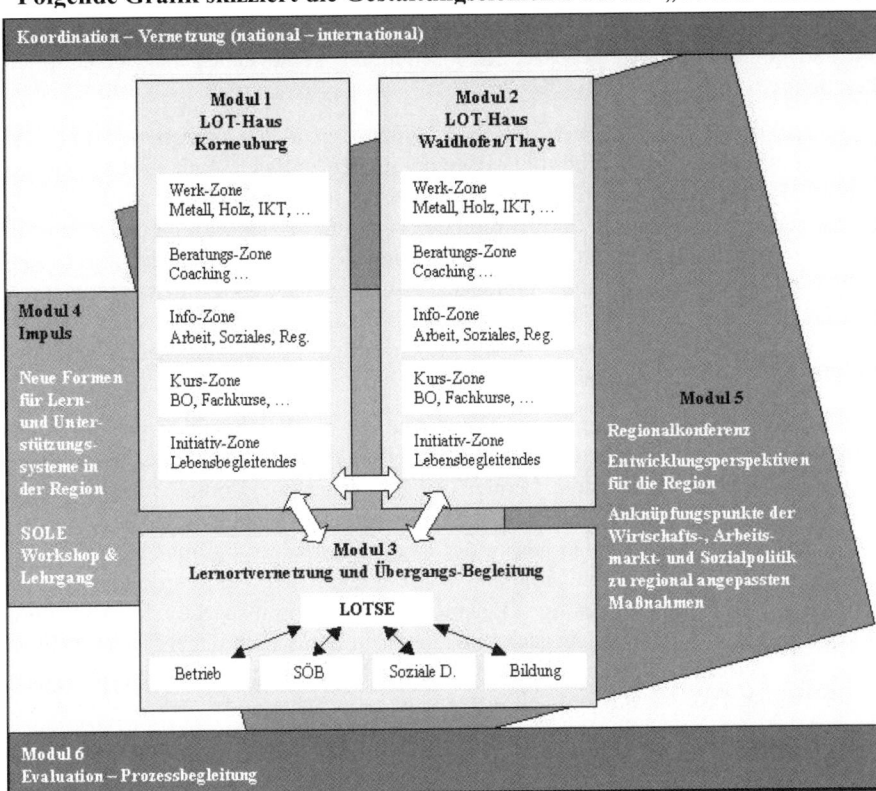

Teil III: Aspekte der Personal- und Organisationsentwicklung

Folgende Grafik skizziert die Gestaltungselemente der EP „Offene Grenze":

```
Koordination – Vernetzung (national – international)

                    Modul 1                    Modul 2
                    LOT-Haus                   LOT-Haus
                    Korneuburg                 Waidhofen/Thaya

                    Werk-Zone                  Werk-Zone
                    Metall, Holz, IKT, ...     Metall, Holz, IKT, ...

                    Beratungs-Zone             Beratungs-Zone
                    Coaching ...               Coaching ...

Modul 4             Info-Zone                  Info-Zone
Impuls              Arbeit, Soziales, Reg.     Arbeit, Soziales, Reg.

Neue Formen         Kurs-Zone                  Kurs-Zone
für Lern-           BO, Fachkurse, ...         BO, Fachkurse, ...
und Unter-                                                           Modul 5
stützungs-          Initiativ-Zone             Initiativ-Zone
systeme in          Lebensbegleitendes         Lebensbegleitendes    Regionalkonferenz
der Region                                                           Entwicklungsperspektiven
                                                                     für die Region
SOLE                                                                 Anknüpfungspunkte der
Workshop &                       Modul 3                             Wirtschafts-, Arbeits-
Lehrgang              Lernortvernetzung und Übergangs-Begleitung     markt- und Sozialpolitik
                                                                     zu regional angepassten
                                   LOTSE                             Maßnahmen

                    Betrieb    SÖB    Soziale D.    Bildung

Modul 6
Evaluation – Prozessbegleitung
```

Die Bildungsaufgabe umfasst unter diesen Bedingungen nicht nur die Vermittlung von Wissen, sondern schließt die systematische Entwicklung des selbstständigen Lernens in vielfältigen Belangen ein. Eine Veränderungen der Lernform in Richtung selbstorganisiertes Lernen erfordern Mut und Motivation auf allen Ebenen: nicht nur auf Seiten der Lernenden, sondern vor allem auf Seiten der pädagogisch Tätigen und der Erwachsenenbildungseinrichtung. Dies ist für die LOT-Häuser zur Herausforderung geworden: sie haben erkannt, dass Lernen-Orientieren-Tun nicht nur ein TeilnehmerInnenprinzip ist, sondern vor allem von der Erwachsenenbildungseinrichtung umgesetzt werden muss: der Fokus LERNEN tritt in den organisationalen Vordergrund.

2.1 Lernen: Arbeitsprinzip Selbstorganisiertes Lernen

Selbstorganisation wird in der Erwachsenenbildung zuallererst auf die Lernenden bezogen: sie sollen befähigt werden, ihre Lernangelegenheiten eigenständig zu bewältigen: d.h. Lernen zu lernen, zu strukturieren, zu reflektieren etc. Selbstorganisiertes Lernen ist jedoch keine neuer didaktischer Ansatz, der sich durch bestimmte Methoden abbildet, sondern vielmehr ein Arbeitsprinzip – mit all den Problemen, die „Prinzipien" mit sich bringen. Sie lassen sich vor allem nicht 1:1 in neue Methoden abbilden. Selbstorganisiertes Lernen benötigt keinen neuen „Methodenkoffer" für die pädagogisch Tätigen, sondern der bisherige kommt in neuer Weise zum Einsatz. Von daher ist selbstorganisiertes Lernen nicht spektakulär und bringt in der Fortbildung von pädagogisch Tätigen gewisse Enttäuschungen: keine neuen Übungen, Spiele, Materialien…

Selbstorganisiertes Lernen muss als Arbeitsprinzip verstanden werden, und dies zieht vor allem organisatorisch-strukturelle Veränderungen mit sich. Nun ist das nicht gerade die Kernaufgabe von pädagogisch Tätigen. Generell können Trainings- oder Lehrleistungen auf folgende Formel reduziert werden: Fix sind Raum und Zeit (vorgegeben durch die Institution), gestalt- und kontrollierbar für die pädagogisch Tätigen sind Inhalte (bedingt) und Methoden. Selbstorganisiertes Lernen verändert die Bedingungen von pädagogisch Tätigen radikal: organisatorisch-strukturelle Leistungen („wie organisiere ich das Lernen?") treten in den Vordergrund, die Inhalte und die Art und Weise der Erarbeitung werden durch die Lernenden kontrolliert.

Für die LOT-Häuser hat sich gezeigt, dass die strukturelle Komponente der neuen Lernorganisation zunächst unterschätzt wurde: Was verstehen wir in unserer Einrichtung unter „Selbstorganisiertem Lernen", wohin gehen die Vorbereitungs-Ressourcen, wie können wir den TeilnehmerInnen transparent machen, wie hier Lernen passiert? Die LOT-Häuser wurden neu in der Region installiert und mussten neben der Aufbauphase gleichzeitig eine Adaptionsphase allgemeiner Trainingskultur bewerkstelligen, was an die Grenzen der Organisation ging. Die institutionelle Anpassung dieses Prinzips wurde ungefähr nach einem Jahr in den wesentlichen Elementen angewendet, Verfeinerungen und organisatorische Verbesserungen stehen derzeit an. Wesentlich im Prozess ist, dass selbstorganisiertes Lernen als Herausforderung begriffen wurde – und dieser hat man sich in der Organisation der Erwachsenenbildungseinrichtung beinahe täglich zu stellen.

2.2 Lernen: TeilnehmerInnen mit ihrer Lebenswelt in den Mittelpunkt stellen

Nach wie vor werden Bildungsmaßnahmen danach ausgerichtet, wie die Inhalte zu den Lernenden kommen, ohne zu Fragen, ob dies genau die Inhalte sind, die die/der Lernende benötigt. Die Bezugsgröße der pädagogischen Leistung ist der „zu vermittelnde", nicht der „benötigte" Inhalt. PädagogInnen und TrainerInnen haben Skripten, Inhaltsbeschreibungen etc. vorzubereiten, ohne die TeilnehmerInnen und ihre Bedarfe zu kennen. Selbstorganisiertes Lernen konzentriert sich nicht auf einen Inhalt, der allen in gleicher Weise vermittelt wird, sondern auf die TeilnehmerInnen. Dabei stellt sich – vermutlich nicht nur bei den LOT-Häusern – heraus, dass wir manchmal nur vermeintlich wissen, was der/die TeilnehmerIn benötigt bzw. wissen will. Selbstorganisiertes Lernen in der Organisation der Erwachsenenbildung bedeutet auf die iterative Spurensuche nach den TeilnehmerInnen zu gehen: Wer kommt? Mit welchem Hintergrund, Bedarf, Erwartung, persönlicher Ressourcen und Perspektiven etc.?

Das Angebot der LOT-Häuser steht den TeilnehmerInnen gratis zur Verfügung und ist grundsätzlich an der Zielgruppe von langzeitarbeitslosen und Sozialhilfe beziehenden Personen ausgerichtet. Anders als in arbeitsmarktpolitischen Maßnahmen besteht hier jedoch der Grundsatz der Freiwilligkeit. Zusätzlich soll das Angebot auch weiteren Personen offen stehen, damit einer Stigmatisierung der LOT-Häuser in der Region entgegengewirkt wird und eventuelle weitere Synergien ermöglicht werden, die der Kernzielgruppe nutzen. Nach 10 Monaten Laufzeit wurde im LOT-Haus Korneuburg eine Bilanz darüber gezogen, wer den freiwillig das Angebot nutzt: 326 Personen sind gekommen, wobei 74% davon Frauen sind. Insgesamt waren 57% arbeitslose Personen, 23% SozialhilfebezieherInnen und 20% Beschäftigte. Die Altersstruktur zeigt folgende Verteilung: 15- bis 25-Jährige: 20%; 26- bis 45-Jährige: 62%, über 45-Jährige: 18%. Soviel zu den allgemeinen Strukturmerkmalen der TeilnehmerInnen.

Für die pädagogische Arbeit haben sich im Laufe der Zeit sehr unterschiedliche Fragen gestellt – und es wurden Foci und Schwerpunkte verändert. Die bisherige Definition von Zielgruppen wurde durch einen anderen Terminus ersetzt: „Bedarfsgruppen", denn es geht darum, Bedarfe der TeilnehmerInnen festzustellen. Dies hat zu neuen Zusammenschlüssen von TeilnehmerInnen geführt und „traditionelle" Klassifikationen außer Kraft gesetzt. Das Prinzip der Freiwilligkeit lässt zudem nochmals nachfragen, wie „freiwillig" die TeilnehmerInnen tatsächlich kommen. Und hier hat sich gezeigt, dass es unterschiedliche Gruppen gibt: nicht alle, die freiwillig kommen, sind lernmotiviert. Einige TeilnehmerInnen sind vielmehr als „Verzweiflungslernende" einzustufen: aus ihrem bisherigen Lebenszusammenhang und Erfahrung mit (schulischem) Lernen würden sie niemals den Weg der Weiterbildung wählen, wenn sie nicht meinten, dass dies ihre letzte Chance auf einen Arbeitsplatz sei. Diese TeilnehmerInnen im Lernen zu begleiten, bedeutet an vielfältigen Punkten zu unterstützen und zu „empowern": Wo sind die bisherigen Stärken? Wie können diese ausgebaut werden? Und danach ergänzend Lernangebote setzen, die eine Integration in den Arbeitsmarkt verbessern. Biografieorientierung ist dabei ein wesentlicher Ansatz: was wurde bisher wie gelernt und gearbeitet? Wo wurden bisherige Stärken erfahren und wohin soll es für mich gehen? „Zukunftsorientierte Biografiearbeit" umschreibt ein Trainer diesen Ansatz, der ein umfassendes Angebot setzt, damit die TeilnehmerInnen ihre selbst gewählten Schritte gehen können.

2.3 Lernen: Neue Rollen und Aufgaben von pädagogisch Tätigen

Die pädagogisch Tätigen in den LOT-Häusern haben Erfahrungen als berufspädagogische TrainerInnen, BerufsorientiererInnen und ErwachsenenbildnerInnen – aber das, was sie machen, hat mit ihrer bisherigen Ausbildung und Arbeitsweise wenig zu tun. Zu aller erst sind sie nämlich LernbegleiterInnen. Sie versuchen das Umfeld so zu gestalten, dass die einzelnen TeilnehmerInnen Chancen haben, ihre Lernwege zu gehen: für sie brauchbar, richtig dimensioniert und in Reflexion der Ergebnisse und Planung der nächsten Schritte. Es werden nicht nur vielfältige Lernorte innerhalb des LOT-Hauses zu Verfügung gestellt, sondern aktiv das regionale Umfeld miteinbezogen: die Sozialraumorientierung bietet eine Erweiterung der Handlungsräume und neue Möglichkeiten für die TeilnehmerInnen. Lernanlässe müssen so nicht erzeugt werden, sondern können aus der Lebenswelt aufgegriffen werden. Sie bieten Personen und Organisationen in der Region einen Nutzen und werden damit zu Chancen für gesellschaftliche Teilhabe – ein wesentlicher Aspekt für die Zielgruppe von langzeitbeschäftigungslosen Personen.

Ein weiterführendes Angebot der Lernbegleitung bieten auch die LotsInnen: Sie stellen Arbeits- und Projektmöglichkeiten auf und motivieren sowohl die TeilnehmerInnen als auch die Unternehmen in der Region für neue Arbeitsverhältnisse. Hier findet der Arbeitsmarkt-Check statt: Wie brauchbar ist das, was ich gelernt habe? Was soll ich ergänzen? Bei langer Beschäftigungslosigkeit können die LotsInnen auch den Transfer in den neuen Job noch ein halbes Jahr lang begleiten. Diese Aufgaben haben mit dem bisherigen Verständnis von „TrainerIn" nicht mehr viel gemein. Pädagogisch Tätige sind LernorganisatorInnen, Case ManagerInnen, Coaches und vor allem ProjektentwicklerInnen und -umsetzerInnen. Dies können nur Personen übernehmen, die Erwachsenenbildung nicht mit „außerschulisch" definieren (gleiche Art zu Lernen, lediglich ein anderer Ort), sondern ein vollkommen neues Lehr-/Lernverständnis entwickelt haben.

3. Selbstorganisiertes Lernen – Weiterbildungseinrichtungen vergessen bisherige Gewissheiten und lernen neue Möglichkeiten kennen

„Man lernt nur dann und wann etwas, aber man vergisst den ganzen Tag", meinte bereits Arthur Schopenhauer. Und Vergessen selbst muss ja nicht schlecht sein, vielmehr dient es dazu, Neuem Raum zu geben. Somit erfolgt der Aufruf zum Vergessen von Gewissheiten, die sich in Erwachsenenbildungsorganisationen etabliert haben, wie Lehren und Lernen zu passieren hat zugunsten einer aktiven Aufnahme von Unsicherheiten als Spurensuche in dem Prozess, die jeweils passenden Lernbedingungen zu finden.

3.1 Vergessen: Bisherige Organisierung, ausgerichtet am Kursschema der Erwachsenenbildungseinrichtung

Selbstorganisiertes Lernen hat für die LeiterInnen von Erwachsenenbildungseinrichtungen häufig einen Wortfehler – das „selbst" – es ist damit kein „einrichtungsorientiertes" Lernen. Lernen in der Erwachsenenbildung ist ausgerichtet am Kursschema – selbst in den Projektfoldern der LOT-Häuser konnte keine andere Bezeichnung als „Kurs" gefunden werden und damit wirken die Angebote zunächst durchaus „traditionell". In unseren Köpfen ist – geprägt durch das schulische Lernen – ein klares Bild von Trainings vorhanden mit eindeutigen Rollenverteilungen zwischen Lehren und Lernen. Kurs bedeutet zunächst: alle in einem Raum befindlichen Personen lernen denselben Inhalt von einer TrainerIn zeitgleich; also ein Raum-Zeit-Inhalts-TrainerInnen-Kontinuum.

Selbstorganisiertes Lernen stellt alle vier Eckpfeiler in Frage:
- Raum: TeilnehmerInnen bewegen sie im Raum oder gehen in andere Räume eventuell befinden sich manche in virtuellen Räumen
- Zeit: Es wird nicht gleichzeitig am selben Inhalt gelernt; die Zeit für die Erarbeitung eines Inhaltes variiert pro Person bzw. Gruppe
- Inhalt: Die Inhalte können bei den Personen variieren, je nach Interessenslage und Kenntnisstand
- TrainerIn: Die Inhalte werden nicht nur von der TrainerIn gelehrt, sondern es wird z.T. in Gruppen, z.T. alleine gelernt. Die TrainerIn ist vor allem zuständig dafür, Ressourcen zum Lernen – die der Inhalt und die Personen benötigen – bereitzustel-

len. Z.B. einen Lernquellenpool (schriftliche Unterlagen, Bücher), mehrere Räume, bestimmte Methoden, die effizientes Lernen ermöglichen...

Größte Herausforderung für selbstorganisiertes Lernen sind damit die organisationalen Bedingungen, wie passende „Lernarrangements" eingerichtet werden können. Dies bedeutet größtmögliche Flexibilität, tagesaktuell. trainerInnenbezogene Raumbelegungspläne sind damit obsolet – es muss neue, z.T. matrixartige Poollösungen geben. Z.B. im Computerraum, der nicht nur von einem „Kurs" belegt wird, sondern in dem TeilnehmerInnen verschiedener Kurse zur selben Zeit sitzen und etwas recherchieren, ein Softwareprogramm üben oder z.B. einen Folder für das nächste Fest erstellen – ein Kommen und Gehen bei gleichzeitiger Betreuung für Anfragen und technischer Unterstützung.

Alleine durch dieses Beispiel wird ersichtlich, dass selbstorganisiertes Lernen nicht eine neben anderen Kursformen in der Erwachsenenbildungseinrichtung sein kann. Die Lern- und Arbeitsprinzipien des selbstorganisierten Lernen stellen die Basisgegebenheiten der Erwachsenenbildungseinrichtung auf den Kopf. Um dies bewerkstelligen zu können, erfordert selbstorganisiertes Lernen eine entsprechende Positionierung der Geschäftsleitungen und damit unterschiedlich weit reichende strukturelle Veränderungen. Ohne derartige systemische Unterstützungsleistungen nehmen Motivation und Engagement der TrainerInnen und TeilnehmerInnen Schaden und der Entwicklungsprozess stagniert – was bleibt ist Unzufriedenheit durch Organisierungsstress. Die Einführung von selbstorganisiertem Lernen passiert nicht einfach „nebenher", sondern es ist ein zeitaufwendiger Prozess, der in der Umstellungsphase umfangreiche Ressourcen bindet.

3.2 Vergessen: Bisherige Förderstruktur – Vergabewesen

Einrichtungen der (beruflichen) Erwachsenenbildung sind in ihrer Programmgestaltung nicht autonom, insbesondere dann, wenn ihr Angebot nicht von den TeilnehmerInnen sondern von institutionellen AuftraggeberInnen (z.B. Arbeitsmarktservice) finanziert wird. Beinahe überall hat sich eine ausschreibungsbezogene Vergabepraxis etabliert. Mit der Krux: es kann lediglich dass eingereicht werden, was dezidiert ausgeschrieben wird. Die Berechnungsgrundlagen für die Effizienz bzw. den Billigstanbieter sind zumeist TrainerInnen-TeilnehmerInnen-Kursstunden Kennziffern. Diese Schlüsseln gehen von den traditionellen Kursangeboten aus und geben dem Arbeitsprinzip selbstorganisiertes Lernen keinen Platz. Da sowohl in den Ausschreibungen als auch in den Evaluierungen das „Wie" des Lernens als „black box" behandelt wird, wird den infrastrukturellen Rahmenbedingungen (neben den Ergebnissen) besondere Aufmerksamkeit geschenkt. So sind z.B. die Beschreibung der Infrastruktur (Anzahl der Räume, PCs etc.) wichtige Kriterien, Lernmethoden brauchen hingegen nicht näher erläutert werden.

Für die Förderungen von innovativen, den Zielgruppe dienlichen Lernmethoden bräuchte es vielmehr eine kontextuelle Pragmatik. Es müssten Indikatoren gefunden werden, die dem Lernprozess mehr Aufmerksamkeit schenken und somit mehr Flexibilität in der Gestaltung zulassen. Dies erfordert einen Lerndiskurs und Aushandlungsprozess mit den Stakeholdern der (beruflichen) Erwachsenenbildung.

3.3 Vergessen: Region ist lediglich ein Infrastrukturbehälter

Selbstorganisiertes Lernen verlässt die Grenzen von Kursräumen, aber auch der Einrichtung und geht damit in die Region. Im Bildungsbereich passiert dies zumeist auf institutioneller bzw. infrastruktureller Ebene: Lernende Region wird als Vernetzung von Einrichtungen (miss-)verstanden. Selbstorganisiertes Lernen verlangt einen explorativen Zugang zur Region: wo können Lernmöglichkeiten entdeckt und aufgegriffen werden – und zudem Mehrwert für soziale Teilhabe und Kommunikation geschaffen werden?

Die Gemeinde, die Stadt oder Region wird mit ihrer Vielfalt als Lernort genutzt. Um einerseits die Lernchancen und -möglichkeit darinnen aufzuspüren und zu nutzen, andererseits auch andere Personen zu ermuntern, sich lernend in der Region zu beteiligen. Im Kontext von lebensweltlichen oder betrieblichen Alltagssituationen bzw. auch regionaler Lebensqualität wird Lernen erlebbar und sichtbar – auch in seinen Ergebnissen, etwas besser zu gestalten. Die Erwachsenenbildungseinrichtungen warten damit nicht mehr darauf, dass ihre TeilnehmerInnen kommen, sondern sie geht aktiv auf Aktivitäten der Region zu, bringt selbst Ideen ein und lässt so das lebensbegleitende Lernen sichtbar werden.

3.4 Entwickeln: LOT-Häuser für selbstorganisiertes Lernen als Zentrum für Diskontinuitäten-Management

Selbstorganisiertes Lernen in LOT-Häusern will neue Sichtweisen schaffen, indem es vielfältige Entwicklungen und Möglichkeiten mit einbezieht. Die LOT-Häuser werden dadurch zu einem Seismograph in der Region der auf persönlicher Ebene sichtbar macht, was generell als gesellschaftliche Tendenzen bemerkbar ist: Die Erosion der Beschäftigungsgesellschaft ist kein Schlagwort mehr – und damit werden (Um-)Brüche, Stehzeiten, gesellschaftliche Ausgrenzungen vielfach geteilte Erfahrungen. Als Hoffnungsanker für vom Arbeitsmarkt kurz oder längerfristig ausgeschlossene Personen wird zunehmend Lernen angesehen – allerdings ist dieser Weg nicht für alle einfach gehbar.

Zwei miteinander verwobene Begriffe sind dazu noch einzuführen: Komplexität und Entschleunigung.

- Gesellschaftliche Komplexität ist zunehmend als Überforderung von Personen erfahrbar: Was sollen sie wie wo machen? Hier bedarf es bei – immer rascher werdenden – beruflichen (Um-)Brüchen verstärkt einer Begleitung.
- Entschleunigung: Die „Reparaturhaltung" in unserer Gesellschaft erfordert ein immer schnelleres Reagieren zur Beseitigung von „Schieflagen". Dieses Tempo überfährt Personen: beim Lernen, bei der Entwicklung von geistiger Mobilität etc. und lässt sie erst recht wieder Erfahrung des Scheiterns machen. Hierfür haben Erwachsenenbildungseinrichtungen für Menschen in Orientierungs- und Umbruchsituationen entlastende Rahmenbedingungen bereitzustellen. Es geht dabei um Möglichkeiten der Selbstvergewisserung und der Wiedergewinnung von Erlebnis- und Handlungsfähigkeit für die Gegenwart.

Die moderne Gesellschaft mit ihrem Arbeitsmodell „Vollbeschäftigung" ging von der Annahme aus, dass Erwerbsarbeit den für alle Menschen zentralen Prozess gesellschaftlicher Zugehörigkeit und Identität begründet. Heutzutage sind Arbeit und Identität geprägt durch Unsicherheit als soziale Basiserfahrung, eine durchgehende Kontinuität im beruflichen Leben wird zunehmend eine Ausnahmeerscheinung. Das persönliche „managen" von Arbeits- und Lebensbiografie wird immer wichtiger – nicht nur für langzeitbeschäftigungslose Personen. LOT-Häuser verstehen sich als notwendige regionale Begleitstruktur in einer entgrenzten Arbeitswelt; als Bildungsanbieter, der mit selbstorganisierten Lernen ein Angebot zur Herstellung und Aufrechterhaltung von Teilhabechancen – in der Arbeitswelt und in der Gesellschaft – ermöglicht. Nicht mehr und nicht weniger – ein regionales Handlungszentrum für Diskontinuitäten-Management.

Epilog als Monolog mit den LeserInnen

Nach diesen Ausführungen gehen sie nun bitte zurück an den Anfang „Prolog" und ersetzen sie:
Gott = Weiterbildungsträger
Welt = Weiterbildungseinrichtung
Menschen = TrainerInnen/PädagogInnen
Teufel = Selbstorganisation
Sie haben das Spiel bereits erkannt? Tut mir leid, AutorInnen sind nicht automatisch gute PädagogInnen…, aber sie erklären gern – richtig: Gott und die Welt... – zum Teufel damit!

Literatur

Faulstich, P.: Einige Grundfragen zur Diskussion um „Selbstgesteuertes Lernen", Projekt SeGeL – Deutsches Institut für Erwachsenenbildung 1999, (www.die-bonn.de, 06-2004)

Fischer, E.: Weiterbildner lernen selbst organisiertes Lernen, in: Lernen in Weiterbildungseinrichtungen – PE/OE-Konzepte, Zwischenergebnisse von Projekten ‚QUEM-report, Heft 76/Teil II, Berlin 2003

Herold, M./Landherr, B.: Selbstorganisiertes Lernen, Hohengehren 2001

Kemper, M./Klein, R.: Lernberatung, Gestaltung von Lernprozessen in der beruflichen Weiterbildung, Baltmannsweiler 1998

Siebert, H.: Selbstgesteuertes Lernen und Lernberatung, Neuwied, Kriftel 2001

Willke, H.: Systemisches Wissensmanagement, Stuttgart 1998

Internet-Informationen zu selbstgesteuertes Lernen von [Entwicklung durch Erfahrung] im Rahmen der Equal-Partnerschaft „An der offenen Grenze": www.sole-box.net

III/5. Potenzialorientierte OrganisationsEntwicklung und -Beratung – eine Landkarte

Marita Kemper / Michael Wacker

Veränderungsprozesse in Verwaltungen, Universitäten, Krankenhäusern, Weiterbildungseinrichtungen oder auch Unternehmen zu begleiten und Lernprozesse zu gestalten sind für Berater/innen keine neuen Aufgaben. Neu sind jedoch die Komplexität, die Geschwindigkeit, die Unplanbarkeit, die Dynamik, der Effektivitätsdruck und die Widersprüchlichkeit der Anforderungen und Bedingungen, auf die Beraterinnen und Berater in der Praxis treffen. Als Organisationsberater/innen können wir uns genauso wenig dem dynamischen Geschehen entziehen wie die Organisationen selbst und müssen lernen, innerhalb dieser beschriebenen Bedingungen zu arbeiten.

„Für das eigene Lernen bleibt dabei keine Zeit!" Dies entspricht der persönlichen Wahrnehmung vieler Führungskräfte und Mitarbeiter/innen, gleichwohl der Verstand weiß und die Praxis zeigt, dass Zeit und Raum notwendig sind, um ungewöhnliche Situationen, erst recht natürlich tief greifende Veränderungen zu gestalten und zu bewältigen. Organisationen und Unternehmen sollen sich – so das Credo der Organisationsentwicklung seit Jahren – als lernend begreifen, „Das Lernen (wieder)lernen". So richtig dies ist, so unklar bleiben häufig die Antworten auf die damit verbundenen Fragen für die Praxis: Wie können Veränderungen und gemeinsames Lernen „trotz und wegen alledem" (Lieverscheidt/Weigand, 2005) initiiert, ermöglicht und so gestaltet werden, dass dabei Nutzen für die Organisation und die Mitarbeiter/innen entsteht? Welche Anforderungen stellen sich – angesichts der aktuellen Entwicklung – an Beratung? Und schließlich: Was machen wir, wenn die Organisationen und Menschen, die wir beraten, nicht so sind, wie wir sie uns wünschen? [1]

Entlang unserer Beratungspraxis [2] hat sich auf der Grundlage der Lernberatungskonzeption (vgl. Kemper/Klein 1998) das Modell der Potenzialorientierten OrganisationsEntwicklung und -Beratung (POEB) entwickelt. Das Konzept hat bereits in unterschiedlichen Beratungsprozessen als Landkarte zur Orientierung für Berater/innen und Organisation gewirkt, d.h. gestaltende Arbeits- und Lernarchitekturen haben sich bedarfsgerecht entwickelt, etabliert und die eingesetzten Instrumente und Arbeitsprinzipien haben sich sukzessive als tragfähig herausgebildet.

---

[1] analog einer Frage von Ruth C. Cohn: Was machen Sie, wenn die TN nicht so sind, wie Sie sich sie wünschen?

[2] Das Beratungskonzept der Autorin und des Autors konnte, gestützt durch ein aus Mitteln des BMBF sowie des ESF geförderten Projektes weiterentwickelt, erprobt und modifiziert werden. Hintergrund bildet der Themenbereich Lernen in Weiterbildungseinrichtungen des BMBF-Programms Lernkultur Kompetenzentwicklung. Hier wurden insgesamt 12 Projekte mit der Entwicklung von Musterstrategien für POE zur Förderung der Innovationsfähigkeit von Weiterbildungseinrichtungen beauftragt. Die Autor/inn/en waren an diesem Projektverbund beteiligt.

In diesem Artikel stellen wir unsere Erfahrungen und Erkenntnisse aber auch Fragen, die sich aus der Perspektive der Berater/innen stellen, zur Diskussion.

1. Veränderte Ausgangsbedingungen aus der Perspektive der Berater/innen

Wenn wir die veränderten Ausgangsbedingungen und Anforderungen für Beratungsprozesse ansprechen, meinen wir vor allem folgende Entwicklungen:

- Die Zeitkontingente, die für Beratungsprozesse zur Verfügung stehen werden kürzer und langfristig angelegte Entwicklungs- und Beratungsprozess eher seltener.[3] „Eingekaufte" Beratungs- und Entwicklungsleistungen stehen unter größerem Erfolgs- und Ergebnisdruck. Investition von Zeit und Geld werden in unmittelbare Beziehung zum erwarteten Mehrwert und (kurzfristigen) Nutzen für die Organisation gesetzt.
- Zwar werden nicht direkt „Rezepte" für Problemlösungen gesucht, eine wahrnehmbare Wirkung soll aber zeitnah erfolgen. Der Beratungserfolg wird vom Ergebnis her formuliert.
- Auch Non-Profitorganisationen müssen ihre Arbeit (zunehmend) an ökonomischen Kriterien messen.
- Veränderungen und damit verbundene Lernanforderungen werden häufig als Zumutung erlebt. Überforderung, Angst um den eigenen Arbeitsplatz und Widerstand sind spürbar. Führung fällt es oft schwer, Veränderungsvorhaben glaubwürdig nach innen zu kommunizieren.
- In den Organisationen ist ein „Vermögen" und Potenzial vorhanden, das jedoch nicht im Blickfeld und Bewusstsein der Beschäftigten und der Organisation ist. Organisationsverantwortliche suchen nach Wegen und Möglichkeiten, die internen Ressourcen zu nutzen und Potenziale zu stärken.
- Die Beratungsarbeit findet in einer Zeit komplexer Unsicherheit statt. Damit verbunden ist eine geringe Kalkulierbarkeit von Entwicklungen. In der Folge werden Beratungssituationen zunehmend durch die eher „unangenehmen" Begleiterscheinungen des Wandels, durch Arbeitsplatzabbau, Personalentlassung, Umorganisation und Kostensenkungen begleitet, was nicht ohne Folgen für die Entwicklungs- und Lernprozesse bleibt.

Es ist nicht ganz einfach die beschriebenen Trends mit dem Bild der „Lernenden Organisationen" zu verbinden. Die Bilder stimmen nicht ganz mit dem Wunschbild von Beratungs- und Lernkontexten überein. Viele Organisationen leben und arbeiten zur Zeit in einem spannungsreichen Wechselverhältnis von inneren und äußeren Einflüssen. Die Summe unterschiedlicher Anforderungen schafft für Führungskräfte und Beschäftigte Unsicherheit und Handlungsdruck gleichzeitig und fordert Pragmatik und wirksame Interventionen. Anstehende Aufgaben können häufig nicht mehr mit gesichertem Erfahrungswissen, bewährter Routine, erprobten Organisationsmodellen und -prinzipien und eingespielten Handlungsabläufen bewältigt werden. „Eigentlich" geht es darum, die eigene Organisation im kritischen Reflexionsblick zu halten, offen zu sein für Veränderungen, Neues in Altes zu integrieren, gemeinsames „Lernen" zu ermöglichen und vorhandene Potenziale für die gemeinsamen Aufgaben zu nutzen.

---

[3] Meist sind diese ausschließlich im Rahmen von Projektfinanzierungen oder aber in großen Unternehmen möglich.

Die Botschaft, dass Veränderungs-, Innovations- und Lernfähigkeit ein Schlüssel für die Zukunfts- und Wettbewerbsfähigkeit sei, ist angekommen. Doch Veränderungsprozesse folgen weder quasi automatisch der Einsicht oder einer geraden Linie, noch funktionierten sie nach dem „input-output"-Verfahren. Im Prozess treten immer wieder überraschende, nicht eingeplante Entwicklungen auf, die es zu integrieren gilt.

Veränderungen in Organisationen sind immer auch persönliche Prozesse. Jede Organisation ist eine Ansammlung von Menschen. Veränderungen in Organisationen sind immer auch persönliche Prozesse, die mit Chancen, aber auch mit Ängsten und Unsicherheiten verbunden sind. Häufig verändern sich mit den Veränderungsprozessen in den Unternehmen auch berufliche Identitäten und fordern persönliche, fachliche und häufig auch sehr emotionale Entwicklungsarbeit. So schwingen in Veränderungsprozessen auch Ängste, Tabuthemen, Konflikte oder Bedenken und Widerstände mit und nehmen sich ihren Raum (vgl. Geisler 2005). So schleichen sich – gewollt oder nicht gewollt – in Beratungsprozesse Störungen ein und Sachthemen werden für beteiligte Personen zu emotionalen Beziehungsthemen. Beteiligte sind nicht immer in der Lage, Konflikte zu entwirren, daraus resultierende problematische Realitätskonstruktionen zu lösen und damit den Blick für anstehende Aufgaben zu öffnen. Insofern ist es nicht überraschend, dass Erfolg und Misserfolg eng daran gebunden sind, inwieweit es gelingt, auftretende Konflikte, Widerstände und Bedenken ernst zunehmen und in den Prozess zu integrieren. Werden die in die Veränderungsvorhaben involvierten Menschen vergessen, ist ein Scheitern mehr oder weniger vorprogrammiert.

Lernen erreicht Anschlussfähigkeit im Finden von Antworten und Lösungen. Im Verständnis von Organisationsentwicklung müssen wirksame Lernprozesse und nachhaltige Veränderungen langfristig angelegt sein. Orientieren wir uns an der klassischen Definition der deutschen Gesellschaft für Organisationsentwicklung (GOE) ist „Organisationsentwicklung ein langfristig angelegter, organisationsumfassender Entwicklungs- und Veränderungsprozess von Organisationen und der in ihr tätigen Menschen. Sein Ziel besteht in einer gleichzeitigen Verbesserung der Leistungsfähigkeit der Organisation (Effektivität) und der Qualität des Arbeitslebens (Humanität)." (Mehlmann/Röse 2000, S. 95) Während Organisationsentwicklung eine kontinuierliche „lebenslange" Aufgabe für die Organisation ist, ist Organisationsberatung zeitlich begrenzt und hat einen Anfang und ein Ende. Professionelle Beratung ist vertraglich ausgehandelt und eine auftragsbezogene Dienstleistung, die sich je nach Auftrag und Rahmenbedingungen gestaltet In der Praxis sind Berater/innen gefordert, sich den drängenden Anforderungen der Ergebnisorientierung zu stellen, ohne dabei der Gefahr zu unterliegen und die eigenen Prinzipien aufzugeben. So sind Orientierungslinien, wie die der Organisationsentwicklung in dynamischen Veränderungsprozessen wichtiger denn je. Sie müssen jedoch anschlussfähig sein und sich der Realität des Unternehmens, der Beschäftigten und dem jeweiligen Beratungsauftrag stellen.

In der Beratungspraxis sind wir zeitweise mit der Frage konfrontiert, ob und an welchen Punkten die beiden Zielperspektiven für OE – Humanität und Effektivität – nicht (mehr) zusammen gehen. Anders als z.B. in der Supervision ist Organisationsberatung dem Primärziel der Organisation untergeordnet. Die Sicherung und Gestaltung einer überlebensfähigen Unternehmensstrategie, -kultur und -struktur ist das primäre Ziel. Immer häufiger geht es in Beratungsprojekten um Entwicklung und Abwicklung gleichzeitig. Der Druck steigt und meist stehen Kostensenkungen, Rationalisierungsmaßnahmen oder Personalabbau auf der Tagesordnung. Nicht nur Berater/innen, sondern auch Führungskräfte stehen vor der Frage: Wie kann es gelingen, in der „neuen Normalität" mit ihrer Uneindeutigkeit, Unplanbarkeit und Veränderungsdichte Entwicklungsprozesse zu initiieren, zu unterstützen und damit nachhaltige Wirkungen in der Organisation in Gang zu setzen? Als Berater/innen sind wir gefordert, den auftretenden Widersprüchen im Prozess Raum zu geben und Impulse zu setzen, um im Dialog mit den internen Promotor/inn/en Konzepte, Architekturen und Wege zu entwickeln und Widersprüche, harte und weiche Einflussfaktoren – soweit dies leistbar ist – in den gemeinsamen Entwicklungsprozess zu integrieren.

Dies gelingt, wenn die Herausforderungen eines stetigen Veränderns, Entwickelns und Lernens angenommen werden und in der Beratungspraxis den Ausdruck im *Verändern-Wollen* finden. Damit das Verändern-Wollen nicht im Zustand einer unerreichbaren Vision verhaftet bleibt, besteht die Aufgabe darin, das Spannungsverhältnis zwischen „Müssen – Wollen – Können" zum Gegenstand einer Diagnose und prozessbegleitenden Reflexion zu machen. Auf dieser Grundlage erfolgen Zielformulierungen, Auftragsbeschreibungen und Gestaltungsprozesse für den Entwicklungsprozess.

Die erfahrungsgesättigte Annahme, dass Lernen für Unternehmen und Organisationen nicht der Ausgangspunkt für Beratungsanfragen ist, macht es notwendig, sich über die Frage des „Nutzens" an das Thema Lernen anzunähern. Lernen erreicht Anschlussfähigkeit erst im Finden von Antworten auf Fragen und Lösungen für zu bearbeitende Aufgaben und Probleme, die mit eigener Erfahrung und eigenem Wissen nicht gelöst werden können – die also Lernen brauchen. Nur auf diesem Weg erschließt sich der Mehrwert von Lernen und ein „erfahrendes Entdecken" der Vorteile und Nutzen sowohl für Mitarbeiter/innen als auch die Organisation. Dies setzt jedoch voraus, dass Mitarbeiter/innen für die Notwendigkeit der Veränderungen und den damit verbundenen (Lern-)Aufgaben sensibilisiert sind. Führung ist gefordert diesen Prozess nach innen zu moderieren und zu gestalten. Sie muss die Mitarbeiter/innen frühzeitig in Veränderungsprojekte einbeziehen. „Alle Erklärungen über zu wenig Zeit, als dass man die Betroffenen einbeziehen könnte, greifen ins Leere. Denn die zunächst scheinbar gewonnene Zeit wird später doppelt und dreifach wieder verloren, wenn es um die Umsetzung geht – denn Menschen die sich nicht angemessener Weise einbezogen sehen, blockieren oder engagieren sich nur äußerst sparsam oder erfinden gar nach ihrem Gusto die Lösung neu!" (Doppler 2004, S. 74)

Bei der Frage nach dem „WIE" *zusammen* verändern und Aufgaben bearbeiten, sind Organisationskulturen – als geteilte Deutungsmuster – sowohl Türöffner als auch Türschlösser und wirken in Veränderungsprozessen förderlich und hinderlich zu gleich. Hat sich über Jahre in Organisationen z.B. das Prinzip der „fürsorgenden" Führung bewährt und Innovationsaufgaben lagen in der Verantwortung von Geschäftsführung, müssen diese „geronnenen sozialen Erfahrungen der Menschen" (Arnold 2000, S. 81) – die sich über Jahre bewährt haben – an den veränderten Anforderungen überprüft und neu gedeutet werden. Bei der Aufgabe sich als Unternehmen der Komplexität der Anforderungen nach Innovation und Veränderung zu stellen, wird eine Kultur der Verantwortungsteilung, des Dialogs, der Kooperation und der Eigenverantwortung gebraucht. Die zunehmende Komplexität und Spontaneität von Anforderungen kann (nur) erfolgreich bewältigt werden „wenn die unmittelbar Beteiligten vor Ort zur Selbstführung fähig sind. Beides – die Befähigung der Mitarbeiter zur Selbstführung einerseits sowie ihre Berechtigung zur Selbstführung andererseits – sind deshalb heute wichtige Aspekte moderner Führungskulturen". (Arnold 2000, S. 18)

2. Potenzialorientierte OrganisationsEntwicklung und -Beratung – eine Landkarte zur Orientierung in Veränderungsprozessen

Damit Berater/innen in den komplexen, zunehmend widersprüchlichen und anspruchsvollen Realitäten wirken können brauchen sie „Ich-Stärke", Orientierungslinien und -punkte einer „Landkarte" zur Steuerung und Gestaltung von Beratungsprozessen. Als Berater/innen sind wir immer wieder aufs Neue gefordert, Prozesse zu planen und dabei offen und flexibel zu sein, damit eigene Lösungen entstehen können. Prozessreflexion gewinnt sowohl im kollegialen Kontext als auch mit Auftraggebern und internen Promotoren der Unternehmen an Bedeutung und gehört zu einem der wichtigsten Instrumente der Berater/innen.

Der Anspruch an die Lernfähigkeit von Menschen und Organisationen muss sich im eigenen Selbstverständnis spiegeln. Wir Berater/innen selbst können nicht den Anspruch erheben, ausgelernt zu haben. Die Beratungsarbeit ist für uns immer auch ein Lernprozess, ein Lernen aus Erfolgen, Stolpersteinen und Fehlern. Lernen heißt, die eigene Haltung, das Beratungskonzept, die Kompetenzen, unsere Beraterrolle und Interventionen entlang der Praxis zu reflektieren, zu überprüfen, gegebenenfalls zu verändern, zu erweitern oder weiterzuentwickeln. Der so entstehende professionelle und gleichzeitig reflexive Bezugrahmen schafft die Voraussetzungen in der Praxis Prozesse zu steuern, zu gestalten und mit den jeweiligen Auftraggebern ziel- und lernförderliche Bedingungen auszuhandeln und nicht in die Gefahr der Beliebigkeit des professionellen Handelns zu (ver-)fallen.

Der Beratungsansatz der Potenzialorientierten OrganisationsEntwicklung und -Beratung hat sich für Beratungsprozesse als Landkarte bewährt und ist so bereits verschiedenen ‚Belastungstest' in unterschiedlichen Beratungskontexten unterzogen worden. Nach und nach haben sich auf dieser Folie in einem parallelen Prozess
- Gestaltungsmerkmale einer zukunftsfähigen Organisation herauskristallisiert, die Orientierung und Impulse für interne Veränderungs- und Lernprozesse geben
- und Gestaltungsprinzipien und Beratungsgrundsätze für eine begleitende Organisationsberatung abgebildet.

Wenn wir von Organisationsentwicklung und -beratung sprechen, sind in unserem Verständnis immer drei Entwicklungsdimensionen angesprochen: die Strategie, die Struktur und die Kultur. Entlang dieser Dimensionen entwickelt sich ein Unternehmen. Sie stehen in einem engen Bezug zueinander, sind fixe Orientierungspunkte auf der Landkarte und müssen in Veränderungs- und Beratungsprozessen bedacht und im Blick gehalten werden

Potenzialorientierte OrganisationsEntwicklung und -Beratung steht für
- eine Haltung und ein Grundverständnis von Beratung und Entwicklung
- ein Gestaltungsmodell und eine Arbeits- und Lernarchitektur
- eine Verbindung von Arbeits- und Lernkultur
- Instrumente und Methoden.

Ist Lernberatung (nach Kemper/Klein 1998) auch kein originäres Konzept für Organisationen so haben sich doch für uns vielfältige Anknüpfungspunkte ergeben. Potenzialorientierte OrganisationsEntwicklung und -Beratung (POEB) ist – wie die Lernberatung – ein offenes Konzept, das sich je nach Auftrag, Organisationsbedarf, Zielsetzung und Rahmenbedingungen verändert und gestaltet. Hinter Lernberatung verbirgt sich eine Konzeption der beruflichen Erwachsenbildung. „Als andragogische Konzeption, deren jeweils kontextuelle Ausformung unter der Leitfrage steht, unter welchen Bedingungen Lernende ihre Lernpotenziale (besser) entfalten und weiterentwickeln können, steht Lernberatung für die Suche nach Inhalten, Strukturen und Gestaltungsansätzen einer veränderten Lernkultur, die Handlungsraum für die Entwicklung von beruflichen Kompetenzen und Lebensperspektiven eröffnet." (Klein/Reutter 2004, S. 92) Setzt Lernberatung in der Prozessbegleitung von Individuen beim Lernen an, liegt der Ansatzpunkt in der Organisationsberatung beim erwarteten Nutzen und wird vom Ergebnis her angedacht. Das Beraterhandeln definiert sich demzufolge durch den Mehrwert, der für die Organisation entsteht.

Soll – und das ist das Ziel von POEB – Nachhaltigkeit erreicht werden, muss Beratung einen Beitrag zur Entwicklung einer lernenden Organisation leisten. Erfahrungen zeigen, dass Lernen in Zeiten, in denen Organisationen unter einem enormen Veränderungsdruck stehen, nicht leicht fällt und nicht immer zu den erwarteten Ergebnissen führt. Organisationslernen wird nicht dadurch sicher gestellt, dass eine Summe von einzelnen Lerner/inne/n lernt, sondern muss miteinander verabredet, zusammengeführt und Arbeits- und Zukunftsfragen als gemeinsamer Lernimpulsen genutzt werden Ist es eine der Grundannahme von Lernberatung, dass Lernen auf einem aktiven Aneignungsprozess basiert, dass selbst organisiertes und auch kooperatives Lernen jedoch nicht umstandlose als Kompetenz vorausgesetzt werden kann, so trifft diese Annahmen auch auf das Lernen von und in Organisationen zu. Selbstführung in Veränderungsprojekten und die Selbstorganisation von Lern- und Reflexionsschleifen kann ebenfalls nicht als gegeben vorausgesetzt werden. „Es scheint viel Fremdorganisation nötig, damit Selbstorganisation angebahnt und erfolgreiche Selbststeuerung unterstützt werden kann." (Schlutz 1999, S. 19) In der Praxis erweist es sich immer wieder als Fehlannahme, zu glauben, dass dem Erkennen und der Diagnose von konkreten Veränderungsaufgaben quasi automatisch Handlungen folgen. Veränderungshandeln braucht Orte der verantwortlichen Beteiligung von Mitarbeiter/inne/n und anregende Räume, um sich zielführend und lernend die Aufgaben zu stellen. Nur so gelingt es oft verborgenen und versteckten Potenziale für die gemeinsame Organisationsentwicklung zu aktivieren und miteinander Ziele zu verfolgen.

POEB schafft dafür einen struktur- und orientierungsgebenden Gestaltungsrahmen. Handlungsleitende Prinzipien geben Orientierung im Handeln und bilden eine gemeinsame Landkarte für Organisationsbeteiligte und Berater/innen in der Entwicklungsarbeit und ermöglichen eigene Ideen und Lösungen zu generieren und Verändrungswege zu gestalten. Die Aufgabe der Berater/innen liegt darin, die Organisationen, Teams und Einzelpersonen dabei zu unterstützen, ihre Stärken, Potenziale und Kompetenzen zu erkennen und sie strategisch zu konzentrieren, um ihre Ziele erfolgreicher zu erreichen und anstehende Aufgaben zu bewältigen. Potenzial- und Ressourcenbilanzierung sind wie im Lernberatungskonzept dabei zentrale Schritte, um eine tragfähige Basis zu schaffen, sich für die neuen Aufgaben zu öffnen und Anschlussfähigkeit herzustellen. Entwicklung passiert unter dem Einfluss des „Globe"[4] der Organisation, dazu gehört die Kultur, die Organisationsstruktur, die Macht und der Einfluss der jeweiligen Teams oder Gruppen innerhalb der Organisation, der Markt und das gesellschaftspolitische Umfeld. Sich diese Wirkungen bewusst zu machen und dabei unterschiedliche Perspektiven zusammenzuführen ist Teil des Beratungsprozesses. Für *Organisationsbeteiligte und Berater/innen* ist diese Vergewisserung gleichzeitig eine Voraussetzung, um die eigenen Gestaltungsmöglichkeiten aber auch Grenzen zu erkennen, einzelne Akteure in die Gesamtsicht (zurück) zu führen und Prozessverantwortung zu übernehmen. Dabei gilt den gemeinsamen Organisationsrahmen für das kollektive Lernen als Bindungs- und Gestaltungskraft zu nutzen.

Die Quintessenz, die Erkenntnis und der Mehrwert von POEB liegen vor allem in der Art und Weise der Verknüpfung und jeweiligen Übersetzung auf die konkrete Veränderungssituation. Verbindend und gestaltend ist dabei immer die Ziellinie, die Potenziale einer Organisation zu betonen, zu nutzen und weiter zu entwickeln. Einige ausgewählte Überlegungen, Eckpfeiler und Gestaltungsmerkmale des Praxismodells der Potenzialorientierten Organisationsentwicklung und -beratung stellen wir vor.

2.1 Beratung beginnt vor dem Start

Die Plattform für Beratungshandeln sind die formulierten Ziele und daraus abgeleiteten Handlungsschritte. Berater/innen brauchen – um erfolgreich arbeiten zu können – einen klaren Auftrag, die Beratung muss gewollt und die aktive Unterstützung durch interne Promotoren zugesagt, vereinbart und konzeptionell verankert sein. Für POEB beginnt die Beratung vor dem Start. Schon im Vorfeld der Beratung müssen Auftraggeber/innen und Berater/innen Klarheit über den Beratungsanlass schaffen. Berater/innen vertreten ihre Beratungsprinzipien und den Bezugsrahmen und machen die eigene Landkarte für die professionelle Veränderungsarbeit transparent. Ob der Beratungsansatz und die gefragten Kompetenzen passen, muss im *Dialog* mit den Auftraggebern bereits im Vorgespräch geprüft und ausgelotet werden. In der Themenzentrierten Interaktion heißt es: „Wer den Globe nicht kennt, den frisst er auf!" (Cohn 1995, S. 355) Berater/innen sind als Experte von Veränderungsprozessen gefragt diesen „Globe" genau in den Blick zu nehmen, Ausgangsbedingungen zu prüfen und auf der Grundlage dieser Informationen einen groben Gestaltungsrahmen entwerfen und Empfehlungen für erste Schritte auszusprechen. Eine Auftragsannahme ist beraterseitig daran gebunden, dass Führungskräfte des Auftraggebers sich selbst verpflichten den angezielten Veränderungsprozess aktiv zu stützen.

Jede Beratungsanfrage muss mit ihren jeweils ganz eigenen Umfeldbedingungen

---

[4] „Globe" steht in der Themenzentrierten Interaktion für Lernbedingungen und Einflussfaktoren

wahrgenommen und getroffene Vereinbarungen kontraktiert werden. Prozessbegleitend wird der Kontrakt überprüft, aktualisiert und gegebenenfalls neue Bedingungen ausgehandelt.

Wer das Ziel nicht kennt, kann den Weg nicht finden! Eine Organisationsdiagnose und die Zielformulierung bilden die Ausgangs- und Orientierungspunkte für Interventionen der Berater/innen. Aufgabe der Berater/innen ist es, auf dieser Grundlage im Dialog mit den Beteiligten an zielführenden und anschlussfähigen Strukturen für gemeinsames Verändern, Lernen, Entwickeln und Steuern zu bauen.

Dieser Prozessschritt der Zielformulierung ist in mehrfacher Hinsicht von besonderer Bedeutung:
- Mit einer fundierten, ausführlich diskutierten und abgestimmten Entscheidung erhöhen sich die Erfolgsaussichten für einen zielgerechten Beratungsprozess
- Gemeinsam getragene und abgestimmte Zielentscheidungen schaffen die Voraussetzung für Verbindlichkeit und Verantwortungsteilung in Veränderungsprozessen.
- Mit den Zielen werden Wirkungsbereiche und Grenzen des Beratungsauftrages transparent und entsprechend abgesteckt
- Formulierte Ziele reduzieren die Komplexität, binden einzelne Arbeitsschritte in ein Gesamtkonzept ein, machen Erfolge sichtbar und schaffen Voraussetzung für das prozessbegleitende Controlling.

Einmal formulierte Ziele sind genauso wenig statisch gesetzt wie Arbeitsstrukturen und Arbeitswege. Die Ziele konkretisierten und veränderten sich im Prozessverlauf. Innere und äußere Entwicklungen sind die Wegweiser für Prioritätensetzung und Bewertungen von Zielen.

2.2 Handlungsleitende Prinzipien

Es geht um eine zielführende, bewegliche, intelligente und kreative Zusammenführung von internen und externen Ressourcen und Potenzialen. Neben dem externen Blick und der notwendigen Distanz zum System und den Akteuren sind in Veränderungsprozessen zugleich auch die Nähe, der interne Blick und die interne Verankerung gefragt. Ausschließlich distanzierte Haltungen sind in vielen Beratungskontexten nicht zielführend. Zwischen Auftraggebern, internen Promotor/inn/en und Externen muss eine verbindliche Kooperation wachsen und ein Beratungssystem entstehen.

Ein Kernprinzip von POEB ist die zielführende, bewegliche, intelligente und kreative Zusammenführung von internen und externen Potenzialen und Ressourcen. Berater/innen arbeiten mit internen Promotor/inn/en zusammen in einer Entwicklungsgemeinschaft. Nicht „zwingend", jedoch als förderlich hat sich dabei ein Tandemmodell (vgl. Kemper/Wacker 2003) herauskristallisiert, in dem externe/r und interne/r Berater/in in jeweils unterschiedlichen Verantwortungsrollen in dem Prozess gemeinsam wirken.

Die Gratwanderung für Berater/innen besteht darin, über die gemeinsame Entwicklungsarbeit nicht die beraterische Freiheit zu verlieren, also Interventionen vorzunehmen, um notwendige Bewegung für den „Auftrag" in Gang zu bringen, bzw. zu halten. Der Wert für Organisationsberatung liegt in der Unabhängigkeit der Berater/innen – trotzdem müssen sie sich, wenn sie etwas bewegen wollen – in die Einrichtungen hineinwagen. Jeder Berater/in kennt die Gefahr, dass die eigenen Ziele mit denen des Auftragsgeber verwechselt werden oder sich Prozesse verselbständigen. Aus dem systemischen Beratungsansatz wissen wir wie wichtig es ist, aufmerksam Rollen, Verantwortlichkeiten und Systemgrenzen im Blick zu halten.

Sind Berater/innen in der Entwicklungsgemeinschaft vor allem in der Verantwortung der Prozessgestaltung gefragt, liegt im Prozessverlauf die Verantwortung der inhaltlichen Entscheidung und Umsetzung bei den Entscheidungsträgern. Eine Rollen- und Aufgabenklärung und regelmäßige prozessbegleitende Zielvergewisserungen und Abstimmungen zum weiteren Vorgehen gehören mit zum professionellen Arbeiten dazu. Damit die Verantwortteilung gelingt braucht es nicht nur die Vereinbarungen, sondern auch Strukturen und Orte, wie z. B. Steuerungsgruppen oder Projektkonferenzen.

Anstehende Aufgaben sind Ansatz- und Ausgangspunkt für gemeinsames Entwickeln, Steuern, Gestalten und Lernen. Originäres Merkmal der Arbeitsweise ist es, anstehende Aufgaben zum Ansatz- und Ausgangspunkt für gemeinsames Entwickeln, Steuern, Gestalten und Lernen zu machen. Zielführend und prozessbegleitend stimmen Berater/innen im Dialog mit den Organisationsverantwortlichen Ziele, Arbeits- und Handlungsschritte ab und loten gemeinsame Bearbeitungs- und Lernwege aus. So werden aus Beratungsanlässen sukzessive Veränderungs- und Lernprojekte. Das Hauptaugenmerk der Berater/innen richtet sich dabei auf die Potenziale der (in der) Organisation. Potenziale sind in unserem Verständnis sowohl die Kompetenzen der Mitarbeiter/innen, als auch Konzepte, Materialien, Kontakte, Beispiele „Guter Praxis" aus der Organisation.

Reflexion schafft Voraussetzungen für die unverzichtbare (Selbst)-Steuerung. Die Balance zu halten – bezogen auf die Rollenvielfalt und die Ziel-/Prozessdimension der Beratung – ist eine der Herausforderungen, die Beratungssystem und Beratersystem gemeinsam haben. Die Komplexität und Dynamik der Veränderungen und Entwicklungssprünge braucht Auszeiten zum Nachdenken, Erkennen von Einflussfaktoren, Sortieren von Erfahrungen und eine gezielte und bewusste Auseinandersetzung mit Entwicklungen in der Organisation und konkreten Arbeitssituationen/-anforderungen. Es geht darum, sich selbst und die Organisation zum Thema zu machen Reflexion steht damit für Innehalten, sich Zeit nehmen, auch wenn die Zeit knapp ist. Dies braucht Vereinbarungen, Möglichkeits-Orte und Gelegenheitsstrukturen.

Leit- und Gestaltungsprinzipien für den Beratungs- und den Entwicklungsprozess sind identisch. POEB ist nicht in *einem* Theorie- oder Beratungsansatz beheimat. Die handlungsleitenden Prinzipien der „Potenzialorientierten Organisationsentwicklung und -beratung" orientieren sich an Axiomen der Andragogik, humanpsychologischen-pädagogischen Ansätzen und der systemischen Beratung. Grundnahme von POEB ist, dass in Veränderungsprozesse das Zusammenspiel von persönlichen Kompetenzen und Verantwortungsübernahme von Führungskräften, Mitarbeiter/inne/n und Berater/inne/n eine wirksame Ressource sind. Die Effizienz der Prozesse braucht Abstimmung und gemeinsame Prinzipien, auf die das Handeln von Berate-

r/inne/n und Organisationsbeteiligte ausgerichtet ist. Gemeinsame Leit- und Gestaltungsprinzipien geben dabei Orientierung im Handeln und sind ein Teil der gemeinsamen Landkarte für Organisationsbeteiligte und Berater/innen. Die identischen Leit- und Gestaltungsprinzipien für den Beratungs- und den Entwicklungsprozess sind:
- Potenzial- und Reflexionsorientierung
- Beteiligung und Verantwortungsteilung
- Balance von Prozess- und strategischer Zielorientierung
- Zusammenführung von Lernen und Arbeiten
- Abteilungs- und hierarchieübergreifende Zusammenarbeit
- Selbstorganisation und Selbstführung

„Welche Prinzipien für einzelne Kontexte wie stark von Bedeutung sind, hängt von den jeweils handelnden Personen, den Bedarfen der Teilnehmenden, den Rahmenbedingungen und Vorgaben der jeweiligen Maßnahmen sowie von organisationalen Gegebenheiten und ähnlichen Einflussfaktoren ab." (Wenzig in III/3.) Berater/innen loten aus, welche Prinzipien wie stark und wann zum Gestaltungsmerkmal werden.

2.3 Die Beratungs- und Lernarchitektur als „Probebühne"

Alles braucht stimmige und tragfähige Arbeitsstrukturen und Führungs- und Organisationsmodelle sowie Verabredungen, die mehr als formalisierte Vorgänge, gesetzte Strukturen, kurzfristige Maßnahmen, Interventionen, von Leitung formulierte Aufträge... sind. Eine Organisationskultur allein schafft keine nachhaltigen Veränderungen. Strukturen und Kulturen brauchen und ergänzen sich. Die Arbeitsthemen und „Baustellen" brauchen Orte der Bearbeitung und zu Erprobung neuer Wege. Die Entwicklung einer zielgerichteten Kommunikation, Kooperation und Selbstorganisation braucht nicht nur klare Vereinbarungen, sondern muss auch in Strukturen aufgehoben werden. Wir haben diese strukturellen Interventionen „Arbeitsarchitekturen" genannt und uns dabei an der Deutung und Auslegung der Beratergruppe Neuwaldegg orientiert. „So wie Architekten Räume planen und dadurch Rahmen schaffen, in denen sich Unterschiedliches ereignen kann, so entwerfen wir als Berater soziale, zeitliche, räumliche und inhaltliche Gestaltungselemente und Fixpunkte, die Prozesse vorstrukturieren. Beim Bild Architekten, die den Bauherrn bei der Renovierung, beim Bau des Gebäudes unterstützen, sich danach aber wieder zurückziehen." (Königswieser/ Exner 1998, S. 48-49)

Im Beratungsprozess entsteht durch diese Interventionen eine Arbeits- und Lernarchitektur, die die bestehende (Linien-)Organisation ergänzt und erweitert, aber nicht zwangsläufig ersetzt. Die neuen Strukturen schaffen Möglichkeits- und Lernräume und sind gleichzeitig Verantwortungsorte zur Bearbeitung der unterschiedlichen Aufgaben. Die

Gestaltungselemente einer zukunftsfähigen Organisation:
- Strategieklausuren/-konferenzen
- Produkt- und Projektteams
- Abteilungsübergreifende Entwicklungskonferenzen
- Informations- und Kommunikationsforen, -ketten
- Dialogforen
- Netzwerke
- Interne Lernmodelle – „Voneinander und Miteinander Lernen"
- Interne Promotoren und Supportstrukturen

strukturellen Interventionen und Veränderungen sind immer inhaltlich begründet, folgen einem Arbeitsziel und haben damit eine erkenn- und erfahrbare Funktion. Für Berater/innen liegt die Aufgabe darin, aufmerksam zu beobachten, ob die Architektur der jeweils zugewiesenen Funktion (noch) dient. Um in dem bildlichen Vergleich zur Architektur zu bleiben – zwischen Bauherrn (Geschäftsführung und Leitung) und Architekten (Berater/inne/n) sind regelmäßig gemeinsame „Baubesprechungen" notwendig. „Bau- und Umbaupläne" gilt es gemeinsam abzustimmen, aber auch mit den Handwerkern (Mitarbeiter/inne/n) müssen die Pläne erläutert, überprüft, gegebenenfalls überdacht, korrigiert und weiterentwickelt werden.

Die unterschiedlichen Interventions-/Arbeits-/Lernforen, Netzwerke und Organisationsstrukturen müssen sich im Arbeitsalltag bewähren, d.h. bei der Bewältigung des dynamischen operativen Geschäftes hilfreich sein. Nur so werden sie von Mitarbeiter/inne/n und Leitung akzeptiert, d.h. aktiv als „Probebühne" genutzt und als Teil der Organisationsgrundstruktur verstetigt.

2.4 Berater/innen sind in einer flexiblen Rollen- und Kompetenzvielfalt gefragt

Berater/innen sind in ihrer Rollen- und Kompetenzvielfalt als Moderator, Coach, Experte, Zuhörer, Frager, Gestalter und mutmachende Entwicklungshelfer gefordert und
- führen Diagnosen durch, bzw. coachen Teams, um diese Aufgabe zu übernehmen
- moderieren Arbeitstreffen und Workshops
- binden interne Potenziale ein
- entwerfen Arbeits- und Lernarchitekturen und übernehmen Verantwortung für Prozessgestaltung
- helfen, Prozess zu optimieren, und geben neue Impulse für Prozessgestaltung
- coachen Führungskräfte
- entwickeln im Dialog mit verantwortlich Beteiligten Optimierungsvorschläge
- geben Empfehlungen
- beraten Teams
- schaffen Reflexions- und Lernräume
- bieten Support an. stellen reflexive und lösungsorientierte Fragen
- sind Spiegel und geben Rückmeldung.

Steht von Seiten des Auftraggebers das Interesse der schnellen Veränderung im Vordergrund, haben Berater/innen die Aufgabe, prozessbegleitend für ein angemessenes und zielführendes Veränderungstempo „zu sorgen". Aus der Beratungspraxis kennen wir das Muster, dass von Organisationsverantwortlichen für Innovations- und Veränderungsaufgaben kaum Zeitressourcen eingeplant werden. Geringe Zeitressourcen, die Notwendigkeit von zeitnahen Wirkungen und Erfolgen ernst zunehmen und das gleichzeitige Wissen um die Notwendigkeit „zeitlicher Zuwendung" bedeutet für uns Berater/innen,
- im laufenden Beratungsprozess immer wieder aufmerksam zu prüfen, an welchen Stellen mit der Ressource Zeit in Arbeitsabläufen „unachtsam" umgegangen wird und an entsprechenden Lösungen zu arbeiten
- vorhandene Zeitressourcen wahrzunehmen und konstruktiv zu nutzen
- die Zeitkontingente und Spielräume, die für anstehende Aufgaben notwendig sind zu benennen, wenn nötig auszuhandeln und zu kontaktieren.

In diesem Verständnis sind Berater/innen für Organisationen – im Bild gesprochen – „Entwicklungshelfer" für eine (Wieder)-Belebung und Pflege einer Zeitkultur, in der Beschleunigung und Entschleunigung ihren Platz haben. Soll der Arbeitsplatz auch „Lernort" sein, müssen neben der Nähe zum Arbeitsplatz auch stressfreie Räume mit anregendem Charakter geschaffen werden.

Ist Irritation in der systemischen Beratung eine gewollte Intervention, um Offenheit zu erzeugen, gewinnen in Organisationsentwicklungsprozessen zunehmend auch schließende und orientierende Interventionen an Bedeutung. Beides, die Ermöglichung von offenen und kreativen Arbeits- und Lernsettings und das Schließen von offenen Entscheidungs- und Handlungssituationen gehören zur professionellen Aufgabe der Berater/innen. Es geht darum angemessene und hilfreiche Methoden, Interventionen und Gestaltungsvarianten einzubringen, die den Lösungsprozess unterstützen und voranbringen.

Beispiele von Beratungsinstrumenten und Beratungsinterventionen
- Potenzial- und Organisationsanamnese, -analyse, -diagnose,
- Reflexions-Workshops, Dialoggruppen
- Steuerkreis
- Dialogforen
- Hospitation und Feedback
- Themen-/Fach-Inputs
- LernCoaching/Lernberatung
- Praxisberatung
- Produkt- und Projektgruppen
- Entwicklung und Gestaltung von Arbeitsstrukturen
- prozessbegleitende Reflexions- und Zielgespräche

In vielen Fällen deckt sich die Berater/innen/rolle im Verständnis von POEB mit der von ‚Lernberater/inne/n'. Dahinter steht das – vorher bereits beschrieben – Verständnis, dass im Zuge der Dynamisierung unserer Gesellschaft und Arbeitswelt wir alle vor Veränderungsherausforderungen stehen, die mit unserem ‚gesicherten' Erfahrungswissen und routinierten Abläufen alleine nicht bewältigt werden können, sondern in denen Lernen gefragt ist. Im Kern geht es tatsächlich darum Arbeitskontexte so zu gestalten, dass sie Lernen ermöglichen und zulassen. Gelingt dies, entstehen Pfade einer veränderten Organisations- und damit einer veränderten Lernkultur. „Die Arbeit in der Projektgruppe erlebe ich als sehr positiv. Es wird konstruktiv gearbeitet. Die Struktur erlebe ich als hilfreich. Es wird nicht alles zerredet und ich nehme was für meine Arbeit mit!"[5] Das Mitwirken an den Aufgaben und in den Projekt- und Entwicklungsgruppen sind so Orte und „Probebühnen" für nachhaltiges Lernen.

Die Arbeits- und Lernmodelle im Beratungsprozess wirken exemplarisch in die Organisation und Mitarbeiter/innen wirken so zunehmend als Promotoren für eine Arbeits- und Lernkultur
- der abteilungs- und hierarchieübergreifenden Zusammenarbeit
- der Kooperation und Verantwortungsteilung
- der Selbstorganisation und Selbststeuerung
- an Zielen orientiertes Arbeiten
- des „Voneinander und Miteinander Lernen". (Kemper/Wacker 2004, S. 76-79)

---

[5] Zitat aus der Reflexion eines beteiligten Klienten in einem Beratungsprozess.

Aufgaben, Zuständigkeiten und Kompetenzen gehen im Prozess sukzessiv in das Professionshandeln und Verantwortungsrollen über. Neue Arbeits- und Lernarchitekturen ergänzen/erweitern bestehende (Linien-)Organisation. Die Arbeitsforen entwickeln sich in der Praxis weiter, helfen mit, die Arbeitsfähigkeit nachhaltig zu sichern und wirken in Verbindung mit den gestaltenden Arbeitsprinzipien zunehmend kultur- und strukturprägend in die Organisation hinein. Aufgaben, Zuständigkeiten und Kompetenzen gehen im Prozess sukzessiv in das Professionshandeln und in die Verantwortungsrollen in der Organisation über und entwickeln sich im Prozess der Arbeit weiter.

2.5 Beispiele für Lern- und Gestaltungsherausforderungen

Strategieentwicklung und Vergewisserung des Zwecks der eigenen Organisation wird zum MUSS. Die Vergewisserung des Zwecks der eigenen Organisation und die wirtschaftliche Steuerung sind für viele Unternehmen heute von großer Bedeutung. Eine sorgsame strategische Steuerung wird – besonders auch für Non-Profit-Organisationen – notwendiger denn je und stellt sich in der Praxis bspw. in Weiterbildungsunternehmen gegen unmittelbare pädagogische Erfordernisse. Die wirtschaftlichen Anforderungen machen in der „Branche" die stetige Frage nach Deckungsbeiträgen von Lernprojekten und Lerndienstleitungen – ob man will oder nicht – überlebensnotwendig. Während Profit-Unternehmen in der Steuerung sich an wirtschaftlichen Zielen und Profiten orientieren, muss die wirtschaftliche Steuerung in Weiterbildungseinrichtungen – wie auch in anderen Non-Profit-Organisationen – sich unmittelbar mit dem Zweck und Auftrag verbinden. Die Strategieentwicklung ermöglicht im Verständnis von POEB eine kontinuierliche Auseinandersetzung mit dem Sinn und Zweck der Organisation. Organisationen sind gefordert sich auf dem Markt – also nach Außen – zu orientieren, sich zu positionieren, ihre Innovationsfähigkeit unter Beweis zu stellen. Sie stehen in mehrfacher Hinsicht unter (Veränderungs-)Druck.. Nach innen benötigen Organisationen zukunftsfähige Organisationsmodelle und geeignete Formen der Strategie- und Mitarbeiterentwicklung. Strategieentwicklung steht insofern für die Entwicklung und Abstimmung von Unternehmenszielen, wirksamen ‚Überlebensstrategien', aber auch dafür, sich den veränderten Zukunftsanforderungen zu stellen, sich für ‚Neues' zu öffnen, ‚Altes' gemeinsam auf Tragfähigkeit zu überprüfen, zu verändern, weiterzuentwickeln und zu integrieren. Strategienentwicklung ist mehr denn je eine arbeitsintegrierte Führungsaufgabe, die die Leitplanken für das Alltagshandeln, sowohl im operativen Geschäft wie auch in der Strukturierung und Organisation der Prozesse, abbildet.

Strategieklausur ist ein Gestaltungselement der POEB-Architektur und zeichnet sich durch reflexives Arbeiten aus. Es geht darum, Entwicklungen aus verschiedenen Perspektiven zu betrachten, unterschiedliche Optionen wahrzunehmen und zu denken und gemeinsame strategische Entscheidungen zu treffen.

Von der Personal- zur Potenzialentwicklung: Unternehmen und Organisation beginnen nur zögerlich, sich den Leitgedanken des „Lebenslangen Lernens" zu eigen zu machen. Doch gerade im Prozess der Arbeit ist hautnah erfahrbar, dass lebenslanges Lernen mehr als eine „Parole" ist. Die Veränderungen fordern in ihrer Komplexität auf unterschiedlichen Ebenen Beweglichkeit, Offenheit und Gestaltungskraft von

Mitarbeiter/inne/n und Leitung und von der gesamten Organisation. Angesichts der dynamischen Entwicklungen rücken anwendungsbezogenes Wissen und Handlungskompetenz, fachübergreifende Kompetenzen wie Selbststeuerung und Kooperation sowie die Fähigkeit mit Veränderungssituationen umzugehen, Potenziale zu kennen und zielgerichtet zu nutzen als Lerninhalte in Unternehmen in den Vordergrund.

Damit greift auch die klassische Personalentwicklung zu kurz. Vielmehr geht es darum, dass die Mitarbeiter/innen in eine Organisationsentwicklung einbezogen, in ihren Widersprüchen und Unsicherheiten aufgenommen werden und eine zielgerichtete und kollektive Handlungsfähigkeit gestärkt und – wo nicht vorhanden – entwickelt wird. Im Kern geht es darum, Arbeiten so zu gestalten, dass Lernen ermöglicht wird und Beiträge zur Problemlösung und Aufgabenbewältigung erbringt. Hiermit ist Notwendigkeit der Ermöglichungsorientierung von Personalentwicklung und der begleitenden Beratung angesprochen. In diesem Verständnis wird Personalentwicklung zur Potenzialentwicklung und leistet eine Beitrag vom lernen in der Organisation zum Lernen der Organisation. Potenzialentwicklung zielt auf die Eigenmotivation zum lebenslangen Lernen, da es „immer weniger sinnvoll und auch möglich (ist), Kompetenzlücken zu schließen und Kompetenzprofile kontinuierlich an gewandelte Anforderungen abzupassen" (Arnold 2000, S. 59). Der Focus des Lernens sind die Praxisaufgaben und die zu lösenden und zu bearbeitenden Anforderungen im Arbeitsprozess.

3. Zum Schluss

... und was machen wir nun, wenn die Organisationen und Menschen, die wir beraten, nicht so sind wie wir sie uns wünschen? Es kann und wird nicht darum gehen, Organisationen und Beratungsaufträge an unser Beratungsangebot – und Beratungskonzept anzupassen. Es kann aber auch nicht darum gehen, unhinterfragt Beratungsaufträge anzunehmen. Auftragsklärung dient immer auch der Selbstvergewisserung und Überprüfung, wie weit die angestrebten Ziele im gesetzten Rahmen mit angemessenem Aufwand zu realisieren und mit dem eigenen Beratungsverständnis zu bearbeiten sind. Dazu ist es auch notwendig die Frage zu stellen: Bin ich/sind wir für die konkreten Aufgaben und diese Anfrage die geeigneten Berater/innen? Dies zu tun beinhaltet immer auch die Option, einen Auftrag begründet nicht anzunehmen.

Als Berater/innen sind wir mehr denn je gefordert, unsere Kompetenzen genau zu kennen, eigene Beratungsprinzipien und damit verbundene Haltungen dem Auftraggeber transparent zu machen, zu begründen. Es geht darum, im Dialog mit dem potenziellen Auftraggeber Möglichkeiten und zielführende Wege auszuloten. Klar ist: Die eher „unangenehmen" Begleiterscheinungen des Wandels wie Arbeitsplatzbau, Personalentlassung und Kostensenkungen werden weiter zu prägenden Bedingungen unserer Beratungsarbeit gehören und fordern von uns immer wieder eine Orientierung und Standortbestimmung. Unsere Erfahrung zeigt, dass erfolgreiche Veränderungsprozesse von dem „Zusammenspiel" von Fach- und Prozesskompetenz von Berater/inne/n leben. Dafür sind netzwerkorientierte und partnerschaftliche Beratungsunternehmen gefragt.

Potenzialorientierte **O**rganisations**E**ntwicklung und -**B**eratung (POEB) ist für uns ein

Beitrag zur Professionalisierung und „Stabilisierung" unserer eigenen Beratungsarbeit. Es ist kein fertiges, geschlossenes Konzept, sondern bewährt sich in der Praxis als Landkarte, um mit Auftraggebern und internen Promotor/inn/en, aber auch mit Kollegen unter den gesetzten Rahmenbedingungen Arbeits- und Lernwege zu finden und zu gestalten, Spielräume auszuhandeln und Chancen und Grenzen zu erkennen. Lernen liefert nicht für alle Problemlagen und Aufgabenstellungen die adäquate Antwort, nicht immer sprechen die Ausgangs- und Rahmenbedingungen dafür, Beratungsanfragen zu Lernprojekten zu machen, nicht immer geht es darum, Prozesse zu öffnen. Gefragt sind auch Interventionen, fachliche Inputs und Empfehlungen, die intelligente, zeitweise auch kurzfristige Entscheidungen und Erfolge ermöglichen. Lösungen für Organisationsprobleme liegen eher selten in „Quick- und Standardangeboten". Andererseits sind sie auch nicht per se ausschließlich in lang angelegten und offenen Lern- und Beratungsprozessen zu finden.

Wir sind aber davon überzeugt, dass die Entwicklung jedes Unternehmen – und damit auch Beraterinterventionen – auf Nachhaltigkeit setzen müssen. Nachhaltige organisationale Veränderungsprozesse werden letztlich nur von innen heraus gelingen, also über einen – an gemeinsamen und geteilten Zielen orientierten – Selbstveränderungsprozess. Dabei sind alle – Führung und Mitarbeiter/innen und beteiligte Berater/innen – gefordert, sich den Veränderungsaufgaben zu stellen und aus ihren jeweiligen spezifischen Rollen verantwortlich mit zu gestalten. Der Untertitel des Buches „Der Change Manager" von Klaus Doppler (2003) „Sich selbst und andere verändern – und trotzdem bleiben, wer man ist!" beschreibt aus unserer Sicht treffend die Anforderungen, die sich in Organisationsentwicklungsprozessen in besonderer Weise an Führungskräfte und Berater/innen stellen.

Literatur

R. Arnold, Das Santiago Prinzip, Köln 2000, S.81

R. C. Cohn, A. Fahrau: Gelebte Geschichte der Psychotherapie, Stuttgart 1995

Dr. K. Doppler Abschied von der heilen Welt, in: managerSeminare / heft 81 Nov./Dez. 2004,

K. Doppler, Der Change Manager, Frankfurt am Main 2003

H. Geißler: Betriebliche Kompetenzentwicklung und Angst. In: Wiesner, G. / Wolter, A. (Hrsg.): Die lernende Gesellschaft, Weinheim 2005, S. 127-146

M. Kemper / R. Klein, 1998: Lernberatung. Baltmannsweiler

M. Kemper / M. Wacker, Potenzialorientierte Prozessberatung zur Entwicklung der Innovationsfähigkeit, in: QUEM-report Heft 76, Berlin 2003 / Teil II

M. Kemper / M. Wacker, Gestaltetes Lernen im Prozess der Arbeit, in: OUEM-report, Heft 87, Berlin 2004

R. Königswieser / A. Exner, Systemische Intervention, Stuttgart 1998

R. Mehlmann / O. Röse, das LOT-Prinzip, Göttingen 2000

R. Klein, G. Reutter, Lernberatung als Lernprozessbegleitung in der beruflichen Weiterbildung, in: M. Rohs, B. Käpplinger (Hrsg.) Lernberatung in der beruflich-betrieblichen Weiterbildung, Münster 2004

H. Lieverscheidt / P. Weigand: Beraten – Trotz und wegen alledem, in: Sauer-Schiffer, Ursula/Ziemons, Michael (Hrsg.): In der Balance liegt die Chance. Themenzentrierte Interaktion in Bildung und Beratung, Münster, New York 2005. In Vorbereitung

E. Schlutz, Preiswürdige Lernkulturen: In: E. Schlutz (Hrsg.): Lernkulturen, Frankfurt am Main 199, S. 19

Die AutorInnen

Rolf **Arnold**, Prof. Dr. phil., Dipl.-Päd. Nach dem Studium an den Universitäten Berlin, Landau, Heidelberg Tätigkeit als wissenschaftlicher Mitarbeiter. 1983 Promotion zum Dr. phil. an der Universität Heidelberg, 1987 Habilitation an der Fernuniversität Hagen, 1984-1989 Tätigkeit in der Internationalen Zusammenarbeit (bei der DSE), seit 1990 Inhaber des Lehrstuhls für Pädagogik (insbesondere Berufs- und Erwachsenenpädagogik) an der Technischen Universität Kaiserslautern. Dort auch Leiter des Zentrums für Fernstudien und Universitäre Weiterbildung (ZFUW) sowie des Virtuellen Campus Rheinland-Pfalz (VCRP). Forschungs- und Publikationsschwerpunkte: Erwachsenendidaktik, betriebliche Personalentwicklung, Vergleichende Berufspädagogik sowie Emotionale Kompetenzentwicklung.

Karin **Behlke**, Jg. 1958, Ausländer- und Rehabilitationspädagogin, Lernberaterin und Fachreferentin für Organisationsentwicklung, seit 25 Jahren im Stephanuswerk Isny. Arbeitsschwerpunkte: Deutsch als Fremdsprache/Zweitsprache mit Rehabilitanden, Mitarbeitenden in der Altenhilfe, Teilnehmenden an Integrationskursen, Leitungstätigkeit im Rahmen Berufsvorbereitung/Rehabilitation (Führungsaufgaben einschließlich Administration und Personalverantwortung, Konzeptentwicklung), Marketing im Sinne von Messetätigkeit (Reha-Messen) einschließlich Konzeptentwicklung mit Kooperationspartnern, Gestaltung und Leitung von Projekten zur Lernberatung.

Franz **Corcilius-Kunz**, geb. 1960, Dipl. Sozialarbeiter (FH), berufliche Schwerpunkte: berufliche Bildung und Weiterbildung, Wissenschaftliche Begleitung im Rahmen verschiedener Projekte des DIE, Bonn und des bbb, Dortmund. Zur Zeit wiss. Mitarbeiter beim Forschungsinstitut der betrieblichen Bildung (f-bb) in Nürnberg. Lange Jahre Abteilungsleiter bei der NAS, Saarbrücken, dort u.a. verantwortlich für die Projekte ‚Multimediale Interaktive Leittextqualifizierung' (MILQ) und ‚Abschlussbezogene Qualifizierung ehemaliger Langzeitarbeitsloser Sozialhilfeempfänger' (AQLS).

Rudolf **Epping**, Dipl.-Päd., Jg. 1949, 1970 bis 1975 Studium der Pädagogik mit dem Schwerpunkt Berufspädagogik und dem Nebenfach Arbeitsrecht, 1976 bis 1981 wissenschaftlicher Mitarbeiter im Forschungsinstitut der Friedrich-Ebert-Stiftung in Projekten zur Arbeitskräfte- und Berufsbildungsforschung, seit 1981 tätig im Bereich Berufliche Weiterbildung des Landesinstituts für Schule und Weiterbildung in Soest bzw. im Landesinstitut für Qualifizierung NRW in Hagen, 1995 bis 1998 Ausbildung zum Supervisor beim Fortbildungsinstitut für Supervision e.V. (FIS), Münster.

Evelyne **Fischer**, Dr. rer. nat., 1956 geboren, Arbeits- und Organisationspsychologin, freiberuflich tätig in Forschung und Lehre, Beratung und Training. Arbeitsschwerpunkte: Personal- und Organisationsentwicklung, Führung, Supervision und Organisationsberatung. Wissenschaftliche Begleitung des Projektes „Neue Lernformen zur Mitarbeiterentwicklung in Weiterbildungseinrichtungen" aus dem Programm „Lernkultur Kompetenzentwicklung" des BMBF.

Mag. Gabriele **Gerhardter**, Soziologin mit dem Schwerpunkt Stadt- und Regionalsoziologie, Arbeitsmarkt-, Bildungs- und Innovationspolitik. Sozialarbeiterin und systemisch Coach. Berufliche Tätigkeit in der regionalen Projektarbeit, Beratung für NPOs und Verwaltung in der Arbeitsmarktpolitik. Begleitung und Management von regionalen Netzwerken in Wien. Wissenschaftliche Mitarbeiterin bei Joanneum Research, Institut für Technologie- und Regionalpolitik. Lehrende an Fortbildungslehrgängen der Bundesakademie für Sozialarbeit St. Pölten, Lektorin am Institut für Soziologie an der Universität

Wien sowie Lehrbeauftragte für Forschung am Studiengang Sozialarbeit an der Fachhochschule St. Pölten. Derzeit tätig im Bereich Forschungs- und Technologieförderung.

Claudia **Gómez Tutor**, Dr. phil., Jg. 1962, Dipl.-Päd., 1994 Promotion in Pädagogik an der Universität Trier. Seit 2000 Wissenschaftliche Mitarbeiterin an der Technischen Universität Kaiserslautern im Fachgebiet Pädagogik. Moderatorin im Fernstudiengang ‚Schulmanagement' an der Universität Kaiserslautern, Autorin von Studienbriefen für die Aus- und Weiterbildung von ErzieherInnen und LehrerInnen. Arbeitsschwerpunkte: Lebenslanges Lernen, Lehr-/Lernforschung, Schulentwicklung, Professionalität von LehrerInnen, Interkulturelle Pädagogik, Kommunikation.

Bernd **Grube**, Jg. 1948, Dipl.-Psych., Dipl.-Betriebswirt (FH), Psychologischer Psychotherapeut, Nach Ausbildung in der Wirtschaft Studium in Mainz und Freiburg, seit 1981 Tätigkeit als Reha-Psychologe in einer Einrichtung für Langzeit-Arbeitslose, psychiatrischer Klinik und im Reha-Zentrum Stephanuswerk Isny/Allg. Neben Leitungsaufgaben Arbeitsschwerpunkte in der Integration psychisch Behinderter und sozial Benachteiligter.

Ilona **Holtschmidt**, Jg. 1956, Fachkrankenschwester für Intensivpflege und Anästhesie (1978) Lehrerin für Pflegeberufe (1987), Magister-Studium an der FernUniversität in Hagen mit den beiden Hauptfächern Erziehungswissenschaft (Berufspädagogik und Berufliche Weiterbildung) und Soziale Verhaltenswissenschaften (Arbeits- und Organisationspsychologie und Sozialpsychologie). Nach vielen Jahren Intensivpflege folgende pädagogische Arbeitsfelder: 1987-1991: Krankenpflegeschule am Univ.-Klinikum Gießen, 1991-1995: Referentin für Weiterbildung: DBfK-Landesverband Hessen-Rheinland-Pfalz-Saarland und Thüringen mit Sitz in Neuwied. Seit 1995 Studienleiterin „Pflegepädagogik" bei den Kaiserswerther Seminaren in Düsseldorf-Kaiserswerth.

Jutta **Kammerer**, Jg. 1971, Diplom-Pädagogin, seit 2000 wissenschaftliche Mitarbeiterin an der Technischen Universität Kaiserslautern im Fachgebiet Pädagogik, Gutachterin im Fernstudiengang „Schulmanagement" an der TU Kaiserslautern, Arbeitsschwerpunkte: Didaktik der Erwachsenenbildung, Lebenslanges Lernen, multimediale Lehr- und Lernformen.

Bernd **Käpplinger**, geb. 1972, M.A. Erziehungswissenschaften (Schwerpunkt Erwachsenenbildung/Weiterbildung). Wissenschaftlicher Mitarbeiter am Bundesinstitut für Berufsbildung im Arbeitsbereich „Kosten, Nutzen, Finanzierung" und freiberuflicher Trainer/Moderator. Schwerpunktthemen: Berufliche und betriebliche Weiterbildung, International vergleichende Bildung, Lernberatung, Kompetenzerfassung.

Marita **Kemper**, geb. 1956, Dipl. Pädagogin, Ausbildung in TZI, tätig als Lern-/Organisationsberaterin und Moderatorin des bbb Büro für berufliche Bildungsplanung in Dortmund. Arbeitsschwerpunkte: Personal- und Organisationsentwicklung in Non-Profit-Organisationen und Unternehmen, Coaching und Training, Moderation von lebendigen und themenzentrierten Arbeits- und Lerngruppen, Teamentwicklung und Lernberatung.

Rosemarie **Klein**, geb. 1953, Dipl.-Päd, Geschäftsführerin, Lern- und Organisationsberaterin im bbb Büro für berufliche Bildungsplanung, Dortmund, wissenschaftliche Begleitung von Projekten und Modellversuchen (u.a. im Rahmen des Programms ‚Lernkultur Kompetenzentwicklung, Themenbereich ‚Lernen in Weiterbildungseinrichtungen'), Arbeitsschwerpunkte: berufliche Fort- und Weiterbildung, Lernberatung, Diskontinuierliche Erwerbsbiographien. Lehrbeauftragte Universität Dortmund, zahlreiche Veröffentlichungen zur Lernberatungskonzeption und zur beruflichen Bildungsarbeit mit Erwachsenen.

Die AutorInnen

Karin **Klein-Dessoy**, Jahrgang 1957, Dipl. Sozialpädagogin, Zusatzausbildung in Gestaltberatung, Gestalterin im Projekt „Ganzheitliche Weiterbildungs- und Lernberatung für Wiedereinsteigerinnen" beim Bildungswerk des Alzeyer und Wormser Handwerks gGmbH, ein Projekt im Rahmen des BMBF-Programms ‚Lernkultur Kompetenzentwicklung, Themenbereich: Lernen in Weiterbildungseinrichtungen. Seit 2004 Dozentin beim Sozialpädagogischen Fortbildungszentrum Mainz.

Henning **Pätzold**, Prof. (a.J.) Dr. ‚geb. 1971, wissenschaftlicher Mitarbeiter am Fachgebiet Erwachsenenpädagogik der Technische Universität Kaiserslautern, Arbeitsgebiete: pädagogische Beratung und Lernberatung, Lehren und Lernen mit neuen Medien/Medienpädagogik, Lernen Erwachsener, Kommunikationstraining und Lehrerbildung.

Christina **Rahn**, Jg. 1969, Dipl. Soziologin und Diplom Pädagogin, wissenschaftliche Mitarbeiterin am Sigmund-Freud Institut in Frankfurt und wissenschaftliche Kraft an der Johann-Wolfgang-Goethe Universität Frankfurt, Arbeitsschwerpunkte: soz. Theorie, Geschlechterforschung, Psychoanalyse, Bildungs- und Berufsforschung.

Gerhard **Reutter**, geb. 1948, Dipl.-Päd. und Lehrer, wissenschaftlicher Mitarbeiter im DIE Deutsches Institut für Erwachsenenbildung, Bonn, Programm ‚Lernen Erwachsener'. Arbeitsschwerpunkte: berufliche Fort- und Weiterbildung, Lernberatung, Diskontinuierliche Erwerbsbiographien, Kompetenzbilanzierungen, Lernende Region. Lehrbeauftragter Uni Dortmund und Duisburg, zahlreiche Veröffentlichungen zu Fragen der beruflichen Weiterbildung (insbes. mit Arbeitslosen) freiberuflich tätig als Lern- und Organisationsberater.

Michael **Wacker**, Jg. 1954, Dipl. Sozialpädagoge, tätig als Abteilungsleiter für Unternehmensbezogene Dienstleistungen in der Werkstatt im Kreis Unna GmbH. Arbeitsschwerpunkte: Outplacement und Personal-/Organisationsentwicklung.

Anja **Wenzig**, Diplom-Pädagogin mit dem Schwerpunkt Erwachsenenbildung, seit 2001 freie Mitarbeiterin im bbb Dortmund, seit 2003 Wissenschaftliche Mitarbeiterin im bbb Dortmund. Dort u.a. Mitarbeit in der wissenschaftlichen Begleitung von Lernberatungsprojekten, Multiplikator/inn/en-Fortbildungen zur Gestaltung von Lernprozessen, zu (Lern-)Beratung, Kommunikation etc., Lern- und Organisationsberatung.

Dieter **Zisenis**, Dipl.-Päd., seit 1996 Institutsleiter der Kaiserswerther Seminare, Institut für Fort- und Weiterbildung der Kaiserswerther Diakonie, Düsseldorf. Langjährige Erfahrungen in der Erwachsenenbildung. Vor dem Hintergrund eines sich wandelnden Verständnisses von beruflicher Bildung seit vielen Jahren beschäftigt mit der Konzeptentwicklung beruflicher Fort- und Weiterbildung („Prozessbegleitende Lernberatung im Trialog") und der Verknüpfung von Fort- und Weiterbildung mit Personalentwicklungsstrategien und -konzepten.

SOL – Selbstorganisiertes Lernen
Ein systemischer Ansatz für Unterricht
Von **Martin Herold** und **Birgit Landherr**
2. überarb. Aufl., 2003. VI, 202 Seiten mit 8 Farbtafeln. Kt.
ISBN 3896766562. FPr. € 24,—

Dieses Buch wendet sich an Lehrende in der Schule, in Aus- und Weiterbildungseinrichtungen, an Verantwortliche in der Schulverwaltung und in Lehrerbildungsseminaren, an Schulberaterinnen und Schulberater und alle, die aufgrund eigener Überzeugung oder neuer Anforderungen in Lehr- und Bildungsplänen bereit sind, Unterricht neu zu denken.

Unterricht ist ein komplexes System, das im Laufe seiner Entwicklung viele Mechanismen entwickelt hat, die versuchen, bewährte Strukturen gegenüber jeder Art von Veränderung stabil zu halten.

SOL ist ein systemischer Ansatz für Unterricht: Methodenvielfalt, Unterrichtsorganisation, neue Lernkultur, kooperative Lernformen, Erkenntnisse der Lernforschung über das Problem des trägen Wissens, nichtlineare Didaktik und neue Formen der Leistungsbeurteilung sind nur einige Elemente des Systems SOL.

Dr. Martin Herold, Jg. 1953, Studiendirektor, Fortbildungsreferent in der Schulverwaltung mit Schwerpunkt Schulentwicklung, Promotion in Erziehungswissenschaften an der Universität Tübingen.

SOL-Trainer: Seminare und Fortbildungen für Interessen- oder Fachgruppen, für Schulen und andere Bildungseinrichtungen.

Dr. Birgit Landherr, Jg. 1953, Studiendirektorin, Fortbildungsreferentin in der Schulverwaltung mit Schwerpunkt Schulentwicklung, Promotion in Erziehungswissenschaften an der Universität Tübingen.

SOL-Trainerin: Seminare und Fortbildungen für Interessen- oder Fachgruppen, für Schulen und andere Bildungseinrichtungen.

Schneider Verlag Hohengehren
Wilhelmstr. 13; D-73666 Baltmannsweiler

Berufserziehung als moralischer Diskurs?
Perspektiven ihrer kommunikativen Rationalisierung durch professionalisierte Berufspädagogen.
Von **Wolfgang Lempert**
2004. X, 271 Seiten. Kt. ISBN 3896768735. € 16,—

Wer sich heute für berufliche *Erziehung* engagiert, muss bei denen, die eine Lehre durchlaufen haben, mit unterschiedlichen, ja gegensätzlichen Reaktionen rechnen: mit Beifall, aber auch mit Protest. Die Demütigungen, an die sich fast alle Lehrabsolventen erinnern, deuten darauf hin, dass Lehrjahre nach wie vor bei weitem keine Herrenjahre sind. Doch rückblickend werden sie manchmal als disziplinierende Maßnahmen gutgeheißen, häufiger freilich als Auswüchse überflüssiger Unterdrückung gerügt. Beiden Reaktionen liegt dasselbe Wortverständnis zugrunde. Danach heißt „Berufs*erziehung*" die Vermittlung unbegründet vorgegebener, fraglos und unwidersprochen hinzunehmender Normen beruflichen Verhaltens, deren Erfüllung durch unnachgiebige, mit Sanktionsdrohungen verbundene Gehorsamsforderungen erzwungen wird, bis der Fremdzwang sich in Selbstzwang verwandelt und die unterdrückte Wut sich in der 'Erziehung' nachrückender Lehrlingsjahrgänge nach 'unten' entlädt.

Doch das ist höchstens die halbe Wahrheit. Gewiss sind Normen einzuhalten, wenn berufliche Leistung erzielt, und Regeln zu beachten, wenn erfolgreich zusammengearbeitet werden soll. Doch fällt das leichter und gelingt auch eher, wenn den Auszubildenden erlaubt wird, strittige Richtlinien mit den Ausbildenden zu diskutieren, zu ändern oder durch neue zu ersetzen, und wenn sie deren Überlegenheit selber prüfen dürfen.

Hiervon handelt dieses Buch:
– von verbreiteten schlechten und möglichen besseren Formen der Bestimmung und des Erwerbs notwendiger normativer Orientierungen, auch moralischer Kompetenzen in der beruflichen Ausbildung und Arbeit,
– von speziellen Erfordernissen, die hieraus für die Tätigkeit und Ausbildung der Ausbildenden, besonders der Lehrkräfte an Berufsschulen abzuleiten sind, und
– von vorerst kaum genutzten Möglichkeiten der Vermittlung und Aneignung der erforderlichen professionellen Handlungsfähigkeit im berufspädagogischen Studium und Referendariat.

Gezeigt wird, dass nicht nur die fachliche Qualifizierung der Auszubildenden reformiert werden sollte, sondern dass auch die moralische Komponente ihrer Ausbildung der Rationalisierung bedarf – und wie *sie* zu rationalisieren wäre.

Schneider Verlag Hohengehren, Wilhelmstr. 13, 73666 Baltmannsweiler